革命のエッチング画だがヴォ
ルテール（左）とルソー（右）
が、フランスの民衆に「至高
存在」を紹介している。

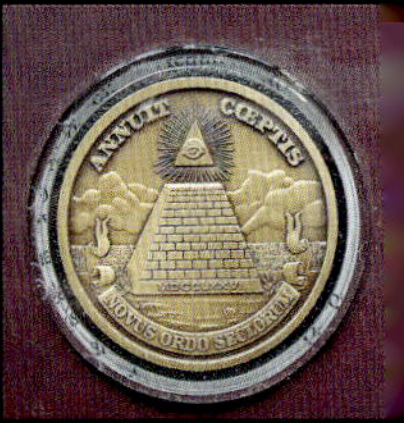

米国の国璽のモチーフを
反転させている。同じモ
チーフが米国の一ドル札
にも印刷されている。

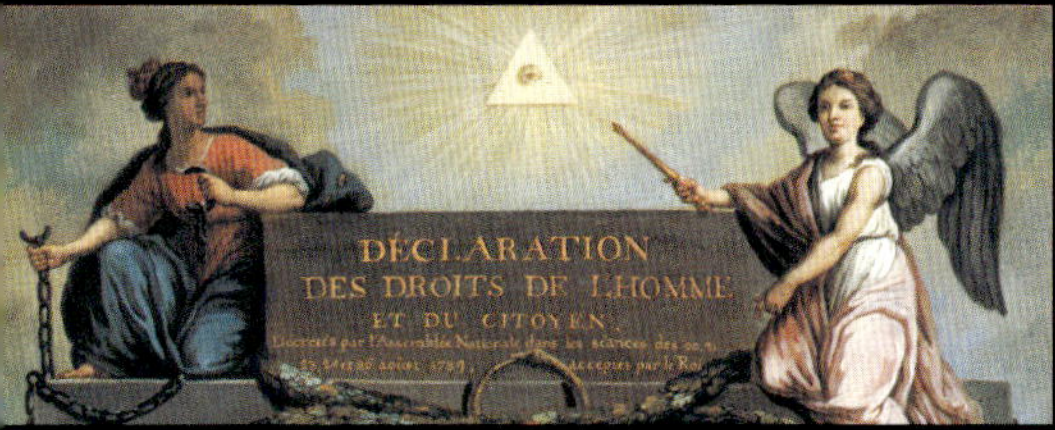

「ピラミッドの中の眼」。
これは一七八九年に書かれた
人権宣言の表紙のもの。

一七九三年八月。「再生の泉」（「バ
スティーユのイシス」としても知られ
ている）。これはエジプトの女神イシ
スの彫像であり、芸術家ルイ・ダヴィ
ッドによって設計された。水が女神イ
シスの乳首から流れ出ている。

一七九三年八月。パリのヴィラ・ホテ
ルの外の「ピラミッド」で、至高存在を
讃えている。

Lith. de Caron-Delamarre, q. des gr. Augustins, 17, Paris.
JOSÉPHINE.
« Mes frères et mes sœurs, » dit l'aimable compagne
Du grand Napoléon, cet autre Charlemagne: —
« Mon époux a dit vrai, l'exemple, les leçons
« Des vertus de l'honneur, viennent des Francs-Maçons.
DECHEVAUX-DUMESNIL,
Rédacteur en chef du Journal le FRANC-MAÇON.
56, Quai des Orfèvres, à Paris.

雑誌「フランコ・マコン」の中のエッチング画で、メイソン的な正装をする王妃ジョゼフィーヌが描かれている。これは一八〇三年にストラスブールのロッジで、「フランス勲爵士に選定される」儀式に参加したときのもの。王妃が立つ三日月のような雲に注意。これは「イシス」をほのめかしている。

キュベレーあるいはイシスの頭飾り。一六七五年こパリのサントゥスターシュ庭園で見つかった。これはアントニヌス時代のものでイタリアから来たものと思われる。これを右図の凱旋門に装飾されている女神の頭にのる「塔」と比べて欲しい。

女神がナポレオンに月桂樹の花輪の戴冠をしており、ナポレオンの足元にはもう一人の女神がおり、キュベレーあるいはイシス「塔」をかぶっている

ルーヴルの正面にある女神イシス像。東を向き、ナポレオン広場からの日の出を見つめている。

「ロッジ・ボナパルト」（一八五三年）。多くのメイソン・ロッジがナポレオンの名前を付けていたがその一つ。ナポレオンとジョアキム・ミュラがメイソンの正装で立っている。上のキャプションには「フリーメイソンの法が支配するところでは、平和が支配する」とある。

革命のエッチング画でナポレオンが「至高存在」をすべての宗教グループに説いている。上にはギザの大ピラミッド群が描かれていることに注意。

コンコルド広場（左）のオベリスク。ルクソール神殿（右）から運んでいる。ルクソール神殿からはオベリスクが無くなっている。

パリのジェニー（あるいは自由のジェニー）。バスティーユにある柱の頂上に飾られている。

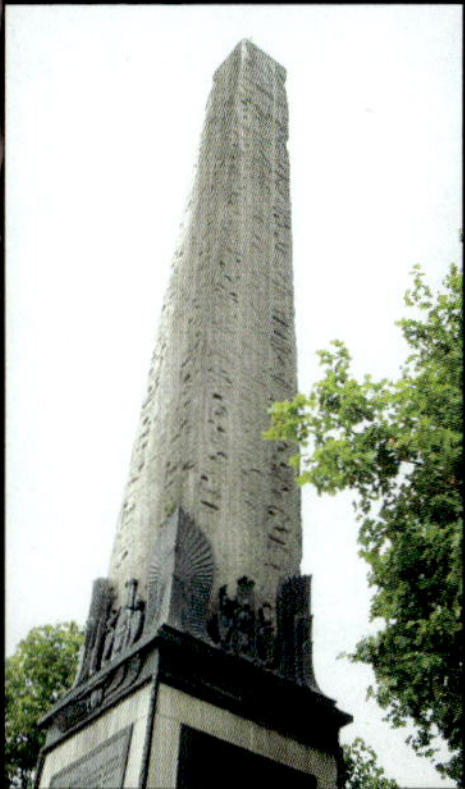

トトメス三世のオベリスク。ロンドンのビクトリア河岸にある。「クレオパトラの針」として良く知られている。

革命家・建築家エティエンヌ・ルイ・ブレーが一七八五年に提案したピラミッド・プロジェクト。

ルーヴルのガラスのピラミッド。

バロック風の「ピラミッド」。一七八九年のフランス革命の一〇〇年祭の時にルーヴルに建設することが提案された。

一八八〇年ニューヨーク・オベリスクのメイソンによる定礎式。

一八八一年にニューヨーク・オベリスクの奉納式が行われた。メイソン式の儀式で、ゴリンジが説明をしている。

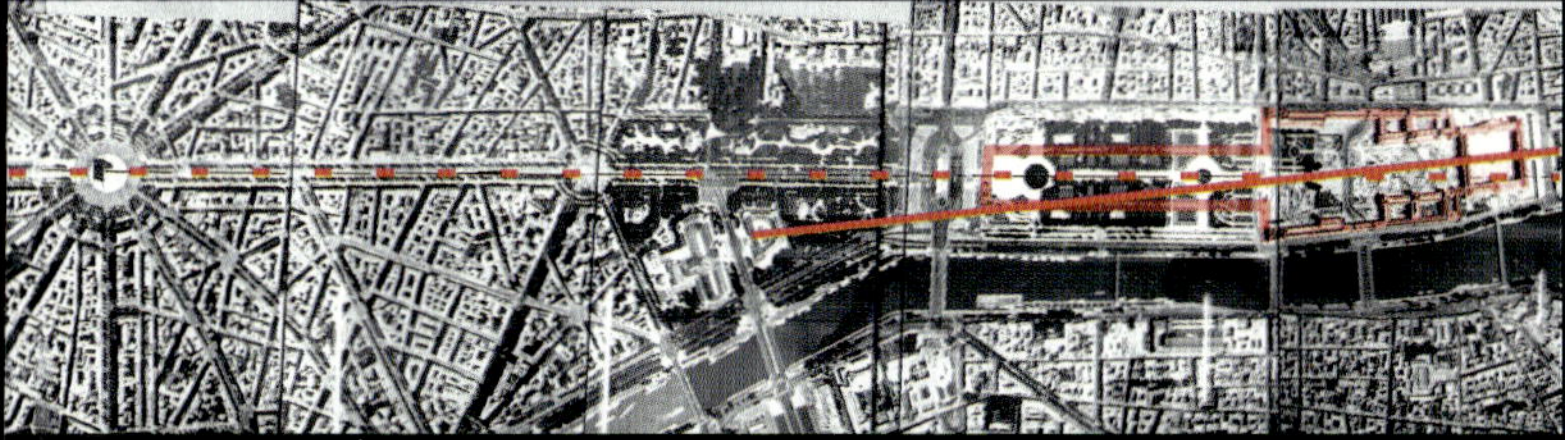

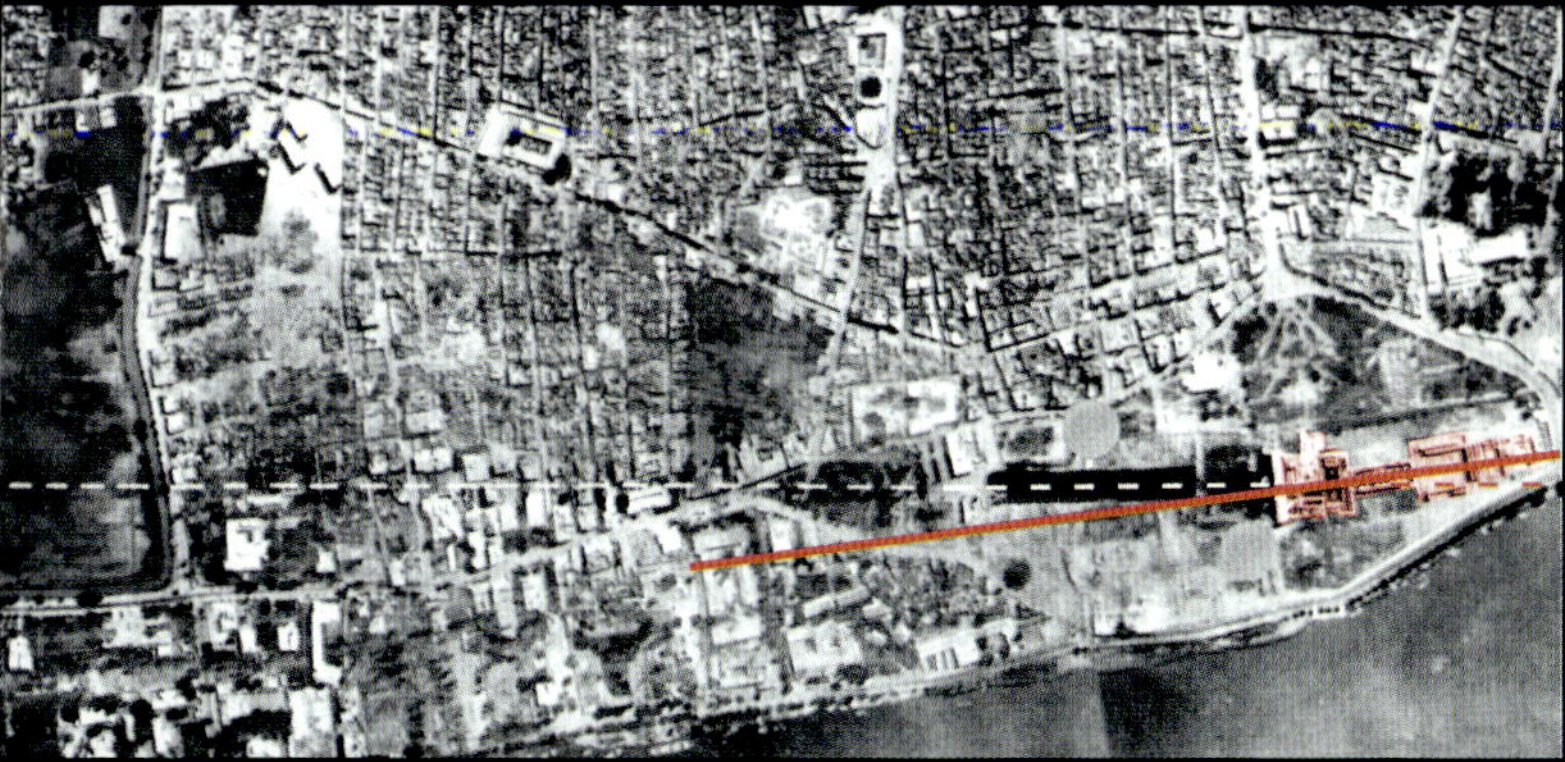

上エジプトのルクソール市を空から眺めている。上のパリの主軸と主要な配置と比べて欲しい。

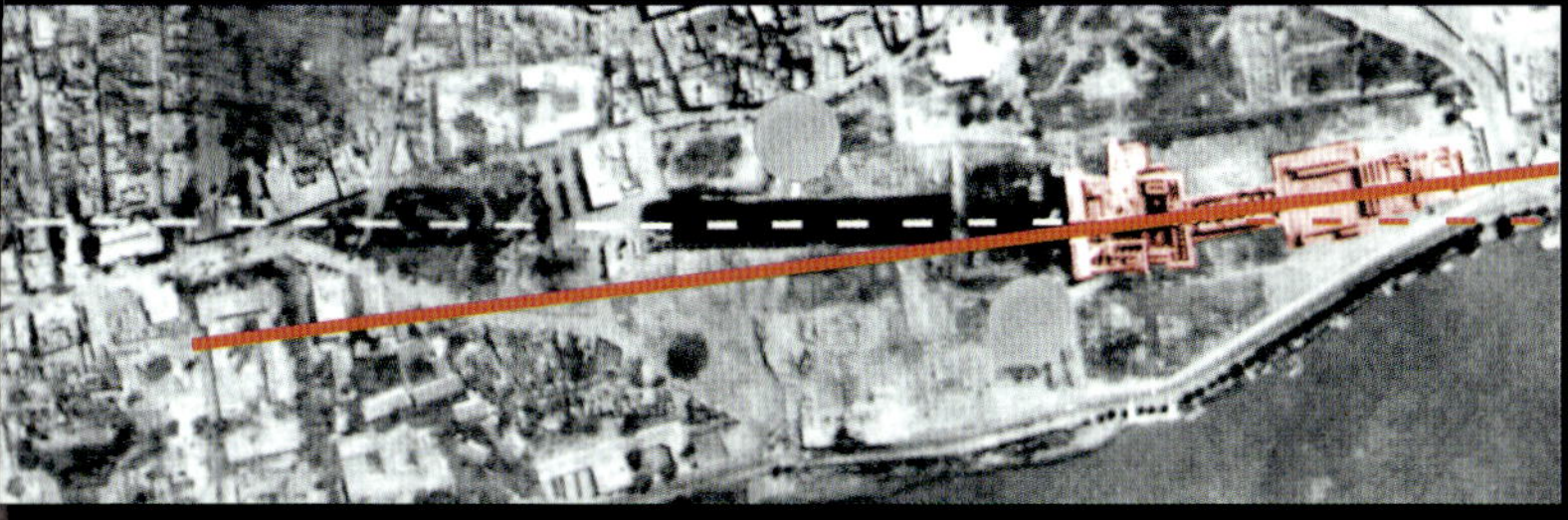

テーベのルクソール神殿を空から見ている。ルーヴル宮殿の航空写真と比べてみて欲しい（左）。

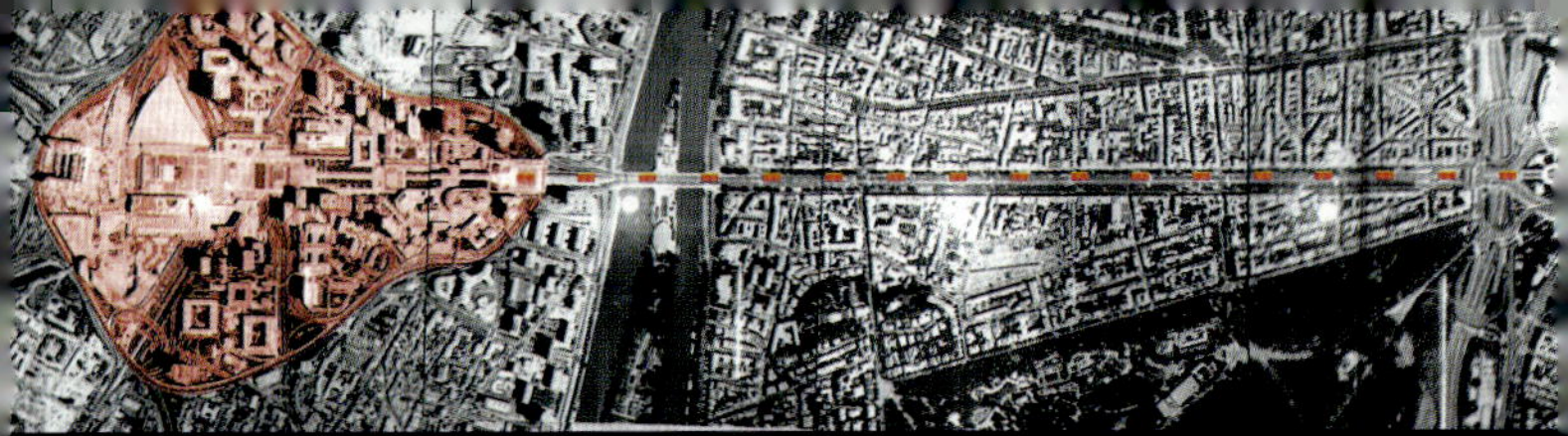

パリの歴史軸の航空写真。ルーヴルから新凱旋門まで。これを下の古代ルクソール、エジプトの航空写真に示した主軸と比べて欲しい。

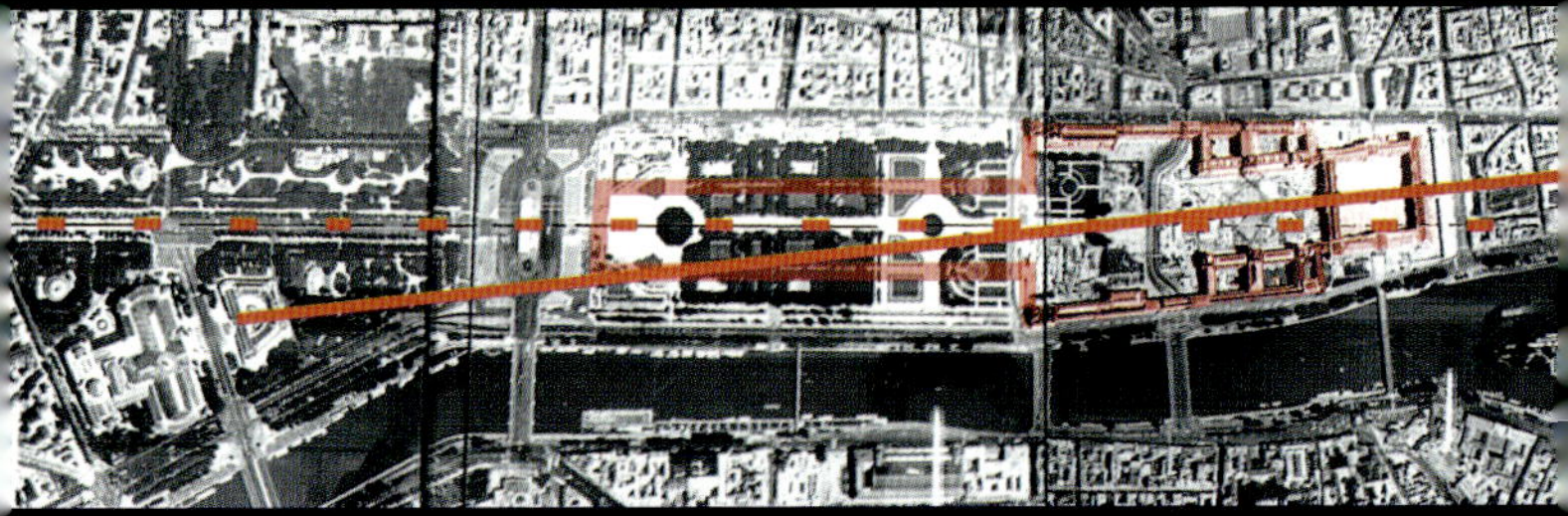

ルーヴルとセーヌ川の航空写真。ルクソール神殿とナイル川の航空写真（右）とを比べてみて欲しい。パリとルクソールでは、オベリスクの位置が同じであることに注目のこと。

ヴァージニア州アレクサンドリアにあるワシントン・メイソニック・メモリアル。アレクサンドリアにあったとされる灯台のモデル（右）と比べて欲しい。

メイソンの正装をしているジョージ・ワシントンの彫像。ワシントン・メイソニック・メモリアルにある。

フィラデルフィアのフリーメイソン・ホールにあるエジプト部屋の内装。

八月一二日にペンシルバニア大通りに沿って太陽が沈むところ。この日には、ペンシルバニア大通りの反対側の東方向でシリウスのヘリアカルライジングが起こるが、やはりこの軸に沿っている。

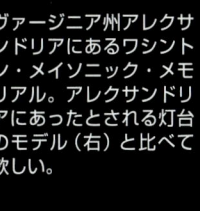

タリズマン

下

秘められた知識の系譜

TALISMAN

By Graham Hancock and Robert Bauval

#『目 次』タリズマン 秘められた知識の系譜 下

第三章

見えない教団

「リシュリューは薔薇十字団を受け入れなかった。だが一一年後にカンパネッラがパリに来たとき、枢機卿の強力な支援を受けた……これはカンパネッラの思考が、権力者の受容できるチャネルへ、変更されたことを意味する……」
（フランセス・イエイツ著『ジョルダーノ・ブルーノとヘルメス主義的伝統』シカゴ大学出版局、シカゴ、一九九一年、四四六ページ）

「薔薇十字団員は存在するのか？　あなたはその一人か？……」
（フランセス・イエイツ著『薔薇十字の覚醒』アークペーパーバックス、ロンドン、一九八六年、二〇六ページ）

ルイ一三世が統治していた一六二三年は、トマソ・カンパネッラがフランスの宮廷に到着する一一年前だ。この頃のパリで、ある破壊活動組織の存在が知られるようになった。人目を盗んで真夜中に、よく目立つ看板が公共の建物の壁に立て掛けられた。パリの町中に置かれたが、この看板には以下のような声明文が載せられていた。

私たち薔薇十字団の主要な学院の代表は、当市に見える姿と見えない姿で滞在をしています。それは私たちが正しい心を捧げる至高の存在の恵みによるものです。私たちは、行きたい国々のすべての言語をいかに話すか、人々を失敗や死からいかに引き止めるかを、本も記号も使わずにお見せし、教えます。（1）

別のポスターには様々なメッセージが書かれていたが、宗教的な色合いが強かった。

私たちは薔薇十字団の学院の代表ですが、当団体の集会に参加したい方にお伝えします。私たちは至高の存在のもっとも完ぺきな知識を教えます。この至高の存在の御名のもと、今日、私たちは集会を開きます。私たちは、参加者を見えない存在から見えるようにし、見える存在から見えなくします……。（2）

このポスター・キャンペーンは、思惑通り、パリで大きな話題になった。当時の記録を見ると、ドイツで活動的だと知られていた謎の薔薇十字団がフランスにやって来た、というので「大旋風」が巻き起こったと報告されている（3）。パンフレットや噂（かなり確実で明確）によると、秘密結社の中心には三六名のベールで覆われ、匿名で偽装されている「姿を見せない存在」がおり、彼らが六人の六つのグループに分かれて、世界中に分散しているらしい（4）。彼らは一年でいちばん日の長い、夏至の時期に集会を開く。また、ポスターやパンフレットの口調は宗教的で、明らかにキリスト教的だが、同胞の間では、すべてのキリスト教の儀式や信仰を捨てる誓いを立てているという。（5）

このような噂や暗示によって引き起こされた驚きには、ぞくぞくするような興奮を伴ったが、これを理解するには、一六二三年当時のヨーロッパの全体的状況を知る必要がある。すでに一〇〇年以上にわたって、カトリックとプロテスタントとの血なまぐさい宗教抗争が続いており、ヨーロッパ大陸の人々は分断されていた。恐れと疑いが渦巻く環境が生まれ、中央ヨーロッパでは三〇年戦争が始まったところだ。そこで、誰にとっても、特にフランスの宮廷や政府にとっては、秘密の教団が人々を「失敗と死」から救うため、パリに橋頭保を築いたというポスター宣言は、物騒で威嚇的なものだと感じられたのだ。

このような刺激的な宣伝の背後には誰がいたのか？　誰の仕業だろうか？　自らを「見えない」と呼ぶ薔薇十字団の団員とは誰なのか？

「薔薇十字団」本部から出されたという多くの文献が明らかになっているが、学者たちは今も同じ疑問について論議し、答を持っていない。はっきりしているのは、独特なスタイルを持つ「目には見えない」団員というのが誰であろうと、ブルーノやカンパネッラのような人々と非常によく似ていることだ。だが、彼らの手法は偉大なヘルメス思想の巨匠たちよりも、守りが固かった。彼らも、同じように特別な魔術的パワーや知識や「科学」を持っており、その力を使って宗教的・知的な改革を世界にもたらせると主張していた。

薔薇十字宣言

秘密結社がその言葉の定義通りに成功していたら、当時の人々にとっても存在の痕跡を見つけることが難しかったに違いない。したがって、その後の時代の歴史家が、彼らの痕跡を探すのは、楽ではないだろう。薔薇十字団が秘密結社だったとすると、彼らが姿を現す前、どのくらい姿を隠していたかについて、確かなことは言えないことになる。私たちが知っているのは、彼らに関する最初のはっきりした参考文献が登場したのはドイツであり、パリでポスター・キャンペーンが始まった一六二三年よりも二〇年ほど前であることだけだ。薔薇十字団の「目には見えない学院」について私たちが知っている、あるいは知っていると思っていることのほとんどは、この初期の活動からきている。

「薔薇十字団」という名称は二冊の薄い本の主人公である「クリスチャン・ローゼンクロイツ」つまり、「クリスチャンの薔薇十字」に由来する。深遠で珍しい内容のこの本は、一六一四年と一六一五年にドイツの都市カッセルで発刊されている。最初の本のフルタイトルは『友愛団の名声、あるいは、薔薇十字のもっとも気高き結社の友愛団の発見』だ。学者たちはこの本を単に『名声（ファーマ）』と呼ぶ。一六一五年に発刊された本は、通常『告白』と呼ばれるが、フルタイトルは『友愛団の告白、あるいは、ヨーロッパの全学者に宛てて書かれた、薔薇十字のもっとも立派な結社の讃えられるべき友愛団の告白』だ。この二冊の本を英語に翻訳すると、二五ページにもならないが、一般的に『薔薇十字宣言』と呼ばれている（6）。

『名声（ファーマ）』

『名声』は数名の熱心な薔薇十字団信者によって書かれたとされている。内容は「もっとも神に近い、学識豊かな師父であり同胞、ドイツ人で、教団の元祖で教祖C・R（クリスチャン・ローゼンクロイツ）」の物語だ。C・Rの目的は「宗教改革」をもたらすことだった。物語によると、C・Rは若い時に聖地への巡礼に出かけたが、途中、「ダマスカスの賢人たち」の間に留まった。賢人たちはC・Rを「見知らぬ人としてではなく、長いこと来訪を待っていた人」として扱った。賢人たちはC・Rに多くの秘密を見せ「C・Rはただ驚くばかり」だった。賢人たちは、さらに物理と数学の知識を教えた。C・Rはこの研究に魅了され、エルサレムに行くという当初の目的に対する興味を失い、ダマスカスの賢人たちに囲まれて三年間ほど滞在した。この研究というのはヘルメス学の奥義の伝授を受けたことを思わせる（7）。

賢人たちの祝福を受けたC・Rは、西方への旅を続け、エジプトに赴いた。そこから「地中海を帆船で横断し、フェス（モロッコ）に到着した」。そこでは「自然の精霊」たち、神秘教団の「魔術師たち、カバラ主義者、物理学者、哲学者たち……が多くの秘密を明らかにしてくれた」。だが、ダマスカスで学んだ知識の方がフェスの知識よりも優れていた。「フェスの魔術は純粋ではない……彼らのカバラは宗教によって汚染されている」とC・Rは判断を下している（8）。

二年間をフェスで過ごした後、同胞C・Rは旅を続け、スペインに入り、そこからヨーロッパを旅する。彼は東方で学んだ偉大な知恵を西洋の賢人たちに分け与えようとした。「西欧の学問の間違いと、それをいかに訂正するか……また教会の欠点、哲学的道徳のすべても修正されなければならない」。だが、C・Rが思想を伝えた学者たちからは、軽蔑され、攻撃されるだけだった。なぜなら「学者たちは自分たちの名声が落とされる」ことを恐れたからだ（9）。これを読むと、ジョルダーノ・ブルーノによるヘルメス思想による世界改革の試みを思い出さずにはおられない。

最後にクリスチャン・ローゼンクロイツはドイツに戻る。家を建て、彼の旅行と哲学について熟慮を重ね「真の記憶として一つにまとめ昇華」させた。C・Rは数学の研究をさらに究め「多くの優れた器具」を作った。五年が経つと、「彼は再び、改革をしたいという望みをもつようになった……そして疲れを知らないC・Rは、数名の仲間と改革を試み始めた」。このときに三名の同胞が登場する。同胞G・W、同胞J・A、同胞J・Oだ。彼らはC・Rと結束し「信頼でき、勤勉で、秘密を守った」。

このときから、薔薇十字団がはじまった。最初は四名だけだった。彼らは魔術的な言語と文字を作り、大きな辞書を編纂した。この辞書は今でも毎日神の栄光と賛美のために使われており、その中に大いなる叡知を見いだしている……。（10）

その後すぐに、新たに四名の団員が参加した。同胞B、同胞Gと同胞P・Dと同胞J・Aだ。「これで団員は八名となったが、いずれも独身で童貞生活の誓いを立てていた」(11)。この仲間たちは「人間が望み、求め、願いうる、ありとあらゆる本を集め」、「世界の終わりまで揺るぎなく生き残り、すべての国々の大衆の目を開く」指導システムを作り、「大衆がローマ教皇やマホメット、学者や錬金術師や詭弁家の前でも受け身にならないでいられるパワーを持てる」ようにした(12)。

したがって、「彼らの秘密と哲学体系を公開し、完全に伝える」準備のできた八名は、「別れ別れになり、数カ国に出かけた」。そこで、彼らの知恵を授けるにふさわしい人々を選別した。医学に秀でていたカタリ派の「完徳者」のように、薔薇十字団の同胞者たちも、医者となり病人をいやしたが無料奉仕だった。彼らは、その正体を隠し、行く先の土地に溶け込むために、特別な衣服を身に着けず、「行く先々の土地の習慣にしたがった」。カタリ派の「完徳者」と同じように、彼らは独身主義で、カタリ派の「完徳者」と同じように弟子を探し、「価値ある人物で、死後に後継者となれるような」弟子とともに働いた(13)。

このようにして数世代が過ぎ去った。だが、「C・Rや最初の同胞者たちを知る者はいなくなり」、彼らを知るには薔薇十字団の書物を読むしかなかった。そこで最初の八名の教えを、正しく受け継いでいるかどうかが疑わしくなってきた。そんなとき、偶然、同胞の一人がクリスチャン・ローゼンクロイツ本人の墓を発見した。そこはヘルメス思想の「記録の宝庫」であり、薔薇十字団を再建するのに必要な、すべての知恵が納められていた。「私たちはドアを開けたが、そこは幅五フィート、高さ八フィートの七つの側面と隅を持つ円天井の納骨堂だった」(14)。永久の光が「太陽」のように「天井の中央」で輝いていた。地下室には丸い祭壇が置かれており、次のような不思議な碑文が彫刻された真鍮板で覆われていた。「この宇宙を要約する箱は、私の墓とするため生涯かけて作ったものだ」(15)。真鍮銘板の下にはクリスチャン・ローゼンクロイツの遺体があった。「公正な知者の体は、完全なままで痛んでいなかった」。彼の手には羊皮紙の書物が握られていたが、その最後のページには死者への賛辞が書かれていた。

イエスの胸にまかれた一粒の種子、C・R・Cは高貴にして著名なドイツのR・C家の生まれだった。彼は聖なる啓示を受けたが、さらに鋭敏な思慮、人生を通して疲れを知らずに働きを続けたことにより、天と地の謎に入り込むことを許された。アラビアやアフリカをめぐる旅においては、王や皇帝に勝る宝物（知識のことであり、黄金や世俗的な宝物ではない）を手に入れた。だが、彼の時代には合わないことを悟り、その知識を守り、子孫が発見するよう保存した……彼は大宇宙とあらゆる点で対応する小宇宙を構築した。そして最後に過去、現在、未来の事を要約する箱を作成した。それから一〇〇年の時が過ぎたが、病気になることもなく……神の聖霊に呼び出され……叡知を授けられた魂をお返しした……。(16)

『名声』の著者は「イエス・キリストの知識を持つと」と主張し、彼らの哲学は「新たな発明ではない」と言明している。「また私たちの建物は（一〇万人もの人がすでに、すぐ近くで見たり眺めたりしているが）永遠に壊されることもなく、邪悪な世界からは隠されたままでいるだろう」(17)。

最後に高らかに宣言がなされ、大変化が起こり新たな秩序が生まれると予言する。薔薇十字団が知識の宝庫を披露し、その到来を告げるのだ。「ヨーロッパは子供をはらんでおり、強健な子を生むことになる。この子が偉大な教父の贈り物を必要とする」(18)。

『告白』

一六一五年に出版された『告白』は、『名声』の続編として書かれており、主イエス・キリストを冒瀆する「東と西（教皇とマホメットの意味）」の糾弾から始まっている。つぎに「学者たちが私たちにその存在を知らせ、教団に加わるなら、彼らがこれまでに到達し、認識し、信じ、表明しえた以上に素晴らしい秘密を見つけることになる」と約束する(19)。

つぎに『告白』は、奇妙な寓話的な言葉を使い、ヨーロッパの過去を大掃除するような大革命が起こるという。「このようにしてのみ子孫は、新たな土台を作り、再び真理に光を当てることができる」。これは「古くて荒廃した建物」の終わりのない改革や修理よりもましだ(20)。その結果、期待されるのは「世界はその深いまどろみから目を覚まし、心を開いて、帽子もかぶらず、裸足で、陽気に楽しげに、新たに昇る太陽に対面する」ことだ(21)。

つぎに『告白』は教会を攻撃する。「数学者や天文学者は月食や日食が起こることをはるか前から予測できる。それと同じように、私たちは教会が暗闇に霞んでいくことを、事前にはっきりと知り、見ることができる」(22)。さらに「ローマカトリックの誘惑者たちはキリストを冒瀆するだけでなく、明るく輝く光の中でも、嘘を控えない」という(23)。また、彼らの書物への正しい理解を数回にわたって求めている(24)。最後は……。

私たちは真実と真心を込めてキリストへの信仰を告白し、ローマ教皇を非難する。真の哲学に熱中し、キリスト教的生活を営み、神の光が同じように注がれている多くの人々が教団に入るよう、毎日呼びかけ、懇願し招待している。(25)

『告白』は、すべての物語が起こった年代をはじめて読者に明らかにしている。クリスチャン・ローゼンクロイツが生まれたのは一三七八年であり、一〇六年間も生き、一四八四年に亡くなっている。彼の墓は一二〇年後に再発見された。つまり一六〇四年であり、『名声』が発表されるちょうど一〇年前だ(26)。

『化学の結婚』のミステリー

三番目の出版物は一六一六年に現れたが、薔薇十字宣言の謎をさらに深めている。書名は『クリスチャン・ローゼンクロイツの化学の結婚』であり、薔薇十字宣言同様に、赤の十字架を使い、赤い薔薇を象徴とする秘密の教団について語っている（27）。薔薇十字宣言の場合は、社会的・宗教的な変革が焦点にされていたが、この物語の焦点は「内面的変容」とも言えるものに変わっている（28）。『名声』と『告白』の著者はいまだにはっきりとしていない。だが『化学の結婚』の著者は、ドイツの若いルター派の牧師、ヨハン・ヴァレンティン・アンドレーエだと、長い間、学者たちは同意していた（29）。特にフランセス・イエイツは、彼で間違いないと信じていた。だが、最近の研究で、原作者に対する疑問が提示されている。なぜなら一六一六年に書かれた『化学の結婚』の文体が、アンドレーエの他の現存する文献の文体と、明らかに異なるからだ。ヘルメス思想の研究家アダム・マクリーンは次のように言う。

アンドレーエはルター派の正統派で、著名な牧師であり学者だった。彼がこのように深遠な秘義の文章を書けるとは、まず考えられない。この物語はプロテスタントでも異端と見なす多くの思想が基礎となっているのだ。（30）

混乱が起こるのは、アンドレーエが『化学の結婚』という短い劇を書いたのは、ヴュルテンベルグの大学生だった、一六〇二年から一六〇三年だったことにある。アンドレーエは、「若いとき、作家になる最初の試みの一つ」（31）として『化学の結婚』を書いているが、原作は現存していない。後でも触れるが、その後アンドレーエは秘義とヘルメス学の仲間に入り、ドイツにおける初期の薔薇十字団運動に深くかかわっている（32）。したがって、学者たちが一六〇二年ごろにアンドレーエによって書かれた『化学の結婚』と、一六一六年に出版された著者不明の『クリスチャン・ローゼンクロイツの化学の結婚』を同一視するのも自然だった。一六一六年の『化学の結婚』は薔薇十字宣言（一六一四～一六一五年）や当時の出来事にも触れており、失われた一六〇二年頃の『化学の結婚』と同一でないことは明らかだ。だが一般的に、アンドレーエが出版前に更新したのだろうと考えられている（33）。

一五八六年生まれのアンドレーエは一六〇三年というと一七歳であり、私たちの考えでは、『クリスチャン・ローゼンクロイツの化学の結婚』のように深遠で、暗く、豊かで複雑なシンボルが含まれる作品を書くにはまだ若すぎ、社会経験も不十分だ。一六一六年に出版された頃、アンドレーエは三〇歳になっており、事態は大きく変わっている。それでも、彼が著者ならば、子供の頃に書いた原作を更新する程度ではすまなかっただろう。出版する前に完全に書き直したに違いない。最終的な作品に一七歳の少年の雰囲気は、まったく感じられないのだ。アンドレーエが大人になって完全に書き直したとしても、それでも問題は残る。作品の底流には「ヘルメス思想」があり、アンドレーエの他の作品群と、文体がまったく一致しないことだ。一六〇二年から一六〇三年の原作が発見されないかぎり、だれもが納得できる結論に到達することは不可能かもしれない。だが、アダム・マクリーンの以下の推測には説得力を感じる。

アンドレーエは『化学の結婚』を書いただろうが、それは素朴な劇か、仮面劇だったのだろう……数年経って……薔薇十字団の同胞が……もちろんアンドレーエの知り合いだが、アンドレーエの未発表の劇に手を加え、今日私たちが知っている、複雑で秘教的で寓話的な物語にしたのだろう。(34)

奇妙な物語

『化学の結婚』の内容については、ここで詳細を語るスペースはない。英語に翻訳された本は、九〇ページほどになるが、七章に別れ、各章が巡礼のような一日の旅になっている。語り部はクリスチャン・ローゼンクロイツ本人だ。彼は薔薇十字宣言によると一〇六歳まで生きたことになる。C・Rが生まれたのは一三七八年で、物語は一四五九年を舞台にしているから『化学の結婚』における彼の年齢は八一歳だ(35)。

「最初の日」、C・Rはテーブルの前に座り、「主である光の父が、彼に覗かせてくれた、多くの偉大な謎」について静かに瞑想している(36)。ここで注意をしておくが、「光の父」という言葉は、新訳であれ、旧約であれ、キリスト教の聖書に出てくることはない(37)。だが、キリスト教の初期の数世紀には、マニ教でもグノーシス派でも正義の神を呼ぶのに、頻繁に使っていた。グノーシス派のクリスチャンのある一派では、信者たちが「光の息子たち」と自称していた(38)。

深い瞑想に入っているとき、C・Rは天使の訪問を受けた。光り輝く翼を持つ天使の姿で「輝く美しさを持つ乙女……天界の金色の星たちのようにキラキラ輝くブルーの服をまとい……」、彼女は

「小さな手紙」を礼儀正しくテーブルの上に置くと、大きなトランペットの音ともに、天界高くに急いで帰っていった(39)。C・Rが手紙を開けると、それは「王の結婚」への招待状と暗号を使った警告だった。この招待を受ける決断をする前に、自らを詳しく検討しなさいというのだ。

もしも十分に清潔でなければ
この結婚式はあなたに害をもたらします
偽証は危険をもたらします(40)

誰でもこれは、変な結婚式だと思うだろう。何しろ不純な、真実を語らないお客には危険が訪れるというのだ。これは何を示唆するのか? それは、この物語が実際に起こった話でも、架空の話でもないことだ。この物語はアダム・マクリーンが言うように、「秘教の寓話」にあふれている。ここでの結婚寓話は、「結婚」よりも個人的な挑戦あるいは探求という性格を持つといえるだろう。聖杯の探求の伝統と非常によく似ており、「客たち」は来るべき「日々」を前にして、試練と道義的矛盾に直面する。そこで「客たち」は協力して複雑な錬金術を行使して、不思議な純化と変化の過程の一部となる。

聖杯と同じように、『化学の結婚』も秘教的キリスト教の物語だとよく言われる。だが、アダム・マクリーンは疑問を提示する。「どこにキリスト教のメッセージがあるのだ?」ここで語られているのは、キリスト教の宗教的体験というよりも、古代の「謎の秘教の伝授」のようだ（41）。

第一日目、八〇歳代のクリスチャン・ローゼンクロイツは、結婚式の招待状に警告されていたことを行う。彼は自己の内面と外面を絶対的な正直さで観察し、不十分であることを認める。

熟慮すればするほど、秘教について無知蒙昧であることがわかってくる……さらに私の肉体的生活、外部への行動、隣人への同胞愛などは不十分だし純粋さも足りない。人々のために尽すのでなく、名声や世間的な見せかけを目的とする世俗的な欲望も持っている。私がいつも考えているのは、持っている技術をいかに使って、目先の利益を得るか、素晴らしいものを作るか、世界に不滅の名声を残すことなど、多くの物質的思考にすぎない……。（42）

興味深いのは、C・Rが自ら叱責するのが（1）秘教に眼が開いていないこと、内面的な霊的認識《グノーシス》に欠けていること、および（2）己の世俗的・物質的行動であることだ。それはともかく、クリスチャン・ローゼンクロイツは結婚式に出席する決意を固める。白のリンネルの外套をまとい、肩から斜めに深紅のベルトを下げ、帽子に四つの赤い薔薇をさしたC・Rは、旅に出かける。これが最初の日の終わりだ。

二日目、ローゼンクロイツは深い森に入り、やがて開けた場所に出る。そこで彼には「四つの道の選択肢が与えられるが、いずれの道を通っても途中で諦めないかぎり、宮殿にたどり着ける」。一つの道は短いが危険で、別の道は長く曲がりくねっているなど、いろいろだ。最終的にC・Rは宮殿にたどり着くが、そこにはすでに他のお客たちも到着している。美しい乙女が現れ、準備のできていない客は、ここに来るべきではなかったと、お客たちに不吉な宣言をする。

明日にはすべてのかたがたが
天秤で重さを量られます……
己のパワーを超えて冒険した方は
ここに来られなかったほうが良かったでしょう
皆さまの幸運をお祈りします（43）

『化学の結婚』の残りの五日間を、詳しく説明はしない。だが、三日目に象徴的な「お客たちの体重測定」が行われる。ここであるものは成功し、あるものは失敗する。「天秤であまりにも軽かった」客には、それぞれ程度に応じて罰が下される。一つの重りよりも軽かった最悪の反則者は虐殺される(44)。ここにでてくる興味深い風景の多くは、古代エジプトの『死者の書』にでてくる死後の旅における「魂を天秤にかける」という段階の場面を強く思い起こさせる。『死者の書』は紀元前二〇〇〇年に書かれており、一七世紀に『死者の書』を読めた人はいなかったはずだ。『化学の結婚』の他の光景の要素も、古代エジプトと共鳴している。たとえば、不死鳥、ヘルメス神、宮殿の三六五段のらせん階段、「太陽の家」、死の光景、復活の儀式（断首された体を再生できるまで、あらゆることを行って、この島でのつらい仕事を続けなくてはならない）(45)、ピラミッド、五角形、探求のために必要な道具、たとえばはしご、ロープ、羽、錬金術で作った卵、奇跡的な速度で成長する鳥、王と王妃の甦り、お客の数名が「黄金の石の騎士たち」に位が上がることなど、いろいろある。

七日目の終わりにかけて、クリスチャン・ローゼンクロイツは重要な本に署名をするが、その下には謎の標語が記されていた。「最高の叡知とは、何も知らないこと」(46)。

ブルーノ、カンパネッラと薔薇十字団

『化学の結婚』の中心には、死と復活、霊の変転という優れた寓話が横たわっているという見解は間違っていないだろう。したがってアダム・マクリーンが、このすべての過程を古代の秘教の伝授と比較するのは正しい。七日間が成功裏に終わった後、伝授を受けた人は、すべてに精通した人になる。つまり完全者《ペルフエクテイ》であり、「魂が物質的存在という束縛から逃れて」グノーシス（霊知）を得る(47)。そうなると『化学の結婚』の本質は、アレクサンドリアのヘルメス学者、グノーシス派、マニ教徒、パウリキアノス派、ボゴミール派、カタリ派と同じだということになる。この偉大な異端の連鎖については、これまでの章で詳しく述べてきた。『化学の結婚』はある意味で、とらえ所のない薔薇十字団の「信仰の告白」である。したがって彼らが言う世界の普遍的改革というのは、ヘルメス的な性質を明瞭に持っているといえる(48)。

さらにこの見方を強めるのは、姿を見せない「薔薇十字団」がキリスト教の枠組みの中で、ヘルメス的魔術、グノーシス、カバラ、錬金術を混在させて使っていることだ。つまり、当時の世界を席巻した小冊子が求めていたのは、薔薇十字団で世界改革することだけではなかった。改革には、ピコ・デラ・ミランドラ、ジョルダーノ・ブルーノ、トマソ・カンパネッラなど、ヘルメス思想の賢者の知的武器を使おうとしている。さらに興味深いのは、ヨハン・ヴァレンティン・アンドレーエとつながりのあった「同胞」たちは、「クリスティアナポリス」と呼ばれるユートピア都市の概念に関与していたことだ。この都市は世界の小宇宙で、ヘルメス的な政治家である神官によって統治される(49)。これはカンパネッラの『太陽の都』構想を思わせる。このように、言葉もイメージも狙いも似ているので、「薔薇十字団」運動というのはジョルダーノ・ブルーノのドイツにおける長期逗留(一五八六年〜一五九一年)にその根を持つのではないかと、想像することも許されるだろう。さらにこのころ、カンパネッラの『太陽の都』の写本が、こっそりとドイツに持ち込まれている。薔薇十字宣言が姿を現す数年前だ。

一五九二年にヴェネツィアで行われたブルーノの宗教裁判の間に(裁判がローマに移管される前)、ブルーノのヴェネツィアにおける弟子の一人で裏切り者のモチェニーゴは、ブルーノがドイツに新たな哲学一派を創立させる計画だと報告している。別の証人は、一派はすでに存在し、ブルーノは「ジョルダニスティ」と命名し、ドイツのルター異端派の間で人気があると述べている。このような証言があるためフランセス・イエイツは、噂の「ジョルダニスティ」と薔薇十字団の未解決のミステリアスな起源とは関係があるのではないかと考察している。イエイツが言うように「ドイツで薔薇十字団のことが最初に話題になったのは一七世紀初頭だが、ルター派仲間内であった」のだ（50）。だがこのような関係があったとしても、イエイツが発見しているように、あまりにもあいまいでとても確実だとはいえない。それにもかかわらずイエイツが「ヘルメス思想に基づく普遍的改革を求める薔薇十字団の野望は、ブルーノとカンパネッラに負うところがあるのではないか」と示唆するのに十分な暗示や手掛かりは存在している（51）。ブルーノとドイツの薔薇十字団運動との直接の関係はまだ確認されていないが、カンパネッラと薔薇十字団員に関係があった強固な間接的証拠は存在する。

ヴェールを脱ぐ太陽の都

カンパネッラの偉大な作品『太陽の都（キヴィタス・ソリス）』は、一五九九年から一六二七年まで長期にわたって投獄されていた期間に書かれている。初版の印刷本はラテン語版で、一六二三年にドイツのフランクフルトで出版された（52）。だが、ラテン語ではなくイタリア語の原稿は一六〇二年には完成されており現在まで残っている（一九〇四年まで出版されなかった）（53）。さらに別の原稿写本が、はやければ一六一一年、遅くとも一六一三年に、カンパネッラの弟子の一人によって牢獄から持ちだされている（54）。牢獄を頻繁に訪れていたこの弟子は、ルター派のトビアス・アダミだ。原稿を持ちだしたアダミは、これをドイツ南部の都市チュービンゲンに運んでいる（55）。当時、この町にはヨハン・ヴァレンティン・アンドレーエが住んでいた。彼はヘルメス思想に造詣の深い薔薇十字団の関係者であり、『クリスチャン・ローゼンクロイツの化学の結婚』の著者か共著者の可能性がある。

アダミはカンパネッラの原稿を、チュービンゲンに住んでいたアンドレーエや他の薔薇十字団の仲間に渡したのだろうか？　その可能性は極めて高い。そうだとすれば、『名声』と『告白』は一六一四年から一六一五年に出現しており、『化学の結婚』は一六一六年に出てきているので、イエイツが示唆するように、「全面的改革を求める薔薇十字団の野望」は、カンパネッラに影響される十分な時間があったと言えるだろう。イエイツによると、そのつながりはアンドレーエの親しい友人にカンパネッラのドイツ・ルター派の門弟がいるため強まるという。その男の名はヴィルヘルム・ヴェンセだ(56)。

薔薇十字団現象の背後に、カンパネッラやトビアス・アダミ、ヴィルヘルム・ヴェンセや謎深いヨハン・ヴァレンティン・アンドレーエがかかわっていたと示唆するのは、フランセス・イエイツ女史だけではない。クリストファー・マッキントッシュも同じように、カンパネッラの「太陽の都というユートピアは、ヘルメスの神官に統治される理想社会だが……薔薇十字宣言が作られる雰囲気を作り出した」と主張している(57)。アンドレーエはドイツに「クリスチャン・ユニオン」作ろうとしていたが、ヴェンセはその名称を「太陽の都」にすべきだと提言している(58)。

一六一九年にアンドレーエは特殊なユートピア都市「クリスティアナポリス」の美徳を明細に説く本を出版したが、これは『太陽の都』の出版の四年前であり、『太陽の都』の原稿がチュービンゲン市のルター派の仲間に届いてから、六年の歳月が流れている。したがってカンパネッラのキリスト教ヘルメス的な理想国家の構想が、大きな影響を与えていたことは、まず間違いないだろう。

テームズ川とライン川の合流

『クリスチャン・ローゼンクロイツの化学の結婚』の中心となるイメージは、神話的な王様と王妃の華麗で魔術的な結婚式だ。だが実のところ、『化学の結婚』が出版される三年前の一六一三年二月に、華麗で神話的な結婚式が挙げられている……。

この物語は一六〇三年三月二四日にイングランドの王妃エリザベス一世がリッチモンド宮廷で亡くなったときに始まる。彼女に子供はいなかった。そこで、王国はもっとも近い親戚である従弟《いとこ》のスコットランド王ジェームズ・スチュアート六世に譲られた。彼は三七歳でイングランド王ジェームズ一世として王位に就いた。当然ながら、彼にしたがってスコットランド宮廷から多くの王族や貴族がイングランドにやって来た。彼らが持ってきたのは伝統的なエリート紳士による排他的な友愛会だけではない。近代においてもっとも強力で影響力が強くなる秘密結社の種も運んできた。

ジェームズ一世は忠実なプロテスタントだったが、傑出した従姉《いとこ》が亡くなったため、小さくて貧しい国スコットランドの王から、世界で覇を争う強力な国家の絶対者となった。彼の性格は無遠慮で礼儀知らずで、期待外れだった。結婚もしたが、明らかに女性を蔑視しており、男仲間に囲まれて時を過ごすことを好んだ。当然ながら、時には男たちと性的関係があったのではないかと噂されていた

(59)。

聖書の狂信的信者であったジェームズ一世は、王の統治には「聖なる権利」があると強固に信じていた。だが、彼は王としても政治家としても凡庸で、人によっては失格者だったという。イングランド人は彼が伝統的な仇敵スペインと結んだ平和を信頼していなかった。そして彼がスペイン大使と親交を深くするのを見て、当惑した。

だが一六一二年に、これらすべてが許されることになった。ジェームズ一世はエリザベスという名前を持つ娘の結婚を発表したのだ。相手は若くて人々に愛されていたドイツのプロテスタントの王子で、ラインのプファルツ選帝侯フリードリヒ五世だった。ロマンの香りが高く、魅惑的で、もうすぐ結婚式が行われるという興奮があり（今も昔も大衆は王室の結婚を好む）、この動きがジェームズ一世のプロテスタントの大義に対する責任感を確認するものだと思われた。イングランドやその他の国々の多くの人々は、ジェームズ一世が、先代のエリザベス女王のようにヨーロッパのプロテスタントを守護するのではないかと期待し始めた。このような期待は当然ながら、特にプロテスタント改革の中心地であるドイツで何が起こるかに焦点があわされた。

ラインのプファルツ選帝侯は、繊細でハンサムで非常に優しい若者だった。彼はハイデルベルクの有名な大学で洗練されたフランス流の教育を受けた。一六一〇年、ラインのプファルツ選帝侯は、ドイツ・プロテスタント同盟の創立者で熱烈なカルヴィン派である父親フリードリヒ四世の後を継いだ。ドイツ・プロテスタント同盟はドイツのプロテスタント公国の連合であり、目的はカトリック連合とハプスブルク家の権力に抵抗することにあった。そのためにドイツ国内で提携関係を築き、アンリ・ド・ナヴァールに率いられるフランスのユグノー派やイングランドのプロテスタントなどの外国の共鳴者と提携した。

プファルツという場所は二ヶ所に別れている。北バイエルンにある上プファルツと、ライン川中流の両岸にある下プファルツ（ライン・プファルツ）だ。中世からプファルツ公国の統治者は、ハプスブルク家の皇帝がいないときはその領地の世話役を務めていたが、やがて、新しい皇帝たちを選ぶ選定者の一人となる権利を獲得し「選帝侯」という肩書きを持つようになった。一五六〇年代にプファルツ公国がカルヴィン主義を採用すると、これらの公国は突然、ドイツにおけるプロテスタントの大義の防波堤となった。ラインのプファルツ選帝侯フリードリヒ五世は、ハプスブルク家の下にあるカトリック連合に反抗するプロテスタントの象徴的存在になった。当然ながら、フリードリヒ五世がジェームズ一世の娘と結婚したことは、この抵抗をさらに強力にすると思われた。

フリードリヒ五世が一六一二年秋にイングランドを訪問したとき、イングランド宮廷に大変によい印象を与えている。若い王女エリザベスは、一目惚れをして、深く惚れ込んだが、それはフリードリヒ五世も同じだった。まさに世紀の究極的おとぎ話が約束されていた。フリードリヒ五世にはガーター勲章が授与され、王国の誰もが素晴らしい結婚式を期待し、この結合によって偉大なことが成就されると喜んだ。

結婚式は一六一三年の聖バレンタインデーの二月一四日に、ロンドン近くのテームズ川沿いで豪華な宴会と共に行われた。二カ月後の四月二五日、幸せ一杯のロイヤル・カップルはドイツに向けて旅立ち、下プファルツのハイデルベルク宮殿に宮廷を開いた。

ディーとクリスチャン・ローゼンクロイツ

第一〇章で見たように、一五八三年にジョルダーノ・ブルーノがイングランドに到着したとき、エリザベス朝の占星術師、魔術師、数学者であったジョン・ディーが国を離れようとしていた。オックスフォードにおけるブルーノの聴衆の一人、ポーランドの王子アルバート・アラスキが、ディーとその家族をポーランドのトレボナにある家に招待し、ディーが受諾したのだ。このときに、若い助手のエドワード・ケリーも連れていった。

一五八三年一〇月にイングランドを離れたディーとその小さなグループは、まずトレボナに一年間滞在し、それからポーランド、ボヘミア各地を一五八七年まで広く旅し、町から町へと渡り歩き、土地の貴族たちのために神秘的な降霊会を開催し魔術を演じた。ディーとその家族はドイツとオランダを通りイングランドに帰ったが、ケリーはポーランドに留まった。その後、ケリーはドイツで異端者として投獄され、一五九三年に牢獄から逃げようとして事故死している。

イングランドに戻ったディーは貧困に落ち込み、エリザベス一世が哀れんでセントポール大聖堂の主教区尚書係に任命したときには、困窮の極みにあった。数年経ってディーはマンチェスター・カレッジの学長に任命され、エリザベス一世が亡くなった一六〇三年まで、その職にあった。だがジェームズ一世の治世になると、ディーは王室への影響力をまったく失い、支援も得られなくなった。彼は八一歳になった一六〇八年に、極貧の状態で亡くなっている。

興味深いことに、八年後に出版された『化学の結婚』の主人公クリスチャン・ローゼンクロイツも八一歳だった。薔薇十字宣言は同胞たちの通信に暗号を使うことを誇りにしていることから考えると、これは偶然ではないと私たちは考える。『化学の結婚』の著者が誰であろうと、彼は意識して、秘密裏に、ディーと薔薇十字団の伝説的創設者であるクリスチャン・ローゼンクロイツが関係していることを表明しようとしているのだ。

これはもちろん推測に過ぎない。だが、この推測に信ぴょう性を与えるのは、薔薇十字運動のルーツが、『名声』『告白』が出版された一六一三年から一六一四年よりも遥か前の、ディーが諸国を訪問していた一五八〇年代のドイツやボヘミアまでさかのぼると多くの学者が考えていることだ。この分野の偉大な学者、故フランセス・イエイツは、間違いなくディーの影響がうかがえると述べている。この影響はディーのドイツとボヘミアの旅から、直接もたらされたのかもしれない。あるいは、もっと後に間接的にもたらされた可能性もある。つまり王女エリザベス・スチュアートに随行してきたイングランドの学者や芸術家の多くが、ディーの影響を受けていたかもしれないのだ。彼女の新しい住まいは下プファルツのハイデルベルクだったが、後にボヘミアのプラハに移動している(60)。

このような影響を完全に明るみにさらすことは、現代の学者たちには難しい。あまりにも見事に隠されているからだ。確かなこととして言えるのは、一六一四年から一六一六年の薔薇十字団現象は、フリードリヒ五世とエリザベス・スチュアートの一六一三年の「錬金術的な結婚」のすぐ後に起こっていることだ。当時の他の兆候と合わせて考えると、これらの出来事は、長年にわたるヨーロッパでの宗教と政治の不寛容を終わらせる希望をもたせるものであり、新たな夜明けを約束するように思われたのだ。

薔薇十字団のフリードリヒ五世への投資

ヘルメス的な「太陽の都を建設」するにはパトロンと世俗の強力な指導者の参画が必要だ。彼らの支援なしには、建築は言うまでもなく、社会面・政治面・宗教面での偉大な変革は、不可能な夢だ。そう考えると、ドイツのプロテスタント同盟の首領、プファルツ公国のフリードリヒ五世は、薔薇十字団員やヘルメス思想家たちのヨーロッパ大変革の構想において、鍵を握る世俗的指導者だと見なされたに違いない。フランスのアンリ四世も一六一〇年に暗殺される前は、彼らから、同じような役割を期待されていた。フリードリヒの場合は、イングランド王の娘との結婚というわくわくするような出来事が加えられている。これを見て多くの人々は、将来、イングランドがハプスブルク家とカトリック連合に対抗して軍事介入する証拠だと思った。

ハイデルベルクでフリードリヒ五世がもっとも信頼していた最高顧問はアンハルト侯クリスチャンだった。アンハルト侯は秘教や魔術を熱心に学んでおり、特に錬金術、カバラ、隠秘学《オカルト》に造詣が深かった。彼はドイツの錬金術師オズワルド・クロルの擁護者であり、侍医にしていた。同時に、トレボナ近辺に土地を持つ富豪ペーター・ローゼンベルクの友人でもあったが、ペーターはフィレム・ローゼンベルクの兄弟だ。フィレムは数年前にジョン・ディー来訪に当たりホスト役を努めている（61）。さらに驚くことに、アンハルト侯クリスチャンの親しい親戚であるアンハルトの王子アウグストは、『名声』が出版される九年前の一六〇五年に出した書物で、薔薇十字団について初めて言及している（62）。

フリードリヒ五世とエリザベスのハイデルベルク宮廷と後のプラハ宮廷に、薔薇十字団の支持者がたくさん出入りしていたのは、アンハルト侯クリスチャンの影響だった。その中にはイングランドの有名なヘルメス学者ロバート・フラッド（ジョン・ディーの弟子）やドイツの錬金術師ミヒャエル・マイヤーがいた。興味深いことにアンハルト侯は、イタリアの偉大な改革家パオロ・サルピとも親交があった。サルピはヴェネツィアの神学者・政治家で、ヴェネツィアをプロテスタント共和国として独立させたいと願っていた（63）。サルピはまたガリレオとも親しく、この偉大な天文学者にオランダで開発中だった原始的なレンズを使った遠くを見る機械（望遠鏡）を紹介したことでも知られている。

アンハルト侯が四五歳の時、フリードリヒは一四歳でプファルツ選帝侯になっている。一六一三年にフリードリヒ五世とエリザベスがハイデルベルクに宮廷を持った時、二人はまだ一七歳だった。フリードリヒ四世に仕えたこともある外交に豊かな経験を持つアンハルト侯が、魅惑的なロイヤル・カップルの父親的存在になるのは自然だった。フリードリヒ五世を、偉大な世界改革の旗頭にしたのはアンハルト侯であることにまず間違いない。アンハルト侯はカトリックのハプスブルク家を打倒した後、フリードリヒ五世を最初のプロテスタントの神聖ローマ帝国皇帝にしたいと密かに希望していたことでも知られている。

一六一九年八月、ボヘミアの王位がフリードリヒ五世に提供された。プラハの反抗的な貴族たちは、ボヘミアの王位継承を世襲ではなく、選出すべきものだとしたのだ。プロテスタント君主同盟の健全な助言に逆らい、母親の懇願を振り切って、フリードリヒ五世は愚かにも王位継承を受理し、一九一九年九月にイングランド人の妻と共にハイデルベルク宮廷を離れ、プラハに向かった。このニュースがイングランドに流れると、大衆に熱狂的に迎えられた。まるで新たな、あるいは「生まれ変わり」の「エリザベス女王」が、プロテスタント主義を守るため、中央ヨーロッパに出現したかのようだった。だが今回は、プロテスタント同盟の盟主であり、強力な義父であるジェームズ一世によって守られている申し分ない若い王子が彼女の隣にいた。

すべては大誤算だった。ジェームズ一世はスペインとの不安定な平和を、危うくする気は毛頭無かった。それは間接的にはカトリック連合とハプスブルク家との平和も意味する。

このように政治的にも軍事的にも不利な環境にあったことは、フリードリヒ五世も知っていたに違いない。そこで歴史家たちはなぜフリードリヒ五世がボヘミアの王位を継ぐことにしたのだろうと首をかしげる。このような大きな危険を冒したのはなぜだろう？　伯父に宛てた手紙の中でフリードリヒ五世は理由を説明している。彼は「神のおぼしめしであり、私は従わなくてはならないのです……

私がすべきことは神と教会にお仕えすることです」と信じているというのだ(64)。

神の「教会」というとき、フリードリヒ五世はボヘミア教会かカルヴィン派の改革教会を意味したのだろう。だが、彼が言う「神のおぼしめし」がもっと大きな仕事を意味していた可能性も無くはない。その仕事とはボヘミアを超え、ドイツを超え、カルヴィン主義を超えるものだったかもしれない。アンハルト侯を通して、若い選帝侯には薔薇十字団やヘルメス思想の影響が届いており、宗教的・文化的に偉大な世界改革が起こると考えていただろう。人類に、新たなヘルメス的な黄金の夜明けがもうすぐ始まると見ていたのだ。このような考えを公表していた人々は、これを実現する道具は、最近再発見された古代の秘密の知識であり、その知識はヘルメス思想の文献、カバラ的なヘブライ文書、そして錬金術と自然の魔術という古い科学の中に発見できると信じていた。

このような思想を広めようとした者たちには、自由を失い、身に危険が及ぶ強い可能性があった。彼らは、偉大な全面的改革と学問の進歩をもたらすことができる、啓発された君主や王子を探していた。彼らが推し進める改革は『太陽の都』(カンパネッラ)、『クリスティアナポリス』(アンドレーエ)だとか、あるいはこれから述べる『ニューアトランティス』や『ニューエルサレム』と呼ばれるユートピア共和国の「都」で行われると期待されていた。そこは素晴らしい魔法的なヘルメス主義のキリスト教国家だと視覚化され、太陽王によって支配され、賢くて知識豊かな神官・学者・哲学者あるいは博士によって統治され、場所は世界の中心に置かれるという。

そうなると、騎士道を重んじるガーター勲爵士であり、イングランド王室の血を引く優雅で繊細な王女と結婚したばかりの啓発された王子が統治する、中央ヨーロッパのプファルツ公国は理想的な場所ではないだろうか？　さらに王女は、洗練されて啓発的なベーコンやシェークスピアがもてはやされた、ジェームズ一世時代のルネサンスの環境で育っている。さらに良いことに、彼女は強力な父親ジェームズ一世の影響力を持ち込んでおり、これからの偉大な冒険や大仕事の支えともなるだろう。

フランスのアンリ四世の意外な死亡によって、中央ヨーロッパの自由思想家たちは大きな喪失感と欲求不満に陥った。だがそれを救ったのが、ヘルメス思想とキリスト教とカバラを使った賢いキャンペーンだったと、私たちは考えている。このときから偉大な改革への影響力はフランスではなくドイツが持つことになったのだ。ヘルメス思想の著名な学者ジョスリン・ゴッドウインは「薔薇十字団に表明されている多くの期待は、フリードリヒに集中した。彼が『名声』や『告白』に語られている改革を始めて欲しいと期待したのだ……」と言っている（65）。

白山の戦い

フリードリヒ五世がボヘミア王に就任した翌日、彼の競争相手であり、地位を奪われたハプスブルク家のフェルディナントは、カトリック連合によって直ちに神聖ローマ帝国皇帝フェルディナント二世とされた。カトリック連合は直ちに王位強奪者のフリードリヒとプロテスタント運動全般を相手に、残忍な聖戦を仕掛けた。これが悲惨な三〇年戦争の始まりとなり、中央ヨーロッパに災難を引き起こし、ドイツの人口の半分が命を落とすことになった。

カトリックの同盟者たちだけでなく異教徒のトルコ人とも素早く交渉したフェルディナント二世は、フリードリヒ五世と彼の味方だというプロテスタント連盟軍に対抗する強力な連合軍を作り上げることができた。組織ができておらず、内部で個人的確執が絶えないプロテスタント君主たちと外国のプロテスタント勢力は、一人、二人とだんだんとフリードリヒを見捨て始めた。とどめの一撃はフリードリヒの強力な義父であるジェームズ一世によるものだった。誰が見ても、ジェームズ一世が軍隊を送らないことがわかってきたのだ。フリードリヒの短い統治が陰惨に終わることは、すでに避けられなかった。

一六二〇年一一月二〇日、フェルディナント二世のカトリック連合軍二万六〇〇〇人は、傑出した将軍ティリーの指揮下にあった。フリードリヒのプロテスタント軍は二万一〇〇〇人以上の軍勢であり、アンハルト侯クリスチャンが指揮していた。両軍がまみえたのはプラハの郊外で、白山と呼ばれる山の緩やかな山腹だった。数時間でフリードリヒの軍隊は粉砕されてしまった。アンハルト侯はカトリック連合軍の捕虜となり、フリードリヒとエリザベスは、やっとの思いで逃げたが、すべての家財を残していった。

予想通り、フェルディナント二世とカトリック連合は、忌まわしい復讐の鉄槌を、反抗的なボヘミアの土地に下した。ボヘミアがフリードリヒを選び、それ以上にプロテスタントを選んだためだ。反抗の首謀者二七名が公共の面前で断首され、土地も財産も没収され、プロテスタントにとっては悪夢だが、ボヘミアで許される宗教はカトリックだけとなった。改宗を拒むものは国を出るように命令され、彼らの資産は没収された。

推算によると、二五万人以上のボヘミア人が亡命を選択している(66)。多くはオランダに行き、他のものはイングランドにむかったが、中には新世界（北アメリカ）まで到達した人々もいた。フリードリヒの統治がヨーロッパ全域に「薔薇十字」的改革をもたらすという美しい夢は、夢で終わってしまった。

だが、そのことは夢の死亡を意味しない。場所がイングランドに変更になっただけだ。そのイングランドこそ薔薇十字団の故郷だと主張する人も多い（特に、ジョン・ディーが薔薇十字主義の父ならば）。

薔薇十字宣言が宣言していた全面的改革と学問の進歩は……フリードリヒを押し立てる運動の崩壊によりドイツでは失敗した。深く失望した人々はイングランドにやって来た。この運動が支援されなかったことを、同じように深く失望していたイングランドの人々も、彼らを歓迎した。(67)

これまで「目には見えない学院」だった薔薇十字団は、これで非常によく見えるようになる……。

第一三章

目には見えない人々の登場

「ダビデ王の死後、その息子ソロモンは父親がはじめた寺院の建設を再開し、石工を各地に探させ集めた。その結果四〇〇〇名の石工労働者が集まった。彼らはメイソンと名付けられた……」

(フリーメイソン団の古き訓諭、一五八三年ごろ)

「フリーメイソン団の伝説的な歴史は、実際の建築技術に関してだが、いくつかの中世の詩編(古き訓諭)で語られている……これらの文章のなかで……建築は幾何学と同一視されている。ある報告によると幾何学は大洪水の起こる前に発見されていたという。他の報告では、アブラハムがエジプト人に幾何学を教えたという。別の資料は……幾何学がエジプト人によって発明されたという……」

(フランセス・イエイツ著『薔薇十字の覚醒』アークペーパーバックス、ロンドン、一九八六年、二一二ページ)

五世紀のキリスト教グノーシス派と一三世紀のカタリ派が、タイムワープ(時間のゆがみ)で遭遇したら、両者ともに共通点が多いことに気がつくだろう。ローマカトリック教会を、悪魔の代理人だと見る両者の見解はまったく一致している。彼らの基本的な信仰と神学もまったく同じだ。禁欲的な生活スタイルも同じだ。

タイムトラベルをする両者が、一六世紀のプロテスタントと遭遇したら、共通するところは遥かに少ないことに気づくはずだ。素朴で典礼が地味なところは似ているが、基本的な信仰と神学に関してはローマカトリック教会との相違と同じくらい異なる。

だが古いことわざにあるように「敵の敵は友人」だ。

歴史を見ても、一三世紀にローマカトリック教会と死闘を演じたカタリ派は、もう一つの異端派であるワルド派と、緊密に連携した。ワルド派は一二世紀終わりにリヨンでピエール・ワルドによって創立されている（1）。素朴で、禁欲的で、ろくでもない聖職者による秘跡を嫌い、聖人や聖宝への崇拝に反対するワルド派は、多くの面でヨーロッパのプロテスタント主義の主流となったルター派やカルヴィン派の先駆者だった。ワルド派の異論は主としてローマカトリック教会の態度についてであり、カトリックの教義のほとんどをそのまま認めていた。一方、カタリ派はカトリックの教義を猛烈に拒否している（2）。それでもワルド派はカトリックの権力機構から暴力的に迫害された。迫害を共に経験し「ローマ的」虚栄と見せびらかしを共に嫌っていたので、カタリ派とワルド派の人々は共に行動ができたのだ。

本書は、お互いに相互関係を持つ二つの地下宗教であるグノーシス主義とヘルメス思想の歴史の跡をたどっている。

ローマ帝国で直解主義のキリスト教が勝利を得た後、数世紀にわたって迫害を生き残ったグノーシス主義は、一二世紀のヨーロッパに一種のルネサンス（文芸復興）をもたらした。オクシタニア地方の半分独立した州を支配する豪族たちの支援が得られたからだ。すでに見たようにこのルネサンスは、一三世紀のアルビジョワ十字軍によって血なまぐさい最期を遂げた。だがグノーシスの宗教はバルカン半島で明らかに生き延びていたが、一五世紀にイスラム教によって最終的に息の根を止められている。

一方、ヘルメス思想は、グノーシス主義の異端の双子とも言えるが、一〇〇〇年間、西欧で眠りについていた。突然目覚めたのは、一五世紀になってヘルメス文書が再発見され、イタリアのフィレンツェに持ち込まれてからだ。一六世紀のヘルメス思想は、ローマ法王の愛顧を得て、驚くほど恵まれた、呆れるほど不可解な時期を過ごした。だがそれもヴァティカンの人々がヘルメス思想の本性に気がつくまでだった。これは極めて危険な異端であり、カトリック教会を膝下に置こうとするものだった。異端審問官はこの件に新たな興味を持ち、「世界に全面的改革」をもたらそうとする人々に明瞭な意向をシグナルとして送っている。その結果がヘルメス思想の司祭トマソ・カンパネッラの拷問と二七年間の投獄であり、偉大な魔術師《マギ》であったジョルダーノ・ブルーノの投獄、拷問、一六〇〇年の残酷な火あぶりの刑だった（3）。

一三世紀のカタリ派がワルド派と共に行動したように、一五世紀、一六世紀、一七世紀にヨーロッパを渡り歩いたヘルメス思想や薔薇十字団の夢想家たちは、当時のプロテスタントたちと行動を共にした。このときも「敵の敵は味方」という考えが適用された。カタリ派も、一つの勢力となり、世界を変えるためには、世俗的な政治権力者の支援を必要とした。同じ理由で、一五世紀から一七世紀のヘルメス思想家も薔薇十字団の人々も、世俗的な政治権力の支援を必要とした。この支援をカトリックの王から受けるのは極めて珍しいが、年老いたカンパネッラはルイ一三世の宮廷の支援を受けていた。一方、ヘルメス思想や薔薇十字団の主要人物はプロテスタントの影響下の地域で見かけることが多い。たとえばブルーノは一五八六年から一五九一年にドイツに旅をしているが、主要人物の多くは、ラインのプファルツ選帝侯フリードリヒ五世のようなプロテスタントの領主がいる場所に集まっていた。

ブルーノは、富豪で影響力のあるプロテスタントの支援者に対しても、他の人々と対するのと同じで、極めて正直だった。彼は、プロテスタントではないし、プロテスタントになる気もなく、ただ保護して欲しいだけで、平和のうちで研究を続けたいだけだ、と明言していた（4）。だが間違いないのは、他のヘルメス思想家たちは低姿勢をとり、プロテスタントの保護者の中に完ぺきに溶け込もうとしていたことだ。当時の世相は不安定で、暴力的で、変動が激しかった。そこでカタリ派の悲惨な崩壊の後、異端の人々はプロテスタントやカトリックの人々の間で「目には見えない」ことの賢さを、常識から学んでいた。

薔薇十字宣言でもっとも強調されているのは、まさにこの「目には見えない」性質ではないだろうか？　第一二章で見たように『名声』は、初期の薔薇十字団の同胞が作った「魔術的な言語と文字」

について述べている。これは仲間内での秘密の通信のためであっただろう。『名声』がさらに報告するのは、世界に送られる同胞は、行き先の服装をして現地の風習に従うという、はっきりした方針を持っていたことだ（5）。別の言葉で言うと、彼らは土地にとけ込んでいたことだ。たとえば、ヨハン・V・アンドレーエのような方法が考えられる。彼は実直なルター派の牧師としてとけ込んでいたが、同時に薔薇十字団とヘルメス思想を研究していた。彼は薔薇十字団の言うところの「目には見えない」ことにおいて、見事に成功していたのかもしれない。だから今日でも、彼が「ただの」ルター派の牧師・学者で、奇妙な思想に興味を持っていただけなのか、あるいはほとんどの学者が信じているように薔薇十字団の信仰の宣言である『化学の結婚』の作者だったのかについて、一〇〇％確かなことが言えないのだろう。

薔薇十字宣言は、「目には見えない学院」が存在しているという。この学院はさしあたり既存の機関を利用しており背後で活動するという。つまり当分社会にとけ込んでいるが、時が来たら世界にその姿を現すわけだ。この学院が求めるのは偉大で全面的な宗教と社会の改革だという。この文脈における「改革」という言葉は、政治的に無難でプロテスタントの人々に受け入れやすくするために選ばれているが、間違いなく、プロテスタント的な改革を意味していたのではない。薔薇十字団の例から見て非常に明瞭なのは、一七世紀初頭のプロテスタント宗教団体、組織、権力機構を隠れみのにしていた人々がいたことだ。それらの人々の目的はジョルダーノ・ブルーノの極めて異端な「エジプト的」ヘルメス思想によるヨーロッパの改革だった。さらにはトマソ・カンパネッラの『太陽の都』を築こうという呼びかけにも心を留めていただろう。

目はイングランドと新世界に向けられる

前の章で一六二〇年一一月八日に、カトリック軍の神聖ローマ皇帝フェルディナント二世が、プロテスタント軍のラインのプファルツ選帝侯フリードリヒ五世を徹底的に打ち破ったことを述べた。ボヘミアの土地には迫害が加えられ、二五万人以上のプロテスタントがすべての財産を捨て置いて、難民となり逃げ出した。

中央ヨーロッパにおけるプロテスタントとカトリックの忌まわしい衝突によって、虐殺が行われ難民の長い列が生まれるのを目の当たりにしたヘルメス思想の思索家の何人かは、当然、イングランドにチャンスがあるのではないかと目を向けたことだろう。海峡を隔てたところにある強大なプロテスタント王国だ。大陸の一般的混乱から離れており、学問の進歩を通して全面的な改革がまだ達成できる希望がある場所だ。

ヘルメス思想の哲学者たちはヘルメス文書にある、天と地の二元論を信奉しており、熱心な星の観察者であることを忘れてはならない。したがって、ジェームズ一世がイングランド王として戴冠した一六〇三年の一二月にも夜空を注目していたに違いない。このとき、土星と木星が重なり合い、占星術師たちは新時代到来の前兆と見た（6）。翌年の一六〇四年には『名声』の中で、クリスチャン・ローゼンクロイツの墓が開けられている。これをきっかけに薔薇十字団の新たな活動サイクルが始まったという。この年には、奇妙な新星が二つ、蛇座と白鳥座に現れ、大きな恐れとすてきな希望がミックスしてわき上がった(7)。

この雰囲気の中、中央ヨーロッパの戦争地帯に包囲され、ルター派やカルヴィン派のプロテスタントの人々の間で身を潜めていたヘルメス思想家や薔薇十字団の人々が、何を感じていたかは、理解できないこともない。したがって、イングランドにおけるスチュアート王朝の開始が、「ニューエルサレム」の土台となると考える人々が出てきても驚くことではない。つまり神に選ばれた土地で、世界を平和と啓蒙の新時代に導くというわけだ。前章で見たように、このような希望は、「ラインとテームズ」の強力な連携ができたという、大衆の間に広がっていた理解で強化されていた。プロテスタントのイングランドと、プロテスタントのドイツの間が、プファルツ選帝侯フリードリヒとイングランドのエリザベスの結婚で、固まったというわけだが、結局これは間違いだった。

だがもう一つの要素が働いていた。それは、偉大な普遍的改革を求めている人々の集合的潜在意識のなかで大きく、ぼんやりと現れていたにちがいない……イングランドが最近購入したアメリカの広大な処女地だ。全く新しい大陸が、大西洋の反対側に忽然と姿をあらわしたのだ。これはまるで新種のヨーロッパ人によって植民地化されるのを待つ「ニューアトランティス」のようだ。改革者たちの何名かは、ヨーロッパも宗教問題も捨て置いて、「全く新しい社会」を汚れの無く色あせていない「新世界」に作ったほうが簡単だし、優れた方法だと思ったのではないだろうか？　「全く新しい社会」は、改革された社会で、幸福と正義と学問の進歩を追求できるところとなるわけだ。

ヘルメス的なベーコン

フランシス・ベーコン（一五六一〜一六二六年）は、エリザベス一世の国璽尚書（保管係）の息子であり、一二歳の時にケンブリッジのトリニティ・カレッジに送られている。一八歳の時、父親が亡くなり一文無しとなったが、法律を勉強し、二三歳の時には下院議員となることができた。彼は同僚から嫌われ、エリザベス一世にも不信感を持たれていたが、一六〇三年に女王が亡くなった後のジェームズ一世からは信頼され支援を受けた。王の支援を受けたベーコンは急速に有名となり富も得た。まずは大法官となり一六一八年にヴェルラム男爵となり、最後にセント・オルバンズ子爵となった。だが、ベーコンの輝かしい政治家としての歩みは、賄賂を受け取ったと非難され、恥と失意のうちに終わり、その後の人生は執筆に専念している。

エリザベス一世がなくなった二年後の一六〇五年、ベーコンは画期的な書物『学問の進歩』を発表した。現在でも教育と科学の礎石と見なされているこの本は、一七世紀初期の知識の現状を冷静に調査分析し、至らぬところを指摘している。ベーコンは、研究と実験にさらに関心が向けられるならば、自然の理解が急速に進むことになり、人間の住む環境も改善されると主張している。献辞は支援者のジェームズ一世に捧げられているが、その中で各国の学者や博学な人々が人類の利益のために知識や思想を交換できる「学問と啓蒙の同胞団体」の創立を提言している（8）。

自然が家族に同胞関係を生み、機械技術が共同社会に同胞関係をもたらし、注油式が国王と司祭の同胞関係を与えたように、学問においても学問と啓蒙の同胞団体があってもよいのだ。それは啓蒙、あるいは光の父と呼ばれる、神の属性、父性に関係している。(9)

これが一六〇五年に書かれていることを忘れてはならない。『名声』の出版される九年前なのに、この言葉はまさに薔薇十字団そのものなのだ。ベーコンが望んでいる「学問と啓蒙の同胞団」とは、まさに薔薇十字団そのものだ（見えない存在だったが……）。またベーコンが神のことを「啓蒙、あるいは光の父」と呼んでいるのも興味深い。第一二章で同じ言葉「光の父」が『クリスチャン・ローゼンクロイツの化学の結婚』（一六一六年出版）の中に出てきたことを読者も覚えているだろう。キリスト教の聖書の中でこの言葉を見つけることはできない。だが、キリスト教初期のマニ教やグノーシス派では善の神を呼ぶのによく使っていた。同じように同時代のヘルメス思想の文献でも、霊的で非物質的な、最初にしてもっとも偉大な神を、光の神とたびたび呼んでいる。たとえば『ピマンデル』（題名はエジプトの太陽神ラーの知識の意味）のなかではつぎのように書かれている。「その光……は心《マインド》であり、最初の神であり、暗闇から現れた水っぽい物質の前から存在した」(10)。この文節は、「光」と「最初の神」の関係だけでなく、その二つと「心《マインド》」の関係を強調している。おなじみの二元論を使ってこの文節が明らかにしているのは、この三つ（光・心・神）が霊的・非物質的であり、「暗闇から現れた」物体、「水っぽい物質」とは異なり、もっと前から存在したことだ。この結びつきは『アスクレピオス』の中ではさらに強められている。

すべての物質は……体の滋養分であり、霊は魂の滋養分である。だが、これらとは別に、心《マインド》がある。これは天からの贈り物であり、人類だけに与えられている……心の光によって人間の魂は光り輝くのだ。(11)

この心の光によって人間の魂を啓蒙する（光り輝かせる）ことこそ、薔薇十字団員が献身すべきことだ。ベーコンが提案しているのも、国際的な「学問と啓蒙の同胞団」の結成だ。ベーコンがジェームズ一世の献辞で使ったこれらの特殊な言葉は、当時の広い文脈で理解されなくてはならない。イタリアの学者パオロ・ロッシが指摘するように、フランシス・ベーコンのことを「迷信深い過去から出現した近代的な科学の観察者であり、実験主義者だという見方は、もはや捨てなくてはならない」のだ(12)。ロッシの研究に関してはフランセス・イエイツも同感しているが、ロッシは次のように言う。

ベーコンが出現したのはヘルメス的伝統からであり、自然系の魔術師たちから伝えられたルネサンスの魔術とカバラからでてきたのだ……ベーコンの科学はいぜんとして、部分的に秘教的な科学だった。(13)

同じ科学、自然哲学、ヘルメス的魔術は、マルシリオ・フィチーノ、ピコ・デラ・ミランドラ、ジョルダーノ・ブルーノ、薔薇十字団員によって主張されていた。彼ら全員がもたらそうとしていたのは、啓蒙されたエリートの国際的な同胞団に主導される学問の全面的改革であった。

この定義に当てはまる同胞団が、このすぐ後に大ブリテン諸島で花を咲かせ、世界中に広まったのは、偶然ではないだろう……フリーメイソン同胞団だ。さらにベーコンもジェームズ一世も、共にフリーメイソンだったに違いないと知らされても、それほど驚くことでもないだろう。フリーメイソンの歴史家ロバート・ロマスは、二人とも、「スコットランド儀礼」の創立に関係していたという。ジェームズ一世への献辞の内容が明らかにヘルメス的・薔薇十字団的であるだけでなく、ベーコンが使っている言葉は、確かに「メイソン」的でもある。フリーメイソンは寓意物語のようなシステムを使って情報伝達をする。シンボル主義や秘密の言葉を使い、完全に理解できるのは奥義を伝授された者だけだ(14)。このような考え方は、薔薇十字宣言で語られる「魔法的な言語と文字」と、もちろん、まったく同じだ(15)。

一六〇五年におけるベーコンの注意深い言葉は、薔薇十字団とフリーメイソン団の響きを持つことが明らかだ。これが示唆するのは、少なくともスチュアート宮殿のエリート仲間では、初期のフリーメイソン運動が盛んだったことだ。

スコットランド公文書館の薔薇十字クリスマスカード

フランシス・ベーコンが『学問の進歩』に最後の手を加えているころ、ドイツの錬金術師で有名な薔薇十字団の思想家だったミヒャエル・マイヤー（一五六八〜一六二二年）はプラハに住んでおり、皇帝ルドルフ二世の侍医をしていた。一六一二年にルドルフが亡くなると（フリードリヒ五世とエリザベスの結婚の一年前）、マイヤーはイングランドにやってきた。そこでマイヤーはジェームズ一世の侍医ウイリアム・パディーに会っている。ジェームズ一世に会ったかどうかは確認できないが、個人的なクリスマスカードを送るほどには親しかった。そのカードを見ると、ジェームズ一世と薔薇十字運動との関係が深かったように思える。

マイヤーの王へのクリスマスカードは、現在、エディンバラのスコットランド公文書館に保管されている。このカードには大きな薔薇が描かれ、その周りに「ジェームズおめでとう。偉大な英国の長期にわたる王。あなたの真の防護によって、薔薇に喜びがありますように」と書かれている(16)。

この奇妙なカードを見た多くの研究者は、当時のイングランドには、初期の「薔薇十字運動」が存在しており、ジェームズ一世は、ミヒャエル・マイヤーのようなドイツの薔薇十字団員から、この運動の保護者と見られていたのではないかと考えている(17)。イングランドにいたとき、マイヤーはヘルメス思想の哲学者でカバラ主義者のロバート・フラッド（一五七四〜一六三七年）と会ったに違いない。当時、フラッドは三〇歳代後半だった。フラッドは薔薇十字団に関する本『薔薇十字団弁護の要約』（一六二六年）を、まだ出版していなかった。だが、彼は熱心な「精神的な薔薇十字団員」だった(18)。

間違いないのは、ドイツの薔薇十字団員たちが、フラッドのイングランドにおける薔薇十字団弁護に気づいていたことだ。なぜなら、その後の一六一八年に薔薇十字旋風が起こったとき、フラッドの次の二冊『マクロコスモスの歴史』『ミクロコスモスの歴史』がプファルツ公国のオッペンハイムで出版されているからだ。出版したのはヨハン・テオドール・ド・ブリーの会社で、著者に大金を払っている(19)。ド・ブリーはミヒャエル・マイヤーの著書の一冊『逃げるアタランタ』を同じ一六一八年に出版しており(20)、どうやらフラッドとプファルツ公国の出版社を結びつけたのはマイヤーのようだ。

マイヤーはイングランドに一六一六年まで滞在していたが、この期間にベーコンに出会っていなかったら奇妙だ。なぜなら二人は、同じ仲間たちの間で動いていたからだ。はっきりしているのは、マイヤーが訪問をしたすぐ後に、ベーコンは腰を落ち着けてユートピアに関する本を書き始めたことだ。この物語には明瞭に薔薇十字団の思想が刻印されている。

ニューアトランティス

ベーコンが亡くなってから一年後の一六二七年に、個人的な書簡集の中に書きかけの原稿が見つかった。題名は『ニューアトランティス』だ。プラトンのオリジナルのアトランティス物語（対話篇の

『ティマイオス』と『クリティアス』）と同じように、完成はされていない。書かれた時期も不明だ。だが学者たちは、薔薇十字宣言と『化学の結婚』がドイツで出現した一六一六年以降に、書かれたものだろうという。なぜなら、この物語にはそれらの書物を思い起こさせる寓話や思想が含まれているからだ。

簡単に言うと、『ニューアトランティス』は科学的でありながら霊的なユートピア社会を描いたものだ。この秘密の社会は遥か遠く離れたベンサレム島、「世界の未開の大海の真ん中」にある。この社会はエリートの同胞である科学者・神官によって統治されており、サロモンの家と呼ばれる偉大な学院あるいは館《ロッジ》に集まる。このメンバーには業績を上げた天文学者、地理学者がいるだけでなく、一七世紀の文献としては驚いたことに、飛行機や潜水艦の建造者もいる（「私たちはある程度、空も飛び、水の下を行く船やボートを持つ」）。彼らは優れた航海士であり船乗りだったが、秘密を尊び、自らの存在を明かそうとはしなかった。「私たちは人の住む世界のほとんどを知っているが、私たちのことは誰も知らない」。

ベーコンによると、彼らが追い求めているのは「因果の知識であり、物の秘密の動き」であり、彼らの使命は「神が最初に創ったもの、つまり、光をはぐくむこと」だった。この使命のため、常に海外に進出していた。「一二名が別の国の名前で（本当の国名を隠し）、諸外国に航海した……彼らは光の商人と呼ばれた」(21)。

目には見えない、一二名の「光をはぐくむ」宣教師たちのベンサレム島からの旅は、世界中の学問の進歩を促すためだったが、これは薔薇十字団の方法を思わせる。そして八名のオリジナルの薔薇十字団の同胞や、フリーメイソンのように、彼らも「秘密の誓約」を行い、すべてを行うのに思慮深かった(22)。彼らは匿名で旅をし、薔薇十字団員のように善行を無料で行った。彼らはだれにも気がつかれず、誰にも見破られることがなかった。なぜなら、訪問先の国の服装をして言葉がしゃべれたからだ。彼らは薔薇十字団員たちのように、すべての言語で会話をすることができた。故郷のベンサレム島での彼らは、赤い十字架が色鮮やかに描かれた白いターバンを身に付けていたが、これは薔薇十字団員の象徴だ。さらに彼らの偉大な紋章は「ケルビムの翼が広げられているのではなく、垂れ下がっていた」。同じ紋章は、フランセス・イエイツが指摘するように、薔薇十字宣言にも使われている(23)。

少々脱線するが、「ケルビムの翼」のイメージは、ユダヤの契約の箱を思い起こさせる。契約の箱には羽をはやした二人の金色のケルビム(智を司どる天使)が上に置かれている。旧約聖書によると、これらのケルビムはエルサレムにあった寓話的なソロモン神殿の神聖なる広間に置かれていたという。ベーコンは、「サロモンの館」を「ベンサレム」という場所に置いたが、これもまったく同じ考えから来ている。「ベン」はヘブライ語やアラブ語で「息子」「息子の」を意味する。したがって「ベンサレム」というのは「新しいサレム」あるいは「新しいエルサレム」と同じであることを示唆している。『ニューアトランティス』には「薔薇十字」とか「薔薇十字団」という言葉はどこにも出てこない。だがフランセス・イエイツは「ベーコンが薔薇十字の物語を知っており、それを寓話に仕立てたのはあまりにも明らかだ」と信じている。

ニューアトランティスは薔薇十字団員たちによって統治されていた。彼らは人目に触れない「光の商人」として、今やサロモンの館とよばれる目には見えない学院、あるいは本部から、外の世界に派遣されていた。彼らは薔薇十字団の規則にしたがって、無料で病人を治療し、特別な服は着なかった。さらにニューアトランティスの巻物には「ケルビムの翼」の刻印が捺されているが、同じものが『名声』にも刻印されている。この島は、なにやら天使的な雰囲気を持ち、島の役人がまとうターバンには赤い十字が描かれている。(24)

イエイツが正しく指摘するように、現代のベーコン研究者たちは薔薇十字団の文献に親しんでいない。そこで『ニューアトランティス』と薔薇十字宣言がよく似ていることに気づかないことが多い。だが一七世紀の知識人たちには、この不利な条件はあてはまらない。薔薇十字宣言のことは広く知られていたからだ。その良い例は作家ジョン・ヘイドンが一六六二年に発表した『神聖なる案内人』だ。この本はベーコンの『ニューアトランティス』を脚色している。ベンサレム島には、新たな訪問者を一時的に逗留させる「異人館」という入国隔離所があるが、ヘイドンの脚色では「異人館」の役人が次のように言う。「私は異人館の館長です……薔薇十字団にも属しています」。ヘイドンはベーコンの「サロモンの館の賢人たち」のことを「薔薇十字の結社の賢人たち」であるとし、「サロモンの館」は

「薔薇十字の神殿」とまったく同じものであるとしている(25)。

ちょっと寄り道：フリーメイソンについて

薔薇十字団とベーコンのいう科学者・神官の同胞団につながりがあったことは否定できないようだ。だがすでにみてきたように、ベーコンの述べることはフリーメイソン団とのつながりも示している。そうなると、ベーコンが考えていたエリート同胞団とは、最初から薔薇十字団ではなく、成長著しかった「思弁的」フリーメイソン団だったのではないだろうか？　思弁的フリーメイソン団はちょうどこのころからイングランドに入り込み始めているのだ。

ベーコンが意図したかどうかは別として、エリートと「賢人」による同胞団に関連する「サロモンの館」という言葉は、間違いなくこの関連を示唆している。「サロモン」とは、「ソロモン」のフランス語読みだ。「ソロモン」は聖書にでてくる著名な「賢王」でありその有名なソロモン神殿の再建は、フリーメイソンの参入儀式の中心をなしている。メイソンの研究家ならよく知っているように、ソロモンの神殿とその霊的な「再建」はフリーメイソン団のもっとも重要な象徴であり理想なのだ。「ソロモンの神殿」はフリーメイソン団と複雑に結びついている。そのため多くのメイソン支部の入り口には二本の柱が立てられている。これらはソロモンの神殿にあったとされる伝説的な「知恵（ボアズ）」と「力（ヤキン）」の柱を示している(26)。同じようにロンドンにあるフリーメイソン団の本部である連合グランド・ロッジは、明らかにエルサレムのソロモンの神殿を象徴している。たとえば、大神殿（グランド・テンプル）と呼ばれる広間の天井は、ソロモン王の神殿のシンボルや風景で装飾されている。またフリーメイソン広間の大神殿の入り口のドアの浮き彫りも同様だ。

伝統的な絵画で、歴史的出来事が描かれている。それぞれのドアの下側三枚のパネルには、エルサレムにおけるソロモン王の神殿の建設風景が見える。上部の左側と右側のパネルは共に、神殿の奉納式の行進が描かれている。最下部にある碑文は、神がソロモン王に約束した、列王紀（上）六章一二節の言葉だ。(27)

これが列王紀（上）六章一二節だ。

それから主の言葉がソロモンに下された。「おまえが建てている建物については、おまえが私の決めたことに従順であり、戒律を守り、すべての命令を忠実に守るなら、おまえとした約束と、おまえの父親ダビデにした約束をすべて守ろう。私はイスラエルの民の間に住み、イスラエルの民を見捨てない。」そこでソロモンは、主の館を建て、完成させた。

さらに忘れてはならないのは、よく知られているように、スコットランド儀礼のフリーメイソン団は、自らを中世の有名な十字軍であったテンプル騎士団の復活だと見なしていたことだ（テンプル騎士団の名前は、一二世紀に彼らの本部をエルサレムのソロモンの神殿の場所に置いたことから来る）。テンプル騎士団はカタリ派と同じ時代に存在したが、カタリ派と同じように最終的には異端とされ、投獄・拷問され火あぶりの刑に処されている。次の章でこの騎士団のミステリーに触れる。

ヴァージニアのイシス

フランシス・ベーコンが、目には見えない島ベンサレムを、「世界の未開の大海の真ん中」に設置したとき、明らかに彼が住んでいたイングランドやヨーロッパから遥か離れた場所を想定していた。彼が新大陸アメリカを想定していた可能性はあるだろうか？　一七世紀初頭のアメリカは、まだまだ未開の地だった。そこには本物の「新世界」が横たわり、まだ、旧世界の根の深い宗教や社会習慣という重荷を背負っていない。したがってフリーメイソンや薔薇十字団の理想に基づく実験を成功させる場所として、もっとも希望の持てるところではなかったか。

興味深いことにベーコンは、英国がその頃購入した北米の領地ヴァージニアの植民地化と開発の熱烈な唱道者だった。一六〇六年に「ヴァージニア・カンパニー」と呼ばれる会社にジェームズ一世から王室勅許状が与えられ、植民地における政府としての力を無制限に持つようになった。この勅許状を出すに当たってベーコンは重要な役割を果たしている。このことを思うと、ベーコンがニューアトランティスの中で、ベンサレムを「世界の処女」と呼んでいるのも驚くことではなくなる（28）。処女というのは「処女女王」エリザベス一世を意味しているが、彼女の新しい領地ヴァージニアも意味している。前の章でも取り上げたが、ヘルメス思想には『コレ・コスモ』という重要な文献がある。この意味は「世界の処女」であり古代エジプトの女神イシスのことだ。第七章で『コレ・コスモ』から引用したが、そこでイシスは次のような天空的・地理的な宣言をしている。

地球は宇宙の真ん中で、天界に顔を向け大の字になって横たわっています……頭は南を向き……右肩は東を、左肩は西を向いていて、足は大熊座の下に（北）あります……私たちの祖先たちの正しい聖なる土地（エジプト）は、地球の中心にあるのです。人体の中心は心臓という聖域であり、心臓は魂の宿る場所です。だから息子よ、この土地の人々は……より知的（賢い）なのです。彼らが地球の心臓で生まれ育たなかったら、そうはなっていないのです。(29)

フランセス・イエイツは、「処女女王」エリザベス一世が、当時の人々から乙女座と関連つけられていたと指摘している。乙女座はギリシャ人によって「アストライア」と呼ばれるが、これは「星」を意味する。「アストライア」という名は、中東で多くの古代の星の「女神」と関連づけられている。たとえばアシュタルテ（フェニキアの豊饒・性愛・多産の女神）やアシュトレトだ。これらはすべて古代エジプトの女神イシスのエジプト名が「アスト」であることに直接・間接的に関連しているのだろう。女神イシスの星は大犬座のシリウスだ(30)。このことは、ある人々にとって、エリザベスのイメージが「処女女王」であることは、暗号で「処女」神イシスに関連づけられていたことを示唆していたのだろうか。

このような可能性は、最初に感じるほど突飛ではないのだ。興味深いことに、「ソロモンの神殿」も「イシスの神殿」も、ベーコンと同時代人であるエドマンド・スペンサーの作品に登場する。謎に満ちたジョン・ディー博士（31）の仲間であったスペンサーは、『妖精の女王』の著者だ。この本は一五八〇年から一五九〇年に書かれているが、エリザベス一世と帝国による世界の改革を讃えている。この中で有名な詩人が「アルマの館」に触れるが、「館」は大宇宙の世界を小宇宙にいれるという建築学的な寓意だ。この考えは、一世代後の『名声』（一六一四年出版）の中の話を強く思い起こさせる。その中で、人生の終わりに近づいたクリスチャン・ローゼンクロイツは、「すべての動きが大宇宙と対応する小宇宙を造った」のだと書かれている（32）。

小宇宙と大宇宙、天と地、上と下が対応するという考え方は、極めてヘルメス的だ。したがって、スペンサーの著名な研究家アラステア・ファウラーが、『妖精の女王』の中に数秘学の複雑なシステムが含まれており、主題の一つが「星の世界」や惑星の運行であることを発見しても、驚くにはあたらない（33）。フランセス・イエイツは、神秘的な「アルマの館」には暗号が隠され、数秘学と寓意を使ってソロモンの神殿の寸法が明らかにされていると推論している（34）。もう一人のエリザベス朝の学者、アンガス・フレッチャー教授は、スペンサーの物語の美しく高貴な純潔な女騎士ブリトマート（エリザベス一世のこと）に、ヘルメス思想的エジプト魔術を見ている。魔術師マーリンは「ブリトマートの幻視」を「イシスの神殿」だと解釈するのだ（35）。ちなみに、列王紀の中でソロモン王は妻のエジプト王女のために神殿を建てている。ファラオの娘である王女のことを、古代エジプト人は自動的に女神イシスと同一視しただろう。「それからソロモンはファラオの娘をダビデの都（エルサレム）に連れてきて、彼が建てた王女の家に住まわせた」(36)。

アンティリアの謎

新植民地ヴァージニアが、薔薇十字団とヘルメス思想家が望んでいたユートピア的全面改革の一部であったことは、歴史家・研究者のロン・ヘイスラーによって、すでに看破されている可能性がある(37)。ヘイスラーは、ミヒャエル・マイヤーの一六一二年から一六一六年のイングランド逗留について詳細な調査をしている。その結果、ヘイスラーは「マイヤーの人間関係には、驚くべきパターンがある」ことを見つけた。イングランドでマイヤーが築いた親しい人間関係は、いろいろな形で、ヴァージニア・カンパニーと関係があるのだ。富豪たちが創ったこの会社には、王から勅許状が与えられているが、すでに述べたように、フランシス・ベーコンが文案を書いている。

ヘイスラーの調査によると、マイヤーは最初の書『アルカナ・アルカニッシマ（奥義の中の奥義）』をイングランドで出版したとき、個人的に著名人に本を贈呈している。その中にトマス・スミス卿、フランシス・アンソニー博士がいるが、彼らは共に、ヴァージニア・カンパニーの運営に深く関与している。トマス・スミスはヴァージニア・カンパニーの経理担当で、アンソニー博士は一六一九年に運営委員の一人になっている。ヴァージニア・カンパニーの法律顧問ジョン・セルデンや作家のジョージ・サンズも、マイヤーの人と思想に深い関心を寄せていたようだ(38)。これらのことからヘイスラーは、一六一八年に出版された薔薇十字団改革者の『逃げるアタランタ』は「アメリカをユートピアとする見方に影響されている」と考えている(39)。

薔薇十字団とアメリカ大陸のヴァージニア植民地には、もう一つのつながりがある。それがこの興味深い問題に光をあてるかもしれない。米国の学者ドナルド・R・ディクソンは素晴らしい研究書『アンティリアの嵌め石』で、アンティリア(中世においては「アトランティス」の意味としてよく使われた)と呼ばれるユートピア的な同胞団が存在した証拠を挙げている。この同胞団は薔薇十字宣言と「ベーコンの考えである、繁栄のための実験科学」を信奉していた(40)。このため同胞団はバルト海リガ湾に小さな島を買い、そこにユートピア社会を作りたいと考えていた。それとは別に、ヴァージニアに集団移住して、新社会を作ることも考慮していた(41)。『クリスチャン・ローゼンクロイツの化学の結婚』の作者だとも思われている、ヨハン・V・アンドレーエがアンティリア同胞団の中心人物の一人だったことも興味深い(42)。

このことから言える確かなことは、新世界をユートピアにするという構想があったことだ。場所は北米のヴァージニアであり、薔薇十字宣言に述べられたプログラムとフランシス・ベーコンの『ニューアトランティス』をモデルにしているか、啓発されている。さらにそれに交じり合ってくるのは、現在も存在し、見ることができる影響力の強い同胞団フリーメイソンだ。フリーメイソン団が今のコースをとり始めたのは、一七世紀初頭のイングランドの地であり、薔薇十字団騒動のすぐ後のことだ……。

フリーメイソン団が姿を現す前

近代フリーメイソン団の起源はヴェールに包まれている。多くの伝説や偽の歴史に隠れて、起源を探ることは献身的な研究者にとっても悪夢である。今日のフリーメイソンは「秘密を持つ結社」と自らを定義しているが、昔は「目には見えない」秘密結社であったことが、問題の根底にある。秘密結社であった時期がどれほど古いかは、誰にもわからない。前にも述べたが秘密結社という定義から言っても、成功した秘密結社ほど歴史に痕跡を残していないことになる。

記録に残るフリーメイソン団は、一七一七年に英国で発足している。イングランド大ロッジが結成されたのだ。この出来事は、ジェームズ・アンダーソンが一七三八年に出版した『フリーメイソン憲章』第二版に記録されている(43)。だがこれが語るのは、ある秘密結社が、その存在を表明し、目に見えるようになり、秘密を持つ結社に変わったということだけだ。

アンダーソンの「憲章」の出版より一六年前の一七二二年、J・ロバーツという団員が、便利なことにフリーメイソン団の『古き訓諭』を編集出版してくれている。『古き訓諭』は『ゴシック憲章』としても知られている。名前が示唆するように、これは古い写本を編集したもので、古いものは一四世紀後半のものだ。その中で、フリーメイソン団の職業の「歴史」が語られている(44)。『古き訓諭』によると、フリーメイソン団の起源は大洪水前の開祖レメクにさかのぼる。レメクはノアの大洪水の前に生きていた。レメクには三人の息子、ヤバル、ユバル、トバルと、一人の娘ナアマがいた。彼らは文明の基礎となる必須の技能の発明家だったという。ヤバルは幾何学の発明者であり、ユバルは音楽、トバルは精錬、ナアマは織物の発明者(45)。神が人類の罪を大洪水と炎によって罰する事を知った四名は、用心のため、二本の巨大な石の柱にすべての知識を書き込んだ。彼らの発明・発見を人類が永久に失うことなく、生存者に知識を回復させるためだ。『古き訓諭』は次のように言う。

一つの石は大理石で、炎で燃えることがない。もう一つはラテラスで水に沈まない。ここで、技能について書かれてあるこれらの石がいかに見つかったか真実を語りたい。ギリシャのヘルメネスはキシュの息子で、キシュはノアの息子だった。ヘルメネスは後に賢人たちの父ヘルメスと呼ばれるようになった。彼は科学が書かれている二本の柱を見つけ、それから後は、人に教えた……。(46)

ギリシャのヘルメネスはもちろんヘルメスだ(エジプト人にはトト、ローマ人にはメルクリウス[マーキュリー]と呼ばれる)。「賢人たちの父ヘルメス」というのは。間違いなくヘルメス・トリスメギストスのことだ。

『古き訓諭』の他の歴史は、回りくどく、絵巻物のように語られる。バビロンを通り抜け、アブラハムのエジプト行きに触れ(エジプト人に七つの科学を教えた)、最後にメイソンの物語でももっとも重要な場面に入っていく。エルサレムにおけるソロモンの神殿の建設だ。この偉大な建造物の建築を通して「石工の価値ある技能はエルサレムの土地で確認された」と語られる(47)。

そこから『古き訓諭』は時空を三段跳びして、この「石工の価値ある技能」がどのようにヨーロッパに到達したかを述べるが、フランスを経由して最終的にイングランドに到達したのは「聖オルバンズ」の時代だという(48)。興味深いことにフランシス・ベーコンの最高の経歴は、ジェームズ一世によってセント・オルバンズ子爵に任命された時だが、これも偶然ではないかもしれない。少なくとも名前だけは、英国における奇妙なフリーメイソン団の系譜に関係があるわけだ。

もう一つ興味深いのは、『古き訓諭』が、失われた知識を発見し公表した「賢者たちの父」をヘルメスとしていることだ。意識されていたのではないかもしれないが、これは一四六〇年にヘルメス思想の文献が再発見され、その後に再公表されたことを、思い起こさせる。第七章で見たように、マルシリオ・フィチーノとその知的後継者である一世紀後のジョルダーノ・ブルーノやトマソ・カンパネッラなどは、エジプトの失われていた「魔術的宗教」あるいは「科学」が再発見されたと心から信じ、広く教えられなければならないと強く感じたのだ。

危険な時代の目には見えない学院

二〇年にわたって、ジェームズ一世の評判は最悪だった。彼のややこしい外交政策、絶対者的な態度、議会の蔑視などによって、イングランドには深くて暗い不満のムードが醸し出されていた。一六二五年にジェームズ一世が亡くなると、教養はあるが、気弱で情緒不安定な息子のチャールズ一世が後継者となった。チャールズのせいで王室は議会や民衆と真っ向から衝突する運命にあり、破局は目前に迫っていた。

新しい君主は父の評判の悪い外交政策をそのまま推し進めた。彼は父親よりもさらに圧制的で独裁的であることも判明した。彼は若くしてフランスのルイ一三世の妹でカトリック教徒の王女アンリエット・マリーと結婚した。これも下院議会の大勢であった清教徒《ピューリタン》主義と折り合いが悪かった。だが、いちばんの問題はフランスとスペインとの新たな戦争におけるチャールズ一世の失政にあった。さらにスコットランドでの戦争の資金集めのため、違法の税金を課するなどの行動をとったため、一六四〇年に国会議員たちが真っ向から反抗することになった。

イングランドで内乱が起こるという、信じられない噂がいたるところで広がった。誰にとっても危険な時代だった。中央ヨーロッパではまだ三〇年戦争が猛威をふるっており、スペインとフランスはイングランドと戦争中だ。イングランド内部では、君主体制が議会と深刻に対立していた。このように危険で不安定な環境において、不信と裏切りが当たり前になり、生き残るためには極端な用心深さが必要で、豊かになることは、さらに難しかった。全面的に不信が満ち、混乱している状態は、社会の特定グループに、ある必要性を生むことになった。知識人や上流社会のエリート、将校などのグループが、政治・宗教・科学などについて、安全に意見を交換できる中立の場を求めたのだ。このような求めを満足させた機構が、様々な儀礼があり、人を選ぶシステムがあり、なによりも秘密が守れたメイソン・ロッジであり、そのネットワークだった。

スコットランドには、遅くとも、一五世紀の終わりには実践的フリーメイソン団（実践的）が存在していたが、思弁的フリーメイソン団（秘教的）もあったかもしれない（49）。時間の経過とともに、新たな「受け入れ」システムが導入され、建築業や建設業にたずさわる石工でなくとも参入できるようになった。つまり、社会で重要な地位を占める人々が参入できるようになったのだ（50）。この「受け入れ」システムが、現代の「思弁的」フリーメイソン団の「入団」システムの先駆であったことは、まず間違いない。また、この「受け入れ」システムがイングランドに持ち込まれたのは、スチュアート王朝と一緒だったようだ。イングランドの内乱が目前に控えているとき、ロッジのシステムは便利だったに違いない。でき上がったネットワークを通じて、「受け入れられた」イングランドのエリートたちは、同胞的友情と自由な雰囲気の中で密会ができたのだ。雰囲気全体が儀礼やシンボルに包まれているが、これは異なった背景から集まった、似たような社会目標と霊的な期待を持つ人々を結束させるためのものだった。

おおっぴらな議会の反乱はとうとう一六四二年に起こった。国会議員五名の逮捕に失敗したチャールズ一世と君主制支援者はロンドンから逃げ出し、オックスフォードに亡命宮廷を開いた。オックスフォードは伝統的に知識人と学者たちの中心地だ。数年後にここで始められたのが、知識人の集まる奇妙な社交会「目には見えない学院」だった。この謎に満ちた「目には見えない学院」に触れた最初の文献は、著名な物理学者ロバート・ボイルが一六四六年に、フランスの指導教官に書いた手紙だ。この手紙の中で若いボイルは「われわれの新たな哲学学院」の原則を基礎に「自然哲学」に熱心に取り組んでいる、と述べている。さらに教官に数冊の本を送るよう求め「そうすれば、あなたは、私たちの目には見えない学院で大歓迎されるでしょう」と言っている(51)。数カ月後の一六四七年に、ボイルは友人に手紙を送っているが、そこでも「目には見えない学院」について触れている。

目には見えない学院(と彼らは呼ぶのですが)あるいは哲学の学院の礎石ともいうべき人々が、ときどき私を仲間に入れて下さいます……彼らは包容力があり、探求心に富み、学校の哲学などは、彼らにとっては最低位の知識です……彼らは心の狭さをなくそうとする努力を惜しみません。それはすべての人間に到達できるほどの幅広い博愛的な行為によってもたらされます。普遍的な善意のみが彼らを満足させます。実際、彼らは善行を施したいと望んでおり、人類全体の世話をしようとしています。(52)

「目には見えない学院」という言葉と、このグループの活動や関心事が思い起こさせるのは、もちろん、薔薇十字同胞団の「目には見えない学院」だ。ボイルがほのめかす大学同胞の気高い知的・人道的思いも、前の章で見たように薔薇十字団の団員たちと同じものだ。それは一六二三年にパリで扇情的に貼りだされたポスターを見てもわかる(53)。

ボイルは若いときにフランスとジュネーブに教育ツアーを行い、パリで時を過ごしている。したがって薔薇十字団の「目には見えない学院」について、指導教官や知り合いの人から聞いていた可能性がある。フランセス・イエイツの観察では、ボイルの教官への手紙と、ベーコンの『ニューアトランティス』で使われている言葉の使い方は、明らかに似ているという。両者とも、知的なエリート同胞団の存在を語り、それは「目には見えない」という。目的は人類の向上であり、両者とも、知識を増やし、博愛的行為によって人類の向上を実現させたいと望んでいる（54）。

多くの研究者たちが同意しているのは、テオドール・ハークとジョン・ウイルキンズが、ボイルの言う「目には見えない学院」の創立者だということだ（55）。テオドール・ハークはドイツからの移民で、一六二〇年代にイングランドに住み着いている。ジョン・ウイルキンズは牧師であり、後にチェスター主教になっている。この二人にはなんの関連もなさそうに見える。だが実を言うと、テオドール・ハークはプファルツ公国からの亡命者であり、ジョン・ウイルキンズはプファルツ選帝侯フリードリヒ五世とエリザベス・スチュアートの間に生まれた長男カール・ルートヴィヒつきの司祭だった。ボイルの「目には見えない学院」に関連していた人々としては、建築家クリストファー・レンや錬金術師エリアス・アシュモールなどがいるようだ。

「目には見えない学院」は一六四五年に始めての会合をロンドンで開いたが、一六四八年にオックスフォードに移動した。彼らの活動と会員をもう少し詳しく調べ、彼らが何を達成しようとしていたのかを見てみよう。

内乱で棚上げとなったユートピア

　イングランドにおいて、テオドール・ハークはプファルツ公国の非公式な外交官を務めていた。さらにはボヘミアの主教ヤン・アモス・コメンスキーの代理人でもあった。コメンスキーはコメニウス（一五九二〜一六七〇年）という名前でよく知られている(56)。コメニウスは一六二〇年の白山の戦いが終わるまで、ボヘミア兄弟団の司祭を務めていた。一六二八年に他のプロテスタントと共に追放され、ポーランドに住み、レズノにあったギムナジウムの学長になっている。その場所で彼は、一つの言語で語られ、世界中の学者の間での理解と情報伝達を容易にする、新たなキリスト哲学「パンソフィア（普遍的な知識）」を発展させた。コメニウスの思想は一六三一年に著書『語学入門』として出版され、偉大なドイツの慈善家で教育者であり、一六二〇年代からイングランドに住んでいたサミュエル・ハートリブに注目された。

「仮に薔薇十字団員が実在していて目に見えるなら、ハートリブの人生と仕事こそ、まさに団員にふさわしい」と、フランセス・イエイツは書いている(57)。「ヨーロッパの偉大な知性」とうたわれたハートリブは、「普遍的学問」を広めるために情報センターを作ったが、これは「オフィス・オブ・アドレス」として知られる学会だ。「オフィス」はヨーロッパの知識人たちが連絡をとり、意見を交換することを推奨し、容易にした。これはフランシス・ベーコンの「サロモンの館」を思わせる。両者ともエリートの国際同胞団を構想の中心に置き、目的は社会の改革と人類への奉仕だ。

イングランドで内戦が勃発する二年前の一六四〇年に、長期議会は革命的な改革を提案した。これが実現すれば、無血でスチュアート王朝から大半の権力をはく奪できた。大衆が興奮し熱狂する雰囲気の中で、一部の人々は、夢にまで見ていたユートピア社会が、イングランドで実現するのではないかと思った。議会では熱烈な演説が続いたが、その中には特別に招待されたサミュエル・ハートリブがおり、独自の「イングランド・ユートピア」の構想を述べた。彼は議会がこれを承認し「世界平和の礎石を置く」ことを望んでいた。

フランセス・イエイツは、高尚な場所で位の高い人々に演説することになったハートリブは、少々頭に血が上ったという。

イングランドが選ばれた土地になりそうな、刺激的なときだった……すべての改革が行われる舞台であり、想像の共和国は実際の共和国となり、目には見えない学院が、本物の学院になる可能性が見えてきた。ハートリブはコメニウスに、すぐイングランドに来て、この偉大な仕事を手伝うようにと手紙を書いた……遠いポーランドにいたコメニウスは大喜びした。彼は、ベーコンのニューアトランティスをイングランドに作ることを議会に委託されたと信じたのだ。(58)

コメニウスは一六四一年にイングランドに到着し、ハークとハートリブが出迎えた。出迎えの中にはハートリブの友人で、スコットランドの牧師ジョン・デュリーがいた。ハートリブとデュリーは一六二〇年代からの知り合いだ。実のところ、コメニウスをロンドンに連れてくるのに、デュリーが重要な役割を果たしている。忠実なプロテスタントで率直な改革者であったデュリーは、ちょうど本を出版していた。この本の中でデュリーは、フリードリヒ五世とエリザベスの長男カール・ルートヴィヒ王子をドイツのプファルツ公国に送り、王政復古させるべきだと、主張していた。思い出すだろうが、カール・ルートヴィヒ王子の個人的な司祭はジョン・ウイルキンズだった。このような関係から、ハートリブとコメニウスもハークやウイルキンズの「目には見えない学院」にも参画していたことが考えられる。それはともかく、イングランドにいる間にコメニウスは『光の道』という本を書いている(59)。この中でコメニウスは学問のある人々によるエリート同胞会の形成を呼びかけている。この同胞たちは「聖なる結社」か「教団」によって導かれるが、その教団は人類の福祉に献身して、共通の言語を使って光を普及させる。

「光」という主題が再び現れ、マニ教やグノーシス主義に立ち戻るようだが、読者は、同じようにベーコンの「サロモンの館」と似ていることにも気づかれただろう。そこでも学問のある同胞が世界を旅するが、彼らは多くの言語を話せるのだ(60)。薔薇十字団員もまた多くの言語を自在に話すが、彼らは独自の魔法の言語と文字を所有していた。

だが、ハートリブやコメニウスやデュリーによる偉大なユートピアへの構想や期待は、陽の目を見ない。コメニウスがイングランドに到着した一年後には、チャールズ一世と議会の違いは調停不能で、内戦が避けられないことは、誰の目にも明らかだった。特にイングランドに改革をもたらしたいと願ってはコメニウスから見ると、実現が不可能なことは明りょうだった。一六四二年にコメニウスはイングランドを離れて、スウェーデンに向かい、デュリーはオランダに行った。

このようにして、英国におけるユートピア的改革の夢が煙のように消えてしまった。一六四二年八月一九日に王党派の軍隊が、ノッティンガムにおいて王の旗を揚げて立ち上がったのだ。これをきっかけとしてイギリスにおける内戦が始まることになった……。

プファルツの颯爽《さっそう》たる騎士

内戦の初期、王党派あるいは騎士派の成功は確実のように見えた。王党派の騎士の中には、まだ若くて威勢のよい、二三歳のルーパート王子がいた。ルーパート王子は、ボヘミアの王と王妃であったが追放されたフリードリヒ五世とエリザベス・スチュアートの息子だ。ルーパートは英国の内戦における英雄となった。円頂派とも呼ばれる議会派の軍隊に対する勇敢な騎馬隊の突撃で大いに尊敬を受けた。ルーパートの英雄的行動は王の軍隊の志気を大いに高め、一六四三年七月にはブリストル市を取り戻し、一六四四年始めにはニューアークとノッティンガムを解放し、同じ年の夏にはランカシャー州のほとんどを手中に収めた。

だが彼の幸運もそれまでだった。「ケンブリッジからきた強壮で赤ら顔の国会議員」と言われたオリヴァー・クロムウェルが東部諸州の狂信者たちを訓練して軍隊を作ったのだ。指揮はクロムウェルと共にトマス・フェアファックス卿が取り、一六四四年七月二日、ヨークシャー州のマーストン・ムーアにおいて、ルーパート王子の軍隊に深刻な打撃を与えた（61）。これが王党派軍の終わりの始まりだった。だが悲惨な敗北にもかかわらず、ルーパートは王の軍隊の最高指揮官に任命され、もう一度勝利を収めることができた。一六四五年五月にレスターを奪還したのだ。翌月、ルーパートは再びクロムウェルに手厳しい敗北を喫している。場所はノーサンプトンシャー州ネーズビーだった。ルーパートがブリストルで議会派の軍隊に降伏したとき、チャールズ一世は激怒して、ルーパートを解任した。その後のルーパートの経歴は興味深いものとなる。一六四六年にトリントンで王党派軍が破れると、清教徒議会はルーパートを国外追放した。彼はオランダにあった王党派の船団を手に入れると、七つの海を荒らす勇敢な海賊になった。最初は議会派の船を襲っていたが、そのうち冒険の領域をアゾレス諸島から西インド諸島にまで広げている（62）。だが王政復古の後、ルーパートはイングランドに戻った。

王党派の最後は一六四六年七月に訪れた。王の本拠地であったオックスフォードが包囲され、クロムウェルと議会派軍に占領されたのだ。王党派の囚人の中には二九歳の若者エリアス・アシュモールがいた。彼は王の軍需品の管理をしていた。占星術師で錬金術師、さらに古書蒐集家という非凡なエリアス・アシュモールは、フリーメイソン団の公式記録に名誉ある名を残している……。

「私はフリーメイソンになった」

議会軍に逮捕された四カ月後に、エリアス・アシュモールは日記に次のように書いている。「一六四六年一〇月一六日、午後四時三〇分、私はランカシャーのウォリントンでフリーメイソンになった」(63)。ほとんどの歴史家は、これをもって、イングランドの地におけるメイソン参入式のはじめての記録だとしている。だがある人々は、その栄誉が与えられるべきはロバート・モレーだと、もっともな説を唱える。モレーがフリーメイソンに参入したのは一六四一年で、タイン州ニューカッスルにおいてだ。エディンバラ第一ロッジの団員によって式が執り行われたが、モレーはスコットランド連隊に属し、イングランドに遠征していた。したがってモレーとアシュモールの名は、永遠にフリーメイソンの歴史に残ることになった。だが、名が残るのはフリーメイソンにだけではない。この二人は、数十年後に共に重要な役割を果たす。それはオックスフォードにあった「目には見えない学院」を、誰にでも見えるロンドンの「王立協会《ロイヤル・ソサエティ》（英国学士院）」に変身させることであった。

一六四九年一月三〇日、薄気味悪い沈黙の中、ドラムが鳴り渡り、チャールズ一世がロンドンのホワイトホール宮殿の外で断首された。イングランドは「自由国家連邦」と命名され、数年後にはオリヴァー・クロムウェルがこの新しくて陰気な清教徒の領地の護国卿になった。英国が徹底した「革命」にもっとも近づいたのはこのときだろう。だが奇妙で当惑するようなイングランド「共和国」を迎えたのは、その後の一七八九年のフランス革命で見られたような、熱狂的歓喜ではなかった。

騒然とした専制的なクロムウェルの統治の時代、ウイルキンズが組織した「目には見えない学院」はケンブリッジに移動している。ここで不活発な学院として存在し、輝ける未来が待っていることにも気づいていなかった。ウイルキンズ本人はオックスフォードのウォダム・カレッジの学長に任命され、その後、ケンブリッジのトリニティ・カレッジの学長になっている。この著名な二つのカレッジの学長になった学者は、ウイルキンズが初めてで、その後も誰もいない。一六五六年、運命の奇妙な巡り合わせで、ウイルキンズはある未亡人との恋に落ち、結婚した。そのロビナ・フレンチ夫人は、オリヴァー・クロムウェルの実の妹だった。

多くの人々がチャールズ一世の圧制的な統治に反対をしたが、英国の大多数の民衆は心の底では王党派であり、君主制に復帰したいという全国的熱望が高まった。一六五八年の秋、衝撃的な王殺しがホワイトホールで執行されてから一〇年後、憎まれ忌み嫌われていたオリヴァー・クロムウェルはベッドでなくなり、王政復古への期待はますます高まった。すべての目はイギリス海峡に注がれた。その先には英国の王位の正統な継承者が漂泊しているはずだった。

王政復古と約束の土地への回帰

オックスフォードが陥落した一六四六年、チャールズ一世は長男のチャールズ王子にフランスに亡命するよう命令した。シシリー諸島に短期逗留したチャールズ王子は、パリに向かい、母親のアンリエット・マリー王妃と再会した。マリーはフランスのルイ一三世の妹だ。ルイ一三世は三年前に亡くなっており、息子のルイに王位を譲っていた。その後「太陽王」となった息子のルイは、栄光の統治をするが、読者も覚えているように、そのことはヘルメス思想の魔術師で占星術師のトマソ・カンパネッラによって予言されていた。チャールズ王子がパリに着いたとき、未来の「太陽王」はまだ八歳にすぎなく、イギリス人の従兄に興味を示さなかった。ルイの母親アン王妃とその信頼が厚かった宰相マザラン卿は、実質的にフランスを統治していた。堂々としたイタリア人の枢機卿マザランは、アン王妃と不倫をしていたと広く信じられている。秘密裏に結婚をしていたのではないかと疑う人もいる（64）。

チャールズにとって、パリへの亡命は大きな落胆と欲求不満をもたらした。フランス人の母親に完全に支配されていただけでなく、フランスの貴族たちは彼を鼻であしらい、無視したからだ。数年間、チャールズはぐずぐずとこの状態に埋もれていたが、一六四九年に父親が公開処刑されると、突然、行動を開始した。フランスの宮廷でも、チャールズは突然チャールズ二世とされ、亡命中の国王となった。彼はだんだんとクロムウェル政権に反対するパースのスコットランド長老派の勢力に誘われ、指揮をとるようになった。だがこの行動は災難しか生まなかった。スコットランド軍は組織ができておらず、クロムウェルの議会軍の鉄騎兵に歯が立たなかったのだ。一六五〇年九月三日に、両軍がダンバーで衝突したとき、チャールズ二世が率いるスコットランド軍は、決定的に打ち破られた。一六五一年のウスターにおける最終的敗北に耐えられなかったチャールズ二世は、再びフランスに逃亡した。彼の人生は大荒れの連続的な情事に堕落していき（65）、小さくて赤貧のイングランド宮廷はパリでは物笑いの種だった。

さらに悪いことに、マザラン宰相がクロムウェルと提携し、チャールズ二世はフランスから追放になった。ヨーロッパを放浪したチャールズは南ドイツに定着したが、放蕩と病気の生活に沈み込み、少なくとも三人の私生児の父となっている（66）。彼のほとんどの時間は、クロムウェルに対抗するための間抜けな策略を生みだすことに使われていた。彼は護国卿の娘に結婚を申し込むことまで考慮していた。王国を二人で統治しようというわけだ（67）。一六五八年の秋、クロムウェル死亡のニュースがチャールズの元に届き、チャンスの新たな窓が開かれた。彼はフランス沿岸にあるカレーの港に急行し、チャンス到来を待った。

最初、クロムウェルが残した護国卿政治の清教徒共和国は、根を深く下ろしているようで、とても組織化されていない王党派が、転覆できそうには見えなかった。だが、すぐに清教徒の結束が乱れ始めた。なぜなら、クロムウェルの後継者であった息子のリチャードは経験不足で、父親のような性格も持っていなかったからだ。彼は議会派軍と議会の間に深まる裂け目を塞ぐことができなかった。両者の衝突は、王国全域に不満と不安定のムードをもたらした。ロンドンの酒場は、スチュアート朝の「王政復古」の可能性で大いに盛り上がっていた。一六六〇年の始めになると、大衆の中の王党派支持者たちによって国全体が盛り上がった。

元王党派の軍人だったジョージ・モンクはスコットランドの清教徒を押さえていたが、王政復古の考えを支持することにした。これ以上の無秩序と流血に終止符を打つためだ。モンクはジョン・グレンヴィルを密使として、英仏海峡を帆走させ、チャールズ二世とその小さな宮廷と密談させた。交渉はまとまり、チャールズはモンクとその強力な軍隊の援護を受けることになった。このとき、チャールズはいくつかの条件に同意している。主なものは英国教会を支持することだったが、それ以外にも、他の信仰を持つ人々に「信教の自由」を与えること、国家の重要事項は議会に任せること、などがあった。チャールズ二世はこれらに同意し、モンクは巨大な軍勢をロンドンに向けた。一六六〇年四月、チャールズはオランダで有名な「ブレダ宣言」を発布した。この中で、敵には大赦を与えること、「信教の自由」、土地争いの公平な解決、兵士への未払い金の満額支払い、そしてもっとも重要なことだが、国家の事は自由議会が運営すると約束している。一六六〇年五月終わりの風が爽やかな日に、チャールズ二世は旗艦「ネーズビー」を「ロイヤル・チャールズ」と改名して乗り込み、イングランドに向かった。

「ロイヤル・チャールズ」は五月二五日にドーバーに停泊した。モンクは大喜びでチャールズを波止場で迎えたが、熱狂的な歓喜と感涙的な光景が見られた。ロンドンへの途上、巨大な自然発生の歓迎が王を迎えた。五月二九日、王の行列は勝ち誇って市街に入ったが、この日はジェームズ二世の三〇歳の誕生日であった。有名な日記作家で園芸学者のジョン・イヴリンはこの出来事を目撃して活き活きと情景を描写している。

二万の人馬が刀剣を振り回し表現できないほどの喜びを叫んでいる。道には花がまかれ、鐘が鳴り、通りにはつづれ織りが垂れ、噴水にはワインが流れている……無数の人々が遠くロチェスターから群れている……これは主のなせる技だ。このような王政復古は古代でも近代でも、歴史上、聞いたこともない。バビロンに捕囚されていたユダヤ人の帰還いらいの出来事だ……。(68)

詩人のアンドルー・マーヴェルもまた聖書から着想を得ている。チャールズ二世の「背は高く、色は黒く、あの崇高なユダヤ人キシュの息子のようだ」と述べている(69)。

このようなよく選ばれた比較は極めて意味深い。チャールズ二世は「崇高なユダヤ人キシュの息子」であり、彼の復帰は「バビロンに捕囚されていたユダヤ人の帰還」のようだというのだ。約束された土地イングランドに、王室の放蕩息子を迎えた当時の、信じられないほどのムードをよく示している。このような比較は、明らかに「メイソン」的な響きを持っている。すでに見てきたように、「キシュの息子」とか「クシ」(すなわちニムロデ)は『古き訓諭』にでてくるのだ。このなかでキシュの息子は「賢人たちの父ヘルメス」そのもので、すべての科学が書かれた二本の柱を発見している。ニムロデは(70)チャールズ二世のように黒い肌を持っており(71)、すぐにバベルの塔を連想させる。バベルの塔はメイソンの重要な象徴であり(72)、コメニウスやハートリブやベーコンが共通言語を探求するときに重要な意味があった。「バビロンに捕囚されていたユダヤ人の帰還」に関して言うと、これはフリーメイソン団の主要なテーマの一つだ。これがきっかけとなってエルサレムにソロモンの神殿を再建築することになるからだ(73)。

ここには、シンボル的な言語に隠されている希望が見られる。ロンドンが内戦のくすぶった灰の中から不死鳥のように甦り、素晴らしい「ニューエルサレム」で「科学」と「古代の知恵」によるもっと雄大な「復古」の震源地となることだ。この陶酔するような夢想が、すぐにでも実現することを、疑う人は少なかった。だが彼らの思いとは異なり、地獄の門から出てきた悪夢のような悪魔的夢想が実現してしまった……。

目には見えない学院から王立協会へ

チャールズ二世はロンドンに勝ち誇って入った最初の夜を、意気揚々とバーバラ・パーマー夫人の所で過ごしているが、これは彼の性格をよく物語っている。若くて美しいバーバラは王党派のロジャー・パーマーの奥方で、二人はオランダのハーグで出会っている（74）。彼女は王の最新の獲物だったが、それからも多くの女性が征服されている。これは宮廷における退廃的な時代の始まりであり、王政復古から多くを期待した人々を失望させた。四年も経たないうちに、イングランドは悲惨で高価な戦争に再び突入した。今回の相手はオランダだった。このような人災だけでは不足だったのか、ロンドンは続けて二度も続いた嵐によって大打撃を受けた。あまりにもすごい暴風に打ちのめされた人々の多くは、放蕩するチャールズ二世に天が懲罰を与えていると信じた。ところで、王政復古の初期には、新しい王による大きな変化と改革が期待されており、「目には見えない学院」も、一歩を踏み出す決心をした。

一六六〇年一一月の終わりごろ、自称「目には見えない学院」の一二名の会員がロンドンのグレシャム・カレッジの一室に集まった。集まったのは、クリストファー・レンの講義に出席した直後だったが、レンはグレシャム・カレッジの天文学教授であり、会員の一人だ。そこで「物理・数学の実験学問を推進するカレッジ」を創立することが決められた。これがすぐ後に王立協会（英国学士院）となる。グレシャム・カレッジに集まった一二名の中には、ロバート・ボイル、ジョン・ウイルキンズ、ロバート・モレー卿がいた。クリストファー・レンは当時、二八歳にすぎない。テオドール・ハークとともに「目には見えない学院」の当初から参画しているジョン・ウイルキンズがこの会合の議長になった。一六四一年にイングランドで、初めてフリーメイソンに参入したロバート・モレー卿は、勅許を得る必要があると、この会合で述べたが、チャールズ二世は一二月初めに、王立協会の創立を許可している。王立協会はグレシャム・カレッジの建物に移動し、参加すべき会員の名簿をすぐに作り始めた。

四〇名のリストが作られたが、この中には、優れたフリーメイソンで薔薇十字団の信奉者、エリアス・アシュモールが含まれている。このリストには日記作家で園芸学者のジョン・イヴリン（一六二〇〜一七〇六年）の名前も載っている。イヴリンはチャールズ二世の復帰を、約束された土地への「ユダヤ人の帰還」と結びつけたことを、思い出して欲しい。メイソンの歴史家で作家のロバート・ロマスによると、イヴリンはまず間違いなく、フリーメイソンだったという（75）。

初期の会員たちの多くは、急に忙しくなっている。エリアス・アシュモールはチャールズ二世によってウインザー紋章官と税務局検査官に任命された。クリストファー・レンはオックスフォード大学のサヴィル天文学教授になったが、その後、建築家に転身して、さらに多くの栄誉を受けている。日記作家のイヴリンはいくつかの王立委員会の役職に任命された。ロバート・モレー卿は王立協会設立に当たってもっとも影響力が強かったようだが、一六六二年にジェームズ二世から勅許状が与えられるまで、王立協会の初代臨時会長になっている。その後モレー卿は、ホワイトホールの宮廷に移動し、そこに住むようになった。

フランスでの並行する動き

英国の王立協会は、最初の科学アカデミー組織として、大いに称賛され高い名誉を得ているが、もう一つの「王立」協会がよく忘れられてしまう。この協会を支援したのはさらに高名な王室であり、すでにパリで活動をしていた。一六四〇年代初頭からこのグループはパリで非公式に集まっていた。集まっていた科学者は、偉大な数学者ブレーズ・パスカル、ピエール・ガッサンディ、ルネ・デカルト、ジル・ロベルヴァルなどだ。場所は著名な神学者で数学者のマラン・メルセンヌの住居だったが、一六四八年以降は、スポンサーであるアベール・ド・モンモールの自宅に変わっている(76)。この小さいが非常に強力なエリートによるグループは、その後、一六六六年にルイ一四世の支援で設立された科学アカデミーの核となっている。

この科学機関を創立する前にも、フランスの宰相であったパワフルなリシュリュー枢機卿は、一六三八年にアカデミー・フランセーズを創立している。アカデミー・フランセーズはリシュリュー枢機卿が後援者で、ルイ一三世の特許状で支持されていた。一六四二年にリシュリュー枢機卿が亡くなると、支援者はジャン伯の大法官ピエール・セギエになった。彼の次の後援者はルイ一四世で、王室がパトロンとなった。「目には見えない学院」と全く同じように、アカデミー・フランセーズは、非公式に会合を持つ学者たちによって始められている。最初は一二名の会員でスタートして、勅許状がでると四〇名に増やされた。読者も覚えていると思うが、英国の王立協会も最初は一二名で始められ、一六六〇年一二月には正式会員を四〇名に増やしている。

アカデミー・フランセーズの創立目的は、フランス語を発展させ、すべての人が理解できる言葉にすることだった。つまり世界共通語にすることだ。これは当然、「目には見えない学院」の当初の野心を思い起こさせる。ハートリブ、コメニウス、ウイルキンズなどが、共通語を作ろうとしていたのだ。これはまた薔薇十字団の団員が世界中の人々と会話ができると主張していたことを、思い起こさせる。その言葉は「自然な言語」で近代の薔薇十字団の研究家たちからは正当にも「暗黙の言語」と命名されている(77)。

この自然で魔術的な言語とは、メイソンの秘密の記号言語と関連があるのだろうか。この言語も古代のシンボルを使うが、それらはルネサンスのヘルメス・カバラ主義者や薔薇十字団信奉者によって好んで使われていたものだ。この刺激的な質問に対する答が何であれ、一六三〇年代のパリの哲学的・科学的グループの発展は、薔薇十字運動と何らかの関係があると考えてよいのではないだろうか。とくに一六二三年の「ポスター騒動」に関係があるのではないだろうか。そのポスターは薔薇十字団の「目には見えない学院」の密使たちがフランスに到着、あるいは到着する、と告げていた。その密使たちは共通言語、あるいは「自然」の言語で会話ができ、それを道具として、改革を行い、世界をより良い場所にすると主張していた（78）。

スコットランド・コネクション

一六六〇年に成立したイングランド王立協会は、当初、ロバート・モレー卿が設立の推進力となったことで、歴史家の見解は一致している。すでに述べたように、英国本土で最初にフリーメイソンに参入したのがモレー卿だ。モレー卿が参入したのは、リシュリューが一六三八年にアカデミー・フランセーズを設立した、その二年後になる。同じ運命の年である一六三八年に、未来の「太陽王」ルイ一四世が誕生し、その予想外の誕生を予言したヘルメス思想家トマソ・カンパネッラは有名な著書『太陽の都』をリシュリューに献呈している（79）。ロバート・モレー卿は長い年月をパリで過ごしており、トマソ・カンパネッラとの結びつきが考えられる。モレー卿は一六三三年にルイ一三世のスコットランド人部隊に入隊し、一六三八年にはリシュリュー枢機卿によって隊長に任命されている。リシュリューはこの大胆で洗練された若いスコットランド人を大いに尊敬していたのだ（80）。

一四年後の一六五二年、モレー卿はデイヴィッド・リンジー伯爵の娘、ソフィア・リンジーと結婚した（81）。ボルカーズの州太守であるデイヴィッド・リンジー伯爵は学識豊かで、隠遁生活を楽しんでいた。リンジー卿は錬金術に深い興味を持っており、彼の蔵書には多くの関連書物があり、リンジー本人がスコットランド語の口語体に翻訳している。その中には「薔薇十字の文献」も含まれている（82）。同じ一六五二年に、ロバート・モレー卿は英語版『薔薇十字宣言』の出版を支援している。

出版したのは有名なウエールズ人の錬金術師トマス・ヴォーン（詩人ヘンリー・ヴォーンの兄弟）であり、エウゲニウス・フィラレテスというペンネームを使っていた(83)。同時代人のアンソニー・ウッドは、トマス・ヴォーンを「薔薇十字友愛団の熱心な同胞」だと言い、その支援者ロバート・モレーについては「もっとも有名な化学者で薔薇十字団の偉大な支援者だ」と言っている(84)。このように薔薇十字団に深い関心を維持していたモレー卿は、カンパネッラと接触をしていたのではないだろうか。両者とも、一六三八年頃、フランス宮廷に出入りしており、二人ともリシュリュー枢機卿の支援を受けており、さらに重要なことに、二人とも薔薇十字団運動の支援者だった。

王立協会の創立者としてもうひとり考慮に入れなければならない人がいる。日記作家ジョン・イヴリンだ。この困難な時代、イヴリンもパリと無縁ではない。一六四三年、イングランドで内乱が始まり、イヴリンはパリに行き、その後ローマ、ヴェネツィア、パドヴァに旅をした。一六四六年にパリに戻ったイヴリンは、一年後に英国大使の娘メアリ・ブラウンと結婚した。イヴリンは一六五二年までパリに滞在していた。彼もまた当時、フランス宮廷を席巻していた「薔薇十字団」やヘルメス思想の影響を受けただろうか。もし影響を受けていなかったら、それこそ奇妙だ。

フリーメイソンの歴史学者ロバート・ロマスによると、ジェームズ一世のパリにおける亡命宮廷は、フリーメイソンであふれていたという。たとえばスコットランド部隊の多くは、隊長のロバート・モレー卿を始めとして、スコットランド・ロッジのフリーメイソンだった。メイソンの歴史家で有名な「ロッジ・オブ・アンティクイティ（古代）」のマスターだったウイリアム・プレストンは、チャールズ二世もフリーメイソン団の一員であったと考えている（85）。プレストンは一七七二年に書いた『フリーメイソンのイラストレーション』で、フリーメイソンの間では著名な存在だ。初期のフリーメイソンたちは啓蒙や秘密の知識への欲望も強く、「薔薇十字団」思想やカンパネッラが説いたキリスト教ヘルメス的なユートピア思想を特に受け入れやすかった。これらの影響を受けたロバート・モレー卿が、イギリスに帰ってから「目には見えない学院」を始める動機となったことは、十分に考えられる。

ここではさらにもう一人の王立協会の創立者について触れなければならない。彼のことはさらに詳しく調べる価値がある。このイギリス紳士はロンドンの古い町並みを一新させるのに、重要な役割を果たしたのだ……。

運命の燃える星

一六六四年の終わりごろ、「燃える星」がロンドンの南西の空に見えるという噂が立った。これは彗星だった。当時、これらの稀で印象的な宇宙からの訪問者は、「飢餓と悪疫」などの災難がまん延する予兆と見なされていた（86）。ドイツのプロテスタントの指導者マルティン・ルターは、彗星こそ神の天罰あるいは再臨を告げるものだと信じていた（87）。一六六四年一二月一五日、王立協会の古参会員ロバート・フックは、「燃える星」について同僚に報告をしている。一二月一七日、ロバート・モレー卿はホワイトホールの天体観測室でこの星を確認し、すぐに各地で確認され始めた。

この彗星は翌年の一月終わりには姿を消したが、二カ月後の三月終わりに第二弾目の彗星が登場した（88）。大衆も博学な人々も、この彗星こそ最後の審判が到来するお告げであると解釈したが、彼らの期待は裏切られなかった。一六六五年の五月、リンパ腺が腫れる疫病ペストがロンドンを襲ったのだ。この悪夢のような疫病が見つかったのは、フィールズの聖ジャイルズ教区であった。狭くて汚物があふれる街路には下水道の設備など皆無で、公衆衛生の概念など存在しなかった一六六〇年代のロンドンは、ペストが大流行する完ぺきな環境を提供していた。事態をさらに悪くすることに、この年の六月は異常に暑く、死に至る悪疫のまん延に拍車をかけることになった。数カ月後に、人々は群れをなして死んでいった。

多くの人々が、ペストを神の怒りのせいにした。王立協会の書記ヘンリー・オルダーバーグなどは「私たちが不潔な罪を一掃すれば、恐ろしい悪夢も終わる」と言っていた（89）。死者の数がうなぎ登りに増えて危険を感じたチャールズ二世は、ロンドン市民を不快な運命にゆだねたまま、七月に宮廷をオックスフォードに移動している（90）。余裕のある多くの人々が、同じ行動に出た。田舎に引っ越すか、さらに安全なのは海峡を渡ってヨーロッパ大陸に移動することだった。クリストファー・レンがフランスへ旅する機会を得たのは、このときだった……。

クリストファー・レンの秘教の由来

クリストファー・レンはウエストミンスター・スクールで教育を受け、オックスフォードのウォダム・カレッジを卒業している。ここで彼は権威あるオールソウルズ・カレッジのフェローとなっているが一六五三年のことだ。数年後、レンはロンドンにあるグレシャム・カレッジの天文学教授に任命された。さらに一六六〇年にチャールズ二世が復位すると、オックスフォード大学のサヴィル天文学教授という要職についている。この地位に上り詰めたとき、レンはまだ二九歳だったが、すでに同僚から、イギリスでもっとも学識豊かな人物の一人と見なされていた。

レンはプファルツ公国のルーパート王子と親交をもっていた。カンバーランド侯爵でもあったルーパート王子は、ジョン・イヴリンやロバート・モレーと同様、チャールズ二世の亡命中にパリで過ごしたことがある。さらに、モレーと同じようにルーパート王子も、リシュリュー枢機卿から大歓迎されている。王政復古の後、イングランドに戻ったルーパート王子は「自然科学」に深い関心を寄せるようになり、王立協会の熱心な会員になっている。レンを訪ねてオックスフォードにたびたび赴き、レンが実際に働く研究所で面会している。

「目には見えない学院」の創立者の一人、ジョン・ウイルキンズは、ルーパート王子の兄で亡命中のプファルツ選帝侯カール・ルートヴィヒ王子の司祭を務めていた。たぶんレンは、子供の頃からカール・ルートヴィヒ王子を知っていた。二人ともウインザー管区に住み、レンの父親は、ガーター勲章の記録官を務めていたからだ。当時の若いレンはウイルキンズの保護下にあった(91)。ルーパートとカール・ルートヴィヒの不運な父親、プファルツ公国のフリードリヒ五世は、間接的にだが、ドイツで薔薇十字運動に深いかかわりを持っていた。さらに「目には見えない学院」の創立者の多くは、蔷薇十字団に関係をしていた。これらから見ると、レンもまた薔薇十字団の思想に影響されていたのではないかと、考えたくなる。

一六六三年にレンは、建築学に深い関心を示すようになるが、やがて、数学や天文学よりもこの職業こそ、天職だと悟るようになる。レンは優れた幾何学者であり、モデル作成やデザインの才能もあった。だが、一六六〇年に多くのメンバーがフリーメイソンであった「目には見えない学院」と接触するようになり、それが、学者として著名になってから職業を変えるきっかけになったのではないだろうか？　すでに見てきた通り、フリーメイソンは建築学と幾何学に最高の位を与えている。フリーメイソン団の伝説的な英雄ヒラム・アビフはソロモンの神殿の建設者とされているのだ。同じようにフリーメイソンたちは、神を至高存在と呼称することを好むが「宇宙の偉大なる建築師」だとしている。

王立協会を創立しようと主唱したほとんどの人々がフリーメイソンであった。したがってクリストファー・レンもその一人であっても、驚くことはない。一七三八年に出版されたアンダーソンによるフリーメイソン『憲章』（第二版）によると、クリストファー・レンは一六七三年に、すでにマスター・メイソンになっていた。そして一六八五年には全イングランドを統括する大ロッジのグランド・マスターになっている（92）。別の資料によると、レンがフリーメイソンに参入したのは一六六三年か、それよりも前だという（93）。さらにレンは、イングランドの連合大ロッジが形成される前の四つの主要ロッジの一つの会員であり（94）、そこでもまず間違いなくマスターを務めている（95）。

パリにおけるレンを追う前に、ローマに飛び、謎のオベリスクを研究

一六六五年七月下旬、クリストファー・レンがパリに到着したとき、素晴らしい歓待をうけた。ルイ一四世はパリとヴェルサイユの建築を、古典風・バロック風に大改装する途上にあった。そこでルイ一四世はイタリアの偉大なバロック建築の大家ジャン・ロレンツォ・ベルニーニを招待し、これらの改造の検証と助言をしてもらい、さらに、ルーヴル宮殿の新しい正面の設計を依頼していた。当時、ベルニーニの建築家としての評価は英雄レベルであり、ローマのヴァティカンのサン・ピエトロ大聖堂前の広場のデザインを始めたところだった。この広場の中心には、現在でも古代エジプトのオベリスクが立っているが、その上には黄金の十字架が載せられている(96)。少々脱線するが、このヴァティカンのオベリスクの物語と、最終的装飾に果たしたベルニーニの役割について語りたい。なぜなら、これらのことが本書の主題と関連しているからだ。主題とは、古代エジプトの宗教概念とシンボル主義が、秘密の伝統として時代を越えて生き残り、西洋の正統派キリスト教権力の中核に打ち込まれていることだ。

ヴァティカンのオベリスクは高さが二五メートルで重さは三二〇トンあるが、固い花崗岩を削ってつくられた一本石だ。現代のローマには古代エジプトのオベリスクが一三本存在するが、ヴァティカンのオベリスクには碑文が刻印されていなく、どこから来たかがわからない(97)。だがはっきりしているのは、カリグラ帝(西暦一二～四一年)の命令で、エジプトからローマに運ばれてきたことだ。

オベリスクは特別な船で地中海を横断して運ばれ、西暦三七年にヴァティカン広場に据え付けられている。この広場はカリグラ帝が二輪の戦車を競技させる場所として造られたものだ。

これらのオベリスクの古代エジプトにおける由来については、カリグラ帝時代のローマの歴史家プリニウスから知ることができる。プリニウスによるとこれらのオベリスクは「センウセレトの息子、ヌンコレウス」のためにつくられたものだという(98)。ここでいうセンウセレトとは第一二王朝のファラオ、センウセレト一世（紀元前一九七一～前一九二六年）のことだ。センウセレト一世は、古代エジプトのもっとも聖なる都市アヌを大々的に修復している。アヌは、後にギリシャ人によって、ヘリオポリスと呼ばれるようになったが、「太陽の都」という意味だ。ヘリオポリスは現代のヴァティカン市国のようなものだった。古代エジプト人にとってヘリオポリスは強力なシンボル的な意味があったが、それは、現代の熱心なローマカトリック信者がヴァティカンにたいして感じるのと同じものだ。だが現在、近代都市カイロ近郊の古代ヘリオポリスがあった場所には、過去の栄光を示すようなものは何も残されていない。古代エジプトの精神的支柱であった壮大な太陽の神殿の跡もなく、あるものはただ一本残されているセンウセレト一世が建てたオベリスクだけだ(99)。これらの証拠から、学者たちは、ヴァティカンのオベリスクはもともとヘリオポリスに立っていたものであり、今も現地に残っているオベリスクとペアだったのではないか、と考えている。

歴史家クリストファー・ヒバートは著書『ローマ・ある都市の伝記』において「サン・ピエトロ広場のオベリスクは西暦三七年に、カリグラ帝により、ヘリオポリスから運ばれた」と断定している

(100)。同じように『エジプト人のローマ』の中でイタリアの学者アンナ・マリア・パルティーニとボリス・デ・ラシェヴィルツは、プリニウスの「ヴァティカンのオベリスクはヘリオポリスから運ばれており、センウセレトの息子のものだった」という見解を認めている。だが、ヘリオポリスから直接ローマに運ばれたのではなく、皇帝アウグストゥスによって、アレキサンドリアに運ばれ、ユリアヌス広場に建てられたという。それを西暦三七年にカリグラ帝がローマに運んだという(101)。

すでに述べたように、カリグラ帝はオベリスクをヴァティカン円形広場の真ん中に建てたが、それは個人的な二輪戦車競技場の中央の飾りとするためだった。それから一六〇〇年間にわたり、オベリスクはその場に座り続けたが、西暦六四年には聖ペテロがヴァティカン広場で処刑されたと言われている。この広場は、ローマカトリック世界の心臓部となり中心と見なされている。三三四年にコンスタンティヌス帝によってサン・ピエトロ大聖堂の建設が始められたが、ヴァティカン広場を半分覆い、重なるように建てられた(完成したのは一六世紀。建築家で彫刻家のブラマンテやラファエロ、最後にはミケランジェロが工事に従事した)(102)。

その結果、カリグラ帝のオベリスクは、大聖堂の南壁に隣接することになった。このような状態は一四世紀にローマに旅したイギリスの聖職者、グレゴリウス師によって観察され記録されている。彼によると、オベリスクは暗い路地に立っており、その基盤と台座の部分は、がらくたで覆われ、脇には崩れかけた古い家が大聖堂の壁に隣接していたという。

一五世紀になって、古代エジプトの遺宝を今日の名誉ある場所、サン・ピエトロ広場の中央に移動する計画が生まれた。この考えは教皇ニコラウス五世（在位一四四七〜一四五五年）のものだった。教皇ニコラウス五世は、オベリスクの基底には等身大の伝道者の銅像を四つ建て、頂上には黄金の十字架を手にする巨大なキリストの銅像を置きたいと考えていた。だがニコラウス五世は、着工前に亡くなり、この計画は中断された。

計画を完成させたのは教皇シクストゥス五世（在位一五八五〜一五九〇年）だった。「ルネサンス最後の教皇」と言われたシクストゥス五世は……。

ローマをヨーロッパ最高の都市にし、サン・ピエトロを最も壮麗な大聖堂にする考えだった。彼はローマのすべての配置を新たにデザインさせた。それは巨大な大通りを建設することであり、広場に置かれたオベリスクから連続する並木道が開かれた。ヴァティカンからテヴェレ川を横切り建物が密集する地域から、放射状に道がのびて東の丘に向かっていた。(103)

シクストゥス五世はニコラウス五世の提案した四人の伝道者の銅像をオベリスクの基底に設置することを、取りやめた。そのかわりに石の台座の周りに四頭のライオンを配置した。オベリスクの頂上にキリスト像を据えることもやめた。そこには青銅の球がカリグラ帝によって据えられていた。この青銅球の中には、ローマの神君でありエジプトのファラオでもあったユリウス・カエサル（ジュリアス・シーザー）の遺灰が入っていると信じられていたが、調べたところ中は空だった。青銅球を残すことに決めたシクストゥス五世は、この中にヴァティカンが所有していたキリストの「真の十字架」の一部とされている十字架を納めることにした。シクストゥス五世は一族の紋章を青銅球の上に載せた。この紋章は三つの小さな山の上に星がある。この星の上に黄金の十字架を載せたのだ。最終的にヘリオポリスからのオベリスクは、この姿でヴァティカンの心臓部に建てられた。一五八八年九月二七日のことだ(104)。

オベリスクが建立された後、シクストゥス五世が最初に行ったことは、お清めだった。通常の鐘や香(こう)とともに、司教がオベリスクの前に立ち、厳粛に読み上げた。

石から生まれたものよ、全能の神の御名によって、悪霊を払う。おまえは清められた石として、聖なる十字架を支える石としてふさわしい。不純の痕跡、異教の断片、霊的な不純からも解放されている。

この見解が徹底されるよう、シクストゥス五世はこの言葉をオベリスクの基底部の東西に刻印している。

だが皮肉なことに、反異教のメッセージは、頂上に十字架が固定された瞬間に、矛盾をはらんでしまっている。秘密の「目には見えない」メッセージによってオベリスクが活き活きと鼓動を始めたのだ。メッセージは秘密だった。なぜなら、それは古代エジプトのヒエログリフ(神聖絵文字)で書かれており、一六世紀の人は、誰もこの文字を読めなかったからだ。ただの偶然か、それとも計画されていたのかわからないが、オベリスクの上に十字架を置くことは、古代エジプトの神官たちにとってはシンボル的な意味がある。意味とは太古のもっとも聖なる異教の都市、アヌ＝ヘリオポリス、つまり古代エジプトの「太陽の都」だ。シクストゥス五世のオベリスクの扱いは、古代エジプトの言語で意味深いだけでなく、正しかった。なぜなら、このオベリスクはもともとアヌ＝ヘリオポリスにあったものなのだから！

だが小さな詳細が、この興味深い見方を台なしにするかもしれない。オベリスクの上に十字架が置かれる絵文字は、アヌ（ヘリオポリス）だと、古代エジプトの神官には理解されていたが、これだけではまだ完ぺきなとは言えないのだ。通常、この絵文字は円か楕円で囲まれ、それが八つの部分に分割されていたのだ。これが絵文字《ヒエログリフ》で都市を示す標準的な方法だった。シクストゥス五世とその建築家たちが、サン・ピエトロ広場にこのような円を描かなかったことは、秘密のヘルメス思想のゲームが行われている可能性を否定するようにも思われる。

もしもシクストゥス五世が一五九〇年に行ったことが、そのまま変わっていなければ、そう言えるかもしれない。

だが七〇年以上たってから、ベルニーニが教皇アレクサンデル七世（在位一六五五〜一六六七年）に、サン・ピエトロ広場を再設計するよう依頼されている(105)。ベルニーニは優雅な自立する列柱でオベリスクを取り囲むことを選んだ。その結果、巨大な楕円がオベリスクを中心としてでき上がった。ベルニーニの仕事は、一六六五年に中断された。それは前にも述べたが、ルイ一四世に個人的にパリに招待され、それを受けたためだ。だがベルニーニは、ローマに帰ってから、このプロジェクトを完成させている。彼はオベリスクの基底の周りを美しい幾何学的パターンにした。優雅な楕円は八つの部分に分けられているが、それは現在でも見ることができる。

偶然だろうか？ それとも教皇に数十年にわたり影響力を維持できた秘密の組織が存在し、彼らは一九世紀に古代エジプトの絵文字が学者たちによって解読される前に、すでに意味を知っていたのだろうか？

アヌ＝ヘリオポリスは、ジョルダーノ・ブルーノやトマソ・カンパネッラが断固として復活させようとした「太陽の都」の原型なのだ。これまで見てきたように、ブルーノやカンパネッラには、仲間がたくさんいた。彼らはヨーロッパ中に存在したヘルメス学、「薔薇十字団」思想家の大きなネットワークの一部だった。彼らの影響力は大きかったが、一六六〇年代中ごろ、まだ安全とは言えなかった。ヴァティカンの強固な砦の真ん中に「目には見えない言語」を使い、ヘリオポリスという名前を書くことは、挑戦的な行動だ。だが、このようなことこそ、このネットワークの会員がやりそうなシンボル主義的・タリズマン的ゲリラ戦として、まさに予想されることだ。

だがその確たる証拠はない。読者のかたがたの判断にお任せしよう。

イギリス人の建築家が太陽王の宮廷で、尊敬する師に会う

それでは一六六五年七月のパリに戻ろう。クリストファー・レンがロンドンの疫病から逃れ、ちょうどパリに到着したところだ。同時にベルニーニはルイ一四世の招きでパリに滞在しており、ルーヴル宮殿の新しい正面を設計していた。

ルイ一四世の宮廷で、ベルニーニはフランスの主要な建築家、ピエール・ル・ヴォー、クロード・ペローなどや、偉大な造園建築家アンドレ・ルノートルと交わった。一六一三年生まれのアンドレ・ルノートルは、著名な王室造園師の家系の生まれだ。彼の伯父はルーヴル宮殿のチュイルリー庭園を造っている。父親はルイ一三世の首席造園師だった。太陽王ルイ一四世が生まれたとき、ルノートルはチュイルリー庭園とリュクサンブール宮の庭園の管理を任された。その後、ルイ一四世の統治が絶頂を迎えたとき、ルノートルは有名なヴェルサイユ庭園の設計と施工を命じられている。

レンがパリを訪問したころ、ルノートルは円熟した五二歳であり、宮廷で最高の評判を得ていた。一六五六年以降、ルノートルは王の建造物すべての責任者であり、極めて野心的なプロジェクトを開始する直前だった。このあまり知られていないプロジェクトは「大通り」あるいは「遠景」と呼ばれていた。このプロジェクトの中心をなすのは幅の広い行進ができる大通りで、チュイルリー宮から始まる。これによりルーヴルから西の方向の視界が開けることになる。この案は太陽王の祖父アンリ四世の治世に提案されている。だが一六六一年まで、何も行われなかった。この年に、ルイ一四世の全

権を委託されていた強力な大蔵大臣コルベールが、この提案を現実のものとするよう、ルノートルを指名したのだ。

ルノートルの計画は壮大だが、同時にこの上なくシンプルだった。現在オートセーヌの公文書館に保管されている当時の計画を見ると、大きなまっすぐな大通り（著名なシャンゼリゼ）が示され(106)、両側には木が列をなし、チュイルリー宮から西に向かいヌイイ橋まで続いている。大通りの真ん中辺りには、シャイヨーの丘と呼ばれる頂上が平たい丘がある。この丘に星形の大きな広場を造ろうと、ルノートルは提案している(107)。時間の経過とともに、この場所はエトワール広場となり、一八一五年にはナポレオンが有名な凱旋門を建てた。凱旋門はパリでもっとも知名度の高い歴史的建造物だろう(108)。

つまりクリストファー・レンはパリで、傑出した人々や新しい建築の概念や理想的な都市計画が飛び交う中で、六カ月の時を過ごしたことになる。このときのレンの人生は、新たに建築家への道を歩む形成期だった。進行していた建築のリバイバルにもちろん惹きつけられていたが、同時にレンは活発な科学的活動にも興味を魅かれている。レンは地誌学者のメルシセデク・テブノ、パスカルの共同研究者でもある天文学者ピエール・プティ、ユグノー哲学者のアンリ・ジュステルなどに会っている。プティもジュステルもその後、王立協会の特別会員になっている(109)。レンは物理学者アドリアン・オズーとも親しくなったが、オズーもレンのように建築に深い関心を抱いていた。テブノ、プティ、オズーは、アベール・ド・モンモールが支援していたパリ版「目には見えない学院」のメンバーだ。ルイ一四世の許しを受けて、王立協会のように、このグループを公式のものにしようという話は前から出ていた。したがって、メンバーたちは当然、クリストファー・レンに会い、この件につき意見を聞くことに興味を持ったはずだ。

レンはベルニーニにも会っている。ベルニーニはレンの一カ月前にパリに到着していた。だが二人が会ったとき、レンはまだ建築学の生徒であり、ベルニーニが学部長のような存在であったことを忘れてはならない。つまりレンは当時無名だったが、ベルニーニは巨人であり尊敬され、お金があり、ヨーロッパ中の王や王子、教皇までにも我慢を強いることができた。その結果、パリでは偉大なベルニーニの周りを、崇拝者が取り囲んでいた。そこでベルニーニが、レンの存在に関心を持ったとは思えない。

だがレンに取ってみれば、これは人生を変える遭遇であった。短い時間であっても偉大な英雄と対面した経験は、彼に深い影響を与えている。この対面の瞬間から、レンの野心に炎がともり、イングランド最高の建築家の一人にしたのだと言って良いだろう。レンの最近の伝記作家エイドリアン・ティニスウッドは、対面について次のように述べている。

あと知恵になるが、この対面は一七世紀の建築史にとってもっとも重要な出来事の一つであった。彼はイングランドのもっとも偉大なバロックの解釈者となる運命にあった。その彼がヨーロッパでもっとも有名なバロックの建築家に会ったのだ（110）……レンがフランスを訪れて得たことは多かった。

イングランドにはなかった洗練された建築の環境があり、洗練はそれほどされていないが極めて有益な科学的環境で思考を交換する機会があった。さらに、レンは大量の書物を本国に持ち帰った……「フランスのすべてが紙になっている」。(111)

だが、クリストファー・レンは、別のものも持ち帰っている。図面や書物ほど有形なものではないが、もっと遥かに強烈なものだ。それは王政復古されたスチュアート王朝で、彼が果たすべき新たな役割の「展望」だ。ところでルイ一四世が一六六六年一月に、フランスとオランダの同盟を維持するため英国に宣戦を布告したため、レンにとってはパリの居心地が悪くなる。レンには帰国すべき時期が来たのだ。レンがロンドンに着いたのは一六六六年三月だった。その数カ月後に驚くべきチャンスが彼の膝に転げてくる。だれも夢想もできないことだ……この場合は、悪夢と言ったほうが良いかもしれない。

灰燼《かいじん》の中から立ち上がる

ロンドンの大火災は一六六六年九月二日に始まった。ロンドン橋近辺のプディング・レーンのパン焼き場が火元だった。王のパンを焼くトマス・ファリナーが寝床に入る前、オーブンの炎に水をかけ、火を消すのを忘れたのだ。幾つかの燃えかすが、近くにあったたき付けに落ち、彼の倒れそうな木造家屋は炎に包まれた。当時、ロンドン市内の建物は木造で、屋根にはタールが塗られていた。そのため家はまるで大きなマッチ箱のようによく燃えた。数時間で幾つかの通りが荒れ狂う炎に包まれた。さらに東からの強風が吹き荒れ、炎はさらに舞い上がった。五日後に炎が和らいだとき、ロンドン市の五分の四に当たる四三〇エーカーが灰になっていた。一万三〇〇〇の家、九〇の教会、五〇の馬車屋が破壊され、セントポール大聖堂までもが破壊されていた。

チャールズ二世は消防士たちと一緒になって英雄的な活躍を見せ、大衆の尊敬の念も少しは回復された。だが王の敵たちは、すぐにこの火災を、宮廷における放蕩と政府の邪悪な外交政策に対する天罰だと主張した。イングランドと戦争中のオランダはパンフレットを発行し、「全能なる正義の神」による復讐だと主張した。英国のカトリック教徒も、すぐにオランダの意見に同調した。『ロンドン・ガゼット』紙までもが、「神の鉄拳が私たちの罪のために下された。炎によって最後の審判を下した」と報告している(112)。ロンドンのユダヤ人たちも考え込んだに違いない。なぜなら彼らのロシュ・ハシャナ(最後の審判)は一〇日後とされており、ヨム・キプール(贖罪の日)はさらに一〇日後だったからだ(113)。

噂の歯車は狂ったように回転した。「教皇の陰謀」説とか「外国の計画」説、「神による天罰」説が満ちあふれた。チャールズ二世は全力を尽して、今はムーアフィールズに集まる怒れるロンドンの民衆を説き伏せようとした。彼らの集団的不幸の原因は、単なる事故に過ぎなかったと主張したのだ。彼はホームレスとなった人々の面倒を見るし、即座に彼らの家と都市を再建すると雄々しく誓った。だがたぶん、王はこの機会を得たことを、必ずしも嫌ではなかっただろう。なぜなら彼は町の計画や設計を趣味としていたからだ。王政復古の後、チャールズ二世はロンドンを華麗な大都会に変貌させる資金がないことで、ひどい欲求不満に陥っていた。従弟のルイ一四世がパリを「光の都」に変貌させようとしていたが、その上をいきたかったのだ。だが突然、青天の霹靂《へきれき》のように、思いを実現する驚くべきチャンスがやって来たのだ（114）。

王の激情にあふれる演説をムーアフィールズで聞いた人々が期待したように、新しいロンドンが、煙がくすぶる灰の中から甦ろうとしていた。

さらに良いことに、それは「ニューエルサレム」のようになるというが、それは次の章で見ていこう。

第一四章

カバラ

「テンプル騎士団伝説の主要なテーマは秘密結社としていかに生き残ったかにある……テンプル騎士団そのものが秘密結社だった……それはフリーメイソン内部で生き残っている……そこでフリーメイソンはテンプル騎士団の後継者であり、ソロモン神殿の建設者の古代の知恵を受け継ぐものである。その知恵は十字軍から伝えられている」
(A・デミュルジェ著『テンプル騎士団の生と死』初版、九ページ、一九八五年パリにて刊行)

「少し調べただけでもチャールズ二世が個人的に錬金術に没頭していたことがわかる……そのような王なので、ながく待たれていたソロモンの家を提供することが期待できる」
(ドナルド・R・ディクソン『アンティリアの嵌め石』二三九ページ、ライデン、ブリル社一九九八年刊行)

「メンタルな戦いを納めることも、剣を手の中で眠らせることもない。イングラ

ンドの緑あふれる気持ち良い土地にエルサレムを建てるまでは」
（ウイリアム・ブレイク『ミルトン』への序文、一八〇四年）

大火が収まった数日後、クリストファー・レンとジョン・イヴリンは、それぞれ独自に、チャールズ二世にロンドン再構築の計画書を急いで提出した（1）。正確にいうと、レンは計画書を一六六六年九月一一日に提出しており、イヴリンが提出したのは九月一三日だった（2）。チャールズ二世は、二人の設計を大いに称賛したが、実行されることはなかった。当時の緊急課題は建築の大計画ではなく、火災でホームレスとなった数千人の人々に、いかにすむ家を与えるかであったからだ。

放棄されたレンとイヴリンの計画は、結局、建築の歴史では注記程度の存在に過ぎないが、二つの事実で興味深い。

二人とも、「目には見えない」秘教のシンボル装置を、ロンドンの広場や街路の配置に組み込んでいるのだ。ということは、二人とも同じ目的を持っていたに違いない。

一世紀後に、同じシンボル装置が同じ目的で、大西洋の反対側でも使われている。アメリカ合衆国の新首都ワシントンDCの建設にあたり、町並みや広場の配置に利用されている。

それらのシンボルの最初は素朴な八角形だ。二つ目はもっと複雑だ。複数の中心があり、そこから小枝がわかれている「セフィロトの木」あるいは「生命の木」として知られるものだ。これはユダヤ教カバラからきている。これはユダヤの秘教であり、一二世紀のオクシタニア地方で、カタリ派の台頭と共に生まれた偉大な知的・宗教的自由のなかで熟成された。

ワシントンDCの八角形とセフィロトの木は、現在、地味な風景の中に隠されている。またレンやイヴリンの放棄されたロンドンの計画が、ワシントンDCに使われているのが見えるが、それはこの章で検討する。どちらの場合も、問題はシンボルが使われていることの証明ではない。それよりも、そもそも、なぜ、それらを使ったかにある。レンやイヴリンや、アメリカ革命における彼らの後継者たちは、何を考えていたのだろう？　なぜ八角形やセフィロトの木が、彼らにとって大事なのだろう？

これらの質問に答える第一のヒントは、一七世紀のロンドンにも、一八世紀のワシントンにもない。ヒントは、一三世紀のオクシタニア地方におけるアルビジョワ十字軍の異常な歴史の中にある。

テンプル騎士団の謎

アルビジョワ十字軍は歴代教皇たちによる扇動で計画され、北フランスを中心とする、ヨーロッパ各地から集められた兵士によって戦われた。オクシタニア地方で継続された戦闘は、一二〇九年にベジエが陥落してから一二四四年のモンセギュールの陥落までだが、この全期間を通して、明らかな「十字軍」なのに、いっさい戦闘に加わらなかった人々がいた。これらの人々の数は多く、しかも南フランスのプロヴァンスやラングドックに住み着いていた。これは奇妙だ。さらに奇妙なのは、異端のカタリ派と対決することをためらったこれらの十字軍兵士は、教皇への忠誠を誓ったよく訓練されたエリート修道士であり戦士たちだったことだ。彼らは聖地でイスラム軍と戦い、勇敢な十字軍兵士として実力を証明済みだった。彼らの肩書きは「キリストとソロモン神殿の貧しき騎士団」だが、それよりもテンプル騎士団としてよく知られている。

テンプル騎士団の話はよく知られており、これまでにも多くの事が語られているので、ここで詳しく繰り返すことはやめよう。だが、なぜ彼らが教会の代理となって全力を尽してカタリ派と戦わず、この戦争を避けたかを説明するには、ある程度の背景は語らざるを得ない。

この騎士団は九人のフランス人貴族たちによって創立され、一一一九年に聖地に旅した。これは、ヨーロッパからの最初の十字軍がエルサレムを奪回し占領した二〇年後にあたる。一二世紀の歴史家、テュロスの大司教ギョームは、これら九名の中で「もっとも卓越しきわだっていた」のは、「高徳のユーグ・ド・パイヤンとジョフロワ・ド・サントメールである」と言っている(3)。

九名がエルサレムに到着したところ、十字軍の王ボードワン一世によりVIPとして歓迎された。彼らは本部をエル・アクサ・モスクに置くことを願い出て、許可された。このモスクは古代の神殿の丘の南側にあり、今日まで残っている。聖書に出てくるソロモン神殿の場所であるとされる神殿の丘には、素晴らしいイスラムの神殿「岩のドーム」があったが、それもテンプル騎士団の管理下に置かれた。これもまた風雪に耐え、今日でも訪問することができる。床は完ぺきな八角形で、八つの側面の長さはまったく同じである。そびえ立つ壁は、中央の「岩」の真上にある美しい黄金の天井を支えている。この巨大な岩は岩盤が露出しているもので、ユダヤ教、キリスト教、イスラム教の伝承では、神聖なるソロモン神殿の床であったという。旧約聖書によると、このうえに、神からモーゼに与えられた契約の箱が置かれていたという。ここで言う神とはエホバのことで、グノーシス派やその継承者であるカタリ派の人々は、魂を捕える物質世界を創造した下等な神であると見なしていた。ユダヤの伝承では、エホバの命令により、この岩でアブラハムが息子のイサクを犠牲にする準備をしたという。イスラム教の人々にとって、ここは、預言者マホメットが天界への夜の旅をおこなった場所だ（4）。

ソロモン神殿は、ユダヤ人の最初の神殿であり、現代の聖書考古学者たちは伝承通り、この神殿が「神殿の丘」にあったという見解でほぼ一致しており、岩のドームの場所に存在したことは、ほぼ間違いないと見ている。ソロモン神殿はバビロニア人の侵略で紀元前五八七年に破壊されたが、紀元前五三七年から五一七年にかけて、バビロン捕囚から帰国したユダヤ人によって第二の神殿が同じ場所に建てられている（5）。この第二の神殿はローマ人によって西暦七〇年に破壊され、それ以降、神殿の丘にユダヤ人が礼拝する場所はなくなっている。

このため、長い年月にわたり、有名な「嘆きの壁」がユダヤ人にとって極めて重要な場所となっている。現在ではユダヤ人のただ一つの重要な聖所だ。嘆きの壁は、ヘロデ大王が紀元前一世紀の終わりに控え壁として造ったものの一部で、第二の神殿の時期までさかのぼる。この壁は西暦七〇年のローマ人の侵略によっても取り壊されず（古代ユダヤの聖書注解書『ミドラシュ』は、「聖霊が上を舞っていたからだ」という）、その後、バビロン捕囚で拡散したユダヤ人たちの民族国家を熱望する強力なシンボルとなった（6）。

西暦七〇年から西暦六三八年にイスラムの聖戦でエルサレムが奪取されるまでの間、神殿の丘で何が起こっていたかは不明だ。それというのも、ローマ帝国が崩壊した混乱の時期であり、イスラム教が急速に広がっていた時期であったからだ。また、神殿の丘を管理しているイスラムの権威が、考古学的調査を許可しないことにもある（違法の発掘はされているが）（7）。イスラムの権威のためらいは十分に理解できる。なぜなら岩のドームとエル・アクサ・モスクは、それぞれメッカとメディナにつぐ、イスラム世界の第三と第四の聖地だからだ（8）。

考古学者たちは西暦七〇年以降、第二神殿の廃虚の上にローマの神殿が建てられたと信じている。六〇〇年後の六七〇年に預言者マホメットの後継者でありエルサレムの絶対的支配者であったオマール首長が神殿の丘を片づけ、「モスレムの礼拝の場を建てよ。過去にイスラエルの神殿が建っていた場所にだ」と命令を下した（9）。その年に木造の仮の神殿が据え付けられた。その後、六九一年になってアブデル・マリク首長による統治の時代に、今日も見られる、岩のドームという恒久的建造物が建てられた。巨大な格子付きの円天井は当時のイスラム建築においてはユニークな概念だったが、その下には、印象的な八角形の建物があり、それが内部の円形の中央身廊を取り囲み、その中にソロモン神殿の聖なる岩がある。数十年後に、アブデル・マリク首長の息子のアル・ワリドがエル・アクサ・モスクを建てた（10）。その後三〇〇年にわたるイスラム統治の下、比較的に平和な時期があった。だがそれも粗野な最初の十字軍によって乱され、エルサレムは一〇九九年に占領された。この時点で、二つの構造物と神殿の丘全体がキリスト教信者の管理下に入った。それが一一一九年から、テンプル騎士団の独占管理に移行され、名称の由来となった。

薔薇色十字と八角形

テンプル騎士団はキリストとの関連をよく真っ赤な十字で示した。パテ十字としられるこの十字架は独特なスタイルで、白い外衣（チュニカ）に縫い付けられていた。薔薇十字宣言が非常によく似た薔薇色の十字を使用する五〇〇年前のことだ。彼らのソロモン神殿との一体化も同じように強かった。それは本部に神殿の丘を使いたいと申し出たときから、明らかだ。岩のドームが八角形の建物なので、テンプル騎士団はこの建物との関係を示すため八角形をシンボルとして使った。パテ十字は巧妙にデザインされており、十字架の外側の点を結ぶと、岩のドームの平面図と同じように、八つの側辺が同じ長さをもつ八角形となる。

テンプル騎士団の起源にまつわる謎の一つは、なぜ、エルサレム王ボードワン一世が九名の騎士にエル・アクサ・モスクの鍵をすぐに渡したかにある。一一一九年に彼らが王を訪問すると、即座に渡しているのだ。これはどんな状況においても謎だが、特にこの場合は謎が深い。なぜなら、ボードワン一世は、テンプル騎士団に渡す直前まで、このモスクを宮殿にするつもりで懇切に改修していたからだ(11)。神秘的で威厳のある九名の騎士がいかに武装しようと、戦闘による傷をもっていようと、エルサレムの支配者を脅かす立場にはなかった。ボードワン一世のほうが遥かに巨大な戦力を抱えていたのだ。そこで考えられるのは、ボードワン一世が喜んで聖なるモスクを彼らに渡したことだ。そうなると九名の騎士は、渡すべきだという説得力ある理由をボードワン一世に述べたはずだ。

神殿の丘がテンプル騎士団の管理下に置かれると、彼らは三つの宗教の聖地に住み、食事し、働いた。それからの七年間、彼らはそこからめったに離れなかった。公式な布告で彼らが言明したのは、彼らの聖地における使命は「海岸からエルサレムへの街道を盗賊たちから守ること」であった。だがそのようなことをおこなった様子はない。それどころか、ある権威ある学者の言葉によると「彼らはこの時期、間違いなくほとんどなにもしていない」のだ(12)。さらに、論理的に考えても九人で八〇キロにもなる街道で誰かを警護するのは難しい。しかも彼らの人数は一一二五年にシャンパーニュ伯が参加するまで九人のままだった。そのうえ、テンプル騎士団が到着する前から、巡礼の警護は古くてはるかに規模の大きい軍隊であるホスピタル騎士団の騎士たちが行っていたのだ(13)。

一一二六年の終わりごろ、ユーグ・ド・パイヤンは創立者仲間のアンドレ・ド・モンバールを同伴して、突然、エルサレムを離れ、ヨーロッパに戻った。ド・モンバールの甥は、クレルヴォーの有名なカトリック聖職者ベルナール(後の聖ベルナール)だった。その後、ベルナールはテンプル騎士団の支援者となった。初期のカタリ派の頑固な反対者だったベルナールは、カタリ派の信仰に反対する平和的な演説キャンペーンの旅を行ない、一一四五年にはオクシタニア地方の内部深くまで入り、多くの屈辱を味わっている。たとえば、当時、もっとも偉大な説教師といわれたベルナールは、数千人の崇拝者たちにもみくちゃにされるのに慣れていた。ところが、カタリ派の町アルビで説教をしたところ、聴衆は三〇名しかこなかった（14）。ヴェルフェイユ（トゥールーズの北東）においては、騎乗のカタリの騎士たち（もちろん信者だが、非暴力を誓う完徳者《ペルフェクティ》ではない）が、教会のドアを叩き、剣をぶつけ合い、あまりにも大きな音を立てたので、小さな教会の中でベルナールの演説はまったく聞こえなかった（15）。

そこでカタリ派を憎み、懲罰を加えたい人々がいるとすれば、それこそテンプル騎士団のはずだった。なぜならテンプル騎士団は聖ベルナールに大変な恩義があるからだ。したがってさらに理解が困難なのは、一二世紀から一三世紀にかけてオクシタニアの至る所に要塞や支部を持っていたテンプル騎士団が（16）、一二〇九年以降に創られたアルビジョワ十字軍に参加しなかったことだ。第一章を思い出していただきたいが、一連の軍事行動の合間に、カトリックの擁護者シモン・ド・モンフォールは、少数の騎士しか維持できないことがたびたびあった。時には騎士の数が一〇数名にまで減少している。その人数で、オクシタニアで得た戦果を維持したのだ。いくら調べても、テンプル騎士団が一度としてモンフォールが困難にあっているときに介入し、助けた証拠は出てこない。

なぜなのか？

テンプル騎士団が一二〇九年当時考えられ、かつ表明していたように、カトリックの騎士で教皇の敵の壊滅に献身するなら、彼らこそ異端のカタリ派に、最後ではなく、最初に剣を振りかざし、天罰を与えるはずだ。

傲岸不遜

ユーグ・ド・パイヤンとアンドレ・ド・モンバールは一一二七年にフランスに到着し、一一二八年一月には、テンプル騎士団の初期の歴史にとってもっとも重要な行事に参加した。その行事とはトロワ公会議だ。この会議の開催目的は明りょうだった。テンプル騎士団にたいする教会の擁護を公式に取り付けることにあったのだ。クレルヴォーの聖ベルナールがトロワ公会議の議長となり、個人的にテンプル騎士団の会則を書き上げている。この会則がその後のテンプル騎士団の進化と発展を導いている。その後のたびたびの説教や『新しき騎士団を讃える』などの称賛文などによって、ベルナールは精力的にこの新進の騎士団をもり立てた。聖ベルナールは自らの権威と影響力を使ってテンプル騎士団の成功を確実にしたのだ。

その成果はめざましかった。フランス全土から入団希望者が殺到し、後にはヨーロッパ各地からも殺到した。大金持ちの支援者からは土地やお金の寄贈があり、すぐに政治力もついてきた。一二世紀の最後の二五年間になる頃、テンプル騎士団は驚異的な金持ちとなり、洗練された国際的銀行システムも運営しており（「信用状」を最初に使っている）、多くの土地に要塞や財産を所有していた。だが彼らの流星のような上昇に次ぐ上昇は、このころに頂点に達し、その後すべてが悪化し始めた。

一一八七年七月四日、ハッティン岬での激戦でテンプル騎士団は手痛い敗北を喫した。イスラム軍を率いるのはサラディンという名で知られる伝説的なサラーフ・アッディーンだった（17）。テンプル騎士団の無敵という評判は、特に数週間後、キリスト教のエルサレム王国がアラブに永遠に失われ、大きく傷ついた(18)。

テンプル騎士団はその後も一世紀にわたって聖地の一部に残っていたが、一二九〇年の春に没落の時が来た。カラワン首長とその息子アリ・アシュラフに率いられるエジプト軍が、現在ではシリア領アッコ市になっている聖ジャン・アクレの町を包囲したのだ。ここは十字軍と、十字軍クリスチャン諸国と呼ばれる国々の最後の砦だった。

海を後ろに控え、強固な防護壁を持つアクレは、十字軍の強固な要塞として伝説的だった。だが三世紀にわたるキリスト教徒とイスラム教徒の戦いで、十字軍国家の大部分はひどく弱体化されていた。人数でも圧倒され、物資供給もままならないアクレは、アラブ軍の猛攻を目前にしていた。だが、アラブ軍がアクレの防壁にとりかかる直前、カラワン首長がまるで神の手による制裁を受けたかのように亡くなり、いちるの希望が生まれたかのように思えた。だが、後継者の息子アリ・アシュラフは冷静を保ち、たちまち全軍を掌握した。一二九〇年四月六日、アクレは完全に包囲され、出口は海しかなくなった。

高い壁の内側で、騎士たちは最悪の事態に備えた。アラブ軍の軍勢の規模がはるかに大きいことが、今や明らかだった。痛ましいパニックの風景が繰り広げられた。少ない船に乗り込もうと民衆がもがいたからだ。多くの年寄りと子供たちが、不運の都市から避難しようともがくなかで溺れた。五月一五日、アラブ軍は壁を突き破り内部に突進した。中世の基準から見ても恐ろしい大虐殺は確実だった。

テンプル騎士たちは最後の一人まで、ライオンのように戦った。もし生きて捕虜になったら、身の毛もよだつ運命が待っていることを知っていたのだ。驚いたことに、彼らはそれから一二日間も要塞の中で戦い続けた。戦闘が終わったときには、町には死体が足の踏み場もないほど転がっていた。

テンプル騎士団の抵抗に怒り狂ったアリ・アシュラフは、アクレの町を完全に破壊し、すべての囚人を、男女、老若、市民、軍人にかかわらず、「預言者の剣により」皆殺しにしろと命じた。キリスト教社会では名高い、アクレの町の有名な聖アンデレ教会は粉砕され、数トンもする重たいゴシック風のドアはカイロに運ばれ、アリ・アシュラフの兄弟の霊廟に光彩をそえた。アラブ軍が悪臭ただよう恐ろしい大虐殺の町から去ったとき、キリスト教世界全体に暗く重いムードが立ちこめた。「野蛮人」から聖地を守るという十字軍の英雄物語と武勇の冒険は、とうとう終わりとなったのだ。

因果応報

アクレの陥落はテンプル騎士団の終わりの始まりを示すことになった。大敗北から一〇年以内に、ほとんどの騎士はヨーロッパに戻った。何人かはイングランドに向かい、古くからある多くのテンプル騎士団の支部に吸収された。騎士団のイングランドにおける本部はロンドンにあった。場所はテームズの北からホルボーンの東にかけてで、今でも「テンプル地区」と呼ばれている。テンプル騎士の何人かはドイツやスペインに戻った。フランスに戻るものも多かった。特にパリと港町ラ・ロシェルに戻ったが、そこには多くのテンプル騎士団の機関があり、彼らを迎え入れた。数千人がオクシタニアに移住することを選んだ一三世紀になって、オクシタニアはフランスに吸収されつつあった。ここではその後一五〇年にわたって強力なテンプル騎士団が君臨した。

ローマ教皇は、長いこと異端カタリ派の「最終的解決」をフランス王朝に依存してきた。その結果、一四世紀の初めになると、オクシタニアはフランスに合併されたが、教皇の権力もどんどん縮小されることになった。そのため一三〇九年から一三七七年にかけて（カトリック歴史家はこの期間を「バビロンの捕囚」と呼ぶ）、ローマ教皇の本拠地はローマではなく、アヴィニョンになり、教皇はフランス王朝の完全な管理下に置かれた。

一三〇九年にアヴィニョンに教皇庁を移動した教皇はクレメンス五世だ。もとの名前はボルドーの大司教ベルドラン・ド・ゴであり、一三〇五年に教皇に選ばれている。冠を授けられたのはリヨンで、端麗王フィリップとして知られるフィリップ四世の面前であった。二年後に、クレメンスはテンプル騎士団を異端だと告発して、フィリップ四世がテンプル騎士たちを裁判にかけることを公認している。その告訴の内容は、一三世紀に異端審問裁判で何度もカタリ派に投げかけられたものと同じだった。その非難の中には、秘密の儀式において新規参入者は十字架に唾をかけたり壊す、などがある。このような非難は、当時のカトリック教徒に恐怖の気持ちを呼び起こさせるに、十分だった。

一三〇七年一〇月一三日の金曜日、フィリップ四世の軍隊の手に届く範囲のテンプル騎士団の団員は、オクシタニアのすべてのテンプル騎士を含め、逮捕された。このようにして一万五〇〇〇人以上の団員が逮捕されたことから見ると、この計画が極めて慎重に計画され、準備周到におこなわれ、王の多くの配下によって遂行されたことがわかる。夜明けにテンプル騎士団の数百の領地を一斉急襲し、紛争もなく逮捕できたのだ(19)。

その後の数カ月、テンプル騎士たちは異端裁判において野蛮な拷問にかけられた。彼らの前のカタリ派の人々や、後のブルーノと同じように、この拷問は異端裁判の基準から見ても野蛮だったが、特別に教皇によって許可されている。フランスでの逮捕に続いて、クレメンス五世は一三〇七年一一月二二日に大勅書『パストラリス・プレエミネンツィエ』を発し、キリスト教世界全域で、テンプル騎士たちを逮捕するよう命令した。この処分は遠いイングランドやスペイン、ドイツ、イタリア、キプロスにまで達し、一三一二年にはこの傀儡教皇から別の大勅書が発布され、テンプル騎士団が公式に弾圧された。この間にも、何千人というテンプル騎士が身の毛もよだつ拷問にさらされ、その多くは火刑に処されている。

テンプル騎士団の最後の総長ジャック・ド・モレーは、一三一四年三月一八日に苦しみながら死んだが、その記録はこの出来事を目撃した僧によって後世まで残されている。

夕暮れ遅く、王の庭園と聖オーギュスト教会の間にあるセーヌ川の小さな島で、彼らは(総長ジャック・ド・モレーとノルマンディーの管区長ジョフロウ・ド・シャルネー)火あぶりの刑に処せられることになった……彼らは炎の試練に喜んで耐える不屈の信念を持っており、見た人すべては驚き、尊敬の念を持った……。(20)

このような描写は、カタリ派の完徳者が火刑にされ、恐ろしい死を迎えたときの冷静な不屈の精神を、いやでも思い起こさせる。また一六〇〇年二月に、ヘルメス思想の魔術師ジョルダーノ・ブルーノが火刑に処せられたときも同じだった。だが総長ジャック・ド・モレーは戦士であり、死ぬまで戦った。ゆっくりとした炎にあぶられ、恐ろしい痛みで身をよじらせながら、最後のテンプル騎士団総長は呪いの言葉を怒鳴る強靭さがあった。一三代に渡りフランス王家を呪い、クレメンス五世と端麗王フィリップには、一年以内に、神による審判が下され会うことになるだろうと予言した。気味の悪いことにクレメンス五世は一カ月後の一三一四年四月に亡くなり、端麗王フィリップは不可解なことに同年一一月に死亡している(21)。この物語が最高潮に達するのは、フランス革命が勃発した一七八九年であり、不運なルイ一六世が公開の場でギロチンにかけられ断首された一七九三年になる。伝えられるところでは、王の頭がかごに転がり落ちると、一人のフランス人のフリーメイソンが血の海に指を突っ込み、群衆の上で振り回し「ジャック・ド・モレーよ、なんじの恨みは晴らされたり!」と叫んだという(22)。

生き残るテンプル騎士団とユートピアの希求

一三一四年にジャック・ド・モレーが火あぶりにされたときに、テンプル騎士団は消滅したと多くの人が言う。法的に、これは正しい。騎士団は廃止させられている。だが、実際には多くの場所で生き残っていた。その一つはロバート一世の統治するスコットランドだった。スコットランドは一三一四年のバンノックバーンの戦いでイングランド人の占領から自由になっていた。もう一ヶ所はポルトガルで、テンプル騎士は裁判にかけられたが、無実とされ、拷問も投獄もされていない。他の場所と同じようにポルトガルでも、一三一二年にテンプル騎士団は解散されたが、別の名前、「イエス・キリストの戦士（キリスト騎士団として知られる）」、で存続することになった(23)。

その後数世紀にわたって噂されたのは、大型で設備の優れたテンプル騎士団の艦隊の謎だ。多くのテンプル騎士が逮捕された一三〇七年一〇月一三日の夜、この艦隊は母港としていたフランス大西洋岸のラ・ロシェル港に錨を下ろしていた。だが次の日の朝にはどこかへ消えており、王の軍勢による捕獲を逃れたことを歴史家たちは認めている。したがって、艦隊を帆走させるのに十分な人数の、多くのテンプル騎士たちがフランスでの逮捕を逃れたことは明らかだ。

だが彼らはどこに行ったのだろう？　行き先についての一致した意見はない。テンプル騎士団が北アフリカに逃れ、長年の敵だったイスラム教徒の勢力に加わった、とする説もある。別の説はコロンブスが新大陸を発見する二世紀も前に、アメリカ大陸を発見したという。三つ目の説は、後で述べるように第二の説とも矛盾しないが、スコットランドに帆走し、この国にすでにたくさんいたテンプル騎士の間に避難したという(24)。シュヴァリエ・ラムジーやカール・ファン・フント男爵などの、一八世紀のフリーメイソンの資料によると、テンプル騎士たちは後にフリーメイソン団として花咲く地下運動の中核になったという(25)。

スコットランドのテンプル騎士団とフリーメイソン団は、エディンバラの近くのロスリンを本拠とする由緒あるシンクレア家には特に強い結びつきがある。このことに関する詳しい研究は、アンドリュー・シンクレアによって『剣と聖杯』というタイトルで一九九一年に出版されている(26)。この本は、テンプル騎士団が迫害された一六〇年後に、ウイリアム・シンクレア卿が秘密裏にテンプル騎士団に参入したという、説得力のある証拠をあげている。シンクレア卿は一四四六年ごろに荘厳なゴシック礼拝堂をロスリンに建てているが、テンプル騎士団に参入したとき、すでにスコットランドのフリーメイソン団の親譲りのグランドマスターでもあった(27)。

さらに謎を深めるのは、ウイリアムの祖父のヘンリー・シンクレア王子が、アメリカ大陸の北東部を航海している証拠が『剣と聖杯』に提示されていることだ。ヘンリー・シンクレア王子は初代オークニー伯であり、テンプル騎士団の騎士でもあった。この早すぎる航海の一部は、一四五〇年ごろ(コロンブスの航海よりも四〇年も前)に完成したロスリンの礼拝堂に浮き彫りとして記録されている。浮き彫りとはアメリカのトウモロコシとアロエ・サボテンだ(28)。一九九一年以降、この考え方を支持する歴史的・考古学的証拠がたくさん提出されて、私たちが知るかぎり、深刻に異を唱える学者はいない。

さらに注目すべきは、アンドリュー・シンクレアが、ヘンリー王子の大西洋横断の動機に関する証拠を掘り出したことだ。「まず間違いなくテンプル騎士団は、教皇の力が及ばない新世界に、ソロモンの神殿と新たなパラダイスを創造しようと望んでいた」(29)。シンクレアの調査が示唆するのは、一四世紀終わりにスコットランドで地下に潜ったテンプル騎士団の残党は、ヘンリー王子のパイオニア的航海を、ユートピア創立の長い計画の最初のステップだと見ていたことだ。別の言葉で言うと、一四世紀のこの大胆な行動は、二〇〇年後のカンパネッラやアンドレーエやベーコンが、むかつくほど堕落し混乱した旧世界に対する、理想的解決法として行おうとしたことと同じだ。

もちろん一四世紀終わりの大西洋横断の航海という冒険と、一七世紀の哲学的冒険が、お互いにまったく無関係に発生したことも、十分に考えられる。だが、強力なテンプル騎士団のシンボリズムが両時期に見られることから、私たちは関係があったと考えている。それは薔薇十字がしばしば登場するからだけではない(ロスリンにあるウイリアム・シンクレア卿の墓石に描かれている)(30)。両者のつながりを示唆するのは、初期の探検家も後の哲学者たちも、かれらの使命をまったく同じように表現する傾向があることだ(シンボル的であろうとなかろうと)。それは「新世界にソロモンの神殿」を再建するという表現だ。

多くの理由によって、ヘンリー・シンクレア王子の航海は、コロンブスの航海のようには継続されなかったが、その理由をここで述べる必要はないだろう(31)。だが大きな疑問は次のことだ。一八世紀の終わりに新しい原則に基づく、新しい革命的な社会を創造するチャンスが再びやって来た。アメリカの独立戦争により自由で独立したアメリカ合衆国の展望が開けたわけだが、このときにもテンプル騎士団のシンボリズムが使われている。これを偶然と言えるだろうか?

この疑問については一八章で触れる。その前にまだ述べられていない緊急なことに触れるべきだろう。

一二世紀の頃、教皇に選ばれた戦士であったテンプル騎士団が、なぜ、一四世紀初期には火刑に処せられる異端になってしまったのか？

学者たちが同意しており、まず確実なのは、一三〇七年のテンプル騎士たちの逮捕は、フランスの端麗王フィリップが仕組んだという考えだ。フィリップは、傀儡だった教皇にテンプル騎士団を否定させ、異端だと告発して、テンプル騎士団の巨大な富を奪おうとしたというわけだ。フィリップ王は実際にテンプル騎士団の富を奪っており、クレメンス五世はフィリップの言いなりだったことはよく知られており、この考えは確かにありそうなシナリオだ。

だが、テンプル騎士たちが異端だという非難は、宣伝に過ぎなかった、という広く認められている考えは間違っていると思う。私たちの考えでは、彼らはまさに異端だったのだ。告発されている通りの罪があったと思う。彼らを教会に反対する秘密の戦士に変えてしまったのは、オクシタニアにおけるカタリ派文化との長い接触であり、一三世紀の終わりに、多くの騎士が、聖地からこの地に戻ってきたことにある。

テンプル騎士たちとカタリ派

カタリ派の二元論の教義と、テンプル騎士団の参入式や信仰についてわかっていることを比べて、スティーブン・ランシマンは次のように書いている。「テンプル騎士たちの秘密の習慣は……部分的には二元論の思想に基づいているようだ……」(32)。一般的に認められているが、テンプル騎士たちが二元論に接したのは、聖地においてであった。たとえば、古代の宗派でドルーズ派と呼ばれる人々と接触している。現在もレバノン、シリア、イスラエルに存在するドルーズ派は、イスラム教徒シーア派だが、彼らの信仰の性格は「ユダヤ教、キリスト教、グノーシス主義の要素を含むイスラム教の混合物」(33)なのだ。シーア派の別の分派であるヌサイル派もまたグノーシス色が強い(34)。さらにテンプル騎士たちは長いあいだ聖地にいたころに、ハランのサバ人の子孫に遭遇する機会があった可能性がある。彼らは偉大なヘルメス思想のテキスト『ピカトリクス』を編纂している。この中にはユートピア的ヘルメス都市の初期の青写真が含まれている。

他の騎士団よりも「東方」の影響をより積極的に吸収したテンプル騎士たちの多くは、一二世紀から一四世紀にかけてオクシタニアに移住した。彼らが土地のカタリ派にグノーシス的・二元論的な雰囲気を感じなかったということはまずないだろう。スティーブン・ランシマンが推測しているように、彼らの考え方もすでに二元論に染まっていたとしたら、カタリ派の主張に好意的になるのもよくわかる。団結してカタリ派を支援していたオクシタニアの貴族たちが、テンプル騎士たちも支援していたのだからなおさらだ。マルコム・バーバーが指摘するように、テンプル騎士たちがオクシタニアで勢力を拡大できたのは、貴族たちの強力な支援がなければ、不可能だったのだ。

新しい町をつくり、まだ開拓されていない土地を開発するという一二世紀にはごく当たり前だった

仕事は、貴族の土地とテンプル騎士団の資金力の提携に負うところが大きい……。(35)

単純な論理からみても、カタリ派がオクシタニアの貴族たちに支援されていたことが明白で、テンプル騎士たちも支援されていることが明白なら、カタリ派の人々とテンプル騎士たちは友好関係にあった可能性が高いだろう。一二〇九年に教皇インノケンティウス三世によりアルビジョワ十字軍が結成されたが、インノケンティウス三世はテンプル騎士たちの味方であり、彼らに特別な便宜を与えている(36)。それなのに、なぜテンプル騎士たちが、教皇の主張に賛同することをためらったかがこれで説明できる(37)。当時、テンプル騎士たちがすでに異端であったとは言わない。だが、明らかに不思議なのは、この強力な戦士たちがアルビジョワ十字軍の際に果たした幾つかの仕事が、戦場からは遥かに離れた場所で行われたことだ。一二一二年に十字軍の戦費を補うため、教皇はラングドッグ地方の全域で一軒当たり三ペンスの税金を押し付けた。テンプル騎士たちは、税金を集めたが、それ以外に関しては中立を保った、と歴史家オーブリー・バールは言う(38)。

教皇の選ばれた戦士たちが、聖戦においてこのような「中立」を保つことは、極めて異例であり、意義深かったと私たちは思う。数名の研究者たちは、この線を追って調査して、アルビジョワ十字軍が優位に立ち、一二四四年にカタリ派の最後の主要な要塞モンセギュールが陥落した後、テンプル騎士団は「中立」ではなくなり、カタリ派の教義により影響されるようになったと主張する(39)。アンドリュー・シンクレアは、これが起こったのは「虐殺を逃れたほとんどのカタリ派騎士たちは、東方の影響が浸透していたテンプル騎士団軍事組織に受け入れられたからだ」という。同じように作家アーサー・ガーダムは「カタリ派とテンプル騎士団には関係があった」と見ている。たとえば……。

> 多くのテンプル騎士たちはラングドッグ地方で採用されている。一三世紀の中ごろ、多くが採用されているが、ちょうどアルビジョワ十字軍の戦争がすべての意味で終焉したときだ。極めて強力でいたるところに存在したテンプル騎士団がアルビジョワ十字軍に全く参加しなかったのは意義深い。(40)

このような証拠は、じれったいあいまいな状況証拠に過ぎない。「興味深い推定だが、結論は出せない」とガーダムも認める(41)。だがこの議論の反対側にいる人々は、もっと断定的だ。イギリスのリーディング大学歴史学教授マルコム・バーバーは言う。

> ロマンチストは両者（カタリ派とテンプル騎士たち）の結びつきを見たがる。だが、そんなものはない。一二四四年にカタリ派の要塞モンセギュールが陥落したとき、そこにあった豊かな財宝がテンプル騎士たちに渡されてはいない。秘教の宗派による反キリスト教的信仰を分かち合ってもいない……確かにテンプル騎士たちに対する非難の幾つかは、カタリ派を非難するものと同じであった……それらは反対派を追及する人々の心に潜んでいたにすぎない。(42)

バーバーの意見はもっともだが、「ロマンチック」になりたくないという望みによって弱くなっている。何事にも陰謀を発見できなくなっているのだ。テンプル騎士団やカタリ派のような組織の場合、当時の環境においては秘密主義で陰謀的であることを強要されていた。したがってバーバーの見方は間違いかもしれない。たとえば、カタリ派騎士たちがモンセギュール陥落の後、テンプル騎士団に隠れ家を求め、受け入れられたとしても、そのような記録が発見できるだろうか？　それが財宝の譲渡となったら、なおさら見つからないだろう。逃亡者がいたとして、彼らが一二四四年当時、すでに秘密性と魔法性があることで有名だった宗教的戦闘集団に加わったとしたら、書類による痕跡を残して異端審問や後世の歴史家が追跡できるようにするだろうか？　まず考えられない。

一方、テンプル騎士たちが、一三世紀中ごろから、カタリ派の二元論思想に影響を受けたという仮説はありうる。それは、一四世紀初期に異端とされたことに関するバーバーの説明よりも、もっと説得力があるからだけではない。扇情的な告発の一つは、テンプル騎士団の新規参入者が、十字架を壊すとか唾をはきかける行為をすることにあったことを、読者も覚えているだろう。このような行動は、奇妙で悪魔的だと思われるだろう。だが、カタリ派の宗教から見るとまったく首尾一貫している。カタリ派はキリストが神の化身であることを否定していたし、磔も信じていない。十字架の崇拝も偶像崇拝の一形式であり、拷問の道具を崇拝の対象にしていると見ていた（43）。

異端審問とフランス王の立場から見ると、一三世紀後半に聖地で敗北し、武器を携えた戦闘経験豊かなテンプル騎士たちが大挙してラングドッグ地方に戻ってきたのは、脅威におもえたことだろう。この地方にすでに居住していたテンプル騎士たちに対する疑いのレベルにもよるが、この地方のテンプル騎士団の戦力が飛躍的に伸びたことは、世俗の権力・宗教権力によって極めて危険な兆候だと見られたはずだ。そのうえ逃亡したカタリ派の人々がテンプル騎士団に加わったという噂もあったのだ。彼らの疑いは、一二九九年にもっともいやな形でカタリ派が復興したことで、さらに深められたことだろう。この復興は完徳者ピエール・オーティエが指導している。

これらの要素をすべて計算に入れると、復活したカタリ派を、「異端」となったテンプル騎士団の強力な軍事力が支援するという疑惑だけで脅威であり、一三〇七年にフィリップやカトリック教会が、テンプル騎士団に対する急激な行動を開始した理由を、十分に説明できる。実際に脅威があったかどうかは別だが、王と教皇が共謀してテンプル騎士たちを破滅させている。このとき、カタリ派は生きるか死ぬかの闘争の最中だった。したがって王や教皇がこの二つを関連させていなかったことなど、考えられない(44)。だからといって彼らが行動を決めたとき、テンプル騎士たちの保有する富を得たいという欲望がなかったと言っているのではない。フィリップのような男なら、どん欲は常に動機の一部だ。だが私たちが指摘したいのは、どん欲はただ一つの要素ではないし、たぶん主要な要素でもないことだ。一三〇七年の逮捕から一三一四年に最後の総長が火刑に処せられるまでの間にテンプル騎士団に起こったことは、当時理解されていたように理解するのが最良だ。これはコンスタンティヌス大帝のころから行われている、カトリック教会による異端と社会改革にたいするもう一つの戦争だったのだ。

テンプル騎士団・異端の要素

カタリ派とテンプル騎士たちとの間に秘密の関係があったという議論には反論が考えられる。彼らの信じていることが根本的に相いれないのではないかというわけだ。テンプル騎士たちは旧約聖書のソロモンの神殿のシンボリズムに傾倒している。カタリ派は、旧約聖書は悪の創造神の書であるとして否定している。

この反論は明りょうだが、ここで述べている仮説にたいしては的外れだ。私たちはテンプル騎士団がカタリ派に影響されたのが、創立の頃だとは言っていない。エルサレムの神殿の丘を占有していた一一一九年から一一八七年、テンプル騎士団は岩のドームの床の形である八角形を、根本的なシンボルとして採用した。私たちが言いたいのは、カタリ派の影響がたくさんのテンプル騎士団支部があったオクシタニアで、一二世紀に感じられ始めたが、何人かの歴史家が信じているように、逃亡したカタリ派騎士がテンプル騎士団に吸収された一三世紀中ごろまで、それほど大きな衝撃はなかったことだ。私たちはこの過程が一二九〇年以降、聖地からテンプル騎士たちが帰還したため加速化されたとみる。だがそれが決定的な頂点に達する前の一三〇七年に、端麗王フィリップと教皇クレメンス五世の先制攻撃によって邪魔されたのだ。

私たちはテンプル騎士団がカタリ派になったとも言っていない。私たちの仮説は、一三〇七年までにカタリ派の二元論は、多面性を持つテンプル騎士団の異端性の一つの要素になったということだ。この騎士団は相いれない宗教的思想を寄せ集めたるつぼだった。テンプル騎士団の異端性で思い起こすのは、カタリ派よりも、キリスト教グノーシス派の戦う宗派であるパウリキアノス派だ。パウリキアノス派もまた恐れを知らぬ集団で、殺人にためらいはなかった。また、これも広く認められていることだが、テンプル騎士団の宗教のユニークな特異性は、聖地で吸収したイスラムの秘教やユダヤの秘教の色合いが強いことだ。

特にユダヤの要素は、テンプル騎士団と相性が良かった。テンプル騎士団はソロモンの神殿に取りつかれていたし、ユダヤとの接触はオクシタニアでも頻繁だった。当時、オクシタニアには古くからの大きなユダヤ人社会が存在していたのだ。ユダヤ人の社会は一二世紀から一三世紀にかけて、オクシタニアの社会で名誉ある地位を保っていた。タルムード戒律の優れた学校が、ナルボンヌやルネルやボーケールの町で繁栄し、一一六〇年の報告によると、ユダヤ人の生徒が「遠くの場所から」旅をして勉学に来たという(45)。だがアルビジョワ十字軍がこの地域の異端を壊滅させ、寛容な生活態度は永遠に過去のものとなった。

さらに第一章で述べたように、謎の宇宙論を持つカバラとして知られるユダヤの秘教の一派は、オクシタニアのユダヤ人学者たちによって発展させられている。かれらは一二世紀から一三世紀にかけてオクシタニアの海岸沿いの都市に住んでいた(46)。彼らもまたカタリ派や、テンプル騎士たちと同じ地域にいたのだ。一二世紀にトゥデーラのベンジャミン導師が、ルネルに住むあるユダヤ人について述べている。この男は「世俗的なことをすべて放棄し、昼夜勉強し、断食を守り、肉は食べない」という(47)。これは、どのようにこの世を生きるべきか、この世で何をしているのか、に関するカタリ派の思想が、オクシタニアのユダヤ人に影響を与えはじめていることを示唆している。そうなると、オクシタニアのユダヤ学者が練り上げた、カバラのオカルト哲学が同じようにカタリ派やテンプル騎士団に影響を与えていたのではないだろうか?

流出体とセフィロトの木

カタリ派はリバイバルであり、一二世紀にオクシタニアに根を張ったキリスト教グノーシス派の異端だ(バルカン半島ではもっと前から根を張った)。ご存知のように、キリスト教グノーシス派は一世紀から四世紀間、パレスチナとアレクサンドリアで興隆した。驚くべき偶然だが、カバラもリバイバルで、一二世紀にオクシタニアに根を張ったユダヤ秘教だが、やはり最初の西暦四世紀間、パレスチナとアレクサンドリアで興隆していた(48)。ヘルメス思想のリバイバルは、一五世紀にヘルメス文書が発見されるまで起こらなかったが、この文書の起源も最初の西暦四世紀間であり、グノーシス主義とユダヤの秘教理論を繁栄させたアレクサンドリアが発祥の地だ。

上巻で二元論宗教に共通する中核となる概念を説明したが、それは流出体(エマナティオ)だ。これを簡潔に述べると、流出体とは意識・無意識の創造物であり、純粋で不滅の霊的神格が自らを顕在化し、独立した存在としたものだ。最初の四世紀間におけるグノーシス派では、この流出体群をエーオンと呼んでいる。エーオンは持っている知識の程度によってランク付けされている。また、「沈黙」「知能」「真実」「知恵」などの抽象的な性格を与えられることが多い(49)。

神性とエーオンが一緒になり、プレロマとなる。これは「満ちる」ことで、完成されたグループだ。世界創造は、エーオンの好奇心や欲望によってプレロマから落ちたことがその始まりだ(50)。読者の方も覚えているだろうが、グノーシスの理論では、旧約聖書の神エホバは、落ちたエーオンとして描かれている。別の理論ではさらに下等な存在であり流出体の流出体だとされる。つまり物質世界を創るほどの利口さはあったが、頭が悪く、どこから来たかも、全体計画の中で自らが果たしている小さな役割についても覚えていない存在だ(51)。同じようにカタリ派は、キリストを肉体的・物質的な「神の子」だとは見ていない。主流のキリスト教徒と異なり、聖なる流出体と見ているのだ(52)。

この流出体の概念はカバラにおいても土台となっている。一二世紀から一三世紀のオクシタニアにおける理論は三世紀に編纂された『セフェール・イェツィラー』(創造の書・形成の書)を基礎にしている。これはヘブライ語の論文で宇宙発生論と宇宙論を語っている(53)。この本は神性が「数字の一から一〇に対応するはっきりした一〇段階の流出体」に顕在化していく創造の行動を詳しく述べている(54)。これらの一〇の流出体は、神の言語であるヘブライ語アルファベットの二二の文字と錬金術的に組み合わされる。これはセフィロトとして知られているが、その序列と特質は、以下のようになる。

(1) ケテル（至高の王冠）あるいはラツォン（意志）
(2) コクマー（知恵）
(3) ビナー（理解）
(4) ケセド（愛・慈悲）あるいはゲデゥラー（偉大さ）
(5) ゲブラー（力・峻厳）あるいはディーン（審判）
(6) ティファレト（美）あるいはラハミーム（慈愛）
(7) ネツァー（忍耐・勝利）
(8) ホド（栄光）
(9) イエソド（世界の基礎）あるいはザディク（正しい者）
(10) マルクト（王国）あるいはアタラー（王権）あるいはシェキナー（聖なる女性的な存在）(55)

一二世紀から一三世紀にかけてカバラが発展する中、オクシタニアのユダヤ人神秘主義者たちは、この一〇のセフィロトを「特別な原型パターン」に組織化した。これは複雑な「枝」や「径路」あるいは「円柱」や「柱」のネットワークの形で描かれる。「このパターンはモデルであり、顕在化するもののすべての基礎となっている。神のイメージと命名されたが、一般には生命の木として知られている」(56)。

これを現実世界のＤＮＡ構造の図表だと思う人あるだろう。だが、「現実世界の地図」や「現実世

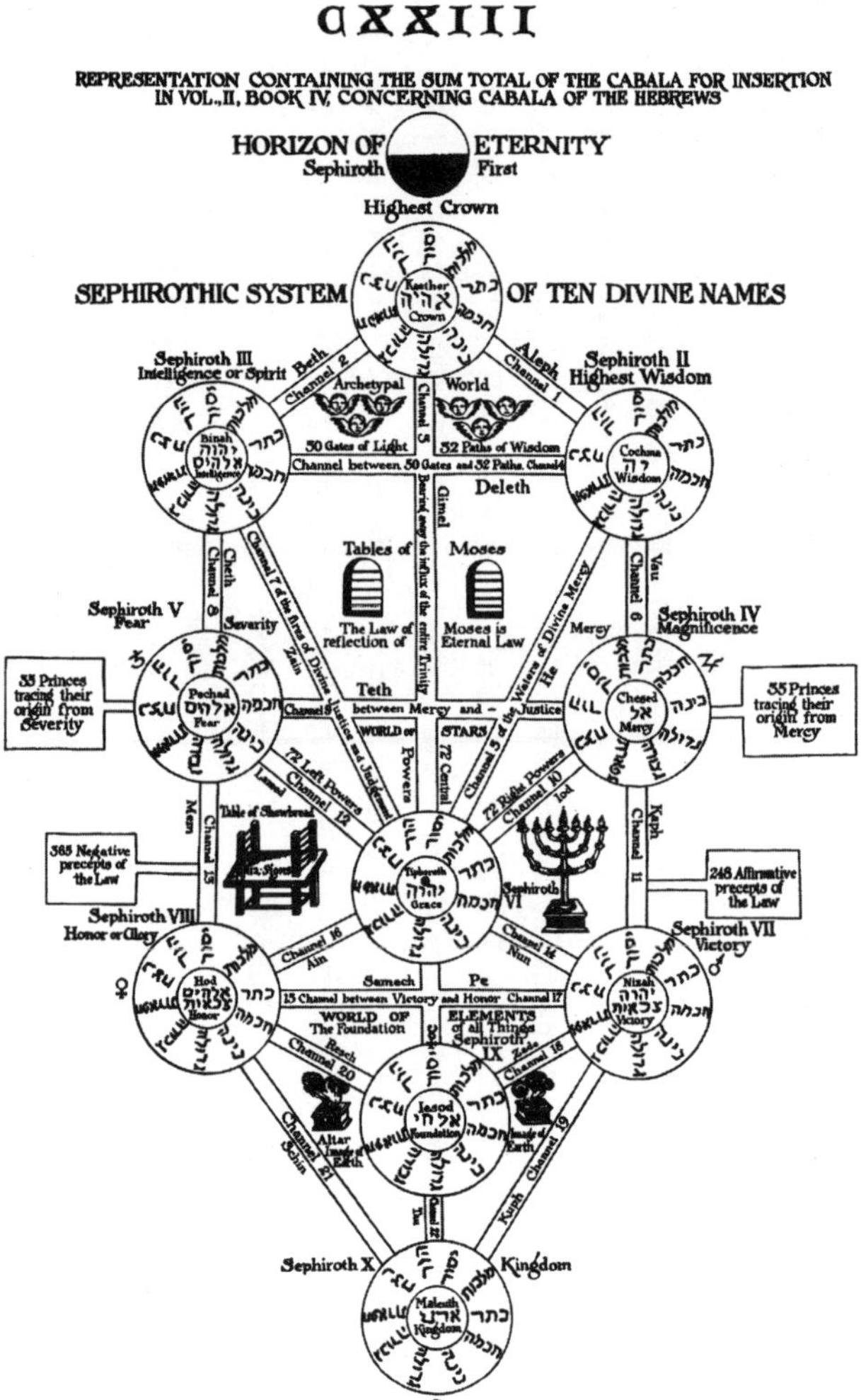

一般的なカバラの「生命の木」あるいは「セフィロト」

界の表現」としてつくられたものではない。これはマンダラ（曼陀羅）であり(57)、護符であり精神の鍛錬をするときの集中のためにつくられている。つまり、その鍛錬をすることで物事の真の性質に関する知識が得られるというのだ。

セフィロトの木とソロモン神殿

他のマンダラと同様にセフィロトの「生命の木」は、幾何学的パターンになっている。三本の円柱ないし柱が縦にあり、それに神から流出してきた一〇のセフィロトが、クリスマス・ツリーのガラス球のようについている（イラスト参照）。フリーメイソン団はこのシンボリズムを意義深く解釈している。第一三章で見たように、フリーメイソンはソロモン神殿を示すのにボアズとヤキン（知恵と力）として知られる二本の柱を使うが、二本の柱の間の通路は三番目の柱だと見なすことが多い。このような想像上における二本や三本の柱は、生命の木の基本構造とよく似ているが、フリーメイソンのイラストや証書によく使われている。

このようなシンボルは、薔薇十字団でもよく使われており(58)、ある研究者はフランシス・ベーコンの『学問の進歩』の表紙にも刻印されていることを見つけている(59)。一六四〇年版にあらわれるこの刻印は、二本の柱が立ち、その先には広い海があり、帆船が去っていく姿になっている(60)。左側の柱の上には太陽のシンボルがあり、右側の柱の上には月のシンボルが彫られている。また生命の木の柱のように、球体が置かれている。これは間違いなくフリーメイソンのソロモン神殿で二本の柱、ボアズとヤキンに使われている絵柄と同じだ。一つの球体は太陽で照らされる目で見える世界の代表であり、もう一つの球体は、月の輝きの下にある目には見えない世界、オカルト世界、つまり秘密の世界を示す。それぞれの球体からは腕が伸びているが、明らかにメイソン流の握手をしている。この全体像が示唆するのはセフィロトの生命の木から「知恵」「力」「知力」などが伸びていることだが、そう感じているのは私たちだけではない(61)。

シンボルを使って同じようなパターンを作り、様々なメイソン的「徳」を表示し、徳の成就への通路を示すことは、現在もフリーメイソンが行っている。彼らは「トレーシングボード」と呼ばれるものを使い、「霊的なソロモンの神殿」に入る儀式を行う。「トレーシングボード」の下側には、二つの柱、ボアズとヤキンがあり、その先には神殿が見られるが、ソロモン神殿の至聖所を象徴しているのだろう。神殿は五芒星形とか炎状星で表わされることも多い。五芒星形・炎状星の先には、様々なメイソンのシンボルが描かれている。「トレーシングボード」の頂点には「至高存在」を示す王冠(カバラの生命の木の頂点にあるケテルも王冠の意味)あるいは「万物を見通す目」あるいは白熱するピラミッドなどが描かれている。

このようなシンボルが生命の木と直接関係していることは、フリーメイソン参入者に予備知識として与えられる。スコットランド儀礼第三〇位階はカドッシュの騎士とも呼ばれるが、セフィロトの木を見せられ、これらのシンボルの使い方などを書いたテキストも渡される。メイソン研究の歴史家ロバート・ロマスは次のように言う。

カドッシュの騎士（古式公認スコットランド儀礼の第三〇位階であり騎士シリーズの最高の位階）の儀式の準備をするとき、候補者には以下の情報が与えられる。三つの組に分けられる一〇のセフィロトは、カバラ主義者にカバラの木、あるいは生命の木と呼ばれる形に配置される（トレーシングボードを見よ）。この図形の中の縦のセフィロトは柱と呼ばれる。中央の四つのセフィロトは中央の柱と呼ばれ、右側の柱は慈悲の柱、左側は正義の柱と呼ばれる。(62)

『セフェール・イェツィラー』の第一章は次のように言う。

聖なるセフィロトの数は一〇であり、九でもなければ一一でもない。この知恵を学び、理解するにあたって賢くあれ。これらの数字を調べ、知識を得よ。このデザインを純粋なまま維持し、そこから玉座に座る創造主に達せよ……。(63)

さらに『セフェール・イェツィラー』は、「三二のもっと神秘的な素晴らしい知恵の小道」に「天帝がその名を刻んだ」という。このデザインの中の三二の小道と、円柱や柱は一〇のセフィロトと二二の文字を表し「すべての土台」であるという(64)。したがって、二二の小道と一〇の「流出体」を持つセフィロトの木は、神秘学的に三二という数字に結びつく。スコットランド儀礼フリーメイソン団では、メイソン密議の極致である第三三位階の入り口に達するには、三二の「位階」（通るべき「小道」）を取得しなければならない。このような結びつきはスコットランド儀礼の第三三位階である作家チャールズ・サムナー・ロビンジャーが確認している。ロビンジャーは一九二九年に首都ワシントンのスコットランド儀礼の大団長からフリーメイソン団の公式の歴史を書くように依頼された。

カバラ後期の特徴は三二の知恵の小道だ。この数字はヘブライ語のアルファベット（二二）文字に一〇のセフィロトを足してできている。（スコットランド儀礼の）大憲章で定める位階の源泉はまちがいなくここにある……。(65)

ヘルメス・カバラ哲学者キルヒャー

流出体とか原型という神性なる原理が、神の「神殿」や「家」に、物質的・霊的に顕在化できるという信念は、生命の木の概念の核となっている。だが、はるか太古の古代エジプト人たちも、まったく同じ目的意識をもって神殿を設計している。たとえば、ルクソールにあるアメン大神殿の巨大な聖域がそうだ。

エジプトの秘教のデザインがセフィロトの木に関係しているという意見は、一七世紀のヘルメス・カバラ哲学者アタナシウス・キルヒャーが、著書『エジプトのオイディプス』のなかですでに述べている。熱烈なイエズス会士であったキルヒャーは、この本の中で、すべての宗教と神聖な知識の源泉は古代エジプトにあると主張している(66)。ニューヨークのコルゲート大学の音楽教授ジョスリン・ゴドウィンは、キルヒャーに関しては世界的権威だが、次のように言う。

キルヒャーは、ユダヤのすべての知恵はエジプトから来ていると主張する。奥義を授けられたモーゼから伝達されたというのだ。セフィロトの木にはユダヤ・カバラ主義の主要な抽象的シンボルが含まれており、一〇の不変の原型があり、それぞれがヘブライ語のアルファベットの二二の文字に対応する小道で結ばれている。この木は究極の普遍性を表わす図形なので、宇宙のあらゆるレベルの働きを示す鍵として使うことができる……宇宙論のレベルで見ると、下側の七つのセフィロトはカルデア式の惑星であり、上の三つのセフィロトは、キルヒャーによると、恒星の球体であるという。(67)

一六二一年に、イエズス会の若い修行僧であったアタナシウス・キルヒャーは、故郷のドイツから逃れ去った。三〇年戦争が勃発したのだ。キルヒャーはフランスにたどり着き、アヴィニョンにあったイエズス会カレッジに入った。卓越した数学者で、優れた言語学者だったキルヒャーは、古代エジプトのすべてにどん欲な関心を持つようになった。一六三五年にはローマのイエズス会カレッジでエジプトの神聖絵文字ヒエログラフを研究する地位を与えられている。一六三八年にキルヒャーは数学教授に任じられたが、科学的興味の範囲は広く多彩だった。彼の名声は高く、世界中の学者たちから連絡があり、多くの学者が彼に会うためにローマにやって来た。その中にはイギリスの発明家ウイリアム・ギャスコインズやフランスの画家ニコラ・プーサンなどがいたが、プーサンには遠近法を教えている(68)。キルヒャーは古物収集を好み、ヨーロッパ最初の博物館を創立している。このキルヒャー博物館はオックスフォードのエリアス・アシュモール財団によるアシュモール博物館とよく比較される存在だ(69)。

数世紀前のジョルダーノ・ブルーノと同じように、キルヒャーはあらゆる面で「古代エジプト」を信奉するヘルメス思想家で、「エジプトの偶像崇拝や多神教がギリシャやローマの宗教だけでなく、後期ユダヤ教の源泉であると見ていた」(70)。キルヒャーはさらに、すべての文明の源泉はエジプトだと信じていた。さらに重要なことに、すべての古代哲学、とくにユダヤのカバラはヘルメス文書で伝えられてきた「エジプトの知恵」から来ていると信じていた(71)。このためフランセス・イエイツはキルヒャーを「もっとも傑出したヘルメス・カバラ主義者の末裔」であり、「エジプトの主神イシスとオシリスに心を奪われていた」と言っている(72)。著書『エジプトのオイディプス』のなかでキルヒャーは、次のような結論に達している。

神聖なるディオニュソスは、すべての創造物が神の知恵の光を反射する鏡に過ぎないと表明している。そこでエジプトの賢者は、すべての責務をイシスに任せたオシリスが、目には見えないかたちで世界全体に浸透したと想像した。それ以外にどうやって目には見えない神の力が、万物に深く浸透していることを説明できるのだ？(73)

キルヒャーの親友の一人が偉大なバロック建築家ジャン・ロレンツォ・ベルニーニだ。クリストファー・レンが一六六五年にフランスのルイ一四世の宮廷であっているベルニーニも、キルヒャーと同じように、熱烈なイエズス会士であったようだ。ベルニーニは全生涯を通して、毎朝、ローマの小さなジェズー教会で礼拝をした。この教会にはイエズス会の創始者聖イグナチウス・ロヨラが埋葬されている。キルヒャーは遠近法や建築のシンボル的使用法に関して広大な知識を持っていたので、ベルニーニと共通する部分が多かった。二人はローマ教皇のためのいくつかの建築プロジェクトで共同作業をしている。その中でも著名なのはミネルヴァ広場に立てた古代エジプトのオベリスクだ（すでに述べたヴァティカンのオベリスクとは別のもの）が、ここにはかつてイシスの神殿が存在していた。キルヒャーが『エジプトのオイディプス』を出版したのは一六五二年であり、ベルニーニとクリストファー・レンがパリで会う、一三年前のことだ。この本は当時の世界のベストセラーで、ヨーロッパ全域で広く読まれた。

キルヒャーのセフィロトの木に関する描写は、ユダヤ・カバラ思想の描写と全く同じであり、一〇の流出体が二二の小道によって結ばれるというものだ。だが他の人々と異なり、キルヒャーはカバラの知識の源泉は「エジプト人」から来ていると見ている。キルヒャーの「エジプト化」された聖なるシンボル的建築と遠近法というヘルメス・カバラ思想は、イギリスのクリストファー・レンやジョン・イヴリンに到達していたのだろうか？

ジョン・グリーヴス、ピラミッドとグレシャム・カレッジ

この疑問を考えるにあたり、クリストファー・レンの背後には別の「エジプト人」コネクションの可能性があるのだが、これにもキルヒャーが関係している。

レンが一六六一年にオックスフォードのサヴィル天文学教授に任命されたことを読者の方も覚えているだろう。これはチャールズ二世の王政復古のすぐ後だった(74)。レンが任命される前、この地位をセス・ウォードが務めていたが、一六四九年から一六六〇年のことだ。ウォードの前の天文学教授は、高名な学者ジョン・グリーヴスだった。

レンのようにグリーヴスもロンドンのグレシャム・カレッジで数学を教えていた。期間は一六三〇年から一六三七年だ。その後、ジョン・グリーヴスは休暇を取り、風変わりなエジプトへの旅に出かけている。旅行の主な目的はギザの大ピラミッド群の調査だ。彼はこれらの偉大な建造物に暗号化されている計測の「普遍的な単位」を見つけたかったのだ。そのためグリーヴスはイタリアの科学者ティト・リヴィオ・ブラッティーニとチームを組んでいる。実は、ブラッティーニの支援者がアタナシウス・キルヒャーだったのだ(75)。

ブラッティーニはイタリア人だが、ポーランドに住んでいた。彼は優れた数学者・天文学者で地図製作者だが、本当の情熱はキルヒャーと同じように、古代エジプトに注がれていた。ブラッティーニは一六三七年にキルヒャーの支援を得て、エジプトに初めて旅をした。これはグリーヴスがエジプト

に到着する少し前だ。一六四六年に出版された著書『ピラミドグラフィア』のなかで、グリーヴスは「ヴェネツィアからきた独創的な若者」ブラッティーニについて触れ、ブラッティーニの描いたピラミッドの絵を使用している(76)。

一六三九年にグリーヴスがイングランドに戻ると、エジプトでの努力を認められて、オックスフォードのサヴィル天文学教授に任命された。

セント・アンドリュース大学のスコットランド史教授デイヴィッド・スティーブンソンは、王立協会の創立者の一人であり、イングランド初のフリーメイソン団参入者ロバート・モレー卿が、アタナシウス・キルヒャーと関係があったことを発見している。

一六四三年にロバート・モレーはチャールズ二世によってナイト爵として叙勲された……同じ年の後半にモレーはフランスのために戦い、神聖ローマ皇帝軍に捕らえられ、バイエルンで投獄された。一六四五年になるとモレーは解放されたが、捕らわれの身の間にて、イエズス会の学者たちと会話や文通をして科学的関心を高めた。相手の中にはヘルメス思想の博学家アタナシウス・キルヒャーがいた。キルヒャーは古代エジプトの謎の第一人者だった。(77)

さらにもう一つの共通項を考慮しなければならない。グレシャム・カレッジだ。目には見えない学院や王立協会、さらには初期のロンドン・フリーメイソン団支部で主役を務めた人々の多くは、直接・間接にグレシャム・カレッジとも関係があった。それらの人々とはロバート・モレー、ジョン・ウイルキンズ、クリストファー・レン、ロバート・フックなどだ。このカレッジはロンドン王立取引所の創立者トーマス・グレシャム卿によって創立されている。一五七五年にビショップゲートにあった自宅を寄付し、カレッジの本部とし、王立取引所が蓄積した収入を、将来にわたり、カレッジの資金とするよう遺言を残した。このカレッジという考え自体が「メイソン」風に思える。トーマス・グレシャム卿は、七人の講師あるいは学者が、七つの自由科（文法・論理・修辞・算術・幾何・音楽・天文）を教えるよう指示している（78）。ロバート・ロマスによると、グレシャム・カレッジは「王政復古後のロンドンにおけるフリーメイソン団の主要なセンターであった……トーマス・グレシャム卿はメイソンの考え方による学究を支援するために設立した」という（79）。

このような状況から見て、パリでベルニーニとも会っているクリストファー・レンは、キルヒャーのヘルメス・カバラ思想に遭遇し、セフィロトの木を幾何学的デザインや構造物に利用することにしたのではないだろうか？　そうなると、レンによる大火の後のロンドン再生計画にも影響を与えているのではないだろうか？　私たちには、そういうことが起こりうるという推測しかできない。

奇妙なことに、レンより遅れること数日で「新」ロンドンの計画を提出した、ジョン・イヴリンについても同じことが言えるのだ。前にも述べたがイヴリンは、一六四三年から一六五二年までヨーロッパを旅行しているが、このときにローマに滞在している。ここでイヴリンはベルニーニの業績に深い関心を持つようになった（80）。ここでイヴリンが何かを見て学び、ヘルメス・カバラ思想に目を開いた可能性は否定できない。この街でジョルダーノ・ブルーノが磔にされて火刑にあってからまだ五〇年も経っていないのだ。

多くの異なった流れが一緒になる

「一四世紀の初めにカタリ派とテンプル騎士団が消えた後……」と、アーサー・ガーダムは疑問を持つ。

二元論的傾向を持つ人々は、どこにはけ口を求めたのだろう？　はっきりと言えることが一つある。当時のヨーロッパの二元論者は、その意見を公にすることは危険であり、ほぼ不可能なことを学んでいたことだ。(81)

別の言葉で言うと、中世の心的傾向においてカタリ派のように教会の教条と異なる宗教を信仰して生き残るには、地下に潜らなければならなかった。人目に触れないようにし、自然の変化や進歩に合わせるほかに方法が無かったに違いない。「カタリ派とテンプル騎士団」が公式に破壊された後、二元論的信念は異端審問官や歴史家の目を避けて隠れ、育てられたのだ。この過程は、固定化されたが、一四六〇年にヘルメス文書が発見されたことで、一時的に再び表に出てきた。またその後、驚くほど開放的で、発展した革命的思考の時期が続いた。だがブルーノのようなこの革命を急速に推進しすぎたヘルメス思想家は、その信念のために殺されてしまった。一方、冷静だった思想家はよりよい時期が来るのを忍耐強く待っていた。

待っている長い年月の間に、多くの異なった思想が、多くの流れが一緒になるように「二元論的傾向を持つ」人々に到達した。このように混合されたものには、カタリ派のグノーシス思想、ユダヤの秘教とカバラ、ヘルメス文書の再発見、ソロモン神殿を再建するというフリーメイソン団やテンプル騎士団の考え、薔薇十字団と天と地の調和をもたらす理想的なユートピア「ニューアトランティス」計画、最後になるが重要なトマソ・カンパネッラの「素晴らしい作り方をされており、見るだけですべての科学を学ぶことができる」という太陽の都（『ピカトリスク』書に述べられるアドセンティンの都）などがある（82）。

これらすべての要素とその影響が、一六六六年のロンドン大火のあとに示された、クリストファー・レンとジョン・イヴリンの奇妙に似た都市計画に見られると私たちは思う。

神殿を再建するレンの計画

大火災はロンドンの町を巨大な火焔照射器のように襲い、長さ二キロ以上、幅八〇〇メートルにわたって焼き尽くした。この火災は東のタワーヒルから西のテンプルまでのほとんどすべてを破壊した。火が燃え尽きたのは、石でゴシック風に丸く作られたテンプル教会の前だった。

炎が停止した区域は、今でも「テンプル」として知られて、現在は法律事務所の多い地域となっているが、歴史的にテンプル騎士団と関係が深い。この区域は、東のセントポール大聖堂、西のコベント・ガーデン、北のフリート・ストリート、南のヴィクトリア河岸通りに囲まれている。テンプル騎士団は一一六一年に、大きな本部をここに建てた。彼らはテームズ川に桟橋を持ち、近くのフリート川を通って、内陸のニューゲートまで船を送ることができた(83)。

テンプル教会の建設は一一八〇年に始まっている。他の多くのテンプル騎士団の礼拝場所と同じように、中心となる建物は円形で屋根はドームだった。これはエルサレムにある聖墳墓教会（キリストの墓があるとされる）を思わせる。ついでに触れておくが、聖墳墓教会はエルサレムのソロモン神殿の西側にある。後で触れるが、この位置関係をロンドンのテンプル騎士団は見逃していない。テンプル教会は聖母マリアに捧げられているが一一八五年二月一〇日に、ロンドンに呼ばれたエルサレムの総主教ヘラクリウスにより奉献されている。これが行われたのは、サラディン率いる「異教徒」アラブ勢力によって、エルサレムが劇的に陥落する一一八七年の二年前だ。

テンプル地区とテンプル教会は、一三〇七年に抑圧されるまで、テンプル騎士団が管理していた。一三一二年になると、テンプル騎士団のロンドンにおけるすべての資産は、丸い教会を含め、ライバルだったホスピタル騎士団に渡された。王政復古でホスピタル騎士団が抑圧されると、丸い教会とその周りの建物は、国王に渡された。建物にはインナーテンプル法曹学院とミドルテンプル法曹学院の弁護士が住むようになり、一六〇八年にはジェームズ一世から勅許状をもらって自由に所有できるようになった。それ以降この二つの「法曹学院」はテンプル教会の所有者となり、勅許状に従い、永遠に管理維持する義務を負っている（84）。

レンとイヴリンが描いた、ロンドン大火災の後の再生建築計画を見ると、二人ともテンプル教会の周辺に過度の関心を払っている。

国王の注目を最初に浴びたのはクリストファー・レンだった。一六六六年九月一一日に青写真を脇に抱えたレンは、ホワイトホールにいたチャールズ二世に急いで面会した。青写真は驚くほど詳細で、いかにも専門家が作った新しいロンドン地図であった。このような都市計画を考案し、最終図を作成する設計プロジェクトには、数カ月、少なくとも数週間はかかるはずだ。だが大火災が発生してから一週間も経っておらず、黒焦げになった街の地平線には、まだ一〇数本の灰色の煙の柱が立ち登っていた。

クリストファー・レンの構想には、新たな首都についての壮大な展望と、都市計画の洗練された概念が結びつけられている。彼の青写真は現存しているが、高度な技術を持つチームによる磨き上げられた作品のように見える。だが証拠から見ると、レンは王立協会の同僚たちの意見を聞いておらず、一人で計画に取り組んでいる（85）。レンは都市計画の構想を守ろうとしたのだろうか？　そうすれば他の誰もその功績を奪うことができないからか？　あるいは「一番」になりたくて、猛烈に急いでいたのだろうか？　彼は機密性や速度に関して、多くの動機を持っていたのだろう。だが私たちが興味を覚えるのは、彼が新しいロンドンに何を期待していたかであり、その動機だ。

パリでの八カ月から戻ったばかりのレンの夢は、古い中世の街のくねくね曲がる通路や中庭を、フ

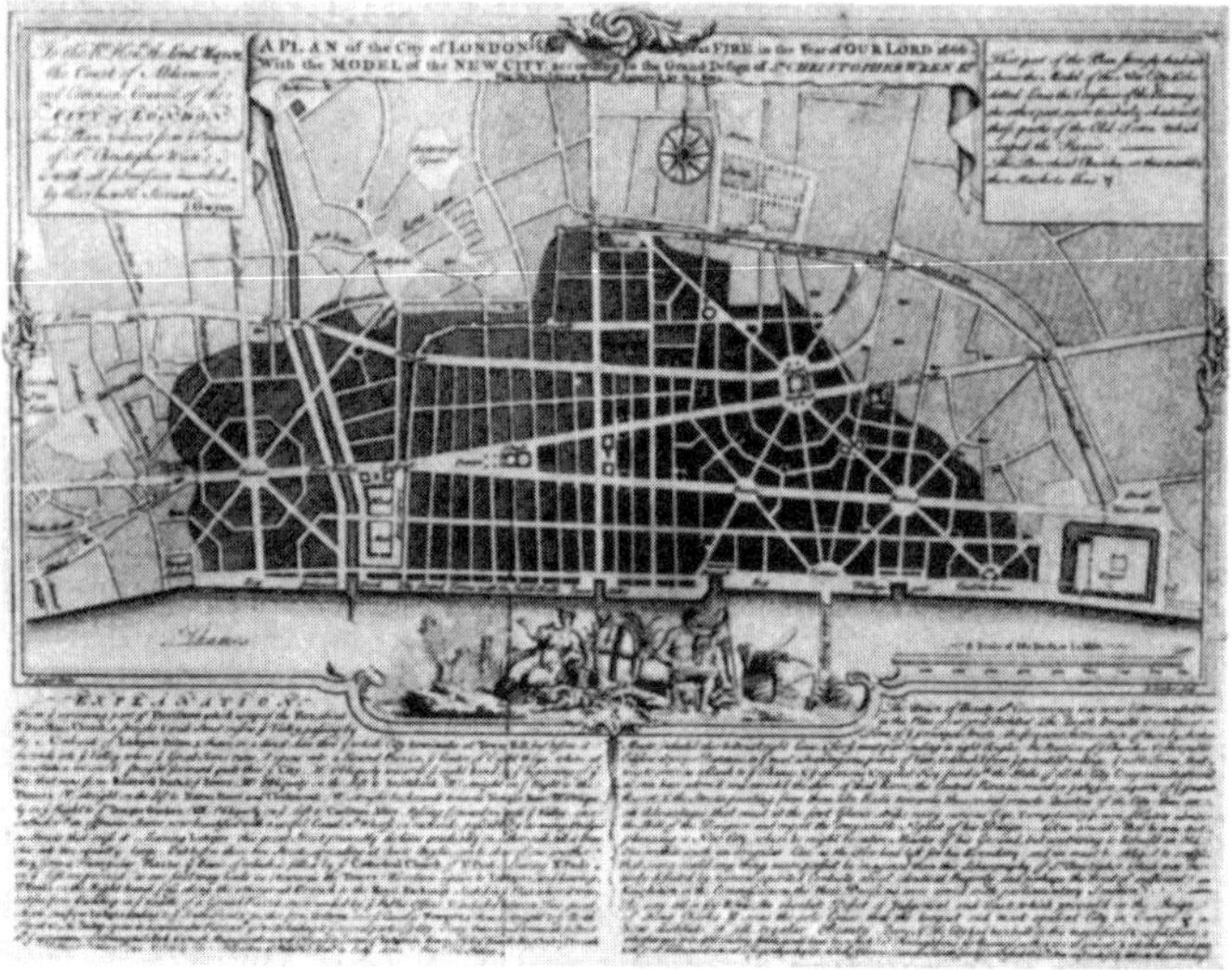

クリストファー・レンの復興プラン

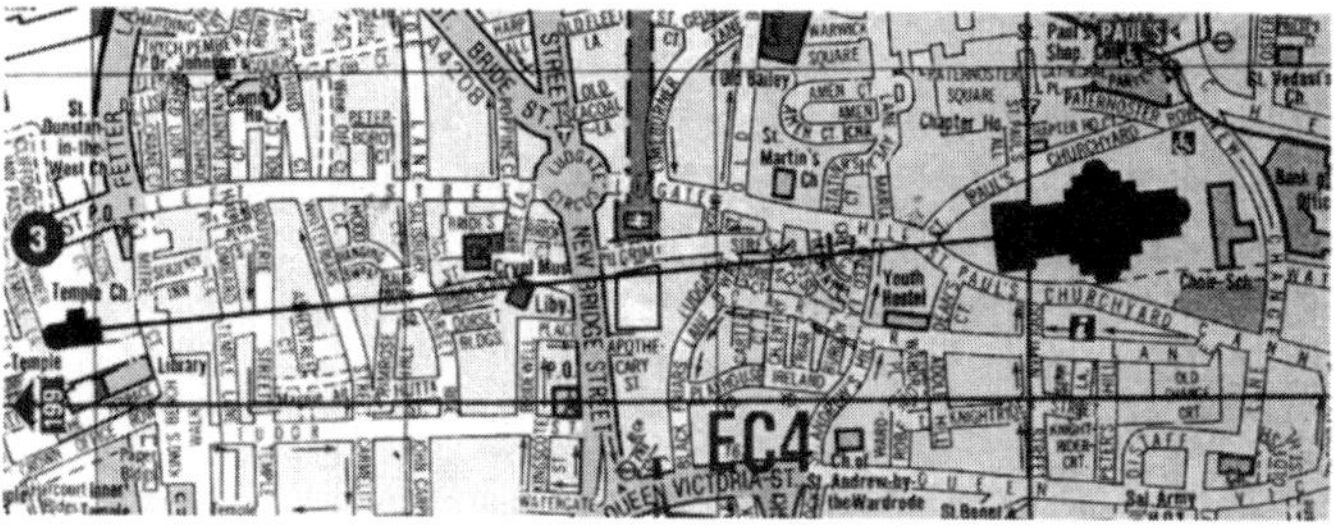

テンプル教会（左）とセントポール大聖堂（右）を結ぶ直線

ランスで見たようなスケールの大きい大通り変えることにあった。レンはフランスで新古典派の建築や大胆な都市計画の研究をしてきている。彼の計画の中心にあるのは巨大な中央大通りであり、街の一方の端から（オールドゲート）、反対側の端（ストランド街）までまっすぐに走り、途中には大きな星形の広場が数多く配置されている。これらの広場からは、多くのまっすぐな道路が、放射線状に伸び、サーカスと呼ばれる小広場を結び、主要幹線の両側で閉じたネットワークを形成している。レンの計画を見ると、第二の巨大な大通りがありロンドン塔からキャノン・ストリートにそってセントポール大聖堂まで続いている（86）。この第二の大通りはオールドゲートから来る主要幹線と一緒になり、ストランド街までのフリート・ストリートになる。

ストランド街を通り越したこのテンプル教会からそれほど離れていない地点で、レンの計画の主要な特色が姿を見せている。ここに、等辺正八角形の大きな広場が計画されているのだ。レンはフリーメイソンとの関係が深く、当然、テンプル騎士団がソロモン神殿の象徴として使用していた八角形の意味を知っていたに違いない。さらによく目立つ八角形の広場を作ろうとした場所が、テンプル騎士団の元本部の土地に食い込むことも知っていたに違いない。これらのことをレンが意識的に行なおうとしたことに、疑念を持とうとしても、次の明瞭な詳細で疑念は晴れてしまう。彼は新しいセントポール大聖堂を八〇〇メートルほど西に移動して、東西の軸をわずかに南に移動させているが、その結果、大聖堂とテンプル教会は一直線で結ばれることになるのだ（87）。

テンプル教会は聖墳墓教会をモデルとして作られていることはすでに述べた。聖墳墓教会はエルサレムのソロモン神殿が存在した場所の西側に建てられている。レンの計画では、ロンドンのテンプル教会もセントポール大聖堂の西側に、同じように立つことになる。したがって建築家レンが考えていたのは、ロンドンの中心に「隠れたエルサレム」を建設することだったのではないだろうか？

計画の中の幽霊

クリストファー・レンの息子（同じくクリストファー）によるとグレシャム・カレッジで天文学教授になったときの演説で、父親のレンは、ロンドンが「天界から特別によい影響を与えられている都市パンドーラであり、それぞれの惑星が何らかの寄与をしている」と述べたという（88）。

覚えていなければならないのは、当時、占星術と科学的天文学に区別はなく、多くの人々が星や惑星の影響を信じていたことだ。だが、レンがロンドンについて語ったとき、星占い的な占星術を考えていたのではなかっただろう。たぶん彼が考えていたのは、霊的で秘教的な性質を持つ影響だ。たとえばヘルメス魔術やルネサンスのキリスト教カバラに見られるタリズマン的な影響だ。カンサス大学の建築学教授スティーブ・パジェットは次のように説明する。

教皇の権力から決別した後、イギリス人にとっての「宇宙」の中心は、ローマやサンピエトロ大聖堂を取り巻くものではなくなり、ロンドンと由緒あるゴチックのセントポール大聖堂になった。セントポールの尖塔はこの世界の軸であり、ロンドン、イングランド、宇宙の中心だった……尖塔が壊れたとき（一六六六年の大火で崩壊）、宇宙規模の破局を意味していた。天と地と地下世界を結ぶシンボルが切断されたのだ。(89)

チャールズ二世と英国国教会の聖職者たちは、大火がローマ教会と教皇の権力から別離したイギリス人に警告を与える神の怒りの現れであるという、カトリックの言い始めた噂を必死に消そうとした。王とそのアドバイザーたちが考えついたのは、大火災をロンドンと王国の純化と再生の象徴とすることだった。これにより、「完ぺきなキリスト教社会」が実現されるというわけだ。これが成就されれば、「新たなエルサレム」の実現も可能になると、パジェット教授は言う(90)。国王も説教を書き残している。歴史家V・ハートは次のように言う。

ロンドンの主教……は宣言した。セントポール大聖堂は王党派のニューエルサレムの中心である。「ここで主は……審判のためダビデの王位を授け、モーゼの訓戒を指針とした」さらに「この教会こそあなたの実の息子であり、他はユダヤ教会堂にすぎない。ここはあなたのエルサレムであり、すべての母である」。

この説教でカバラ的な主題を語った後、キリスト教カバラの影響は……ダビデとモーゼの復権というその後の仕事で期待できる……キリスト教カバラが期待するのは、キリスト教以前であろうと無かろうと、このような聖なる息吹を持つ知的魔術を通して、キリスト再臨の起こる状態が創られることだ。このような地上の状態は、悪を究極的に破滅させ、神の国を出現させ、天国のようなエルサレムを最終的に創るために必要だ。(91)

レンによる新しいセントポール大聖堂の設計と、それが意味することについては後ほど語る。だがその前に、レンによるロンドンの計画図を眺めていると、何か別のものが埋伏されている気がしてくる。大通りや広場の配置の背後になにやら「幽霊」のようなものを感じるのだ。離れたところから全体のデザインを眺めると、はっきりとはしないが、見覚えのあるものが見えてくる……セフィロトの生命の木だ(92)!

私たちが最初に思ったのは、当然のことだろうが、目の錯覚に違いないということだ。目の錯覚はよくあることだ。だが、クリストファー・レンが彼の計画図をチャールズ二世に提出した二日後に出されたジョン・イヴリンの設計図もまた、「セフィロト」がテーマになっているのだ。こうなると目の錯覚では済まされない。

イヴリンの計画

一六六六年九月一三日、イヴリンはチャールズ二世に謁見《えっけん》できることになったが、場所はなんとホワイトホールの王妃の寝室であった(93)。

イヴリンの計画図を見てすぐ気がつくのは、レンの計画図とよく似ていることだ。国王も、同じよ

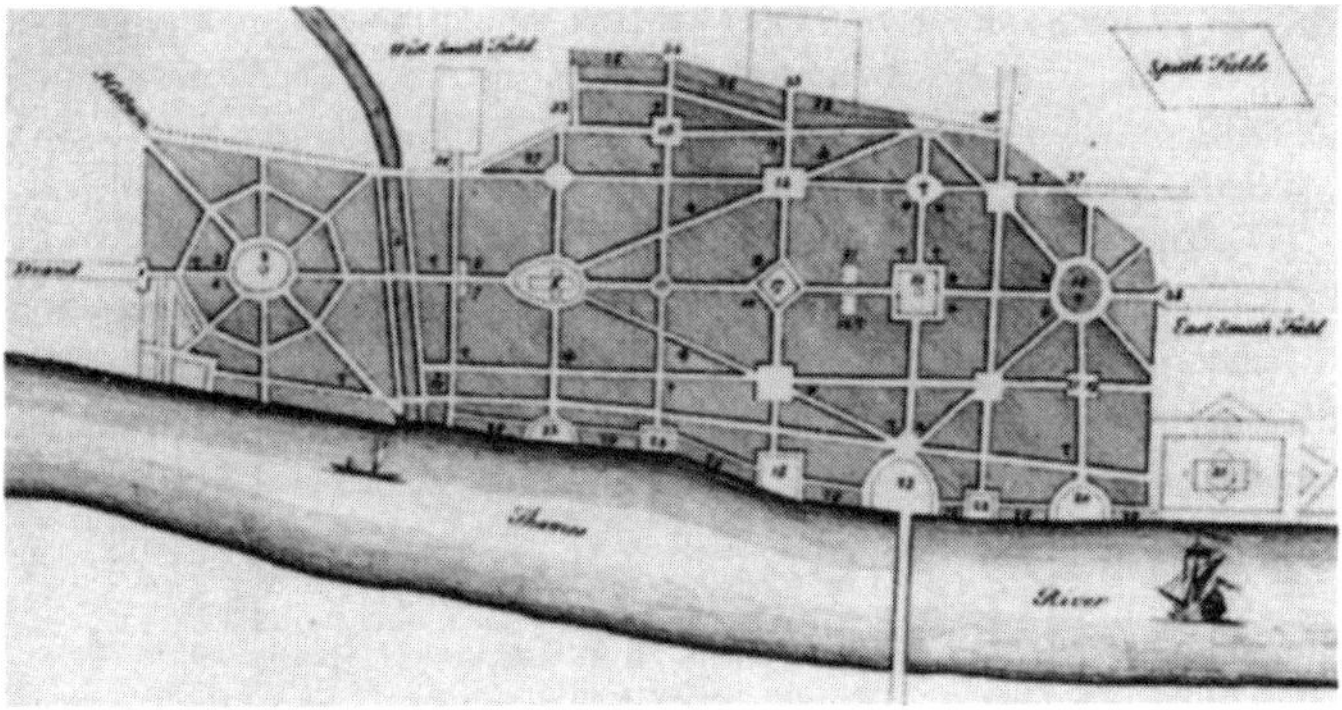

ジョン・イヴリンの復興プラン

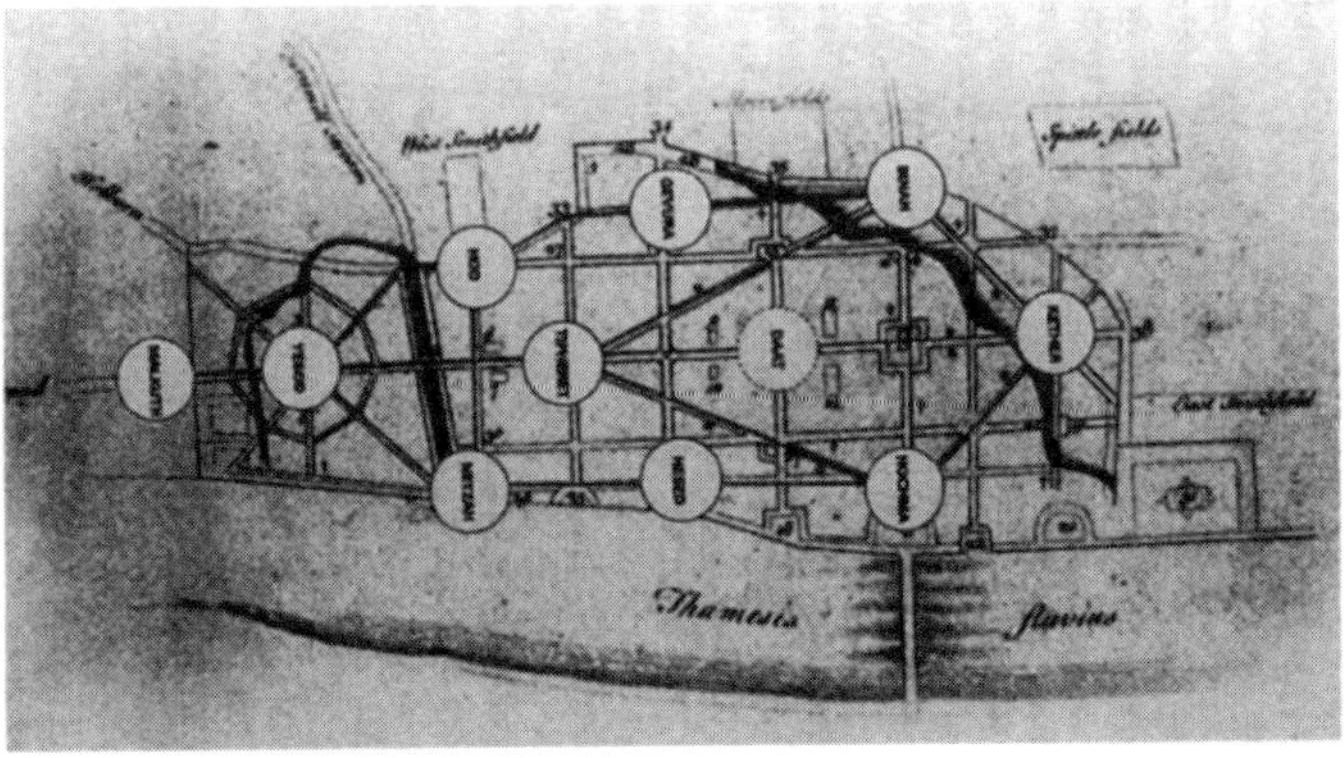

イヴリンのプランの重ね合わせたセフィロト

うに思ったことだろう。文面などから見ると、レンはあらゆる努力をして計画図の仕事を秘密にしている(94)。たとえば、王立協会の同僚たちの助言を受けていないことがわかっている。ヘンリー・オルダーバーグ協会長の機嫌をそこねているのだ(95)。オルダーバーグがこの過失に対して苦情を述べると、レンはそっけない返答をしている。レンは、誰かが王の関心を他に向ける前に、彼の設計図を第一番に提出したかったのだという。したがって「王立協会に助言を求めることができなかった」と述べている(96)。

イヴリンのほうは日記に次のように書いている、「レン博士に先を越された」(97)。だが、歴史家エイドリアン・ティニスウッドは、この言葉が示唆するよりも、もっと深いつながりが二人の間にあったことを見つけている。

二人の計画が驚くほどよく似ていることは、レンとイヴリンが理想的なロンドンの夢を語りあったことがあることを意味している。語ったのは、夢の実現を劇的に近づけた大火災の前かもしれないし、あるいは二人とも都市計画を作成していた九月の第二週であったかもしれない。二人ともテンプル・バーとフリートの間は広場にすべきだとしている。この広場は交差点でありここから八つの通りが羅針盤の先端のように放射している。両者とも広場に面する建物を、連結する通りが作る八角形の内側に納めている。両者ともロンドン橋の北側入り口を、計画の中心としている。そこには半円形の広場があり、大きな入り口としている。二人とも東からくる幾つかの大通りを、セントポール大聖堂で収斂させている……イヴリンが提出した計画には簡単な説明が書かれているが、レンと共同作業をしたことを示唆しており、レンの考えを採用したと述べている。イヴリンは二人が九月一一日か、その前に都市計画について話し合ったことを示唆しており、「セントポール大聖堂からの道はピタゴラス学のΨのように分岐させることは、正確なところレン博士の独創的な設計だが、私も積極的に採用するよう考え直した」と書いている。(98)

レンとイヴリンは共にテンプル騎士団のシンボルである八角形を、まったく同じように意義深い場所に計画したが、偶然ではないだろう。この場所は、テンプル騎士団のロンドン本部があった場所で、テンプル教会も近いのだ。さらにイヴリンの計画では、八角形の広場がセントポール大聖堂の西隣りに置かれており、大聖堂の軸と広場の中央が一直線で結ばれていることも述べておこう。この二つのポイントはフリート・ストリート大通りで結ばれている。

だが、もっと興味深いのは、図を見てもわかるように、イヴリンの計画は、明らかに目的をもって、セフィロトの生命の木を下地にして構成されていることだ。レンの場合はまだ疑いが残るにしても、イヴリンの場合、狙いは明らかだ。細かいところでは不一致もあるが、イヴリンの幾何学パターンと、セフィロトの生命の木との類似は間違いない。

レンとイヴリンが九月一一日と一三日と、連続訪問したことからみて、二人は、セフィロトの生命の木やそのほかの共通する要素が含まれる都市計画が、国王によって即座に承認されることを期待していたのだろう。また二人ともヨハネの黙示録にある有名な一節を考えに入れていたのだと思う。これは「ニューエルサレム」と「生命の木」の創造を連想させるものだ。

また私は、新しい天と、新しい地とを見た。なぜなら以前の天と、以前の地は消え去っていたからだ……私は聖なる都ニューエルサレムが神から出て、天から下るのを見た。まるで夫のために飾られた花嫁のように整えられて……都には大きな高い城壁と一二の門があり、そこには一二の天使が居り、門にはイスラエルの一二部族の名前が刻まれていた……都には一二の土台石があり、それには一二の使徒の名前が書かれてあった……それから生命の水の流れる川を見せられた。水晶のようにきらめき……都の中心の通りを流れていた。川の両側には生命の木があり一二種類の果物を実らせている……自分のローブを洗い清めているものは幸いである！　彼らには生命の木の権利を与えられ、門を通って都に入るだろう……。(99)

ヨハネの黙示録に書かれている計画ははっきりしている。「ニューエルサレム」のデザインには数字の一二が含まれるのだ。さらに重要なことに、聖なる都は一二の土台石を母体とすることだ。歴史家のF・バーカーとR・ハイドは次のように指摘をする。

イヴリンは一二のつながっている広場を欲していた……まっすぐな東から西の大通りは「キング・

チャールズ・ゲート」（オールドゲートの南にあるロンドン・ウオール通りにある）から一マイル半続き、テンプル・バーに達する。ここにレンの計画と同じように、八本の放射路を持つ広場がある。(100)

興味深いことに、イヴリンの明らかな「セフィロト」的計画と、実際のセフィロトの生命の木とを比べてみると、セントポール大聖堂がある場所には、セフィロトの木では聖なる流出体「ティファレト」がある。「ティファレト」は「美」を意味する。占星術的に見ると「ティファレト」は天体の中心である太陽を意味する。ここから生命も光も流出するのだ。寓意は明らかだ。セントポール大聖堂は再生する都市の霊的センターとなるのだ。廃虚から立ち上がる太陽の不死鳥のように、改革されたキリスト教という正しい道を歩むスチュアート王朝の、復興の案内役となるのだ。

イヴリンの計画における「テンプル騎士団」の大きな八角形広場がある場所は、セフィロトの木では「イエソド」で、意味は「土台」だ。これが意味するのは何か？　「ニューエルサレム」から生まれ出てくる新しい世界秩序の土台は、テンプル騎士団にあるということか？　もっと明確に言うと、テンプル騎士団の思想から生まれた新たなフリーメイソン団を土台にするということか？　スチュアート家はフリーメイソン団を保護していたのだ。

もう一つ興味深いのは、イヴリンの計画で、王立取引所が市の中央から移動されていることだ（レンは変更しておらず、トーマス・グレシャムの建物に温存している）(101)。イヴリンは王立取引所をロンドン橋からさらに上流の河岸に移動しているが、その理由は、彼の「ニューエルサレム」計画に、生命の木のセフィロトに対応するもう一つの象徴が欲しかったためだろう。これはグレースチャーチ・ストリート市場に設置される噴水で表現されているが、これは「一一番目のセフィロト」と呼ばれる位置にある。「ダート」として知られるこのセフィロトは知識の泉であり、世界を潤すという(102)。

セントポール大聖堂はソロモンの神殿か

セントポール大聖堂は、ロンドンにとって太陽のような復活のシンボルであり、霊的センターだ。だが論理的に見て、レンとイヴリンは大聖堂をニューエルサレムのソロモン神殿のシンボルにしたと思われる。クリストファー・レンはその後、一六六八年にセントポール大聖堂の監督技師に任命され、一年後には建設総監となっている。この役柄を得て、レンはセントポール再建の設計図を作り、一六七一年にチャールズ二世に提出している。歴史家エイドリアン・ティニスウッドは次のようにデザインを査定する。

建物はそれまでの英国にはまったく見られないものだ。中央の円形のスペースの直径は一二〇フィート以上あり、四本の同じ長さの太い腕が東西南北に突き出されている。八角形の斜めの辺は、凹んでいる。したがって大聖堂はギリシャの十字架のように見える。当然だろうが中央のスペースの上に

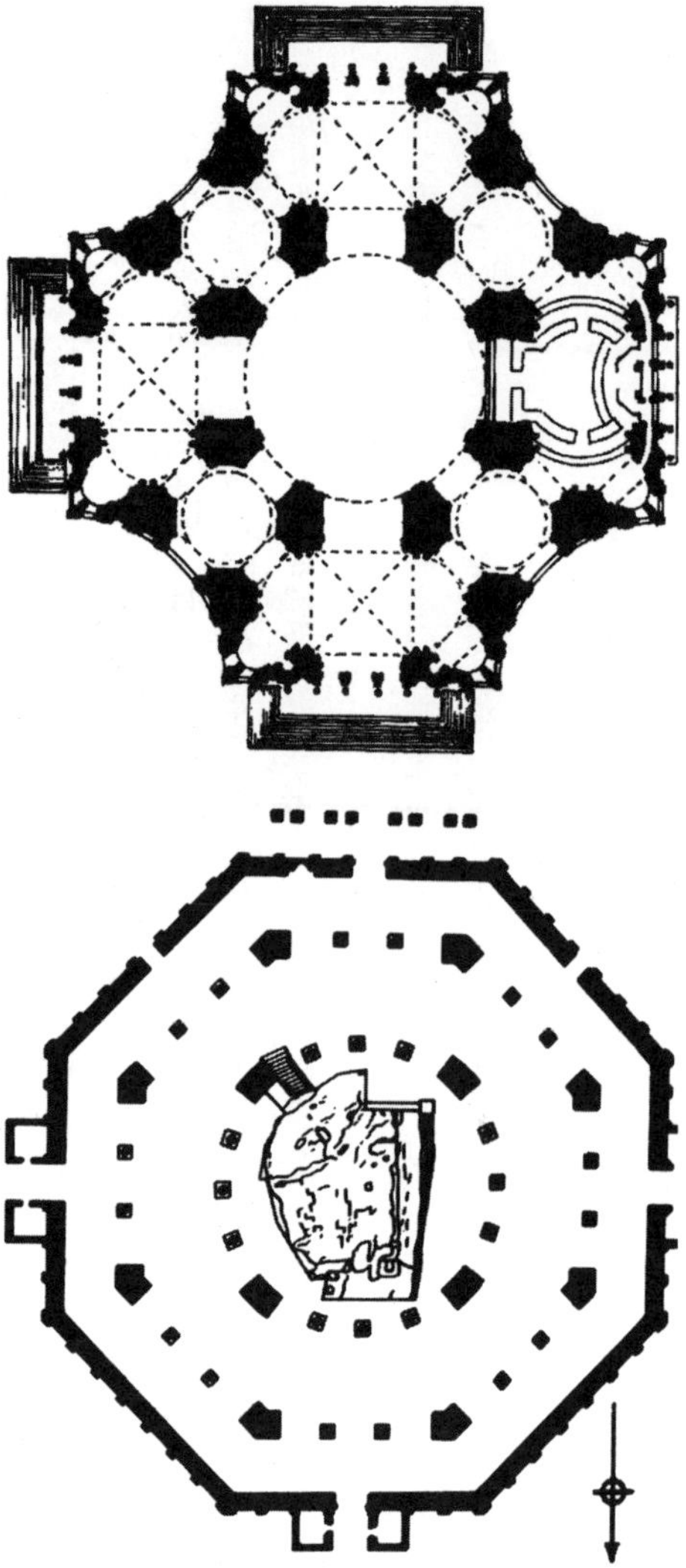

レンのセントポール大聖堂のデザイン（上）と岩のドームのデザイン

は巨大なドーム（丸屋根）が載り、円環となる八本の柱で支えられている。（103）

レンの八角形の平面図は、たしかに「これまで英国ではまったくみられなかった」ものだが、他の場所にはある（104）。特に聖地やエルサレムを訪れ岩のドームを研究したことのある人なら、見ているだろう。テンプル騎士団がソロモン神殿のシンボルとして採用している建物だ。輪郭を見ると、レンのセントポール大聖堂のデザインは、明らかに岩のドームに似ている。両者とも八角形の平面を持ち、中央に円形のスペースを持ち、八本の柱で支えられる巨大な円天井を備えている。さらに両者とも方位が東西南北に合わされている。最後になるが大事なのは、両者とも、平面図からテンプル騎士団の八面の十字架を簡単に描けることだ。

ロンドン市街とセントポール大聖堂の計画をするにあたって、レンはいかなるフリーメイソンのゲームを行なっていたのだろう？　なぜ、これに古代の異端のシンボルが使われたのだろうか？

第一五章

秘密結社から秘密を持つ結社へ

一六八五年二月にチャールズ二世は、ホワイトホールにて、静かに息を引き取ったが、亡くなる直前にカトリックに改宗し、国民を困惑させた。跡継ぎの息子がいなかったので、王位は、独裁的な兄弟、ヨーク公ジェームズに譲られることになった。ジェームズは敬虔で熱心なカトリック教徒だ。一六七三年にジェームズはモデナのメアリと結婚していたが、メアリも熱心なカトリックだ。驚くことではないだろうが、王位に就いたジェームズはすぐに政府の要職にカトリック教徒を起用した。これは恐れを呼び起こした。彼を支持する英国国教会の人々ですら、ジェームズが国教をローマカトリックに再び戻す瀬戸際にあるのではないかと恐れた。この状態は一六八九年に危機に達し、二月二二日、ジェームズ二世は退位を迫られた。後継者となったのはオレンジ公ウイリアムとその妻メアリだったが、二人とも敬虔なプロテスタントだ。

これでスチュアート王朝の支配は終わりとなったが、ジェームズ二世とスチュアート王朝支持者であるジャコバイト派（ラテン語でジェームズはヤコブスとなるのが由来）は、まだ終わっていなかった。昔のチャールズ二世のように、ジェームズもフランスのルイ一四世の宮廷に亡命したのだ。彼は家族全員とジャコバイト派の多くを同伴して、パリ近郊のサンジェルマン・アン・レイの宮殿に落ち着いた。フリーメイソン研究者の中には、フランス最初のフリーメイソン支部が発生したのはこの場所だという人もいる。

一七〇一年にジェームズ二世が亡くなると、一三歳になる息子のジェームズ・フランシス・エドワードが、ルイ一四世によってすぐに亡命中の英国王ジェームズ三世として承認された。だが一七一三年にルイ一四世は英国と和平を結び、「老僭王」と呼ばれるようになったジェームズ三世は、家族とジャコバイト宮廷をローマに移した。一七一四年に腹違いの妹で英国を治めていたアン女王が亡くなったが、後を継ぐ遺児はいなかった。だが議会の力で、カトリック教徒のジェームズ三世は最初から後継者としては排除された。その結果、英国の王位はプロテスタントのハノーヴァー選帝侯に継承され、国王ジョージ一世となった。

ローマの衰退するスチュアート宮廷におけるジャコバイト派の小さなグループの中には、高い教育を受けたスコットランド人アンドルー・マイケル・ラムジーがいた。ラムジーは老僭王の子供たちの家庭教師を務めていた。ラムジーはフリーメイソンの人々の間では、「勲騎士ラムジー」として知られているが、フリーメイソン団の進化に重要な役割を果たしている。

一方、英国ではフリーメイソン団が、洗礼者ヨハネの日である一七一七年六月二四日に、公式にその姿を公にした。ロンドンに大ロッジと呼ばれる本部を創立したのだ。この日はフリーメイソンの「新年」の始まりであり、祝日だ（1）。新約聖書において洗礼者ヨハネは、救い主キリストの先駆者として描かれている。また東方キリスト教の伝統では、聖母マリアのつぎに、もっとも重要な聖者と見なされている。マタイによる福音書の中でイエス・キリストはヨハネを次のように賞讃している。「真実をいいましょう。女から生まれた者の中で洗礼者ヨハネより偉大な人はいません」（2）。

優れた預言者だった洗礼者ヨハネは、「あの方は盛んになり、私は衰えなければなりません」（3）と述べて脇に外れ、救い主キリストの道を準備したといわれている。この奇妙な言葉は、明らかに太陽を象徴しているが、教養のあるフリーメイソンならこの意味を理解していたに違いない。六月二四日になると、夏至の太陽は頂点を過ぎて、明らかに高度を下げていくのだ。

聖ヨハネのお祭りは伝統的に聖ヨハネの日の前夜に始まる。ヨーロッパの一部とアイルランドでは、前夜は「かがり火の夜」と呼ばれていた。だが、太陽年かからみるとユリウス暦には根本的な誤謬がある（したがってより正確なグレゴリオ暦と食い違う）。毎年のように、日にちのズレが蓄積され、「ユリウス暦の六月二三日」はどんどん夏至から遠ざかってしまう。その結果一七一七年の夏至は一三日も後に起こっていた。当時、英国もその植民地アメリカも、まだグレゴリオ暦を採用していなかった（新暦はカトリックの発明であり堕落と見なされた）。したがって英国の公式の暦はユリウス暦であり、グレゴリオ暦よりも一一日間ほど先を進んでいた。

つまりにユリウス暦の一七一七年六月二三日は、グレゴリオ暦では七月四日になっていたわけだ。この奇妙な対応を覚えていて欲しい。なぜなら七月四日という日は、アメリカ植民地においてもフランスにおいても、特別なシンボル的響きをもつからだ（4）。

支配階級から人集め

一七一七年六月二四日、大ロッジはロンドンの古い四つのロッジを統合することで生まれた。この日からフリーメイソンは秘密結社であることをやめ、公に活動を始めている。彼らの活動は昔の開明的でない世紀なら異端として追求されたことだろう

統合ロッジの最初のグランドマスターに選ばれたのは、アンソニー・セイヤーという人物だが（5）、どんな人かは知られていない。セイヤーは一年間、この地位にとどまったが、一七一八年にジョージ・ペインが引き継ぎ、一七一九年には著名人であったジョン・シオフィラス・デザギュリエ博士が就任している（6）。フランス生まれのデザギュリエ博士は、幼児の時にユグノー派の両親につれられて、イギリスに来ている。港町ラ・ロシェルに住んでいた両親は、ルイ一四世のプロテスタント迫害から逃れたのだ。デザギュリエは卓越した学者となり、オックスフォードで法律を学んだ。一七一四年にデザギュリエは王立協会の会員に選ばれ、後に会長になっている。そこで彼は有名な科学者と親しくなったがその中にはアイザック・ニュートンもいた。フリーメイソン団に多くの貴族を招き入れたのはデザギュリエだった。その中にはロレーヌ公爵で後に神聖ローマ帝国の皇帝になったフランツ一世や、デザギュリエが家庭教師を務めたジョージ二世の息子、皇太子フレデリックなどがいた（7）。したがって一七二一年以降、イギリス大ロッジのトップは王室のメンバーが務めたが、それはデザギュリエの功績だった（8）。

このような豪華な支援者がおり、王室が承認しており、宗教的には寛大で、自由な思考を許す一方、逆説的に秘密を守る厳しい誓いをさせるフリーメイソン団は、瞬く間に教育のある中産階級や貴族の間で人気を得た。フリーメイソンのロッジはヨーロッパ中で花を咲かせ、パリにはイギリス発祥の初

めてのロッジが設立された。このロッジの名前は「セント・トーマス」で一七二六年にチャールズ・ラドクリフによって創立された。ラドクリフはスチュアート王朝に忠誠を誓うスコットランドの一族の出身だった。ラドクリフはチャールズ二世の私生児だった娘が産んだ子のようだ（9）。愚かにもラドクリフは一七四六年にイギリスに戻ろうと試み、逮捕され、ジャコバイト派のスパイと見なされ処刑されている。

チャールズ二世の別の私生児の子孫が、フランスのロッジ「ドービニー」を主宰している。彼はリッチモンド公爵だが、チャールズ二世の寵愛した妾、ポーツマス公爵夫人ルイーズ・ド・ケルアルの孫だ（10）。リッチモンド公爵は一七二四年に、しばらくのあいだロンドン大ロッジのグランドマスターにもなっている。

当時のパリのジャコバイト派の社会には、ウォートン公爵もいた。ウォートン公爵も一七二二年にロンドンの大ロッジのグランドマスターになっている。ウォートン公爵は一七二三年にスキャンダルを起こし、大ロッジから追放されて、ヨーロッパに逃亡したが、パリに落ち着き、一七二八年にフランスのフランス大ロッジと呼ばれるようになるフリーメイソン団の、最初のグランドマスターになっている（11）。

スコットランド人ラムジーもこの頃パリに居り、フリーメイソン団がいかにフランスやその他の国で発展したかについて、過激な考えを育てていた。

勲騎士ラムジー

フリーメイソン団の有名な「スコットランド儀礼」は、一七二五年にフランスで始められたと言われている。これはイングランドの連合大ロッジが一七一七年に生まれているので、その八年後ということになる。フリーメイソンの有名な歴史家ジャスパー・リドリーは次のように述べる。

一八世紀に世界のさまざまな場所でフリーメイソンの儀礼が発展した。その中でもっとも重要なのが「スコットランド儀礼」と呼ばれるものだ。この儀礼はスコットランドに存在したことはない。フランスが発祥の地だ。スコットランド儀礼と呼ばれるのは、スコットランド人のシュヴァリエ・ラムジーが創始したと思われているからである。(12)

ほかの研究者はもっと深い事情があるという。シュヴァリエ・ラムジーとして知られているアンドルー・マイケル・ラムジーは、スコットランド人であり、世界中でスコットランド儀礼として知られるようになった形態をつくった人であることはまず間違いない。だが、この儀礼はスコットランドの古いロッジで昔から一般的だった古い思想を混合したもので、ラムジーは単にそれを総合してフランスに持ち込んだにすぎないというのだ(13)。

アンドルー・マイケル・ラムジーは一六八六年に、スコットランドのグラスゴーから四〇マイルほど南西にある、エアで生まれたが、ここはスコットランドのフリーメイソンの発祥の地とされるキルウイニングからそれほど遠くない(14)。身分の低いパン屋の息子だったラムジーだが、教養の高い洗練された人物となった。エディンバラ大学で学び、最終的にはオックスフォードで法律学の学位を取得している。一七〇六年にオランダ南西部フランドル地方のマールバラ公爵のもとで士官として働いた後、ラムジーはそのままオランダにとどまった。そこでラムジーはフランス人ピエール・ポワレと出会った。ポワレはフランスの著名なカトリック神秘主義者マダム・ギュイヨンの門弟だが、ギュイヨンはフランスの高名な学者で著述家、カンブレ市の司教フランソワ・ド・サリニャック・ド・ラ・モット・フェヌロンと親交があった。フェヌロンはヨーロッパ中で有名で、当時人気の高かった『テレマックの冒険』を書いたことでよく知られていた。この本はフランス宮廷に捧げられたが、古代エジプトやフェニキアという歴史的舞台を使って理想的なユートピア国家を語る寓話物語だ(15)。

長い間、フェヌロンはパリのフランス宮廷と優れた関係を保っていた。ルイ一四世の孫で後継者と見なされていたブルゴーニュ公の家庭教師を務めていたのだ。フェヌロンが『テレマックの冒険』を書いたのも、宮廷においてであり、フランスの王となる若い王子が、古代世界の黄金時代をモデルにした完璧な国家と理想的な政府を、実際に実現することを夢見ていたのだ(16)。だがフェヌロンは、カトリックの神秘主義者マダム・ギュイヨンとの異端的関係があったため、ルイ一四世の支持を失い、一七〇九年に司教を務めていたカンブレの教区に追放された。

ラムジーはマダム・ギュイヨンの秘書を務めていたようだ。それで一七一〇年にカンブレに居たフエヌロンから招待されたことも説明できる(17)。カンブレでフェヌロンとラムジーの間には、温かい友情が生まれ、それは一七一五年にフェヌロンが亡くなるまで続いた。フェヌロンによって大きな影響をうけたラムジーは、フェヌロンに要請されてカトリックに宗旨替えをしている。

フェヌロンが亡くなった一年後の一七一六年に、ラムジーはパリに落ち着き、貴族社会に出入りしたが、やがて若いシャトー・ティエリ公の家庭教師となった。同時にラムジーはルイ一四世の甥でフランスの摂政である、強大な力を持つオルレアン公フィリップとも親しくなった。オルレアン公フィリップは聖ラザロ騎士団の頭領であった。聖ラザロ騎士団は一二世紀にエルサレムで創立された古い十字軍の組織で、テンプル騎士団ともよく似ている。ラムジーはオルレアン公フィリップによって、すぐに聖ラザロ騎士団の騎士にされている。

ラムジーは一七三〇年にロンドンを訪問し、その時にウエストミンスターのロッジ「角笛」で、リッチモンド公の導きでフリーメイソンに参入している(18)。パリに戻ったラムジーは「セント・トーマス」ロッジに参入し、すぐにフランス大ロッジの詠誦官に指名された。この立場でラムジーは一七三七年の有名な演説を準備したのだ。この演説はその後数十年にわたって世界中で反響を呼び起こした。

古式儀礼と共和主義の危険な気配

「ラムジーの講話」として知られるラムジーの演説は、一七三七年の三月二一日に行われたと言われているが、この日は春分だ。この日とされるには理由があるはずだが、それについては後ほど述べる。だが、証拠から見ると、「講話」は聴衆相手になされたものではなかった。そうではなく、ラムジーが印刷してロッジのメンバーに配布したものなのだ。一七四〇年になるとこの講話はパリで出版され、広くどん欲に読まれた(19)。

ラムジーは王立協会とフリーメイソン団、両方のメンバーだった。そのことを知っていると、「講話」を正確に捉えることができる。この注目すべき文書は「共和主義」を響かせており、世界の新秩序を土台にした世界統一の理想を語っている。この「講話」は一七四〇年に大衆に読まれていることに注目しておこう。これは一七七六年のアメリカ独立戦争の三六年前であり、一七八九年のフランス革命勃発の四九年前に当たる。ラムジーの注意深く選ばれた言葉は、フランスの君主制主義者や王党派一般を不安にしたに違いない。

世界は一つの巨大な共和国に過ぎない。すべての国々は家族であり、すべての個人は子どもたちだ。私たちの社交会（フリーメイソン団）は最初から、人間の本性からでるこれらの本質的原理を復興させ、広げるために創立されている。私たちは啓蒙された心を持つ、礼儀正しい、理解力を持つすべての人々を融合させたいと思っている。それは文化への愛のためからだけでなく、道徳や科学や宗教の大きな原則から望んでいるのだ。同胞結社（フリーメイソン団）の関心は、すべての人類が共有するものとなり、すべての国々は有効な知識を引き出すことができるようになるだろう……私たちの祖先、十字軍兵士はキリスト教国のすべての場所から聖地に集まったが、すべての国の人々を一つの同胞団に再統一することを望んでいた。(20)

最後の文節は十字軍について興味深い風変わりなコメントをしているが、「すべての国の人々を一つの同胞団に再統一することを望んでいた」特殊な十字軍について述べたものだろう。なぜなら、十字軍兵士の大多数は「国々の同胞」など、求めていなかったからだ。彼らは、キリスト教国のために聖地を奪回し、できる限りの戦利品を貪ることを仕事と考えていた。したがって、ラムジーはどの十字軍について語っているのか、と、疑問を持つのは当然だろう。

このような思想を動機とした十字軍として考えられるのは、一つしかない。テンプル騎士団だ。フリーメイソンたちは、テンプル騎士団こそ彼らの「祖先」だとたびたび述べている。ラムジーがテンプル騎士団を念頭に置いていたことは(名前を言いたくなかったようだが)、「講話」のなかで、たびたびほのめかしていることからも明らかだ。

惨めで、野蛮で、厭世的な哲学は、高潔な人々をうんざりさせる。私たちの祖先である十字軍は、無垢で楽しく、快い音楽、純粋な喜び、節度のある歓楽を魅力としており、愛されることを望んでいた。私たちの祭りは世俗的な世界とか無知な俗物が想像するようなものではない。そこでは心と魂の悪徳はすべて消え、無宗教、放蕩、疑心悪鬼、堕落は追放されるのだ。

ヨーロッパではテンプル騎士団が、教皇の命令とフランス軍によって解散されたことはよく知られていた。悪徳と放蕩と異端だと非難されたのだ。ここでラムジーは明らかにテンプル騎士団とその末裔であるフリーメイソン団を、そのような非難から弁護している。俗物によって放蕩とか異端と見えるのは、実際には無垢な遊びであり、節度のある楽しみに過ぎないといっているのだ。
ラムジーはさらに、この騎士団はイングランドで王室により特別に保護されていたという。

遺憾なことに最後の第八回十字軍が災難にあい、キリスト教軍が壊滅し、エジプトのサルタンが勝利を収めた。これをみたイングランド王ヘンリー三世の息子、偉大なエドワード王子は、安全ではなくなった聖地から、キリスト教軍を撤退させ、同胞たちの居留地をイングランドに置いた。王子は英雄的資質に恵まれ、優れた芸術を愛し、この騎士団の保護者になると宣言した。この新たな特権を受け入れた同胞団は、祖先の例に倣い、フリーメイソンと名乗るようになった。

ラムジーがいう「騎士団の保護者」で「ヘンリー三世の息子、偉大なエドワード王子」とは、異常に背が高いことから「長脛王」のあだ名を持つエドワード一世だ。一二七四年からイングランド王になったエドワード一世は、スコットランドを弾圧した戦争で有名だ。このときのスコットランド人の頭領は、ウイリアム・ウォレスで、その後をロバート・ザ・ブルースが継いだ。ロバート・ザ・ブルースは迫害を受けたテンプル騎士団の保護者だったと見られている。だがラムジーがここではっきり言っているのは、エドワードもテンプル騎士団の支援者だということだ。そうなると、エドワードは一三〇七年七月七日に亡くなっているので、それまで保護していたということだろう。テンプル騎士団が一斉に逮捕されたのは、読者も覚えていると思うが、三カ月後の一三〇七年一〇月一三日なのだ。

その後、エドワード一世の息子、エドワード二世も、教皇やフランス王フィリップ四世の圧力に屈せずに、テンプル騎士団の保護を継続した。一三一二年になってフィリップが教皇を説得して、三月二二日（春分の日）にテンプル騎士団を公式に迫害する悪名高い大勅書（ウオクス・カラマティス）を発行させている。だがその後も、エドワード二世の大勅書への追従は中途半端だった。彼は数名のテンプル騎士を逮捕したが、ほとんどの騎士がホスピタル騎士団など、ほかの騎士団に紛れ込むのを容認した。

このことを念頭にいれて、ラムジーの講話が行われたという伝説的な「公式の日付」を見ると、これまた三月二一日という春分の日だ。これは教皇がテンプル騎士団迫害の大勅書を出した日を、暗に示そうとしたのではないだろうか？　「講話」を特別に研究した、フリーメイソンの研究家アレキサンダー・ピアティゴルスキーは、シュヴァリエ・ラムジーが論議を呼ぶ多くの主張を、いかに捉えにくい形で講話に盛り込んでいるかを述べている。

最初に、フリーメイソンの儀式の発祥を「十字軍の時代」に求め、十字軍に関連づけている……それらはテンプル騎士団など秘教的伝統を持つ中世のキリスト教騎士団だ。第二に、一四世紀初めにテンプル騎士団が迫害され、ほかの騎士団も衰退した後、彼らの秘教的伝統が、スコットランドのフリーメイソン・ロッジに移植され、あるいは避難場所を見つけたという。たとえば、キルウイニングのマザー・ロッジだ。第三に、それらのスコットランドの伝統（あるいは組織）は、定義から見てキリスト教だという……さらにこの伝統はスコットランドのフリーメイソンによって継承されてきており、彼（ラムジー自身）がフランスやイギリスで、その代表となっているという。(21)

ラムジーは講話の中で「エレウシスの神ケレス、エジプトの神イシス、アテネの神ミネルヴァ、フェニキア人たちの神ウラニア、スキタイの神ディアナなどの有名な祭りは私たち（フリーメイソンの儀式やお祭り）とつながりがある」と述べているのも興味深い。彼はフリーメイソンの人々の中には、この同胞団が非常に古いという人もいることを認める。「私たちの組織がソロモン、あるいはモーゼ、あるいはアブラハム、あるいはノア、あるいはエノク、あるいはアダムに関係するという人々もいる」。だが、ラムジーは「これを否定するそぶりも見せず」すぐに「もっと最近の事柄」に移ってしまう。

これらは政府の記録である英国の年代記や法令集から集めたものの一部だ。この中ではたびたび私たちの特別な名誉について触れている。また一一世紀以降、イギリス人の生活の伝統こそ私たちの社交会（フリーメイソン団）の中心にある。

パレスチナにおける十字軍の時には、多くの王子や領主や市民が聖地においてキリスト教の神殿を再建しようとした……さらには建築術を持ち帰ろうと努力した……私たちの騎士団は（彼らの仲間だったが）……悠久の太古に創立された……と、考えなければならない。それが私たちの祖先によって聖地で新しくされたのだ。至高の真実の記憶を取り戻すために、……（十字軍運動が終わった後）王侯貴族たちは、パレスチナから故郷に戻り、秘密のロッジを創立した。当時すでに多くのロッジが、ドイツ、イタリア、スペイン、フランスに作られていた。そこからスコットランドにも作られたが、それはフランス人とスコットランド人に親密な同盟があったからだ。ジェームズ・ロード・スチュワードは、スコットランド西部にあるキルウイニング市に設立されたロッジのグランドマスターだった……この領主はグロスターとアルスターの公爵をフリーメイソンに参入させているが、一人はイギリス人でもう一人はアイルランド人だ。

ほとんどの場所で、だんだんと私たちのロッジも儀礼も無視されるようになってきた。だから多くの歴史家がこの騎士団について語るのは英国だけになっているのだ。それにもかかわらず、スコットランド人（スコットランド人部隊）の間では、優れた儀礼が保存されており、だからこそフランスの王たちは、王家を守るのに多くの世紀にわたって、彼らを信任しているのだ。

ラムジーの動機がどうであれ、講話の正確度に問題があろうと、ほとんどのフリーメイソンたちが同意するのは、この講話が出版された後になってから、「追加の」あるいは「高位の」位階がフリーメイソン団に採用されるようになったことだ。ラムジーはこれらの位階の設定には直接関係はしていなかっただろう。だが、彼のフリーメイソン団の過去と未来に対する考えが、新たな位階が生まれるに当たって大きな役割を果たしたことは間違いない。これらの位階は現在でもフリーメイソンの世界の重要な一部なのだ。これらの位階はほとんどのフリーメイソンが熱望するような目的を掲げており、深いレベルの奥義を極めた正しい候補者によって獲得されることになる。フランス革命に至るまでのフリーメイソン団の物語に入る前に、これらの高位の領域にちょっと寄り道しておくのもよいだろう。

高位の位階への寄り道 (一)分派

一七一七年にイングランドの大ロッジが創立されたとき、すべてのフリーメイソンが、総本山としての権威を認めたわけではなかった。

英国の中でも強力な反対勢力があり、古代フリーメイソンの「真の容器」だと自認していた。彼らは自らを「古代派」と呼び、イングランドの大ロッジに参画した人々をさげすみ「近代派」と呼んでいた。ほぼ五〇年にわたる不和を経て、古代派と近代派は最終的に英国でイングランド連合大ロッジという名称のもと「統一」された。これはフリーメイソン版のミニ「合衆国」の小型版だ。これが起こったのは一八一三年であり、両方のグループが連合二一ケ条に署名した。その中でも重要なのは以下の宣言だ。

純粋な古代派フリーメイソンには三つの位階しかない。徒弟、職人、親方（マスターメイソン）だがこれにはさらにホーリー・ロイヤル・アーチという上位の位階が含まれる。だがこの条項は、ロッジやチャプター（上位ロッジ）が自らの定めた憲章にしたがって、騎士階級の位階に基づく会合の開催を禁止するものではない。(22)

これが実際に何を意味するかというと、英国のフリーメイソンのロッジは「上位」あるいは「追加」の位階を持つことができるが、それはホーリー・ロイヤル・アーチという上位の位階を通してのみだということだ。だが、世界全体を見ると、別のフリーメイソンの教団があり、それらも「上位」あるいは「追加」の位階を持つことを許している。米国で特に一般的なのは「ヨーク儀礼」と「古式公認スコットランド儀礼」と呼ばれるものだ。「古式公認スコットランド儀礼」はラムジーのオリジナルの「スコットランド儀礼」に由来する。「ヨーク儀礼」はさらに三つの位階を追加している。それらはロイヤル・アーチ・メイソンの位階、ロイヤル・アンド・セレクト・マスターの位階、テンプル騎士の位階だ。最大にして最も重要な「古式公認スコットランド儀礼」は、三三位階を所有している。このフリーメイソン団は、多くのフリーメイソン団の中でも、極めてエリート主義で最も影響力が強いと見られている。

上記にある「騎士階級の位階」をもつのは、これらの「儀礼」だ。これらが形成され、急速に増加した重要な要因の一つは、フリーメイソンの一部の人々が、イングランドの連合大ロッジの支配下に置かれることを、好まなかったことにある。それらの人々は英国と紛争中の国々に住んでいたケースも多い。たとえばフランスは一九世紀の中ごろまで、英国の伝統的な仇敵だった。そこでフランスのフリーメイソンたちは、断固として独立した立場を持とうとした。彼らはまったく独立した独自のフリーメイソン団を発展させただけでなく、アメリカ独立戦争前の英国植民地アメリカのフリーメイソンたちと親密な関係を育て上げている。

米国では今日でも「騎士階級の位階」が積極的に支持されている理由は、ここにある。さらに言うと、スコットランド儀礼やヨーク儀礼を少しでも吟味すれば、彼らが提供する位階にはテンプル騎士団との関係が深いことに気づくだろう。

ヨーク儀礼は、米国のメイソンたちによって「アメリカ儀礼」とも呼ばれるが、使っているシンボルや図像や記章は間違いなく「テンプル」であり、テンプル騎士団との関係やシンボルがあからさまに誇示されている。すでに述べたが、ヨーク儀礼の追加の位階の三番目は「テンプル騎士」なのだ。

スコットランド儀礼の場合も、テンプル騎士団の騎士制度の要素が、位階の名前に明らかに読み取れる。たとえば、「東方の騎士」「エルサレムの騎士」「薔薇十字の騎士」「神殿の騎士司令官」「カドッシュの騎士」などがある。スコットランド儀礼は米国で、若者のためのメイソン団を支援しているが、参入するのはほとんどがフリーメイソン団員の息子たちであり「ド・モレーの国際結社」として知られている。テンプル騎士団最後の真のグランドマスター、ジャック・ド・モレーをしのんでつけられた名前だ（23）。

高位の位階への寄り道　㈡ホーリー・ロイヤル・アーチ

普通の、あるいは「クラフト」フリーメイソン団というと、連合大ロッジによって管轄される世界中の免許状を与えられたフリーメイソン団のことだが、新規参入者に三段階の密儀を提供する。それらは「シンボル的」あるいは「青」位階と呼ばれるが、徒弟、職人、親方の三段階だ。

ほとんどのフリーメイソンたちは、親方の位階を得るまでにメイソンの教育を終える。だが、中にはさらに密儀の奥義を極めたいと望む人々がいる。そういう人々は、「追加」あるいは「上位」の位階に進むことになる。それらは「クラフト」フリーメイソン団から生まれる組織で、第三段階あるいは親方の位階を完了したものだけが参入できた。英国においては連合大ロッジが管轄する追加の位階は「ロイヤル・アーチ」と呼ばれるものだけだ。連合大ロッジは「ロイヤル・アーチ」を次のように説明する。

イングランドの憲章ではフリーメイソン団は、基本的にクラフトとロイヤル・アーチという二つの部分に別れている。教団のテーマをさらに深く探求したいフリーメイソンには、ほかの儀式が用意されている。これらは歴史的な理由でイングランド連合大ロッジの管理下にはない。イングランドのすべてのフリーメイソンは、すぐに脱退することがない限り、クラフトの基本的な三段階を経験する。

この三つの儀式（私たちは位階と呼ぶが）は、人々の間の関係、人間が自然にもつ資質、ほかの人々にいかに依存しているか、教育の重要性、労働への報酬、約束への忠誠、避けられない死についての黙想、人々への奉仕の義務、などについて考察する。第四の儀式、ロイヤルアーチは、神に対する人間の依存に重点が置かれている。

イングランドの連合大ロッジは、ロンドンのフリーメイソン・ホールに本部を持つ。これは巨大な新古典主義の建造物でグレート・クイーンズ・ストリートとドルリ・レーンの交差点にある。だがここで行われる参入儀式はごくわずかだ。三つの位階の参入儀式は、全国に八〇〇〇ほど存在する「ロッジ」または「テンプル」で行われている。さらに、ごく最近のグランドマスターが指摘するように、「イングランドから世界中に広がっている」海外の「ワラント」と呼ばれるロッジを含めると、その数はさらに増える。

親方の資格、あるいは第三位階を持つフリーメイソンなら、「追加」あるいは「上位」の位階を一つ二つ、あるいは全部を取得することで、メイソンとしての資格を高めていくことができる。イングランドでこれを行うには、連合大ロッジが認める補助的な位階を取得する必要が出てくる。つまり、一七六六年に作られた「エルサレムの至高なる連合ホーリー・ロイヤル・アーチ」の管轄下にある「ホーリー・ロイヤル・アーチ」の位階を取得することになる。ロイヤル・アーチという高い位階は普通のロッジではなく「チャプター・ロッジ」で習得される。英国には三〇〇〇ほどのチャプター・

ロッジが存在し、会員は一五万人ほどいる。

高位の位階への寄り道　㈢ゼルバベルの石工の戦士たち

普通のクラフト・フリーメイソン団における儀式の主題は、ソロモン神殿の建設に関係する聖書的な物語を中心としている。詳しく言うと、第三位階の親方の儀式は、ヒラム・アビフの生と死を主題にしている。創作された人物ヒラム・アビフは、伝説的なフェニキア人の建築家テュロスのヒラムをモデルとしているようだ。テュロスのヒラムは紀元前九五〇年頃に、ソロモン神殿の設計や建設にかかわったとされている(24)。この儀式では、親方志願者が象徴的な「死」からよみがえるが、これはヒラム・アビフの死と再生をまねた劇だ。ヒラム・アビフは三人の「仲間」に親方の「合言葉」を教えろと迫られ、断ったために惨殺される。この劇のメッセージの一つは、親方がメイソンの誓いを破るよりも、死を選んだことだろう。これは究極的な忠誠心を示す行動であり、その褒美として「よみがえり」新たな親方として復活する。

だが、ホーリー・ロイヤル・アーチの儀式のテーマは、ヒラム伝説ではなく、ゼルバベルとその弟子たちによるソロモン神殿の再興に焦点が合わされる。聖書の中のゼルバベルは、バビロンに幽閉されたユダヤ人の指導者で、バビロニア人の圧制者と交渉して自由を勝ち取り、全員をパレスチナに帰還させる偉業を行っている。ゼルバベルはエルサレムの統治者となり、バビロニア人によって破壊されていたソロモン神殿の再建築を命じる。興味深いのは、テンプル騎士団がソロモン神殿にとりつかれていたのは、なによりもその再建についてであった、と何人かの研究者が信じていることだ。

テンプル騎士たちは自らをゼルバベルの石工の戦士であると見なしていた。石工たちがダリウス王にエルサレムの神殿の再建の許可を出させたのだ。テンプル騎士たちはグノーシス派や聖ヨハネの信念を受け継いでおり、ソロモン神殿は世界の秘教の中心だと思っていた。そこで彼らは秘密裏に教皇やヨーロッパの王たちの権威に抵抗していた。騎士団の黒と白の図案は……彼らのグノーシス主義とマニ教的二元論を示している。つまり悪魔の世界と神の知恵の継続される闘争という信念だ。彼らがメイソンに伝えているのは、黒と白のひし形模様であり、ロッジのジグザグの飾りふさだ。(25)

二元論的とかマニ教のシンボルだと指摘されているテンプル騎士団が使用している「黒と白の図案」(たくさん使われており、彼らの戦旗ボーゾンもこの模様)のことを、ここでは深く追求しない。私たちが興味を持つのは、今の世界でも大きな勢力を持つフリーメイソン団が、なんで七〇〇年前に絶滅したはずのテンプル騎士団に興味を持ち、シンボルや儀式を結びつけているかだ。

フリーメイソン団のロイヤル・アーチの儀式に戻ると、この儀式はゼルバベルと彼が信頼する二人の同僚イエシュアとハガイの三名の「役者」によって演じられる。これらの主役たちは、ソロモン神殿が建っていた跡地を清掃する演技をするが、その最中に黄金の板を見つける。板には「神聖で神秘的」な神々の名が書かれている。名前の一つはよく知られているエホバだが、Jahwehと正しくつづられている（旧約聖書ではYHVHの子音しか書かれていない）。もう一つのもっと神秘的な名前は「ヤブロン」だ(26)。エホバの名前はJah-h-wehと、三つの音節にわけられ、小さな円の中にかかれている。ヤブロンも同じで、Jah-bul-onだが、この場合は、円の中に書かれた三角形の脇に刻まれている。

これは明らかにピタゴラス派のシンボルであり、錬金術の図案によく使われるが、四角、円、三角の「神秘的な関係」と呼ばれるものを示している。メイソンの研究家で作家のマーチン・ショートは次のように説明する。

太古において、神の名前や神性のシンボルは、常に三角形で囲まれていた……ピタゴラスの時代、三角形はもっとも神聖な紋章だった……エジプト人は「神聖な数字」と呼び、古代人によってあまりにも高く評価されたので、崇拝の対象ともなっている。それらには神の名が与えられた……この聖なる「デルタ」は通常、四角と円で囲まれている……三角形にあるのは聖なる神秘的な名前であり、厳粛に接すべきであり、決して発音してはならない。(27)

高位の位階への寄り道　㈣ヤブロンの疑惑

通常のフリーメイソン団では神を形容するのに「宇宙の偉大なる建築師」とか「偉大なる幾何学師」とか「至高存在」と言う。だが、ロイヤル・アーチの熱烈な支持者たちは、神にヤブロンのような名前を与える必要を感じたようだ。この名前がどのくらい前から使われているかはわからないが、一九八〇年代前半には関心が湧き起こり非難を浴びている。一九八五年に英国国教会とメソジスト教会は、ロイヤル・アーチの儀式からこの名を除くよう、フリーメイソン団に迫っている。教会側はヤブロンの発祥が偶像崇拝にあるとみたのだ（28）。聖職者の組織に属する反フリーメイソン派の研究者たちは、ヤブロンの名前には三つの古代の神たちが隠されていると確信している。それらはユダヤのエホバであり、フェニキアのバールまたはブールであり、古代エジプトの都オン（太陽の都ヘリオポリスまたはアヌのこと）の守護神だ。この守護神は太陽神ラーだというものもあり、オシリスだというものもいる（29）。

聖職者たちは、このような偶像の重層信仰は「キリスト教には受け入れられない」ものであり、ヤブロンは誰であれ何であれ、即座に追放しろと要求した。フリーメイソンたちは、ヤブロンというのは神の名前ではなく、「神の説明」に過ぎないと強調した。だが聖職者たちは意に介さず、メディアを舞台にして容赦ない戦いを挑んだ。これはフリーメイソンたちを動揺させた。彼らは秘密性を重んじる人々だからだ。一九八九年七月、連合大ロッジは圧力に屈服し、ヤブロンは使わずにエホバだけにすると宣言した。エホバならキリスト教世界でも受け入れられるからだ。これには効果があったようで、メディアもすぐにこの件に関心を失ってしまった。

メイソンのこの急速な心変りを信じる聖職者は多くない。エホバの名前も、最初のつづりはJahでありヤブロンとまったく同じだからだ。これではまったく何も変わっておらず、ヤブロンを短くしただけだと見る人もいる。たとえば「キャサリンKatherine」のことを短く「キャットKat」と呼ぶようなものだという。

メイソンが偶像礼拝だという煙の根元には、炎がある可能性があるだろうか？

高位の位階への寄り道　㈤古代エジプトと幾何学

画家R・H・シェラーが一九〇一年に描いた水彩画がエディンバラ市のクイーンストリート七八番地に現存する。これは、建築家ピーター・ヘンダーソンが設計した、スコットランドのグランド・ロイヤル・アーチのオリジナルの内装として描かれている。これを見ると、このチャプター（支部）が古代エジプトのファラオの神殿をモデルにしていることがすぐにわかる（30）。壁に描かれているさまざまな絵を詳しく検討すると、古代エジプトの『死者の書』からの場面があることに気づく。神オシリスが神々しい玉座に座り、まるでソロモンの時代のように前に連れて来られた新参入者に、聖なる審判を下しているのだ。米国フィラデルフィア市のフリーメイソン・ホールにも、非常によく似たエジプト風の神殿がある。そこの床には羽根を持つ蛇形章（古代エジプト王の王冠に付けた表象）、あるいは古代エジプト最高のシンボルである太陽の蛇が描かれている。世界中の多くのロイヤル・アーチ・チャプターには、同じような「エジプト」神殿のデザインが盛り込まれている。たとえばダブリン市のフリーメイソン・ホールがそうだが、マーチン・ショートの言葉によると、二つのスフィンクスとその他の彫像がたち、「古代エジプトをまねている」という（31）。マーチン・ショートはニューサウスウエルズのピーターシャムにある近代的なホーリー・ロイヤル・アーチ神殿にも注目せよと言う。ここにもエジプトの部屋があり、壁画にはエジプトの『死者の書』の場面とオシリスの姿が描かれているという（32）。

マーチン・ショートの同僚の作家スティーヴン・ナイトは、反フリーメイソンで札付きだが、メイソンが使うヤブロンという名前に苦言を呈した最初の一人だ（一九八一年という初期）。後になって聖職者たちが同調したが、ナイトはヤブロンが異教の神々の寓意であり、その中にはエジプトの神で「オンの主」オシリスも含まれると述べている（33）。一九八九年にマーチン・ショートはスティーヴン・ナイトの見方を再び強調した。それによると、ヤブロンのスペリングの最後のONは古代エジプトの太陽の都ヘリオポリス、つまり聖なる都オンを暗示しているという。聖なる都オンにはオシリスの先祖であるアトム・ラーの偉大な太陽神殿が建っていた。マーチン・ショートは次のように言う。

ヤブロンに意味があるなら、それは「神、オンの主」あるいは「彼はオンの主」を意味する。この神が太陽神ラーなのか、冥界の神オシリスであるかは、あなたがエジプト史のどの時代を採用するかによる。（34）

当然ながら、現代のフリーメイソンたちのほとんどは、このような見方を否定する。彼らは、メイソンの儀式に含まれる古代のイメージや神々はシンボルとして使われているに過ぎないし、キリスト教と完全に調和する思想だと強調する。

だが、ほとんど議論もされておらず説明もされていないのが、ヤブロンという名前だ。メイソンのロイヤル・アーチの図像では、ピタゴラスの三角形が、メイソンのシンボルである、石工の台、のみ、棍棒などともによく表示されている。また、ロイヤル・アーチの聖書の伝説に基づく儀式は、一三章で取り上げた『古き訓諭』から導き出されている。読者も覚えていると思うが『古き訓諭』は、中世の写本をまとめたものであり、フリーメイソン団の古代の起源に関する資料を提供している。その中の一つで一六世紀に書かれたベジック・ロイズ写本には、「七つの自由科目と科学」という記述があり、そこには「世界のすべての科学は幾何学に含まれている」と宣言されている。

フリーメイソンの文献のすべての領域で、「幾何学」の分野は、「古代の幾何学の父であるユークリッドや特にピタゴラス」とともに、今日に至るまで名誉ある地位を与えられている。ピタゴラスの有名な平方根三角形の定理は、多くのフリーメイソンの図柄に現れる。この図柄は一七二三年のフリーメイソン憲章の表紙にも登場する。フリーメイソンは「幾何学」に興味深い尊厳と崇拝を示す。「G」という文字は「炎状星」やメイソンの三角形シンボルの中によく見られるが、これは「宇宙の偉大なる建築師」を示すが、同時に「幾何学（Geometry）のG」を示すものでもある。同じ論理で、メイソンの「至高存在」は「偉大なる幾何学師」と呼ばれることも多い。

古典を読んでいた一八世紀から一九世紀の歴史家は、ピタゴラスやユークリッドと古代エジプトの関係についてよく知っていた。キケロ、ディオゲネス、イソクラテス、ポルフュリオス、ヴァレリウス、ストラボン、ユスティニアヌス、アレクサンドリアのクレメンスのような、古代の年代記作者によると、ピタゴラスは長いことエジプトに住んでいたという。イアンブリコスなどは、ピタゴラスはエジプトに二二年間も住み、古代ヘリオポリスの賢人から幾何学を学んだと報告している。ギリシャの年代記作者イソクラテスは、ピタゴラスはヘリオポリスの賢人の弟子になったと書いている。歴史家プルタルコスは、エジプトのヘリオポリスの神官オイヌフィスから奥義を授かったと述べている(35)。ピタゴラスと古代エジプトの秘教的な結びつきは、ルネサンスと啓蒙時代の学者たちを魅了した。それらの学者たちの多くは、古代エジプト人たちの「科学」や「知識」が、ピタゴラスの幾何学に暗号化され、西洋の伝統に持ち込まれていると考えたのだ。

『古き訓諭』にはミステリアスな長老がでてくる。名前はヤバルで、「レメクの子孫」で(36)、「幾何学の創始者」だと言われる。彼は幾何学のヤバルとよく呼ばれる(37)。第一二章を思い出していただきたいが、ヤバルの幾何学などの大洪水前の科学は、二本の石の柱に記録されたといわれている。二本の石の柱は「古代世界の住民によって建てられ、ノアの大洪水と言われる迫り来る破壊を乗り越えて、人類の知識を運んだ」(38)。

『古き訓諭』によると、大洪水の後、「賢人たちの父ヘルメス」は二つの柱を再発見し、「そこにかかれていた科学を、人々に教えた」。さらに、これらの「科学」を記録した文献は、モーゼが脱出したときにエジプトから持ち去られたという。このようにして「メイソンの優れた技巧がエルサレムの国で確立された」のだという(39)。これらを読んで面白いのは、『古き訓諭』が、神秘的な知識を運んだ二つの柱は、ソロモン神殿の二本の柱であるヤキンやボアズではないと、強硬に主張していることだ。それよりももっと古いもので、エジプトの賢人の真髄である「賢人たちの父ヘルメス」、つまりトトあるいはヘルメス・トリスメギストスとつながっていると述べていることだ。理屈に合った結論を述べると、これらの「柱」とは、ヘリオポリスの偉大な太陽神殿にあった、文字が彫られたオリベスクのことではないだろうか。ヘリオポリスでは太古の偉大な賢人たちが、「七つの自由科目と科学」を教えていたのだ。すでに述べたように、聖書においてヘリオポリスの都はオンと呼ばれている。そこでもし『古き訓論』にでてくるヤバル長老が「幾何学の創始者」だとすると、ヤブロンという名前が、オン（ヘリオポリス）の「聖なる幾何学」「聖なる科学」を指す暗号である可能性が十分にでてくる。

大ロッジから大オリエントへ

高位の位階とそこから発生する秘教的推測について語ってきたが、ここでもっと一般的なフランスにおけるフリーメイソン団の話に戻ろう。時はフランス革命の数年前だ。

ほとんどの歴史家は、フリーメイソンがフランスに根を下ろしたのはスコットランドのロッジの影響だと信じている。すでに見てきたように亡命していたジャコバイト派が一七世紀に創立したものだ。それは一七一七年にロンドンの連合大ロッジが発足するよりもはるかに前だった(40)。大陸に生まれたこのジャコバイト派タイプのフリーメイソン団は、その後にイングランドの大ロッジの管轄下で認証状をもらい設立されたフランスのロッジから、猛烈な反対を受けた。だが、一七三八年にすべてのロッジの会合が持たれ、「ジャコバイト」派も「イングランド」派も、ルイ一五世の従兄弟で強力なアンタン公を、フランス全土のフリーメイソン団のグランドマスターに選ぶことで同意した(41)。

一七四三年にアンタン公が亡くなると、フランスのフリーメイソン団は新たなグランドマスターに、王家の血を引く別の貴族を選出した。クレルモン伯爵ルイ・ド・ブルボン・コンデだ。クレルモン伯は王の陸軍中将であり、パリのサンジェルマン・デ・プレの大修道院長であり、アカデミー・フランセーズの著名な会員でもあった(42)。さらに重要なのは、クレルモン伯がブルボン伯爵とナント嬢の令息であったことだ。ナント嬢は、ルイ一四世の最愛の妾であり、影響力の強かったモンテスパン夫人の間に生まれた娘なのだ。だがもっと強力な王家の血筋が見つかった。一七七二年、クレルモン伯が亡くなった一年後に、フランスの大ロッジは新しいグランドマスターにシャルトル公爵を選んだ。シャルトル公はルイ一六世の従兄弟であり、後のオルレアン公だ。この選出の時に、フランス大ロッジの名称は、フランス大オリエントに変更されている(43)。大オリエントになったフランスのフリーメイソン団の人気は急速に高まり、貴族だけでなく、軍隊、学界、知識層、聖職者たちから富裕階層にいたるまでの、中産階級にも急速に広まった。

大オリエントが発達する時期に、もう一つの重要なメイソンの影響がフランスを貫いた。この影響は、一世紀前にジョルダーノ・ブルーノやトマソ・カンパネッラが持ち込んだ、ヘルメス・エジプト思想の際立つ特徴を備えていた。

カリオストロ伯の「エジプト人」フリーメイソン団

一七七〇年代の終わり頃、ブルーノやカンパネッラが復活したかのように、イタリアでもう一人のエジプト・ヘルメス改革家が台頭してきた。彼は辛抱強く、決意も固いことを証明したが、奇妙な形でフランス革命の政治的触媒の役割を果たしている。

ジュゼッペ・バルサモはカリオストロ伯爵としてよく知られているが、一七四三年にイタリアの町パレルモで生まれている（44）。一七六〇年代になるまでカリオストロ伯爵のことは、あまり知られていない。六〇年代にカリオストロはローマに居り、古い絵画の修復を行い、複製を制作していた。ここで目の覚めるような美少女ロレンツァ・フェリチアーニと結婚している。ロレンツァはお金持ちの銅細工師の娘で、カリオストロはここで、医学や錬金術についての知識を得たようだ。その後カリオストロは、治療師・錬金術師としての名声を高めたが、気前のよい慈善家でもあった。

アメリカ革命が始まった一七七六年になると、カリオストロと美しいロレンツァは、マルタ島、スペインを経由してイングランドに住み始めた。彼らは家をウィトコム・ストリートに構えると、カリオストロはすぐにロンドンのフリーメイソン団に自らを売り込んだ。彼にとってメイソンの仲間に入るのは簡単だった。なぜなら、マルタ騎士団のルイジ・アキノという人物と、その兄弟で、ナポリにあるフリーメイソン団のグランドマスターであったフランチェスコ・アキノからの価値ある推薦状を貰っていたからだ（45）。

一年も経たないうちにカリオストロはロンドンのソーホー地区にあった「ロイヤル・ターバン」ロッジで、親方の資格を獲得している（46）。カリスマ性があり弁舌さわやかなこの男には、美しい妻ロレンツァがいつも付き添うという魅力が加わり、カリオストロの治療師であり魔術師だという評判はあっという間に広がった。特に英国の友人たちを引きつけたのは、彼が国営宝くじの番号を数度にわたって当てたことにあるようだ。当然のことだが、この能力は騒動をよびおこし、誰もが彼から当選番号を買おうとした。この要求があまりにも執拗だったので、カリオストロの家では、少数の知人以外の訪問者を拒絶するようになった（47）。

だが高価なダイヤモンドをめぐる不幸な事件が起こった。宝くじの番号を欲しがったずる賢い崇拝者の一人から、ロレンツァがダイヤモンドの首飾りを受け取ってしまったのだ。これがもとでカリオストロ伯は横領の罪に問われることになった（48）。数カ月にわたる厄介な裁判の後、一七七七年一二月にカリオストロは、大陸でのよい生活を夢見てイングランドを離れた。二人は最初にバイエルンを訪れ、仲間のフリーメイソンが推薦するホテルに宿泊したが、ライプツィヒの貴族たちからは歓迎されている。ここでカリオストロはフランスのヘルメス錬金術師アントワーヌ・ジョゼフ・ペルネティと遭遇している（49）。

ペルネティはパリのサンジェルマン・デ・プレ修道院のベネディクト会士だった。彼は一七六六年に「完璧なヘルメスの儀式」として知られるメイソンの儀礼を創始して、名前を知られるようになった。これはメイソンの秘教的流派「アヴィニョン啓明結社《イルミナティ》」のためのものだった（50）。イエズス会に迫害されたペルネティは、アヴィニョンから逃れ、フリードリヒ二世の庇護のもと、ベルリンで数年間過ごした。フリードリヒ二世はフリーメイソン団のパトロンで、一七三八年には自ら入団している。フリードリヒ二世はペルネティをベルリン図書館の館長に任命し、プロシア科学芸術アカデミーの会員にしている（51）。

ベルリンでペルネティはヘルメス的「エジプト起源」の天体の影響を受けるタリズマン的魔術を行っている。また、たびたび降霊会を行った。ドイツ貴族が集まるこの会で、彼は天使や精霊の力を引き出すことができた、と言われている（52）。これらの降霊会でペルネティは新参者に次のようなルネサンスの魔術師らしい言葉を述べたという。「これから私が教える科学の奥義は、最初にして最古の科学そのものだ。それは自然から発生するものというより、自然そのものであり、経験が基礎になり熟練によって完成される」（53）。

カリオストロ伯、ドイツ、ロシアを遍歴してフランスへ

一七七〇年代のドイツでは、秘教的秘密結社やフリーメイソン団が大流行していた。その中の一つは「アフリカの建築師たち」と呼ばれるものだ。これは一七六七年にプロシアの軍人フリードリヒ・フォン・ケッペンによって創立されている（54）。ケッペンは奇妙なメイソンの小冊子『クラタ・レポア』の背後にいたと見られている。『クラタ・レポア』には、古代エジプトの神官たちが大ピラミッドの内部で行った奥義伝授の儀式が、正確に復元されていると言われている（55）。奇妙だと思う

かもしれないが、この「エジプト」を主題とする「アフリカの建築師たち」のフリーメイソン団は、フリードリヒ二世の支援を受けていた。フリードリヒ二世はこの会のメンバーのため、南ポーランドのシレジア地方に素晴らしい図書館を建てている（56）。

一七五六年にカール・ゴットフェルフによって創立された「厳格戒律の儀礼」フリーメイソン団もある。ゴットフェルフはフント男爵としてよく知られているが、フリーメイソン団に参入したのは一七四三年で、パリの当時流行していた「テンプル騎士団」ロッヂの一つにおいてだった（57）。フント男爵は、一昔前のシュヴァリエ・ラムジーと同じようにフリーメイソン団は中世のテンプル騎士団と結びつきがあると主張した。彼の「厳格戒律の儀礼」はドイツとヨーロッパ各地で驚くような成功を収めた。作曲家ヴォルフガング・アマデウス・モーツアルトも「厳格戒律の儀礼」のロッジの一つにおいてフリーメイソン団に参入している。モーツアルトがフリーメイソンのオペラ「魔笛」の主題を発展させたのは、明らかにフント男爵のメイソン儀礼の影響だった。「魔笛」はエジプト風の内容にフリーメイソンのシンボルや道義感をたくさん含んでいる（58）。

だが異国風の同胞団でもっとも有名なのは、何といっても強烈に聖職者に反対する組織「バイエルン啓明結社」だろう。この結社はフント男爵の「厳格戒律の儀礼」派とも関係がある。「バイエルン啓明結社」は一七七六年にインゴルシュタットにおいて弁護士のアダム・ヴァイスハウプトによって創立されている。ヴァイスハウプトは「厳格戒律の儀礼」派の会員で影響力の大きいフリーメイソン、クニッゲ男爵に支援されていた（59）。一七七〇年代後半におけるこのようなドイツのフリーメイソン団の活躍は、米国の「高位」のフリーメイソン団と、チャールストンやワシントンDCの「三三位階の最高評議会」に大きな影響を与えている(60)。

アメリカ革命の始まりから一年後の一七七七年というと、フランス革命が始まる一二年前だが、カリオストロ伯がドイツに到着している。彼はすぐにさまざまなメイソン同胞団とかかわりを持ち始めた。だがそれらはいずれもヘルメス的エジプト主義とテンプル騎士思想の香りの強いロッジだった。ほとんどのフリーメイソンを研究する歴史家は、「エジプト」タイプのフリーメイソン団は、カリオストロ伯の発明だと見ている。だが、彼のアイデアのいくつかは、ケッペンによる『クラタ・レポア』によって補強されているようだ。エジプト儀礼の基礎は、カリオストロ伯の有名な言葉に集約されている。「すべての光は東から、すべての参入儀式はエジプトから来ている」(61)。

カリオストロ伯は、メイソン団の未開で巨大な新規参入者の源泉に気づいた最初の人だ。女性だ。女性のロッジという考えは、フランス大オリエントも一七四四年から持っていた(62)。だが、カリオストロ伯の謎めいた魅力的なエジプト版のフリーメイソン団こそ、婦人たちが群を成してフリーメイソンの世界に参入するきっかけだった(63)。すべては一七七五年に始まった。カリオストロ伯はハーグに女性のためのロッジ「エジプト儀礼」を初めて設立したのだ。この儀礼でカリオストロ伯は美しい妻ロレンツァに支えられていた。ロレンツァが儀礼の中で「イシス」の役柄を演じたのだ。最初からご婦人方に人気があったのは、エジプト風儀礼の中でカリオストロとロレンツァが「若返り」を約束する儀式をおこなったからのようだ。この「若返り」のコースを終えるには四〇日もかかったが、これは明らかに古代エジプトの四〇日かける防腐処理と関係がある。古代の文筆家ディオドロスなどによると、四〇日というのは「不死の療法にかかる」期間だという(64)。聖書にもヤコブがエジプトで亡くなったときの記述がある。

ヨセフは父(ヤコブ)の上に身を投げ、泣きながら父の顔にキスをした。彼は医師たちに父をミイラにするよう命令した……彼らはそれを実行したが四〇日ほどかかった。ミイラにするにはこれだけの日数がかかるのが普通だった。エジプト人たちは七〇日間にわたって泣き悲しんだ。(65)

防腐処理と若返りの儀礼は女神イシスが発明したものだと広く信じられていた。したがって、カリオストロ伯が、この儀式は女神イシスによる創作だと主張しても、驚くことではなかった。このような主張と、カリオストロ伯の治療者としての名声のため、新しい「フリーメイソン・エジプト儀礼」は驚くほど成功した。だが彼の旅行がロシアにまで達するとことがおかしくなり始めた。一七八〇年の秋、エカテリーナ大帝の宮廷で、女帝自身がカリオストロ伯を詐欺師であり山師だと非難したのだ。

ロシアから逃げたカリオストロ伯は、フランスに旅して、アルザスのストラスブールの町に入った。ここで計り知れない富豪で、計り知れないほどナイーブなストラスブールの枢機卿ロアンと出会った。ロアン枢機卿はカリオストロ伯に魅了された。カリオストロ伯は奇跡を起こしてロアンの伯父スービーズを、猩紅熱の発作から回復させたのだ。この「奇跡」の物語は、燎原の火のようにフランスを席巻した。このときからカリオストロ伯の治癒者・魔術師としての評判が、いろいろな扉を開けることになった。

一七八四年の夏、カリオストロ伯はリヨンの町に凱旋するかのように入った。数百名のフリーメイソンたちが、彼らのロッジを空にして、カリオストロ伯が急いで彼らを受け入れるために創立した「エジプト儀礼」のロッジ「知恵の勝利」に参加したのだ。一七八四年一二月二四日、忘我状態の信奉者たちが見つめる中、カリオストロ伯は、世界に向けて「真実で太古のフリーメイソン上位エジプト儀礼」を創立すると宣言した。彼がその団長となったが、肩書きは「大いなるコプト人」であった(66)。熱狂的な信奉者たちによって、さっそく資金が集められ、壮大なエジプト風の神殿が建てられることになった。予想できることだが、この神殿の形はピラミッドだった。

これがフランスで流星の速度で有名になったカリオストロ伯の始まりだが、落ちるのも流星なみだった。リヨンのピラミッド「神殿」は建築され一七八六年には完成している。だが開所式にカリオストロ伯は出席していない。彼はパリのバスティーユ監獄で悲嘆に暮れていたのだが、その理由については次章で述べる。彼の「神殿」はその後長いこと、リヨン市ブロトー地区の名所として残った。フランス革命が起こる一年前の一七八八年に、その脇に第二のピラミッドを建設すべきだという提案があった。このピラミッドは、熱気球の先駆者ジョゼフ・ミシェル・モンゴルフィエをたたえる目的だったが、彼もフリーメイソンだ。一七九三年になると、同じ場所にピラミッドを建てる提案が再び行われた。今度のピラミッドは、国民公会の軍隊がリヨン市を攻撃した一七九三年に虐殺された犠牲者たちの、広大壮麗な墓になるはずだった。興味深いのは、現在、この場所からそれほど遠くない場所に、「クレヨン」と呼ばれる高い塔が立っていることだ。この塔はエジプトのオベリスクのような形で、巨大なガラスのピラミッドが頂上に置かれている。持ち主はクレディ・リヨネ銀行だ。この塔は一九七七年にニューヨークの建築家アラルド・コッスッタによって設計されている。奇妙なことにクレディ・リヨネ銀行はリールにも建物をもつが、それは逆さのピラミッドだ。

カリオストロ伯の物語から先に来すぎてしまった。一七八五年一月三〇日、バスティーユで何が待っているか知らなかったカリオストロ伯は、幸せいっぱいでパリに向かっていた。

その数年後にはフランス革命が始まる。ある人にとってフランス革命は大変動であったが、ある人々にとってはまたとない好機の到来だった……。

第一六章

イシスの新しい都

「素晴らしい年だ！　若返りの年だ。この年は若返りの年として記憶されるだろう。歴史はおまえの偉大な功績を讃える。おまえによって私のパリは変わってしまった。まったくの事実だ。今日では全く異なっている……この上で私は魂をはぐくむ……」

（セバスチャン・メルシエ、一八世紀のパリの文化分析学者による「一七八九年という年へのお別れ」。ハンス・ユルゲン・ルーゼンブリンク&ロルフ・ライヒャート著『バスティーユ：専制政治と自由のシンボルの歴史』デューク大学出版、ロンドン、一九七七年刊行、ページXVから引用）

「私を攻撃した人たち（王と政府）が居なくなれば、パリに戻るか、と誰かに聞かれた。私は、もちろんだ、ただしバスティーユ監獄の場所が（カリオストロ伯が投獄されていた）、公園になってからだと答えた。

（ロンドンにいたカリオストロ伯爵からの手紙。一七八六年六月二〇日。一七八六年にロンドンへ追放されてから、バスティーユの崩壊を予言している。）

「人は自由の存在に生まれるが、至る所で鎖につながれている」（ジャン・ジャック・ルソー著『社会契約論』より。一七六二年刊行。フランス革命に火をつけた言葉）

カリオストロ伯爵は一七八五年二月初め、パリのヴィエイユ・デュ・タンプル通りにあるストラスブール館に住み始めた。ここは支援者、ロアン枢機卿の住居だった。だがカリオストロ伯とセラフィナ(妻ロレンツァをこの名で呼び始めた)は、サンクロード・オーマレー通りの小さな住居に移った(1)。

そこでカリオストロ伯は「エジプト人」メイソン・ロッジを設立した。このロッジはたちまち多くの貴族を引きつけたが、その中にはモンモラシー・リュクサンブール公爵がいたが、公爵は、当時フランス大オリエントの次席グランドマスターだった。団員の中には有名な音楽家で、ルイ一五世の付き人だったバンジャマン・ラボルドもいた。モンモラシー・リュクサンブール公爵は、カリオストロ伯によって新「エジプト人」フリーメイソン団のグランドマスター・プロテクターに任命された(2)。その後、一七八五年の八月に、カリオストロ伯はセラフィナ・ロレンツァの助けを借りて、有名な婦人ロッジ「イシス」を創立した。このロッジは大成功で、たちまち宮廷の夫人たちで埋め尽くされた。新参入者の中にはポリニャック伯爵夫人、ブリエンヌ伯爵夫人、ショワズール伯爵夫人（ルイ一六世の大蔵大臣の妻）など多くの貴族の淑女たちがいた（3）。

カリオストロ伯のエジプト儀礼はパリで大流行し、不運なマリー・アントワネット王妃も、妹に次のような手紙を書いている。「みんな参入しています。そこで起こっているすべてのことを私たちは知っています」(4)。カリオストロ伯のフリーメイソン団に精通していた彫刻家ウドンは、胸像を作ることで、巨匠を讃えている。オカルト科学を学ぶことで有名な「フィラレート」ロッジの団員も、カリオストロ伯に魅了され、宗旨替えをして、群をなして新しいエジプト儀礼に参入している。自らを「イシスの預言者」と宣言するこの儀礼を、ストップすることは不可能に思えた(5)。

一五世紀から一七世紀：イシスの都としてのパリの伝統

実を言うと、パリの町そのものにカリオストロ伯のエジプト儀礼を大いに有利にする要素がある。そのため、パリ市民は古代エジプトの女神イシスの儀式に熱狂的に反応したのだ。

パリの歴史家たちは、一五世紀初めから、この町が女神イシスと関係があると信じていた。この信念は非常に古いものだろうが、パリの国立図書館に保管されている文献からは、一四〇二年から確認できる。中世の珍しい文献の中には、女神イシスがフランス貴婦人の服装をして、船でパリに到着し、フランスの貴族や聖職者に迎えられている小さな絵がある(6)。この絵画のタイトルは「大変に古いイシス、女神でありエジプトの王妃」だ(7)。中世の数々の小さな絵に「イシスの船」が出てくるが、きわめて印象に残る。なぜなら、この船はパリ市の盾形の紋章に描かれている船とよく似ているからだ(8)。この頃、パリ市民はパリという名がイシスに由来すると信じていたこともわかっている。たとえば、一四世紀のアウグスティノ会士、ジャック・ルグランは次のように書いている。

カール大帝の時代（八世紀）……イセオスという名の町があった。名前の由来は女神イシスであり、この町で崇拝されていた。それが今はムランと呼ばれている。パリの名前も同じ状況で生まれている。パリジウス（Parisius）はイセオスと似ている（Quasi Par Iseos）。パリジウスはムランとまったく同じようにセーヌ川河岸に位置するのだ。（9）

一五一二年にフランスの歴史家ルメール・ド・ベルジュは、女神イシスの像がパリの南門のすぐ外の神殿に安置され、崇拝されていたと報告している。その場所には現在、サンジェルマン・デ・プレ修道院が建っている（10）。同じことは同時代の多くの執筆者によって書かれている。有名なのは一六世紀のパリの歴史家ジル・コロゼだ。彼はパリ市の詳しいガイドブックを初めて書いた歴史家として知られている。一五五〇年にコロゼは、パリの歴史書『パリの古代、歴史と特異性』も書いているが、その中で次のように言う。

（パリ）という名前がついたのは、サンジェルマン・デ・プレ修道院の建つ場所に、イシスの神殿があったからだと言われている。イシスは偉大なオシリス、あるいはユピテル・ザ・ジャストの妻だ。（イシスの）像は現存している……この場所はイシスの神殿といわれ、そのそばの町はパリジスと呼

ばれた……その意味はイシスの神殿の側ということだ。（11）

一七世紀の初めにフランスの編集者ピエール・ボンフォンとジャック・デュ・ブルールは、コロゼの本を再出版している。一六〇八年に出版された本の名前は『パリの古代と驚くべき事柄、ピエール・ボンフォンが述べ、ジャック・デュ・ブルールが追加した』だ。ジャック・デュ・ブルールはサンジェルマン・デ・プレズ修道院のイエズス会修道士だ。したがって修道院に保管されていた記録について詳しかっただろう。そこで彼が次のように書いているのは興味深い。

ヒルデベルト王（五世紀）がサンヴァンサン教会を建てた場所は、今ではサンジェルマンと呼ばれている。王はこの教会に領地イシーを与えている。誰もが言うことによると、ここにはイシスの神殿があったという。ユピテル・ザ・ジャストとしても知られるオシリスの妻だ。イシーの村の名前はイシスから来ている。そこには太古の建物と壁画があるが、それらはヒルデベルト王の城から来たものだと信じられている。（12）

一六一二年に別のフランス人歴史家アンドレ・ファヴァンが、ノートルダム・デ・シャン大聖堂にもイシス像が存在していたと報告しているが、近くのサンジェルマン・デ・プレズ修道院で見つかったものとそっくりなのだ、「これはローマ人がケレスと呼ぶ別の神の像だと思う。なぜならノートルダムと、イシスを祭っていたサンジェルマン・デ・プレ修道院は近すぎるからだ」(13)。

ルイ一四世の統治の時代における考古学的発見は、イシスとパリの関連をさらに強化する。一六五三年にトゥールネー市の新しい司祭館の基礎を掘っていた労働者が、古代の墓を掘り当てた。そこには数百の黄金の装飾品が埋蔵されていた。この墓はフランス王朝の伝説的な先祖である五世紀のフランス王シルデリックのものだと思われた(14)。その装飾品と、墓の近くの第二の発掘場所で見つかった品の中にはイシスの像や、古代エジプトの聖牛アピス(オシリスと牛神セラピスに結びつく)の頭があった。さらに三〇〇個の黄金の蜂も見つかっている。当時でも古代エジプトのファラオのシンボルが蜂であることは、よく知られていた。つまり古代エジプトの太陽王と古代フランスの太陽王の間には、結びつきがあったのだ。

一六六五年：変更された軸の謎 (一)

一六六五年にシルデリック王の財宝は、ルイ一四世に送付され、彼の個人的飾り棚に保管された。第一三章で見たように、同じ年、パワフルな建築家と都市計画家のグループがパリに集まっている。その中にはイタリアからのきらびやかなジャン・ロレンツォ・ベルニーニがおり、イギリスのクリストファー・レンやフランスのアンドレ・ルノートルがいた。レンはそこで学び、聞く立場だった。ベルニーニはルーヴル宮殿の新しい正面を設計した。ルノートルは、ルーヴルの西側のテュイルリー庭園に取り組んでいた。

ルーヴル宮殿の中心軸はだいたい東西に合わされており、宮殿のすぐ南側を流れるセーヌ川や、すぐ北側のリヴォリ通りとほぼ並行している。この中心軸を西に行くと（テュイルリー庭園の方向）、一八八九年にルーヴルのナポレオン広場に据え付けられた巨大なガラスのピラミッドの頂点を通る。さらに西に向かうと、カルーセル凱旋門（一八〇六年にナポレオンが建造）の中央を通り抜ける。この辺りで奇妙なことが起こるが、それはルノートルの一七世紀の仕事のせいだ。「ルーヴルの中心軸」を西にそのまま延長するのではなく、ルノートルは意識してテュイルリー庭園の中心軸を数度ほど北に傾けているのだ。そこでテュイルリー庭園の軸は正確に西を基準にして二六度北寄りになっている(15)。ちょっと見ると、ルノートルが軸の方向を変えたのは、セーヌ川の流れと正確に並行させるためなのかと思う。このような決断は都市建築家にとっては論理的で実際的な配慮だろう。だが、なぜ正確に二六度なのだろう？　二五度とか三〇度という端数のない数字にしなかったのはなぜか？　この選択は気まぐれであったと考えることもできるが、大事なポイントがある……。

ルーヴルからセーヌ川を川下に数百ヤード行くとボート型の小さなシテ島があり、ここに有名なノートルダム大聖堂がある。この大聖堂の中心軸が西を基準にして二六度北寄りを正確に向いているのだ(16)。ノートルダムの中心軸は、ルノートルが生まれる数世紀前に作られているが、大聖堂の中心軸が二六度北寄りの角度にされる実際的な理由も見当らないのだ。数百ヤードしか離れていない二つの重要な建造物が、同じ照準を持っているのは偶然ではないだろう。もしその角度に意味があるなら、それは何だろう？

ヒントは太陽にある。ルノートルは太陽王のために壮大な仕事を計画していたことを忘れてはならない。したがってその計画に太陽のシンボリズムが含まれていても驚くには当たらない。これが正しい考え方であることは、ノートルダムの変則的な照準からもわかる。パリの歴史家ジャン・フォールが観察するように、この偉大な大聖堂の軸は、最初、西を基準として二三・五度北寄りの角度で始まり、最終的には意識的に偏向され二六度北寄りになっている(17)。なぜだろうか？

天文学の基礎知識がある読者なら、すぐに気がつくことがあるはずだ。二三・五度という角度は、太陽運行において意味がある。この角度は夏至と冬至における太陽の、それぞれ最大と最小の傾きなのだ。だがこれがノートルダムの軸を説明できるとしたら、二六度のほうはどうなるのか？　別の太陽運行の照準に合わされているのだろうか？

最初に、二三・五度という角度の意義を理解しよう。

天界における正午の太陽の高さは一年中変化する。真夏は一番高くなる（夏至）。一番低くなるのは真冬だ（冬至）。このような年間を通しての変化が起こるのは、地球の軸が太陽の運行軌道（天文学者は黄道と呼ぶ）から二三・五度ほど傾いているからだ。宇宙の串みたいに北極と南極を貫く地球の斜めの軸が、常に太陽との関係を決定しており、これが地球という惑星の世界の軸だ。読者の方には第一四章を思い起こして欲しい。ロンドンのセントポール大聖堂の尖塔が世界の軸のシンボルとされ、ジョン・イヴリンがセフィロト的な計画で、セントポールに太陽のシンボリズムを与えようとしていた。そこで私たちはノートルダムの軸の二三・五度という角度も、同じように太陽との関係を表現しようとしたものだと考える。

太陽の位置は一年を通して変化しているが、それは正午（天文学的には子午線、つまり空の正中線にある）だけではない。太陽の軌道のすべての位置で変わっているが、もちろん地平線における日の出と日没の地点も変化している。パリの緯度（北緯四八度五一分）だと、西を見る観察者は（ノートルダムの軸のだいたいの方向）、真夏に太陽が西の三八度北寄りに沈み、真冬には西の三八度南寄りに沈むことを知るだろう。一年を通じて太陽は、この両極端の間のどこかに沈んでいる。沈む地点は六カ月間、北から南方向に移動し、次の六カ月間は南から北に移動する。そこでこのような振り子運動の結果、太陽は一年間に二回ほど同じ場所に沈むことが明らかだ（北から南に行くときに一回、南から北に戻るときに一回）。

研究者で作家のジャン・フォールによると、ノートルダム大聖堂に組み込まれた二番目の角度である西を基準として二六度北寄りは、地平線をめぐる太陽の振り子運動で説明できるという。ノートルダムから観察すると、一年に二回、西を基準として二六度北寄りの地点に太陽が沈むのは、五月八日と八月六日だという。この二日にはローマカトリックの重要な宗教祭が開催される。

最初の五月八日は、春の聖ミカエルの日であり、中世において非常に人気のあったお祭りだ。これは四世紀と五世紀に、天使長ミカエルがヨーロッパのさまざまな小山に、奇跡的に出現したことを記念するものだ。たとえば、フランスのブルターニュ沿岸の聖ミカエルの小山や英国のコーンウォールにある聖ミカエルの小山だ。天使長ミカエルは神の民の守護天使であり、聖書の中で神の軍隊の将軍だとされている（ダニエル書12章1節、ヨシュア記5章14節）。ヨーロッパの多くの君主は、神の軍の将の役割を果たしているというイメージを人々に与えようとしていた。

第二番目の八月六日には、キリストの変容が起こる。現在もこの日は、キリスト教国において重要な祭日だ。これは新約聖書に書かれている出来事を祝っている。イエスが弟子のペテロとヤコブとヨハネを伴って山の頂上に登ると、モーゼとエリヤが現れて、イエスを変容させる。イエスの顔も服も白くなり光のように輝くのだ（マルコ9章2-13節、マタイ17章1-13節、ルカ9章28-36節）。なぜローマカトリックが「輝く」太陽のシンボルをキリスト像と結びつけかが、これで理解できる（たとえば、初期のローマ教会では「不滅の太陽（ソル・インヴィクタス）」をキリストを表わす図像としていた）(18)。キリスト教の多くのお祭りも太陽運行のサイクルに合わせている。たとえばクリスマス（冬至）や聖ヨハネの祝日（夏至）や復活祭（春分）などがある(19)。

聖書の中で、ユダヤの救い主が現れる前に、エリヤが現れると予言されていた。だがイエスはその予言がすでに実現していると述べた。エリヤは洗礼者ヨハネとして現れたからだという（マタイ17章9-13節）。もう一つの聖書の予言は、救い主が現れる時には「ミカエルが立ち上がる。この偉大な君があなたの人々を守る」と言われている。多くのキリスト教信者は、この第二の予言から、天使長ミカエルがキリスト再来の先触れだと考えている。神がエリヤを洗礼者ヨハネの姿で贈り、キリストが地上に降りることを告げたように、神はミカエルを送り込んでキリストの再来を告げると考えたのだ。そしてこの出現は、伝承から、疑いもなく「小山」で実現すると信じられている。ユダヤ人はそれがシオンの山だと確信している。ソロモンの神殿が建っていた場所だ。だがキリスト教信者にとっては、再来の地はどこでもありうる。そこで中世において、ヨーロッパ中の小山に聖ミカエルが現れたという主張が生まれたのだ。

一六六五年：変更された軸の謎 ㈡

中世のノートルダム大聖堂の最終軸が西を基準として二六度北寄りになっているのは、複雑な太陽のシンボリズムを使って聖ミカエルの祭り（五月八日）やキリストの変容の祭り（八月六日）を結びつけようとしたことは明らかだろう。だが忘れてならないのは、同じ西を基準として二六度北寄りという軸の照準が、はるか後のルノートルによって、テュイルリー庭園とシャンゼリゼ大通り（パリの歴史軸となった）に採用されていることだ。興味深いのは、ルノートルの時代は、太陽王ルイ一四世の治世だが、キリストの変容を祝う八月六日に、二つの天界の出来事が、二六度の角度と結びついていることだ。

最初の出来事はすでに述べたように、西を基準として二六度北寄りに日没することだ。これはノートルダム大聖堂の軸とパリの歴史的な軸に重なる。第二の出来事はシリウス星のコスミック・ライジング（太陽と同時に星が昇る現象）だ(20)。これも八月六日に起こるのだが、面白いことに上昇するのは西を基準として二六度南寄りの地点からなのだ。軸の反対側であり、もちろん日没時ではなく日の出とともに上る。

もう一つ注意しておくべきことがある。パリの歴史軸にそって、巨大な太陽のタリズマン（魔よけ・護符）である古代エジプトのオベリスクが建てられたことだ。このオベリスクはルクソールから来ている。ルクソールは「南のヘリオポリス」であり、古代世界では優れた「太陽の都」であった。ルクソール神殿の外に立っていた二つのオベリスクの一つがパリに運ばれたが、もともとの所有者はファラオ、ラムセス二世だ。古代エジプトの最もパワフルな太陽王で、名前の意味は「太陽の息子」だ(21)。したがってこのオベリスクは、二人のパワフルな太陽王、ラムセス二世とルイ一四世を、時空を超えてシンボル的に結びつけている。

さらに言えるのは、ルクソールはカルナックのアメン・ラーのより大きな太陽神殿群の一部をなしていることだ。ここで面白いのは、パリの歴史軸と同様に、カルナック神殿の軸も、建築家たちによって、一方が東を基準として二六度南、もう一方が西を基準として二六度北に設置されているのだ。

一六六五年：変更された軸の謎　㈢

カルナックにあるアメン・ラー神殿地帯の偉容を十分に伝えることができる形容詞は、英語には存在しない。だが「荘厳」も「息をのむような」も「畏敬の念を起こさせる」も当てはまる。古代においては「イペト・スト（もっとも壮麗な場所）」といわれたこの見事な神殿の中心軸は、五〇〇メートル以上もある。軸は西側にあるナイル川の対岸の王家の谷とテーベの山に照準を合わせているが、この辺りには古代エジプトの強力な王たちが葬られている。神殿の入り口も西側にあり、印象的な途方もなく大きい参道を歩くと、両側には羊の頭を持つスフィンクスが並んでいる。最初の塔門を抜けると、大きな中庭があり、ラムセス二世の巨大な像がそびえている。塔門は傾斜のある巨大な壁でできており、門の枠を形成している。中庭からは大列柱室に入れるが巨大な丸い石柱が一三四本立っており、梁があり、二五メートル上にあった屋根を支えていた。その先の塔門をいくつか越えると、太陽神アメン・ラーの至聖所にたどり着く。英国の著名な天文学者ノーマン・ロッキャー卿が一八九一年にカルナックを訪れ、軸の照準を測量した。その時、ロッキャー卿は大変に驚いている。

アメン・ラーの神殿は、疑いもなく世界でもっとも荘厳な遺跡だ。中央には石造りの大通りがある。ここから北西に視野が開けている。この軸は長さ五〇〇ヤード以上あるだろう。これは人間によって建てられた、魂を揺さぶる神殿の一つだ。偉大なカルナック神殿を建てた建築家の目的のすべては、軸を完全にオープンにしておくことだった。軸の両側にある素晴らしい列柱室のようなものは、細かいことに過ぎない。重要視されたのは軸を完璧に見通せるようにし、真の直線を保つことだ。軸はナイル川西岸の西の丘に向けられている。そこには王たちの墓がある……ここには実際的に二つの神殿があり（太陽神アメン・ラーとラー・ホルアクティに捧げられた）、同じ線で背中合わせになっている。主要な神殿は夏至の日没に向いており、もう一つの神殿はたぶん冬至の日の出に向けられているのだろう……このような配置をしていることで、神殿を天文学的に使おうとしていたことがわかる……。（22）

ロッキャー卿は、この神殿が永久に西の地平線を観察する巨大な「水平望遠鏡」になっていると言っているわけだ。その軸は西を基準として二六度北寄りに合わされていると計算したが、ルクソールの緯度では夏至の日没が起こる方向だ（23）。彼が指摘したように、この軸は西側で夏至の日没を指し示すだけでなく、東側では冬至の日の出も指し示す。天体の特性で、軸が夏至の日没に向いていたら（西側）、同じ軸は反対側で冬至の日の出に向くことになる（東側）。

それでは、古代の建設者たちは神殿の軸を夏至の日没に向けたのだろうか、それとも冬至の日の出に向けたのだろうか？　答えは、最初は奇妙に聞こえるかもしれないが、両方だったようだ。

古代エジプトの文献によると、メソラと呼ばれる重要なお祭りがあったという。メソラとは「ラー（太陽）の誕生」という意味だ。このお祭りはエジプト太陽暦の元日に行われた。この月の最初の日はトトと呼ばれる。紀元前二八〇〇年頃にこの太陽暦が導入されたとき、「ラーの誕生」のお祭りは、夏至からそれほど遊離していなかった。だが、ルクソール／カルナックの神殿群が建ち始めた紀元前二〇〇〇年頃になると、「ラーの誕生」のお祭りは冬至の六カ月前まで「移動」してしまった。なぜかというと、エジプトの太陽暦は観念的な三六五日を一年としており、正しい太陽年との誤差である、四分の一日を計算に入れていなかったからだ。したがって四年に一日の割合で、元日が正しい夏至からずれてしまった。そこで言えるのは紀元前二〇〇〇年に建てられたカルナック／ルクソールの偉大な太陽神殿群は、単にラー（太陽）に捧げられたのではないことだ。もっと正確には「ラーの誕生」

であるトトの日に捧げられているのだ。挑戦的であり議論ともなるかもしれないが、ここで質問を一つするべきだろう。アンドレ・ルノートルは、一六六三年からルーヴル宮殿に住むようになった科学アカデミーの天文学者の助けを借りて、意識的に太陽に照準を合せたのだろうか？　古代エジプトの建築家たちがファラオのために行ったように？

一六六五年：変更された軸の謎　(四)

すでに多くの奇妙な「偶然」が重なっているが、さらに興味深い天文学的事実を加えることができる。第九章で見てきたが、パワフルな天空のマーカーであるシリウス星のヘリアカル・ライジングは、古代エジプト人によって、太陽王ファラオの誕生を神聖化しシンボル化することにも使われている。すでに述べたが、シリウス星はエジプトとヘルメス思想の神学では女神イシスを示す。米国の天文学者ロナルド・ウエルズは、古代エジプトの天文学的民間伝承に関する権威だが、次のように付け加える。

女神イシスはラー（太陽神）の娘だが、シリウスとも同一視されている。この関係は天体から来るが、それは単にシリウスが夜空で一番明るい星で（月をのぞき）、太陽が昼間、一番明るい天体だからではない。それよりも地平線におけるヘリアカル・ライジングの場所なのだ。冬至の朝にラーが生まれるとき、非常に近い場所からシリウスも昇るのだ。毎年、ほとんど同じ場所から一緒に上昇するが、これとほぼ時を同じくして、ナイル川の水位が上昇しはじめることから、これらが合わさった出来事が神聖とされるのだ。(24)

シリウスが東から昇る角度は地球上の場所によって異なる。北に旅すると角度は大きくなる。たとえば、北緯四九度に近いパリからだと現在、真東から二七・五度南寄りだ。ところが北緯三〇度のカイロだと真東から二〇度南寄りにしかならない。もう一つの要素が、長い目で見ると上昇の角度に影響を与える歳差運動の現象だ。非常にゆっくりとした地球の軸の「よろめき」で、それが一周するのにほぼ二万六〇〇〇年かかる。これら二つの要素を計算に入れて、ルイ一四世が懐妊された一六三七年を見てみると、シリウスは東を基準として二六度南寄りのところに上昇している。したがってルノートルのセットした軸と全く一緒になる!

悠久の昔からイシスの星シリウスのヘリアカル・ライジングは、エジプトの太陽王の超自然的「誕生」を神聖にする宇宙的前兆だったことは知られている。イシス信仰がローマ人によってパリに運ばれたことも見てきた。ノートルダム大聖堂は太古の聖地に　建てられており、歴史家たちが言うように、この地にはローマ時代に、イシス=ケレス神に捧げる祭壇があった可能性もある(25)。第一一章ではルイ一四世が懐妊されたのは、一六三七年一二月の嵐の夜であり、王妃アンヌ・ドートリッシュのルーヴルにあったプライベートな住居においてであったことも見てきた。これは「カペーの奇跡」と言われている。これらすべてを集合させると、ルノートルの「シリウス」軸の二六度をルーヴル方向の東に延ばしていくと、「カペーの奇跡」が起こったアンヌ・ドートリッシュの住居の真上か、すくなくともすぐそばを通ることを偶然だとはいえなくなる。さらに、三世紀後の一九八九年に、太陽王ルイ一四世をアレキサンダー大王（古代最高の太陽王）に見立てた騎馬像をルーヴルの中庭に置いたが、これも二六度の軸上にある。すべて偶然だろうか？　この像はベルニーニによって作られたが、以前はベルサイユに置かれていたものだ。

読者も覚えて居られるだろうが、ルイ一四世の誕生は一六三八年九月五日だったが、その一年以上前の一六三七年に、ヘルメス思想家トマソ・カンパネッラによって誕生が予言されている。カンパネッラはさらにこの未来の王が、パリの都を「エジプト的」な太陽の都に変貌させるとも予言している。興味深いことに、ジャン・フォールの報告によると、ルノートルは一六六五年から一六六七年にかけて、二六度の軸を西に延長し、シャンゼリゼ大通りを作っているが、後にほかの要素が追加されることを予測していたという。「ルノートルは計画の中に十字記号をつけ、星を予見し、オベリスクか太陽の門《ソーラーゲート》を予測していたようだ。それはルイ一四世の時代に建てられたサン・マルタンとかサン・ドニと似たものだ」(26)。

これはきわめて興味深い。なぜなら一世紀も過ぎてから二つの目立つ記念碑が、アンドレ・ルノートルの予定した場所に建てられたからだ。それらは「星」を示すものと、ルクソールから運ばれたラムセス二世のオベリスクであり、シャンゼリゼの軸の真上に乗っているのだ。

カリオストロ伯と王妃の首飾り事件

この問題は第一七章でさらに追及しようと思う。だが、その前に独自のスタイルを貫いたカリオストロ伯の奇妙な物語を終えておこう。一七八五年にパリに到着したカリオストロ伯は、あっという間に有名になり富を得たが、庇護者であったロアン枢機卿によって、唖然とさせられることになる。ロアン枢機卿は、大失策を犯してしまうのだ。彼の小さな愚かさによって、フランスと世界に大きな結果をもたらす動きが始まる……。

すべてはロアン枢機卿が抱いていた王妃マリー・アントワネットへの強迫観念と関係があった。王妃が枢機卿を宮廷で叱りつけたのだ。そこで枢機卿は失地を挽回しようと必死だった。一七八五年の夏、ド・ラ・モット伯爵夫人と名乗る女が、王妃と親しい信頼されている友人だと偽り、枢機卿に接近し、細心を要するこの問題の手助けをすると申し出た(27)。

伯爵夫人は高価なダイヤモンドの首輪を王妃のために購入することを枢機卿に勧めた。この首輪はベーマー&バソンジュ宝石商が所有していた。王妃はこの首輪を欲しがっていると、伯爵夫人はいう。だが、国家は破産状態にあるし、パリの大衆は王妃の贅沢に敵意を持っていた。そこでルイ一六世は首輪の購入を断ったという。

宝石商が求める金額は天文学的数字だった。一六〇万ルーブルというと、飢えたパリ市民全員を数カ月間食わしていけるほどの金額だ。だが間抜けな枢機卿は思いとどまらなかった。枢機卿は王妃が書いたという信頼できる手紙も見せられた（偽物だったが）。伯爵夫人はベルサイユの庭で夜間に詐欺師が扮する王妃と枢機卿が会う手はずまでとった。偽の王妃は、枢機卿が頭金だけを払ってくれれば、残りはポケットマネーで払うと、枢機卿に約束した。喜び勇んだ枢機卿は、宝石商の元に駆けつけ、王妃の代理で首飾りをつけで購入した。枢機卿はそれをド・ラ・モット伯爵夫人に渡した。夫人はすぐにマリー・アントワネットに渡すと約束した。

ド・ラ・モット伯爵夫人は、もちろんなにもせず、首飾りとともに消えてしまった。宝石商は王妃が首飾りを所有していると思い、次の支払いの巨額の請求書をみせた。これで大スキャンダルの発生が保証された。王妃は恥ずべき行為をする浅ましい人間だと思われたことで怒り狂い、枢機卿を詐欺師として告発するよう王に強く求めた。王はしぶしぶ同意した。

これは大きな間違いだった。ナイーブな枢機卿が非常に利口な横領の犠牲者であることが、明らかだったからだ。王妃が大衆の間で不人気であることを知っていた枢機卿は、法廷で感情的な訴えをして政治的大騒ぎを巻き起こすことに成功した。王が判事たちに圧力をかけて枢機卿を有罪にしようとしたことで、事態はさらに悪化した。その結果、ロアン枢機卿は君主制の抑圧と横暴と放蕩の象徴に祭り上げられた。フリーメイソンの作家ジャン・アンドレ・フォーシェによると、このときに多くの地位の高いフリーメイソンたちが、同じフリーメイソンであった枢機卿を開放しようと、多彩な策謀を用いたという（28）。その中の一人がモンモランシー・リュクサンブール公爵であり、さらにラファイエット侯もミラボーも同様だった（29）。その結果、同情してくれない法廷から王が引き出せたのは、枢機卿を解任し、オーヴェルニュの修道院に追放することだけだった。

ロアン枢機卿の庇護下にあった目立つカリオストロ伯もスキャンダルに巻き込まれ、犠牲の山羊《スケープゴート》とされた。王はカリオストロ伯を逮捕させ、急いで裁判し、詐欺の罪で一七八五年八月にバスティーユ監獄に放り込んだ。そこでカリオストロ伯はほぼ一年間を過ごすことになる。一七八六年の六月初め、パリの大衆の圧力があり、友人のフリーメイソンたちが背後から手を伸ばしたため、カリオストロ伯は開放された。カリオストロ伯がバスティーユから歩いて出てくると、大勢のパリ市民が国民的英雄として出迎えたと報告されている。

数名の歴史家が、ロアン枢機卿の裁判と、カリオストロ伯の不公平な投獄によって君主制にたいする不平が盛り上がり、フランス革命を起こす引き金になったと見ている。スキャンダルにおける王妃の名誉を回復するため、ロアン枢機卿とカリオストロ伯をつるし上げたいんちき裁判が、裏目に出たことになる。この裁判が王妃の不人気と軽薄さと、王の弱さと法の悪用を浮き彫りにしたのだ。ドイツの哲学者ゲーテは、フリーメイソンだったが、首飾り事件を「フランス革命の口火！」だと言っている(30)。この大失敗は、ロアン枢機卿とカリオストロ伯を、弱くて尊大な王によって支配される腐敗した国家の犠牲者のように見せてしまったことにあった。もちろんある意味で彼らは犠牲者だった。

それはともかくカリオストロ伯は賢いことにイングランドに移ることに決めた。最初、イングランドのメイソン・ロッジはカリオストロ伯を大歓迎したが、かれの「エジプト儀礼」は人気がなく、やがてばかにされ遠ざけられてしまった（31）。

革命の預言者がローマで火遊び

一七八六年の後半、安全なロンドンにいたカリオストロ伯は、有名な『フランス国民への手紙』を出版した。この中で、彼は「平和的な革命」を起こしてバスティーユ監獄を破壊し、「イシスの神殿」に変えるべきだと主張している（32）。

だが、カリオストロ伯は安全な場所から離れてしまった。一七八九年の春、彼は二世紀前のジョルダーノ・ブルーノと同じ致命的な過ちを犯し、イタリアに戻ることにした。ローマには、パリ市民がバスティーユ監獄に押し掛ける二カ月前の一七八九年五月に戻った。ローマでは一七三八年からフリーメイソンが公式に禁止されている。カリオストロ伯は「エジプト儀礼」ロッジを設立しようとしたが、実際上、火遊びと同じだった。

バスティーユ監獄陥落のニュースがローマに伝わると、ローマ教皇庁は大混乱に陥った。枢機卿たちはフランス無政府主義者たちのどぎつい反聖職者意識に警戒感を強めた。フリーメイソンの陰謀だという噂も絶えなかった。このときまでにヴァティカンはカリオストロ伯の活動の全容をつかんでいた。カリオストロ伯はすぐに転覆と異端の疑いで訴求された。一七八九年一二月二七日、教皇クレメンス一二世はカリオストロ伯を逮捕する令状に署名した。彼には昔のブルーノやカタリ派の完徳者と同じ、恐ろしい運命の判決が下ったが、混乱の時期に公開で火刑に処すのは利口ではないということになった。そこで教皇は「慈悲」を示し、死刑の判決を無期懲役に変更した。カリオストロ伯はナポリ近郊サン・レオの牢獄に連れていかれ、地下牢に入れられ、その後、誰も彼を見た人がいない。後でわかったが、カリオストロ伯は一七九五年に五二歳で亡くなっていたが、殺されたのかもしれない(33)。

多くの歴史家はフランス革命を起こすきっかけとなったカリオストロ伯の役割を過小評価する。彼は、当然かも知れないが、横領者、山師、詐欺師として書かれることが多い。多くのフリーメイソンたちもカリオストロ伯の活動は短かったし、早く忘れられたほうがよい恥辱だと思っている。だが、パリにおける彼の裁判が原因で起こった騒乱や、彼がバスティーユから解放されるときに八〇〇〇人ものパリ市民……その多くはフリーメイソンだが……が集まり祝福した事実は、別の物語の可能性を示している(34)。フリーメイソン研究家のマンリー・P・ホールは、カリオストロ伯の経歴を前向きに捉えている数少ない歴史家の一人だ。

(カリオストロ伯は)フリーメイソンのエジプト儀礼を始めている。この儀礼に参入したフランスの貴族は多く、ヨーロッパの最も学識ある人々から好意的に迎えられている。エジプト儀礼を確立したカリオストロ伯は、テンプル騎士団の代理人であると宣言している。マルタ島で彼らから密儀参入を許されたのだという……フランス最高評議会に呼び出されたカリオストロ伯は、どういう権威をもって大オリエントから独立してパリにメイソンのロッジを作ったのか、説明を要求された。卓越した頭脳を持つカリオストロ伯であり、フランス最高評議会はカリオストロ伯とフリーメイソンの哲学や古代の秘密について討議できる代言者を見つけるのが困難だった。結局、当時のもっとも偉大なエジプト学者であり、古代哲学の権威者であったクール・ド・ジェブランが卓越した学者として選ばれた。時間が決められ同胞たちが集まった。東洋風のコートで身を包み、紫のズボンをはいたカリオストロ伯は、同胞たちの前に引き出された。クール・ド・ジェブランが三つの質問をして、席に座った。ジェブランは、すべての学問の面でカリオストロ伯のほうがはるかに優れていることを認めた。カリオストロ伯は集まっている同胞たちに、単に個人的資格の問題だけでなく、フランスの将来についても予言した。フランス王朝の没落を予言し、恐怖政治が行われること、バスティーユが陥落することを告げた。後には王とマリー・アントワネットが亡くなる日付を述べ、ナポレオンの台頭にまで触れている。演説を終えたカリオストロ伯は、さっさと外に行ってしまった。フランスのメイソン・ロッジは肝を潰すほど驚いたが、彼の深遠な論理に対抗できるものは居なかった。いまではフリーメイソンの儀式では無くなっているが、エジプト儀礼は現存しており、これを読むと、この作者はプラトンと同じように山師ではないことがわかる。(35)

高貴な旅人

カリオストロ伯のエジプトの秘教についての知識を確認したクール・ド・ジェブランは、影響力の強い九詩神ロッジの主要なメンバーの一人だった。彼は、タロット・カードのシステムがエジプトに由来しているという見方をする一人でもあった。面白いことにジェブランは、タロット札一六に描かれている星は、シリウス、つまりイシスの星だと信じていた(36)。後で見るが、ジェブランのタロットは、フリーメイソンのスコットランド儀礼の上位位階と絡み合うことになる。それはさておき、カリオストロ伯という男に対する意見がどうであろうと、「偉大なコプト人」カリオストロ伯の創立した「エジプト儀礼」がパリでゆっくりと巻き起ころうとしていた出来事に、巨大な心理的影響を与えたことは否定できないだろう。

たとえば、彼がパリで高名になったとき、カリオストロ伯はエジプト儀礼が王の従兄弟オルレアン公によって公式に認められることを期待していた。当時オルレアン公は大オリエント・フリーメイソン団のグランドマスターだった(37)。カリオストロ伯の「エジプト儀礼」の庇護者であり、フランス大オリエントの管理責任者だったモンモラシー・リュクサンブール公爵の紹介があり、オルレアン公フィリップは、サン・クロード通りにあるカリオストロ伯の「イシス」ロッジを訪問することになった。フィリップは非常に感銘を受け、カリオストロ伯への信頼を約束したようである(38)。このような結びつきは、一七八九年の革命でオルレアン公を巻き込んだ劇的な出来事に影響を与えたことは間違いないだろう。

一七八六年五月のパリにおける公判において、判事はぶしつけにカリオストロ伯に「おまえは何者だ?」と聞いたところ、返答は「私は高貴な旅人である」だった(39)。確かに、カリオストロ伯は東方、特にエジプトとイスラム諸国を旅して回ったとよく述べていた。このことを念頭において、歴史家で密儀の研究者ジョスリン・ゴドウィンは、カリオストロ伯のフランス人判事に対する謎めいた返答について、さらに説明できるかもしれないと以下のように指摘している。

奥義を極めるためにイスラムの土地に旅をすることは、ヨーロッパの秘教にとって繰り返される主題である。テンプル騎士団はエルサレムに居住し、伝説上のクリスチャン・ローゼンクロイツはダマスカスで修業している。同じことはパラケルススやカリオストロ伯の人生にも見られる。旅行が楽になると、P・B・ランドルフ、H・P・ブラヴァツキーやマックス・ソーン、G・I・グルジェフ、アレイスター・クローリー、ルネ・グノン、R・Aシュワレ・ド・リュビク、ヘンリー・コービンなども旅している。ナポレオンが一七九七年にエジプトに遠征したことにも、この要素があったに違いない。彼は驚く聴衆の前で、私はイスラム教徒だ、と言ったのだ。(40)

理性による啓蒙

ほかの研究者たちは、カリオストロ伯の「高貴な旅人である」という返事は、フリーメイソン言語による暗号のメッセージだと見ている。彼が反聖職者で反君主制のバイエルン啓明結社の参入者であることを、判事たちにわかってもらいたかったというわけだ(41)。

本来は「完全論者の教団」として知られていたバイエルン啓明結社の寿命は短かったが、過激な反聖職者の立場で論議を巻き起こした。バイエルン啓明結社は、一七七六年にアダム・ヴァイスハウプトによって創立されたが、ヴァイスハウプトは元イエズス会士でインゴルシュタット大学の法学教授であった。結社として組織化されたのは一七七九年であり、クニッゲ男爵によってだ。フリーメイソンのクニッゲ男爵は、フント男爵によって創立された厳格戒律派テンプル騎士団の会員でもある(42)。アダム・ヴァイスハウプトの言葉の一つを見ると、バイエルン啓明結社の社会・文化の改革に関する野心的計画がわかる。「王子たちや国家は暴力なしにこの地上から消え去る。人類は一つの家族となり、世界は理性の人々の住み家となる。道義だけが、この目に見えない変化をもたらすことができる」。

メイソンの歴史家アルバート・G・マッキーによると、バイエルン啓明結社の「明言された目的」は次のようなものだという。「団員が相互に助け合うことによって、最高の道義と徳を極め、世界の改革の土台を作る。善良な人々の協力によって悪の発展に反対するのだ」(43)。

簡単に言うと、バイエルン啓明結社が求めていたのは、世界的な改革のプログラムだった。ある種の世界の新秩序であり、「理性的な人々によって」指導される統一された力によって君主制を廃止することだった。したがって、大西洋の反対側でトマス・ジェファーソンが奇妙な演説をしているのは大いに興味深い。この演説ではヴァイスハウプトの名前が出てきて、人々を「賢明で道徳的」にすることと関連づけられるのだ。

ヴァイスハウプトは専制君主と司教たちの暴政の下で生きた。彼は情報や純粋な道徳の原則を広げることにも注意が必要なことを知っていた。その結果、彼の見方は謎めくことになった……もしヴァイスハウプトがここ（米国）で書いていたなら、わが社会では、人々を賢明で道徳的にする努力を秘密にする必要がないので、そのために秘密の組織を考える必要もなかっただろう。(44)

ジェファーソンは「理性」という言葉を使っていないが、この文章を書いたときに「理性」への思いがあったことは明らかだ。ジェファーソンは「理性」を崇拝し、彼自身、最も優れた「理性の人」といわれていた。彼の思いは別の有名な宣言に表れている。「これまで永いこと人類が享受できなかった自治政府のありがたみを、平和と調和の中で楽しめるかどうかは、いまや私たちだけの責任となっている。人類の問題を解決するのに人間の理性だけで十分なことを実例で示そうではないか……」(45)

実のところ「理性」はフランス革命でもアメリカ革命でも主要な徳となっている。フランスではキリスト教の代わりになるものとして、「理性の宗派」が提案されている。

ピラミッドの中の眼

ところで、フリーメイソンとイエズス会の興味深い子孫である、不信心で過激なバイエルン啓明結社は、ヨーロッパ中に密使や代理人を送り始めていた。だからカリオストロ伯は自らを「高貴な旅人」だと表現したのだろう。少し前の薔薇十字団と同じように、バイエルン啓明結社は極端に秘密主義で、旅行もコードネームや匿名を使い、お忍びで行っていた。ヴァイスハウプト法学教授のコードネームは「スパルタクス」で、バイエルン啓明結社の本部があった町インゴルシュタットは「エレウシス」であり、バイエルン全域は「エジプト」と命名されていた。極めて革命的で反聖職者的だと見なされたバイエルン啓明結社は、教会関係、特にイエズス会に猛烈に妨害された。イエズス会はバイエルン選帝侯カール・テオドールをそそのかして、一七八四年にバイエルン啓明結社をドイツにおける非合法団体にしている(46)。

反フリーメイソンのグループは、バイエルン啓明結社のシンボルが「ピラミッドの中の眼」だと主張することが多い。その証拠の書類はバイエルン選帝侯が押収したが、現在は大英博物館に厳重に保管されている(47)。同じシンボルはバイエルン啓明結社が使う前からすでによく知られていた。一六世紀から一八世紀のヘルメス思想家やカバラ主義者たちが、広く使用していたのだ(48)。

ヴァイスハウプトは元イエズス会士であり、当然、第一四章で触れたヘルメス思想家でカバラ主義者のイエズス会士、アタナシウス・キルヒャーの仕事を知っていただろう。占星術師であったキルヒャーは、エジプトのオベリスクに深い関係があり、一六三七年には、代理人を使ってギザの大ピラミッド群を調査したことは、読者も覚えているだろう。キルヒャーは「ピラミッドの中の眼」のシンボルを盛んに使った。たとえば彼の著書『知識の偉大な芸』の表紙にも描かれている(49)。さらにはキルヒャーがドイツ王フェルディナント三世のために設計した、エジプトのオベリスクの頂上に据え付けられた「ハプスブルク家の双頭の鷲」にも見られる(50)。なお、同じ「双頭の鷲」と「ピラミッドの中の眼」のシンボルは、フリーメイソンのスコットランド儀礼第三三位階の最高評議会でも使われている（51）。

一七七六年七月というと、ヴァイスハウプトがバイエルン啓明結社を創立した年だが、面白いことに、まったく同じ「ピラミッドの中の眼」あるいは「三角形の中の眼」のシンボルが新しく生まれたばかりのアメリカ合衆国の国璽にするよう提案されている（52）。デザインをしたのは、一七六六年にスイスから植民地に移民してフィラデルフィアに定住していた、スイス生まれの芸術家ピエール・ウジェーヌ・シミティエールだ。独立宣言に署名したベンジャミン・フランクリンとトマス・ジェファーソンは、国璽のデザインを制定する委員会のメンバーだった。一七七六年にジェファーソンが手書きで描いた国璽（議会図書館に保存されている）には、明らかに「三角形の中の眼」がある（53）。あとで述べるが、多くの出来事が起こった一七七六年七月にフランクリンは、パリに本拠を構える代表団の一員として、米国を離れフランスに向かった。そこで彼はアメリカ革命の英雄として、ファッショナブルなサロンや、フリーメイソン・ロッジから大喝采で迎えられている。

バイエルン啓明結社とオルレアン公

当時の歴史家も、一七七六年七月のアメリカ独立宣言の署名と、ドイツにおけるヴァイスハウプトによるバイエルン啓明結社の創立が、ほぼ同時であった偶然に気がついている。フランクリンやジェファーソンとバイエルン啓明結社が、フランスやドイツのメイソン・ロッジを通して、直接接触していたかどうかは、明らかになっていない。だが、フランクリンもジェファーソンもヴァイスハウプトの組織について知っていたことは間違いない。それは先ほど引用したヴァイスハウプトに関するジェファーソンの言葉からも明らかだ。ジェファーソンは一七八四年から一七八九年九月まで、パリに滞在した。このときに二人が会った可能性は極めて高い。

バイエルン啓明結社はドイツで一七八四年に非合法化されて、すぐに衰退したと一般的には見られている(54)。だが、疑う人もいる。ある人々はバイエルン啓明結社の会員はメイソン・ロッジに浸透し、ヨーロッパ諸国で政治的に不穏な動きを策動したと見ている。それも特にフランスで行われ、そのため一七八九年に革命が勃発したのだという。

「啓明結社説」を多彩に展開し擁護するのは、一九二〇年代の英国の著名な作家であり歴史家のネスタ・ウエブスターだ。ウエブスターは、バイエルン啓明結社とフランスのフリーメイソン団員によって、多彩な秘密の陰謀が準備され、その他の要因も重なり、革命が促進されたと主張している(55)。ウエブスターのように考える多くの人々が、フランス大オリエントのグランドマスターだったオルレアン公が、パリの革命群衆の背後、特に一七八九年七月のバスティーユ監獄の急襲した群衆の背後にいて扇動したと見ている。

オルレアン公が革命の事件で大きな役割を果たしたことは否定できない。だが彼の影響力がどの程度であったかについては、歴史家が長年議論をしている。レンヌ市にあるメイソン・ロッジ「完璧な統合」の記録を見ると、フリーメイソンたちが、オルレアン公が革命の推進力になっていたと見ていたことがわかる。

最初の聖なる炎に火をつけ発光させたのは私たちの神殿（ロッジ）であり、聖なる哲学（フリーメイソン団）を持つ高められた人々だった。この聖なる炎はフランスの東から西、南から北へと燎原の火のように広がり、すべての市民の心を捉えた……私たちが否定できないのは、グランドマスターのオルレアン公が、始まったばかりのこの幸せな革命に、誰よりも深く参画していたことだ……。(56)

このメイソン・ロッジの言うことが真実なら、オルレアン公がバイエルン啓明結社の代理人と共謀していたことも考えられる。フランスの歴史家アンドレ・フォーシェによると、オルレアン公の親しい仲間であり子分でもあったオノーレ・ガブリエル・リケティは、一七七六年に「ブラウンシュヴァイク市を訪れバイエルン啓明結社の人々と会っている」という(57)。ガブリエル・リケティはミラボー伯としてよく知られているが、フランス革命の革命家たちの中でも大胆な発言で有名だった。ミラボー伯がフリーメイソンだったという考えに疑問を表する歴史家もいたが、今では、少なくとも一七七六年からはフリーメイソン団にはいっていた証拠が確認されている(58)。

さらに当時の有名なフリーメイソンの二人、謎めいたサンジェルマン伯爵と催眠術師フランツ・アントン・メスメルの発言からも、革命前のパリにバイエルン啓明結社の代理人がいたことがうかがえる。何人かの研究者はカリオストロ伯が裁判において使った「高貴な旅人」という言葉は、バイエルン啓明結社の秘密のパスワードではなかったかと推測している（59）。カリオストロ伯はローマにおける裁判で、バイエルン啓明結社の会員だと認めていることも意義があるだろう（60）。

オルレアン公が去り、フィリップ・エガリテが登場

オルレアン公はプファルツのフリードリヒ五世とイギリスのエリザベス・スチュアートの子孫だ。この運の悪かったボヘミアのロイヤル・カップルは無意識のうちにドイツで薔薇十字団の熱気の触媒となり、三〇年戦争を勃発させている。オルレアン公の祖父の祖父は、やはりフィリップという名前で、ルイ一三世の二番目の息子だった。したがって太陽王ルイ一四世の弟だ。一六六一年にフィリップはイギリスのチャールズ一世の娘ヘンリエッタと結婚したが、一六七一年に再婚している。相手はプファルツ公女で、プファルツ選帝侯カール・ルートヴィヒの娘シャルロッテ・エリザベトだ。プファルツ選帝侯カール・ルートヴィヒは、ボヘミアのフリードリヒとエリザベスの息子だ（61）。

先祖の影響で、フランス革命当時のオルレアン公は徹底した親英派だった。彼はイングランド製のものなら何でも異常なほど好んだが、これがパリの人々の間で奇妙な「アングロマニア（英国熱）」が流行した直接の原因であった。オルレアン公は英国議会と立憲君主制の崇拝者で、伯父ルイ一五世の専制的な支配に、公開の場で反対していた。そこでルイ一五世はオルレアン公を一七七一年にイングランドに追放している。彼はパリに帰るとすぐに新しいフランス王ルイ一六世にも反対したが、ルイ一六世は従兄弟だった。

一七八六年にオルレアン公はフランス大オリエントのグランドマスターに選出され、フランス全土のフリーメイソンたちの指導者となった。フランスの地味の肥えた土地の多くを個人的に所有していたオルレアン公は、大富豪であり、有名な革命の弁舌家ミラボー伯などと結託していた。オルレアン公が所有するパレ・ロワイヤルの巨大な住宅は、革命的な民衆がつどう場所となった。多くの人々は、オルレアン公が豊かな富を革命につぎ込んだと信じている。また一七八九年七月のバスティーユ監獄急襲の背後には、オルレアン公が居たと信じる人々もいる。真実がどうであろうと、はっきりしているのは従兄弟のルイ一六世の統治に猛反対していたことであり、一七九三年にはルイ一六世の死刑執行に賛成したことだ。さらにオルレアン公は非現実的な夢を持っていたのも間違いないだろう。それは彼が王となりイングランド風の立憲君主制にすることだ。

革命の後フランスを支配した革命組織である国民公会とパリ・コミューン（パリ市の自治体）を熱烈に支持したオルレアン公は、一七九二年にフィリップ・エガリテ（平等）と名前を変えている。だが、不運なことに、フィリップ・エガリテは、アメリカとフランスの二つの革命の英雄であるラファイエット侯を毛嫌いするようになった。さらに別の要因も加わり、オルレアン公は失墜し、皮肉なことに従兄弟の後を追うことになった。ギロチンの刃で頭が切り落とされたのだ。それはともかくオルレアン公の夢であったフランスにおける立憲君主制は、長男坊のルイ・フィリップ一世によって実現された。一八三〇年に「市民王」と呼ばれるルイ・フィリップ一世が王になるのを助けたのは、オルレアン公の仇敵ラファイエット侯だった。

ここで、一七八九年七月一四日以降に起こった、反聖職者主義について見ていこう。この動きはキリスト教ヨーロッパ諸国に深い衝撃を与えている。新しいが同時に非常に古い宗教が、「理性」と呼ばれる女神の子宮から復活したのだ。皮肉なことに、これを知ったらカリオストロ伯は狂喜したことだろう。だが悲しいことに、彼はナポリの近くの教皇の地下牢で朽ち果てていた。理性の女神は、カリオストロ伯がパリで激賛したエジプトの女神イシスを思わせるものだったのだ……(62)。

革命の舞台裏

一七八九年七月一四日の朝、八〇〇名ほどの群衆がパリの町に集まり、バスティーユ監獄に向かってばらばらに行進を始めた。彼らは廃兵院から略奪してきたさまざまな武器を手にしていた。このコントロール不能な集団は、守りの固くない監獄に突進し、数時間も経たないうちに七名の哀れな囚人を開放した(63)。バスティーユ監獄を守っていたスイスの雇い兵六名は、たちまち切り刻まれた。監獄長だったロネ侯爵ベルナール・ルネ・ジョルダンはなまくらな肉切り包丁で首を切り落とされ、その首は夜遅くまでパリ中を引き回された(64)。

学校で学んだフランス革命のイメージというと、抑圧されたパリ市民が飢饉や圧制や独裁に反乱を起こし、一緒になって「ラ・マルセイエーズ」を歌いながら行進を始め、王の軍隊と衝突したというものだ。もちろん真実は、これよりもはるかに複雑だ。

確かにフランスの経済と政治の状況は最悪だった。したがって革命家が利用する機は熟していた。

一七八八年から一七八九年にかけての冬は寒く、その後の収穫はお粗末だった。さらにルイ一六世は政治家としての手腕が欠けており、国家の財政破綻に対処しようとしたが、煽動者に利用されるだけで終わった。これらすべての要素が革命の文脈を構成していた。だが、それらが革命の原因だと早合点してはいけない。

歴史が語るところを見れば、本格的な革命が起こるには、舞台裏で密かな知的・金銭的活動が必要なことが明らかだ。フランスでは、教育のある階層や自由主義的な貴族の間で、長い間、反政府的な知的運動が活発に行われていた。ヴォルテールやジャン・ジャック・ルソーや百科全書派とよばれる人々などの多くはフリーメイソンだった(65)。これらの啓蒙政治思想を書く作家を奨励することで、最初はまとまりのなかったこの運動が旧体制打倒のお膳立てをすることになったのだ。

オルレアン公はマリー・アントワネット王妃からひどく嫌われ、遠ざけられた。彼は王妃を憎むだけでなく従兄弟のルイ一六世も含め、ベルサイユ宮廷全体を嫌うようになった。彼は豊かな個人的資産を使っていろいろな組織の援助を始めた。その中には悪名高い、王と王妃に敵意を持つジャコバン・クラブもはいっている。歴史家はあまり重要視しないが、「出番を待つ、影の政府」も存在していた。これはオルレアン公とほかの煽動者たちが組織したもので、フランスに六〇〇、パリに六五ほどあったメイソン・ロッジで反政府的な宣伝活動を行った。すでに見たようにオルレアン公は英国の立憲君主制の熱心な崇拝者だった。同時に彼はフランスで一番のお金持ちであり、正当な王位継承の系列にあった。これらすべてが証明、あるいは示唆するのは、「革命」の最初の狙いが、既存の君主制の破壊ではなく、オルレアン公による英国的立憲君主制への「改革」であったことだ。アメリカ・スタイルの共和国家の設立という過激な思想は、もっと後に生まれたのだろう。

第三身分が声を上げるとき

一七八八年初めにルイ一六世は強要され、一七八九年五月に三身分の全体会議（三部会）を開くことに同意した。これは致命的な失敗だったことが後で判明した。

伝統的に、フランスには三つの「身分」が存在した。貴族が第一身分で、聖職者が第二身分で、富裕階級と一般人が第三身分に属していた。一七八九年一月に聖職者シェイエスは、小冊子を発行し、人口の九八％を占める第三身分が、政治問題でわずかな発言権しか持っていないことを鮮やかに示した(66)。この『第三身分とは何か』という小冊子で、聖職者シェイエスは憲法の即時制定と、貴族や聖職者を除く国民議会の即時形成を大胆に提案した。この小冊子のコピーは何千と売られ、フランス中に行き渡った。これによって共和主義の種が芽を出すことになったのだ。

聖職者シェイエスがフリーメイソンであり、パリの強力な九詩神ロッジの会員だったことは偶然ではない(67)。このロッジの会員にはベンジャミン・フランクリンやコンドルセやギヨタン（ギロチン）やクール・ド・ジェブラン（近代タロットの発明者）などの思想家、天文学者ラランド、数学者ロム、さらには過激な革命指導者カミーユ・デムーランやダントンなどが居た(68)。

聖職者シェイエスと同じようにデムーランも革命を説教し、『フランス人の哲学』という小冊子を発行した。この呼びかけで一七八九年六月に君主制に対する暴力による攻撃が行われた。デムーランは革命家の本部であったオルレアン公の住宅における集会で、革命初期における武装蜂起を主張した首謀者だった。

ダントンは恐れられたコルドリエ・クラブの創立者だ。このクラブはジャコバン・クラブと同じように革命当時もっとも過激で影響力の強かった組織の一つだ。コルドリエ・クラブの正式名称は「市民と人類の人権友の会」だった。だが、最初の会合が持たれたコルドリエ通りの元フランシスコ会修道院にちなんで、「コルドリエ」と呼ばれた。コルドリエ・クラブは人種・階級・信条にかかわらず会員を迎えた。その多くは影響力の強いジャーナリストや作家だった。たとえば、ジャン・ピエール・マラー、カミーユ・デムーラン、ピエール・フランソワ・ロベール、ニコラ・ド・ボンヌヴィルなどがいる。

三部会の不吉な会議は一七八九年五月五日に始まった。第三身分は五八四名の代表が出席し、貴族は二九〇名、聖職者は二九二名だった。そこにはルイ一六世とマリー・アントワネット王妃が臨席した。多くのフリーメイソンの指導層や教養のある人々が第三身分の代表に選ばれていた。フリーメイソンはほかの二つの身分においても多かった。その中にはラファイエット侯、ミラボー伯、オルレアン公そしてロベスピエールなどがいた。

日が経つにつれ、だんだんと王とその支持者たちは弱く混乱しているように見えてきた。国が直面している現実の経済危機を解決する明瞭な計画を、何も持っていないことが明白になってきたのだ。

当然ながら、第三身分と貴族たちの間の交渉は混乱のうちに決裂した。公然たる抵抗として第三身分は「コミューン（平民の意味）」と名前を変更した。これは立憲君主制を求めるもので、シェイエスとミラボー伯が指導的地位に就いた。ミラボーはコミューンを「フランス人民の代表」と呼ぼうと提案した。だが、シェイエスはもっとよい名前を考えていた。「国民議会」であり、これが受理された。すぐにオルレアン公や、ラファイエット侯など、数名の貴族が国民議会の支持を表明した。これは予想されていたことだった。だが、第二身分の代表であるシャルル・モーリス・ド・タレーランが柵を乗り越えて、国民議会の味方になったことで、聖職者と貴族の間には衝撃波が流れた。

貴族生まれのタレーランは、若いときに聖職者になっている。一七八九年のバスティーユ陥落の少し前には、ルイ一六世によって司教に任命されている。国民議会に参加するや否や、タレーランが提案したことの一つは、フランスにおける教会資産の没収だった(69)。数週間にわたる議論で、このように過激な見解が練り歩くのを見て、ルイ一六世は六月二〇日に介入し、国民議会の代表を会議場にいれないように衛兵に命じた。怒り狂った国民議会の面々は、ベルサイユの別の建物に集まった。王族たちがテニスをする場所だ。「テニスコートの誓い」として今も名が残っているが、ここで代表たちは、しっかりとした政治・法律的土台を基礎にして、立憲君主制が形成されるまでは、この場所から動かないと誓った。

六月二三日には別の会議が招集されることになった。だがルイ一六世は聖なる権利を行使して「人民の代理」として、一人で支配し行動すると脅かした。次に彼は、国民議会の代表たちに解散しろと命令を下し、さっさと退出してしまった。だが代表たちは席にとどまり、一歩も退かずに拒絶した。頑固な国王派のスポークスマン、ドルー・ブレーズ侯は、「王の名によって」解散するように命じた。だが彼は、オルレアン公に支援されるフリーメイソンであるミラボー伯に怒鳴られた。「あんたを送った人たちに言ってくれ。私たちは人民の意思でここにいる。解散させるには武力しかない」。ドルー・ブレーズ侯がこのことを王に伝えると、王は「仕方がない、いさせろ！」と返答したという(70)。

賽（さい）は投げられ、これ以降、事件は奔流となって前に進んだ。ルイ一六世はベルサイユに軍隊を呼び寄せ、首相ネッケルを解任し、国民議会に対抗する新政府を樹立した。だがすべては遅すぎた。オルレアン公の莫大な富の力と、パリの市民たちに支援されていた国民議会は、パリのパレ・ロワイヤルで王の軍隊と正面衝突する準備をした。一方、煽動者たちは旧体制に対する武装蜂起を広く呼びかけた。やがて王の軍隊から国民議会側に寝返る兵士が続出した。引き返すことができない事態に陥ったのが、一七八九年七月一四日だった。この日、暴徒となった市民が街に繰り出し、バスティーユ監獄を席巻したのだ。

国家の良心の懐妊

この本の目的もその範囲も、フランス革命の背後にあった複雑な政治的・文化的大変動を検討することでは、もちろんない。またフランス革命でフリーメイソンが演じた役割や影響についてのすべての意見や議論を、検討することもできない。歴史的な事件は、当時の混沌の中に埋没してしまっている。同時にフリーメイソンの役割を重要と考えるグループ、あるいは軽視したいグループによって、歴史がゆがめられ、偏見が加えられ、間違った情報も伝えられている。そのようなグループの一つは間違いなく、フリーメイソン団だ。彼らはこの問題をあいまいにすることを好むようだ。たとえば一九七六年にフランス大オリエントのグランドマスター、フレッド・ゼレールはこの主題について以下のように、奇妙で困惑させることを述べている。

フリーメイソンたちが君主に反対する陰謀に加担したことはないし、共和国設立のために努力したこともないと保証できる。真実のところ、当時、だれもそんなことを考えた人はいなかった。だが、このような考えは、ゆっくりと、辛抱強く、五〇年もかけて内密のうちで議論されており（当時の法律で禁止されていたため）、それが変化の夢と意思を伴う国家の良心として、懐妊されることになったのだ。一七八九年当時、フランスには七万人以上のフリーメイソンが居た。したがって革命集会の議員たちのほとんどがメイソン・ロッジで参入を済ませていたことも驚くことではない！（71）

このように注意深く言葉を選んでいても、メイソン・ロッジがフランス革命につながる出来事に、明らかに重要な役割を果たしたことを、完全には隠せない！　一九八三年のフランス大オリエントのグランドマスターである、ポール・グルドはもっと率直に、フレッド・ゼレールと似たようなことを述べているが、さらに追加をしている。彼によると、革命の「精神」を準備したのは百科全書派であり、モンテスキューであり、ディドロであり、ヴォルテールであったという。だが、「コンドルセやサン・ジュストやダントンなど（全員フリーメイソン）が、原則を応用し、不朽の人権宣言を伴う最初の共和国を形成したが、それらが作られたのは、私たちのロッジの内部であった」と言っている(72)。

さらにフランス革命にフリーメイソンが直接関係している一面がある。これにも説明が必要だ。それはキリスト教からの脱皮の現象だ。国民議会はキリスト教を「理性の女神の宗派」や「至高存在の宗派」で置き換えようと試みたのだ。

一秒の二〇〇分の一

一七九三年一月二一日の寒い朝、大勢の群衆がパリの革命広場に集まっていた。この日、コンコルド広場で行われるルイ一六世の処刑を見るためだ。背中で両手を縛られたルイ一六世は、四人の死刑執行人に摑まれて、顔を伏せさせられ、頭は恐ろしいギロチン台の模木に押さえつけられた。パリの群衆が驚いたことに、ルイ一六世は身の毛もよだつ試練を前にして勇敢な態度を保った。さらには国民に向かって強く心に訴えるお別れの演説さえ試みた。だがその声は断首の前に鳴り響くドラムの騒音に無慈悲にもかき消された。ルイ一六世から聞こえた最後の言葉は「フランスの人々よ、私は無実だ。私の死に責任ある人々を許す。神に祈る、ここに流れる血がフランスには流れないように。あなたがた不運な人々……」。

ギロチン台は、解剖学者ジョゼフ・イニャージュ・ギヨタンによって、古いデザインから改良されたばかりだったが、極めて効率が良かった。まったく痛みを伴わないこの方法で断首するには、一秒の二〇〇分の一しかかからないと計算されていた。ギヨタンはフリーメイソンであり、九詩神ロッジのメンバーだ。また国民議会の活動家でもあった。彼がこの死刑執行装置を開発したのは、バスティーユ監獄陥落の後、多くの死刑執行が行われることを予測してのことであった。だが、共和国の初期に、数千人という多くの人々がギロチン台によって断首されることになると予想した人はいなかっただろう。この時期は歴史では「恐怖の時代」と正しい名前で呼ばれている(73)。

ルイ一六世が断首されると、マリー・アントワネットも九カ月後にギロチン台と面会する予定だった。その数年前の一七九〇年に、まだテュイルリー宮にとらわれているとき、マリー・アントワネットは兄弟のオーストリアの皇帝レオポルド二世に手紙を送っている。「あなたの国のフリーメイソン関係者には気をつけてください。この国の彼ら怪物たちは、ほかの国々でも同じことをする意図があります。神よ、私の故国オーストリアをそのような困難からお救いくださいますように」(74)。

バスティーユのイシス

王妃がギロチン台で処刑される数週間前、パリでは非常に奇妙なことが行われた。まるでどうしても女族長が必要であるかのように、古代エジプトの女神イシス像が突然、姿を現したのだ。像が建てられたのは、バスティーユ広場であり一七九三年八月一〇日のことだ。この像はジャック・ルイ・ダヴィッドによって急いでデザインされた。ダヴィッドは革命指導者ロベスピエールの親しい友人であり、国民議会の実質的宣伝相でもあった。

一七九四年にこれを記念してコインが鋳造されている。そこには「有名な彫刻師デュプレの仕事で……理性の女神を描くのに、イシスが使われている。さらにこれはフランスで発行された初めての記念コインである」と刻まれている(75)。

コインには「バスティーユのイシス」あるいは「再生の泉」と呼ばれるイメージが保存されている。この像は台座を含めると六メートルの高さがあった。この像では、王座に座るエジプトの女神の両脇に二匹のライオンが横たわっている。女神の足元には古代エジプトの翼のある太陽円盤で飾られた大きな水盤があるが、翼のある太陽円盤はファラオのシンボルであり、ヘルメス思想家や薔薇十字団やフリーメイソンたちによってたびたび使われている(76)。

バスティーユのイシスは胸から上が裸で、彼女の大きな乳房は、新しいフランス共和国の豊穣と再生を呼び起こそうとするものだ。彼女の乳首からは水がほとばしり、水盤に溜まっている。人々はオーケストラによる人気のある革命の曲を聴きながら、「再生の水」を飲む。

この奇妙なお祭りの企画者であるジャック・ルイ・ダヴィッドは、革命当初から人々の英雄であった。彼の多くの絵画は、英雄的行為と共和国の徳を描いており、パリ群衆の崇拝の対象として扱われていた。熱烈な革命家であったダヴィッドは、芸術だけでなく国民議会における流ちょうな哲学的演説でも有名だった。彼は「テニスコートの誓い」においても、もっとも率直な意見を言う参加者であり、一七九二年一二月にルイ一六世への死刑宣告を声高に要求した一人でもあった。もっと過激なグループであるサン・キュロット派ですら、彼をフランスの精神を再生するために訪れた救い主だと見なしていた。ジャック・ルイ・ダヴィッドもその役割を真剣に果たそうとしていたのだ（77）。

教会の閉鎖

ルイ一六世とマリー・アントワネットが処刑される一年前、革命の極端に過激なグループが、フランスからキリスト教を一掃しようとキャンペーンを始めた。キリスト教は旧体制の望ましくない一部と見なされ、新しい共和国の理想に合わないというのだ（78）。この動きの意味がはっきりしたのは一七九三年一〇月のことだった。フランス全土の司祭や尼僧が聖職を略奪され、教会と修道院の財産が国家によって没収されたのだ。

国民議会は一七九二年に改組され、六〇〇〇人のメンバーは国民公会という名前を使うようになった。この国民公会の極端な過激派はエベール派と呼ばれる（79）。非キリスト教化を、盛んに進めようとしたのは、主としてこのエベール派だ。その中心人物はパリ・コミューンの主要なメンバーであるピエール・ガスパール・ショーメットであり、人気のあったジャーナリスト、ジャック・ルネ・エベールだった。

エベールは過激な新聞『デュシューヌ親爺』を発行しており、革命の最中に多くの読者を獲得していた。エベールもショーメットも忠実なフリーメイソンだ(80)。一七九二年八月に、エベールは超過激派のコルドリエ・クラブの指導者となった。このクラブの前の指導者たちは、いわゆる三頭派とよばれる、マクシミリアン・ロベスピエール、ジャン・ポール・マラー、ジョルジュ・ダントンであった。

ショーメットやエベールなどの過激派は、フランスの「首領」を変えるだけでなく、魂も変更したかったようだ。これらの出来事の興味深い物語は、一九世紀の作家バロネス・オルツィ夫人が書いた有名な小説『紅はこべ』『続・紅はこべ』に描かれている。オルツィ夫人は小説家だが、歴史的出来事を基礎にしており、革命時代のフランスの雰囲気を見事に伝えている。

一七九三年パリ……行け！　もっと行け！　野蛮に盛り上がる奔流の中。乱世、恐怖政治、血と憎しみの欲望の風をまき散らし、破壊と恐怖の暴風雨の種を蒔く。行け！　もっと行け！　フランスはパリとすべての子どもたちを伴い、未だに盲滅法、気が狂ったように行く。強力な連合を拒否……オーストリア、イングランド、スペイン、プロイセンがすべて一緒になって大虐殺の流れを止めようとする……宇宙を拒否し、神を拒否する！　それが一七九三年九月のパリ！　パリ！　流血と、最も堕落した様相をみせる最低の人類の町。フランスは自らを食い散らす巨大な怪物……これが報酬、あーなんと強力な聖なる革命か！　平等と同胞の神聖化！　これが頽廃したキリスト教の大きな強敵。

人を食うトラはため息する時間に強力な下あごをなめ、考え込んだ！　何か新しいことを！　何か素晴らしいことを！　私たちは新しい憲法、新しい正義、新しい法律、新しい暦を持った！　次はなんだ？　決まっているではないか！　偉大で知的な芸術の都パリが、なんでこんな素晴らしいことを思いつかなかったのだ？　新しい宗教だ！

キリスト教は古く時代遅れ。司祭は貴族であり金持ちで、人々の抑圧者だ。教会は無慈悲な形を変えた専制君主に過ぎない。新しい宗教をぜひ与えてもらいたい。古いものを破壊する行為はすでに行われている！　破壊だ！　いつでも破壊だ！　教会は侵略され、祭壇は略奪され、墓は冒瀆され、司祭と助任司祭は殺された。だがそれでも十分ではなかった。新しい宗教が必要だ。そのためには新しい神が必要だ。「人は生まれながらの偶像崇拝者だ」。それでもよいのだ！　人々に新しい宗教と新しい神を与えよう。待った！　今回は神ではまずい。神は陛下、権力、王権を意味する！　それこそフランスの人々が苦しまされ、戦って破壊しようとしたものだ。神ではなく女神だ。女神！　偶像！おもちゃ！……

パリは新しい宗教を求めた……そこで威厳のある人々、熱烈な愛国者、気の狂った熱狂家が国民公会の席に座り、真剣になってパリが求めるものを与えようと議論した。私の考えるところ、この難しい問題を解決したのはショーメットだ……パリが今、欲している新しい宗教のタイプを発見したのは調達屋ショーメットだ。「理性の女神を持とう」と彼は言った……「人々を喜ばせ、火葬の薪の周りで踊らせよう。その上に勝ち誇って微笑む女神像を建てよう。理性の女神！　新しく生まれ変わったフランスのただ一つの神は、これ以降も数世紀にわたって認められていく！」

大喝采が感動的な演説に捧げられた。「新しい女神、最高だ！」と国民公会の厳粛な紳士たちが叫んだ。「理性の女神！」……「女神は美しくなくてはならない……若すぎてもいけない……理性は第二の青春という成熟した年代とお似合いだ……彼女は古風な厳粛だが魅惑的な衣装を身に着けるべきだ……彼女は紅をつけ化粧されなくては……そうだ！　お祭りは最高でなくてはならない！　陽気あるいはものすごく、気違いじみるか、恐ろしいか、それはともかく、フランスの人々が、すべての運命を支配する導きの手があることを感じなくてはいけない。頭には新しい法律があり、新しい宗教を強化し、新しい女神を確立する。理性の女神。ロベスピエールは、この女神の預言者！」

悲惨な年だった一七九三年から九四年にかけて、フランス全土の教会と大聖堂は冒瀆され、俗用に使われた。ローマ教皇が戦慄したのは、それらの建物が新しい女神「理性」の宗派の神殿に転用されてしまったことだった。理性の女神は「自由」あるいは「自然」の女神とも呼ばれた。作家キャサリン・ジョーンズは著書『ウイメン・セインツ（聖女たち）』のなかでそれらの出来事を詳細に語っている。

恐怖政治の時代……司祭と尼僧たちはギロチン台の危険にさらされた。彼らの多くは、新政府に忠誠を誓うことを拒み、仕事を放棄することを拒んだため死んだ。教会は兵士たちによって閉鎖され、鐘は外され祭壇と十字架は粉砕された。祭服や告白の箱は燃やされた。人気のあった見せ物は司祭が仕事を捨てる行事であり、平信徒のためには「洗礼取り消し」の儀式が発明された。公共の場でも個人的にも礼拝は禁止された。

一七九三年八月一〇日、芸術家で革命の強力な支援者ジャック・ルイ・ダヴィッドが、新しい憲法を受理する世俗的な儀式を組織した。巨大な自然の女神（イシス）の彫像が作られ、女神の乳房からは水が流れ水盤に貯められた。この像はバスティーユがあった場所に据え付けられた。バスティーユは解体され平地になっていた。新しい暦も現れたが、キリスト誕生から始まるのではなく、共和国宣言を元年とするものだった。毎月の名前があり、一週間は一〇日（旬日）であった。

クリスマスと復活祭と聖霊降臨祭と収穫祭ならびにその他の聖人の祭日は廃止された。そのかわりに三六の新しいお祭りが作られた。旬日ごとに理性、勇気、母性、節制、暴君への憎悪など、新体制の理想を祝うのだ。一一月一〇日にはパリのノートルダム大聖堂で「理性」の大祭が執り行われた。そこでは一六名のルイ・カペー王朝を演ずる人々がフランス国王として記念式典に参列した。世俗化したノートルダムは、自由の神殿と改名された。

フランスのほかの地域における新システムの表現は、それぞれ異なっていた。地方の役人たちは、軽い偶像崇拝的な儀式から、あらゆる宗教を憎悪させるような活動までいろいろな行事を組織した。ルアーヴルでは良識ある女子が、一日だけ理性の女神に選ばれ、花や踊りが捧げられた。さらに南のポワティアでは、グロテスクな儀式が行われた。人々は魔法使い、司祭、教皇、僧、天使、尼などの衣装を身にまとい、サン・ポルシャード教会の中で追いかけられ、走り回った。(81)

キュベレーとイシス

フランソワ・オラール教授（一八四九〜一九二八年）は、フランス革命についての著名な歴史家だが、反聖職者運動については控えめにしか言わない。ほかの歴史家が言うほど過激なものではなかったというのだ（82）。だが、オラール教授本人は、戦闘的なほど、反聖職者的だ。それが証拠を吟味するに当たって、彼の判断を曇らせたのかもしれない。フランス革命を専門とするフランス人の歴史家がほかにもいる。たとえば、パリの革命史研究所の理事ミシェル・ヴォヴェルだが、その見解は全く異なっている。

一七九三年一〇月から一七九四年六月までの間に、フランスではキリスト教を撲滅するために多彩な攻撃が行われた。理性の女神が勝利を得て、寺院は女神のために開かれ、生きた人間が女神の役割を演じた……数千人の司祭は聖職者の役割を放棄して、その多くは結婚までしている……。（83）

だが一七九四年七月になると非キリスト教化の仕事そのものが、制御不能になる。革命の指導者ロベスピエールですら混乱に恐れおののき、下劣な虐殺や混乱を止めようとする。フランスでは猥雑な偶像による行進が至る所で組織された。官能的な女性が「自然」「理性」「自由」の女神として行進することが多く、彼女たちは青い服をまとい、白のベールをたらし、小さな赤いフリギア帽をかぶっていた。「女神たち」の後からは、興奮した群衆が従い、詠唱し踊った。これは古代ギリシャのバッカス祭りやローマのヒラーリア祭、あるいはイシスの行列を思わせた。赤いフリギア帽をかぶる「女神たち」の行進は、フリギア人の母なる神キュベレーの偉大な偶像行進を思い起こさせる。この行事はキリスト教がフランスにはいる前の、古代フランスで行われていたものだ。キュベレーはイシスと結びつけられることが多い。作家アン・ベアリングとジュルーズ・キャッシュフォードは優れた著書『女神の神話』のなかで次のように説明している。

ローマ帝国の時代、キュベレー宗派はローマの国教の一つとなった。この宗派はイシスの宗派と共存していた……両者ともローマ帝国全土に広まった……興味深いイメージが異なった文明を一貫して伝わっている。それはフリギア帽であり……キュベレー宗派の神官たちがかぶっている。このよく目立つ帽子が最初に現れるのはクレタ島だ……その後、ギリシャで使われ、神の使いヘルメスが身に付ける……現在では似た帽子をスーフィー教徒の修道者がかぶっている……聖母マリアは、かつてキュベレーやイシスの聖地であった場所で崇拝されているのだ。(84)

学者マールティン・J・フェルマースレンは著書『キュベレーとアティス』の中で、キュベレーを描写している。それを見ると、この女神が自然と宇宙全体の化身であったことがわかる。

女神が支配するのは自然だけではない。彼女の力はさらに遠くに及ぶ。彼女は時間、太陽、月、地球、水、海、季節といった宇宙の中心に立っている。彼女の壮麗な乗り物の前には「生命の木」が立っている。生命の木は様式化されオベリスクとなり、蛇が絡まっている。(85)

フランスの学者ユルギス・バルトルシャイティスは著書『イシス探求』の中で、一七世紀のフランス人歴史家たちが、キュベレーとイシスをまったく同じ神だと見なしていたことを示している。バルトルシャイティスの報告によると、一六七五年にベリエと呼ばれる司祭が、サントゥスターシュ教会の庭を掘っていて、女神の銅像を見つけた。この女神は頭に奇妙な塔をかぶっていた。この発見の詳細は、一六八三年にパリのサン・ジェヌヴィエーヴ教会の修道会員クロード・デュ・モリネによって、出版されている。以下がモリネによる女神の説明だ。

ギリシヤ人がイーオーと呼び、エジプト人がイシスと呼ぶ女神は、ローマ人がキュベレーの名前であがめた女神とまったく同じだ。キュベレーは大地や自然と同一視されたが、イシスと同じようにオシリスと結婚した。(86)

バルトルシャイティスは、フランスで見つかるキュベレーとイシスの図像は同じだとも述べている。「……キュベレーは塔のような王冠をかぶり、イシスも塔を頭に乗せている」(87)。

至高存在の宗派とイシス

一七九四年の春の終わり、パリの国民公会の明白な指導者となったロベスピエールは、エベールとショーネットと敵対し始めた。やがて二人を「国家の敵」だと非難し、ギロチン夫人との面会時間（つまり死刑にするということ）を決めた。それから彼独自の「共和国の宗教」の考えを導入する決意をした。その名前は「至高存在の宗派」という。そのシンボルは「ピラミッドの中の眼」であり、ロベスピエールは命令を下し「フランスの人々は至高の存在と、魂の不滅を認識しなければならない」と宣言した。「至高存在」の宗派は、ロベスピエールが偶像視した、ジャン・ジャック・ルソーの「自然」に関する哲学をモデルにしている。

ロベスピエールがフランスの非キリスト教化を避けられないと考えていたのは明らかだ。だが、無神論は拒絶しており、理性の女神につきまとった過剰な野蛮性も嫌っていた。ロベスピエールが作り出そうとしたのは、共和主義の理念に基づく新たな理神論の宗派であった。彼は、エベールとショーネットの強烈な非キリスト教化によって生じた精神的な空洞を、これでもって埋めようと考えたのだ。

一七九四年六月四日、国民公会総裁に選ばれたロベスピエールは、すぐに芸術家ジャック・ルイ・ダヴィッドと一緒になって働き始めた。聖霊降臨祭の日である一七九四年六月八日に、パリで大祭をおこなうことにしたのだ。このお祭りの目的は、フランスの新たな宗教として至高存在の宗派を広めることだった。

この興味深い行事はルーヴルの前のテュイルリー庭園で始まった。ロベスピエールは青の衣装を着て「至高存在」の彫像の脇にたった。巨大な臨時円形劇場が建てられ、国民公会のメンバーが席についた。円形劇場の前には、たき火が用意され、ジャック・ルイ・ダヴィッドが書いたプログラムによると、そこに「人々の幸福の敵をすべてを集めた」という。「敵」は、「無神論」と呼ばれる彫像で象徴されていたが、それは「野心」「利己心」「不和」「偽の素朴」を表現する像に支えられていた。パリ中の家は花輪と三色旗で飾られ、行進が通過する大通りには花が飾られた。花束を持つ白い服に包まれたかわいい娘たちが、セーヌ川の埠頭にたたずんだ。国民公会のメンバーたちは正装して、円形劇場を埋め、手には麦の穂の小さな束を抱えていた。麦の穂はフリーメイソンの天文学者ジョゼフ・ラランドが「処女」の女神イシスと同一視していたものだ（88）。ラランドはパリの九詩神ロッジの重要メンバーであり、エジプトの太陽暦に基づく新しい共和暦を導入した張本人だ。古代エジプトの太陽暦は、イシスの星シリウスのヘリアカル・ライジングにもとづいて計算されていた。一七三一年にラランドは以下のように書いている。

乙女座（処女宮）はイシスに捧げられている。獅子座がご主人のオシリスに捧げられているのと同じだ。大スフィンクスはライオンと処女で構成されており、ナイルの流れを表すシンボルだった……彼らは処女の像の手に、麦の穂を握らせた。これは月々という考えを表明したものだ。東方の人々は乙女座を……エピあるいは麦の穂と呼んでいたからだろう。（89）

九詩神ロッジは、ラランドとヴォルテールのゴッドファーザー（名付け親）であったコルディエ・ド・サン・フェルマンによって、一七七六年に創立されている。同じ年にアメリカの独立宣言が署名された。三年後の一七七九年には、独立宣言署名者では最年長のベンジャミン・フランクリンがパリの九詩神ロッジのグランドマスターに任命されている。この興味をそそる関係については第一七章で詳しく検討する。今は、一七九四年六月八日のうららかな日に、「至高存在の女神」がどうなったかを見ていこう。

ロベスピエールは髪に白い粉をふりかけ、全身を青紫色の外套でおおい、高いところの祭壇から群衆のために祈りを捧げた。「宇宙のすべてがここに集合している！　おー自然よ、あなたの力ほど荘厳で香り高いものはない！」。次に至高存在を引き合いに出し、参集者に敬意を表すよう求めた。永いお説教の終わりに、彼は虐殺を終わらせる約束もせず、革命の行き過ぎをとがめ、新たな希望を与えることもしなかった。そのかわりに政敵に対して、身も凍るような警告を与えた。「明日、仕事に戻ったら、再び悪徳と暴君と戦うのだ！」。それから国立オペラ団による大合唱があり、ゴセックによる賛歌「宇宙の父、至高の知性」を歌った。最後にロベスピエールは、ヴェールをかぶされた無神論を意味する彫像に向かい、ヴェールに火をつけた。ジャック・ルイ・ダヴィッドの計画通り、ヴェールが焼け落ちると、下からは「知恵」の石像が現れた。この石像は古代の女神ソフィア（知恵）をモデルにしており、「焰の中から不死鳥のように」出現することを狙ったものだ。

フリーメイソン団がシンボルによく使う「ソフィア」は、イシスと関係付けられることが多い。詩人ジェラール・ド・ネルヴァルによると、その日にロベスピエールがヴェールを取り除いて出てきた像というのは、まず間違いなくイシスの像であったという。一八五二年に出版された彼の著書『幻視者』において、ネルヴァルはロベスピエールの行った儀式は、バイエルン啓明結社を想起させるという。さらに、一七九四年六月八日の儀式におけるヴェールで隠された彫像は「ヴェールに火がつけられたが、彫像は自然の理法あるいはイシスを表わす」と指摘する(90)。

最後にようやく彫像が人々に姿を見せ、歓声が静まると、ロベスピエールは随員を引きつれ、巨大な壮麗な乗り物の先頭に立った。この乗り物は女神を運ぶもので、八頭の雄牛によって引かれ、雄牛の角は黄金色に塗られていた。行列は革命広場（現在のコンコルド広場）と廃兵院を通り抜け、シャン・ド・マールに到着した。ここでさらに儀式と演説と詠唱が行われた(91)。

女神の神殿・ノートルダム

当時の記録で確認できるのは、一七九三年から九四年における、聖職者への攻撃は、個人に対する散発的な「復讐」ではなかったことだ。そうではなく、よく組織化されたシステム的な非キリスト教化のキャンペーンだった。その結果は数カ月で現れ、二万人のカトリック司祭が、自主的に辞職し、その中の多くは、喜んで革命の女神の宗派を受け入れている(92)。

フランスの歴史家ミシェル・ヴォヴェルの報告によると、理性の女神が初めて登場したのは、マリー・アントワネットの裁判の最中であったという。それが王妃の公開処刑の日である一七九三年一〇月一六日直後から、急速に力を得たという(93)。最初に非キリスト教化の兆候が現れるのは、アリエ県とエニーヴェル県で、一七九三年一〇月二日であり、裁判が終わりかけのときだった。

その数日後の一〇月七日に、衝撃の波が国を襲った。報告によると、国民公会の代表の一人で元司祭であったフィリップ・ルルという者が、エベールとショーネットの命令を受けて、ランスの大聖堂から聖なるアンプル(容器)を持ち出して、外の広場で粉砕したのだ。このガラスの容器には聖なる油が入っていた。聖なるアンプルは聖餐式のための油が納められており、西暦四九六年というクローヴィスの時代からフランスの王や王妃を清めてきた。ルルが聖なるアンプルを粉砕したとき、サン・レミ村の司祭セレンがその場に駆けつけ、聖なる油を少しだけふき取ることができたという(94)。

だがルルの行動は前奏曲に過ぎなかった。一七九三年一一月七日というとマリー・アントワネットが断首されてから数週間後だが、パリの司教ジャン・バティスト・ゴベルが国民公会の観衆の前で、聖職の特権をはく奪された。この見え透いた一幕も、ショーネットによって演出されたものだ。恐怖に肝を潰した大司教は、即座にエベール派に加わり、理性の宗派に改宗すると宣言した。

三日後の一一月一〇日、思い掛けないことが起こった。大勢の群衆が合唱団とともに、パリのノートルダム大聖堂に押し入ったのだ。彼らは臨時の玉座を運び込み、そこに美しいパリの女優オブリ嬢が、女神に扮して座っていた。女優オブリは、共和国の色である青・白・赤の服を身にまとい、フリギア帽をかぶっていた。女神には「自由、自然の娘」と張り紙がされ、トーチを振りかざしていたが、これは「自由こそ世界の光」を意味していた(95)。ショーネットとゴベル元司教に率いられた群衆は、国民公会に出向いた。そこでノートルダム大聖堂は、これから「理性の女神の神殿」として知られることになると決定された(96)。

光の都

ここで簡単に触れておくが、ショーネットは普通のフリーメイソンではなかった。当時の多くのフリーメイソンたちと同じように、彼も「エジプト」のシンボルと儀式に傾倒していた。たとえばショーネットは天文学者シャルル・デュピュイやラランドの熱心な支持者だった。したがって当時の批評家が「デュピュイやラランドはどこにでもイシスを見る……」と叫ぶのも驚くことではない(97)。革命直前のメイソン・グループの間では、古代エジプトをメイソンの啓蒙の源泉と見ることは極めてファッショナブルだった(98)。天文学者デュピュイは、イシスこそパリの守護女神だと主張した一人だ。一七九四年にデュピュイは論文を発表しているが、そこでノートルダム大聖堂は、本来イシスの神殿だったと述べている。その上にキリスト教徒が大聖堂を建てたか、改造したのだという。

この有名なイシスは古代フランスあるいはスエヴィ族の女神だった。彼らはイシスの船と呼ばれる船のシンボルをイシス信仰に付け加えた。この船は今でもパリの紋章に使われている。パリではイシスが守護神なのだ。パリの人々は新年になると光の神の母イシスに奉納物を贈り、ロウソクを灯すが、

一年中、啓蒙の神の祭日を覚えており、同じことをする……。(99)

もう一度、「光の神」という名称に触れておこう。この名称は、キリストの死後、数世紀にわたってグノーシス派やマニ教徒によって使われ、それ以後はカタリ派によって使われている。またフリーメイソン団や薔薇十字宣言にもいろいろな形で使われている。だが、キリスト教の聖書では一度も使われていない。

デュピュイの意見を弁護して、天文学者ラランドは次のように書いている。「デュピュイは調査の結果、パリのノートルダムの正面は古代イシス神殿の下手なコピーのままだと結論している。女神イシス信仰は、はるか昔にガリア地方、特にパリで確立していたのだ」(100)。

彼らの女神イシス好みは明らかにメイソン的だ。彼らは「光の神の母」と呼び、「豊穰の女神」と正しく捉えている(古代エジプトと同じ)(101)。そこでデュピュイとラランドが製作にかかわった共和国の暦の発想の源泉も理解できる。共和国暦は古代エジプトの三六五日を基礎にしているのだ。これを三〇日の一二カ月としてさらに五日間を加えて一年の太陽年を作ったのだ。

一八世紀終わりのパリの革命家たちは、女神イシス＝理性＝自然＝自由としただけでなく、よく知られているほかのエジプトのシンボルも盛んに使っている。それらはピラミッドと「監視の目」とよばれるものだ。このようなシンボルがなぜ使われるのだろうか、と、考えていたロバート・ボヴァールは、鍵を発見した。この鍵がパリの市街を見渡す秘密の窓を開けて、この光の都の近代的配置の中に織り込まれている魔法めいた風景を見せてくれるのだ。

第一七章

ヴェールを脱いだパリ

一八世紀のイングランドに比べると、フランスのフリーメイソン団は、建築の寓意的・隠喩的側面に大きな意義を感じ、力を入れていた。建築の歴史は社会の発展と同一視され、建築物は公正で秩序ある制度を確立する方法であると見られていた。

（ジェームズ・スティーヴンズ・カール著『フリーメイソン団の芸術と建築』B・T・バッフォード、ロンドン、一九九一年刊行、一一八ページ）

一七九二年七月一四日に、シャン・ド・マールで共和国の祭典が行われたが、そこには「栄誉のピラミッド」が据え付けられ、バスティーユ急襲のさいに亡くなった人々の記念とされた（1）。一カ月後の一七九二年八月二六日に、もう一つの共和国の祭典が開かれているが、これは現存するエッチング画で情景がわかる。場所はルーヴルの前のテュイルリー庭園だ。再び、ピラミッドが据え付けられ、革命の犠牲者に捧げられた。三つ目のピラミッドは、モンソー公園のパビリオン（これはたぶんメイソンの神殿）の隣に現れた。これはフィリップ・エガリテが依託したもので、建築家B・ポワイエが設計している。ほかにもたくさんのピラミッドのプロジェクトがあったが、実行されていない。だが、それでも一七八九年の革命前後の数十年間、ピラミッドに対する異常な執着があったことは、読み取れると思う。

たとえば、革命家で建築家クロード・ニコラ・ルドゥーによる興味深いプロジェクトがあった(2)。ルドゥーはフリーメイソンであり、建築歴史家ジェームズ・カールは「メイソンや秘密のメイソン宗派とかかわっていた」と言っているが、確かに深い興味を持っていたようだ。あるとき英国の建築家のフリーメイソンがパリのルドゥー家を訪れた。ここでメイソンの集まりがあったのだが、この英国人は、極めてオカルト的な集まりだと感じている。後になってこの英国人は「ルドゥーはカリオストロ伯の異端的フリーメイソンに傾倒しているようだ」と述べている(3)。多くの建築家が、ルドゥーの野心的な設計の一つに首をかしげる。「大砲製造所」とよばれるこの作品は、巨大なピラミッドがある鉄の精錬所であり、「エルサレムの神殿一帯群」を思わせる配置になっている(4)。

さらに革命家・建築家エティエンヌ・ブレーによる極めて特異な疑似エジプトの芸術作品がある。そのなかでも有名なのは「エジプト風の記念碑」だ。これは巨大なピラミッド群だが、頂上のキャップストーン(冠石)は見られない。つまり歴史に残るようになってからのギザの大ピラミッド群の姿であり、アメリカ合衆国の国璽に見られる先端が切られたピラミッドとよく似ている(5)。メイソンの建築物の権威だといわれているジェームズ・カールは次のようにいう。「記念碑という名称になっているが、どう見てもこれは共同墓地か宗派の本部だろう。巨大な傾斜路を行く行列を見ると、そうとしか思えない」(6)。

至高存在のイメージ

ルドゥーやブレーは、デザインをするとき「至高存在」を考えていたのだろうか？　たぶん考えていた。だが、二人は、当時の多くの建築家と同様に、フリーメイソンの有名な建築家カトルメール・ド・カンシーに深い影響を受けていた。カンシーは一七八五年に「碑文・文芸アカデミー」で入賞した論文で知られている。論文のテーマはエジプトの建築についてだが、とくにピラミッドについてだった（7）。ジェームズ・カールによると「カンシーはただのフリーメイソンではない。メイソンへの確信が強く、強烈に影響されていた」という（8）。

カンシーの弟子、ルドゥーによる特異なプロジェクトも計画されていた。そのことは一八〇四年にパリで発行された著書『建築について』に示されている。それはブザンソン市の劇場で、巨大な「万物を見通す眼」になっており、ジェームズ・カールは「疑いもなくメイソンを示している」という（9）。同じ構想は、フィリップ・エガリテのためにモンソー公園ピラミッドをデザインした、革命家・建築家B・ポワイエも持っていた。B・ポワイエの野心的な計画はパリの公立病院のためのもので、全体的配置の中に巨大な「万物を見通す眼」があることがすぐにわかる（10）。

「監視する眼」「万物を見通す眼」「ピラミッドの中の眼」「三角形の中の眼」はすべてロベスピエールの「至高存在」のシンボルだ。だからこそ、革命時代のポスターに、英雄的な哲学者ヴォルテールとルソーが光り輝く日輪を指さす場面が描かれているのだ。この日輪の中には「万物を見通す眼」が描かれており、キャプションには「至高存在、主権在民、フランス共和国」と書かれている(11)。「万物を見通す眼」は一七九〇年にシャン・ド・マールで行われた「同盟の祝典」のポスターでも目立っている。このポスターの太陽からは光線が降りてピラミッドを黄金化し、「自由の柱」に固定された二つの三色旗と赤いフリギア帽を炎で包んでいる(12)。

最初のポスターにおける「万物を見通す眼」とヴォルテールの関係は特に興味深い。フリーメイソンの間では良く知られているが、ヴォルテールは一七七八年四月七日にパリの九詩神ロッジでフリーメイソン団に参入している。介添えは天文学者のランドとベンジャミン・フランクリンだった(13)。一カ月後にヴォルテールが亡くなったとき、このロッジはメイソン流の葬儀を行う「悲しみのロッジ」となり、一七七八年一一月二八日に旅立った魂のために葬式が行われた。メイソンの伝統に従って、ロッジの内部はすべて黒のベールで覆われた。部屋の端には階段ピラミッドが据えられ、黒いベールがかぶせられていた(14)。このピラミッドの頂上には死者の記念碑がおかれ、中に「G」という文字が刻印された光り輝く三角が浮遊していた。

このような輝く冠石をもつピラミッドは、もちろん、アメリカ合衆国の国璽にも見られる。このデザインは一七七六年にベンジャミン・フランクリンとトマス・ジェファーソンによって調整されている(15)。メイソンのシンボル的意味では、至高存在を表わす「眼」は、「G」という文字に置き換えることができる。「眼」も「G」も「神God」である「偉大なる幾何学師Grand Geometrlcian」や「宇宙の偉大なる建築師GRAND ARCHITECT OF THE VNIVERSE」を意味している。フランスの作家、ミシェル・ヴォヴェル教授は「理性の女神」の胸に「万物を見通す眼」が描かれている革命のポスターに注目しろと言う。この女神は勝利の花輪を手にし、記念銘板の上に掲げているが、そこに小さな「輝くピラミッドに眼がある」のが見えるのだ(16)。実を言うと、同じ輝く三角形に「万物を見通す眼」が一七八九年に国民議会で署名された『人権宣言(人間および市民の権利の宣言)』の上部にも描かれている。人権宣言の文章は、ラファイエット侯と聖職者シェイエスによって書かれた論文をモデルにしているが、二人ともスコットランド儀礼のフリーメイソンだった。そこでフランス大オリエントのグランドマスター、ポール・グルドの言葉を振り返ってみる必要があるだろう。彼はヴォルテールのような知識人が「革命の精神」を提供し、その結果としての第一共和制は、「私たちのロッジで作り上げられた人権宣言」を基礎にしているという(17)。

死にゆくタイガーの叫び

皮肉なことに一七九四年六月八日の「至高存在」の祭典とよばれる豪華な儀式が、ロベスピエールの墓穴を掘ることになった。彼の行事を観て、見せかけの信心や、偶像の神に対する崇敬を好まなかった人々が居たのだ。彼と最も近い関係にあった同盟者たちも、ロベスピエールの尊大さと虚栄心に嫌気が差していた。多くの人が、国民公会のトップに登りつめたため気が狂ったのではないかと心配した。

ロベスピエールの熱烈な支援者たちの集まりであるモンターニュ派(山岳党)の人々ですら、疑問を持ち始めた。彼らのほとんどは無神論者だったので、ロベスピエールが演出した奇妙な宗教ショーに深く恥じ入った。驚いたことに彼らは、それまで犯しがたい存在であったロベスピエールに共和国の敵だという烙印を押す方法を見つけて、一七九四年七月二八日にギロチン台に送ってしまった。彼の顎はピストルで撃ち飛ばされ、出血多量で話すことができなかった。哀れなロベスピエールにできることは、恐ろしい叫び声をあげることだけだった。目撃者によるとそれはまるで「死に行くタイガー」のようだったという。

革命は終焉に近づき、ほんの一瞬の興味深い瞬間だが、誰でも権力の手綱をとれるという状態に陥った。この身の毛もよだつ出来事の様子を見ていた若いコルシカ島生まれの士官が、そろそろ動き出そうと準備をしていた。

新たなアレキサンダー大王が生まれようとしていた……。

ナポレオンの女神

一七九八年三月五日の夕方、軍隊によって厳重に護衛された馬車がパリからトゥーロンの港に向かった。三月五日は古代ローマの有名なお祭り「イシスの船」が催される日でもある。馬車の中にはフランスの新しい英雄ナポレオン・ボナパルトと可愛らしい妻ジョゼフィーヌがいた。彼らはエジプトに出航するフランス艦隊へ向かっていた。

ナポレオンは一七九四年の恐怖政治の時代には、単なる砲兵士官に過ぎなかったが、二年後の一七九六年初めには、陸軍総司令官にのし上がっていた。イタリアでフランス軍の総司令官に任命された一週間後に、ナポレオンは絶世の美人ジョゼフィーヌ・ボーアルネと結婚した（18）。彼女はフリーメイソンで貴族だったボーアルネ子爵の未亡人だった。彼の階級の多くの人々と同じようにボーアルネ子爵も一七九四年にギロチン台の露と消えている。ジョゼフィーヌは貧乏貴族ジョゼフ・タシェ・ド・ラ・パジェリの長女だ。彼はマルティニーク島に移住したが、ジョゼフィーヌも一五歳までここに住んでいた。パリに出たのは一七七九年で、革命の一〇年前だ。そこで不運なボーアルネ子爵と結婚した。お見合い結婚だったが、幸せではなかった。一七九五年にナポレオンが初めて会ったとき、彼女は二人の子供を抱える未亡人で、国内最高司令官であったポール・ド・バラスとの荒れ狂う情事が破局を迎えたときだった。バラスの副官だったナポレオンは、当時まだ二七歳だ。ジョゼフィーヌは三三歳で、パリの上流社会の花形だった。彼女を上流社会に紹介したのは、美しいテレーズ・タリアンだ。テレーズはジャン・ランベール・タリアンの妻だが、ジャン・ランベールはバラスとともに、一七九四年のロベスピエールの没落を策動している。実のところ、テレーズの愛人バラスにジョゼフィーヌを紹介したのはテレーズ本人だった。そのバラスが、ナポレオンにジョゼフィーヌを譲ったのだ。

ジョゼフィーヌは若いときからフリーメイソン団に魅了されていたようだ。当時、貴族社会ではフリーメイソン団に参入することは、ファッショナブルだったし、夫のボーアルネ子爵も著名なフリーメイソンで、家族も高名なフリーメイソン一家だった（19）。ジョゼフィーヌは、夫がライン陸軍の司令官だったときに、ストラスブールでフリーメイソン団に参入したようだ（20）。そのだいぶ後になるが、ジョゼフィーヌの息子ウジェーヌ・ド・ボーアルネがイタリア大オリエントとイタリアの第三三位階最高評議会のグランドマスターになっている（21）。だが、一七九八年当時の息子は、ナポレオンとともにエジプトに出征していた。

一八〇四年にジョゼフィーヌがフランス皇妃になったとき、彼女はパリの女性フリーメイソン団のグランド・ミストレスに選ばれている（22）。彼女と親しかった多くの女性もメイソン団に参入している。ジョゼフィーヌの女官だったフェリシテ・ド・カルボネル・ド・カジニが女性のフリーメイソン団に参入したのは、ストラスブール市長夫人ディートリッヒの手によってだった。このときを記念してメダルが作られたが、黄金の三角形が見られ、その頂点には王冠があり星が入っている。これはまるでジョゼフィーヌが将来フランスで果たす役割を予告しているかのようだ（23）。ジョゼフィーヌがもっとも気に入っていた従姉妹エミリー・ド・ボーアルネは、王立郵政省長官ラヴァレット伯アントワーヌ・シャマンの妻だったが、パリの「アナクレオン」ロッジのグランド・ミストレスになっている（24）。

フリーメイソンとして古代の密儀に参入したジョゼフィーヌは、イスラム教に興味を持った可能性がある。あるいは革命の後、理神論が盛んになっており、ナポレオンに、イスラム教を西ヨーロッパに持ち込むよう個人的に勇気づけたかもしれない。よく知られている話だが、ジョゼフィーヌの従姉妹で美しいエメ・デュビュルク・ド・リヴェリがアラブの海賊に誘拐され、トルコの専制君主（スルタン）アブドゥル・ハミット一世のハーレムに売り飛ばされている。エメはすぐにスルタンの寵妃となり、息子エミール・マムードを生んでいる。年老いたスルタンが亡くなると、若くて魅力的な後継者で、スルタンの甥エミール・セリムがエメを妾にした。エメはセリムを親仏派に変えて、大きな影響力を持つようになった(25)。したがってフランスのジョゼフィーヌと、従姉妹が力を持つトルコのサルタンとの間に、王朝的な結びつきができたわけだ。この結びつきによって、中東とイスラム教がジョゼフィーヌの興味の対象となったかもしれない。それはともかく、ジョゼフィーヌやナポレオンの心にどのような秘密の思いがあったにしろ、ナポレオンはエジプトから、彼女に次のような興味深い言葉を述べている。「私は新しい宗教を見つけ、アジアに行進し、象に乗り、頭にはターバンを巻き付け、手にはコーランを持ち、必要を満たそうとしている」(26)。

だが、これが冗談で書かれているのかどうかは、知るよしもない。

エジプト侵略の理由

エジプト侵略の考えは、ナポレオンのオリジナルではない。これは偉大なフランスの政治家・外交家タレーランの思いつきだ。一七八九年に彼は第二身分（聖職者）の代表の座を放棄して、革命家たちと行動を共にした。彼は立憲君主制を好んだ。そこで、革命の進行とともに、断首されないためにはフランスから逃げ出す他なかった。最初に行ったのはイングランドで一七九二年の終わりだった。それから一七九四年にアメリカに渡り、一七九六年九月まで滞在した。ナポレオン・ボナパルトが台頭する後のことだ。彼がフランスに戻ると、ナポレオンはタレーランを外務大臣に任命した。

タレーランはカトリック教会の司教にまでなったが、熱心なフリーメイソンでもあり、革命の初期にはオルレアン公の支持者だった。タレーランは高名なパリのロッジ「レ・フィラレット（真実を愛する者たち）」と「レザミ・レウニ」のメンバーであった。「レザミ・レウニ」にはマラーやシェイエスやコンドルセもいた(27)。パリの「レ・フィラレット」は一七八四年から一七八五年頃、カリオストロ伯のエジプト儀礼にも深いかかわりを持った。このロッジの多くのメンバーがカリオストロ伯のロッジに参加したのだ。フリーメイソンのヘンリー・エバンズは次のように言う。

カリオストロ伯とロッジ「レ・フィラレット（真実を愛する者たち）」の論争は、メイソンの歴史になっている。一七八五年二月一五日、「レ・フィラレット」のメンバーが、サヴァレット・ド・ランジュを頭としてパリに集まり、フリーメイソンの重要な問題について話し合った。たとえば起源であり、本質的な性質、オカルト科学との関係などについてだ……彼らの中にはフランスやオーストリアの王子がおり、議員や銀行家、大実業家や大使、陸軍将官や医者、農民や一般人、それに二人の魔術の教授が居た。S・ド・ランジュは王室銀行家で、昔のバイエルン啓明結社では重鎮だった。カリオストロ伯も会議に参加するよう、召喚されたが、メッセンジャーを通じて、必ず討議に参加すると保証した。だがカリオストロ伯は気を変えて、「レ・フィラレット」がエジプト儀礼の憲章を採用し、彼らの文書を燃やし、リヨンの母ロッジ「知恵の勝利」に参入するよう要求した。なぜなら、彼らが真のメイソンの教えを所有していないからだという。カリオストロ伯は快く彼らに手を差し出して「彼らの神殿の暗闇に、光の束を送ることにした」のだと言う。フォン・グライヒェン男爵は代表としてカリオストロ伯に会い、もっと詳しい情報を要求した。同時に、母ロッジのメンバーも、会議に参加するよう求めた。あらたに情報交換が行われたが、カリオストロ伯は最初の立場を変えなかった。結局、「レ・フィラレット」から三名の代表が出かけ、エジプト儀礼フリーメイソンに参入した。三名の中にはフランシュ・コンテのマルネジア侯も含まれていた。彼らの会議への報告には次のような重要な言葉が含まれていた。「彼（カリオストロ伯）の要綱は崇高で純粋だ。私たちの言葉とは完全には合わなく、彼は古代の預言者のように言葉を使う」。(28)

これらの「エジプト」の売り込みが、タレーランに何らかの影響を与えただろうか？　タレーランは、ナポレオン・ボナパルトに「エジプト遠征」を勧めたのだ。……ありうることだろう。特にフランスがエジプトを侵略するのは、これが初めてではないからだ。

一二四九年というと、モンセギュールにあったカタリ派の強固な要塞を陥落させた五年後だが、その同じルイ九世の軍隊がダミエッタ港に上陸している。フランスの騎士たちの力でエジプトを支配しようとしたのだが、王は敗北し、カイロに向かう途中の小さな町マンスラーでアラブ軍に捕獲された。だが莫大な賠償金を払って解放された。ルイ九世はこれにも懲りず、一二七〇年に再びエジプト征服を企てる。今回はチュニジアに上陸し、砂漠を越えて接近した。だがフランスの侵略者たちに疫病が襲いかかり、王も砂漠の小道で病死した。

数世紀後の一六七二年に、有名な数学者・哲学者ゴットフリート・ライプニッツがルイ一四世に本格的エジプト侵略の秘密計画を提案した(29)。ルイ一四世はオランダと戦争中で、この計画は却下された。この計画の本当の狙いは、ルイ一四世の関心をヨーロッパ征服からそらすことにあったようだ。それよりもアレキサンダー大王のスタイルで東と西を融合させるという「普遍的な使命」に関心を向けさせようとしたのだ。

学者たちはライプニッツが、薔薇十字団の「目には見えない」同胞の一人ではなかったかと疑っている(30)。彼はイエズス会士でヘルメス・カバラ思想家のアタナシウス・キルヒャーと長い間連絡をとっていたことも知られている。二人の共通する関心にエジプトの絵文字《ヒロエグリフ》とオベリスクがあったのだ(31)。キルヒャーはライプニッツの数学的・哲学的調査に影響を与え、ライプニッツは古代言語の研究に没頭するようになっている(32)。

その後もエジプト征服の考えは無くならなかった。似たような計画はルイ一五世の外務大臣ショアズール公も提案している(33)。ショアズール公はフランスの大貴族として最初にフリーメイソンに参入した一人だ(34)。彼はイエズス会の恨み重なる敵でもあり、一七六四年にはイエズス会をフランスから追い出すことに成功している。奥方のショアズール公爵夫人はカリオストロ伯が一七八五年にパリに開いた婦人ロッジ「イシス」の常連であり、ロッジのグランド・ミストレスにも指名されている(35)。ショアズール公はフランス艦隊近代化の父であり、フランス海軍による侵略に関しては権威だったが、彼のプロジェクトも棚上げにされた。

そこでタレーランが一七九八年初めに、エジプト侵略の計画を持ち出したとき、最初は躊躇する空気が強かった。ナポレオンは、ネルソン率いる英国艦隊がフランスの獲物を探している地中海の横断に、ためらいがあった。一方、栄光に満ちた楽な勝利が保証されており、アレキサンダー大王やカエサルの偉業を再現できるという思いも無視できない。軍の機密情報によると、アレクサンドリア港の守りは手薄で、守備隊の訓練も不十分で、近代的なフランス戦艦や、ナポレオンの精鋭部隊の敵ではないようだった。

ジョゼフィーヌの問題

エジプト侵略を決断するに当たって、ナポレオンは個人的に悲痛な問題を抱えていた。妻ジョゼフィーヌに関することだ。二人は結婚してから二年と経っていなかったが、ジョゼフィーヌはすでに若い士官イポリート・シャルルと浮気をしていた。一七九六年に結婚した数カ月後、ナポレオンはイタリアで交戦中だったが、ジョゼフィーヌの態度におかしな雰囲気を感じたらしく、以下のような子供っぽい手紙を送っている。

愛するあなたに私はたびたび手紙を送っているのに、あなたはほとんど手紙をくれない。あなたはみだらでいけない人で、しかも気まぐれだ。哀れな夫を騙すのは不実なことだ！　夫は遠くにいて、骨折って働き、疲れ果て、辛苦に耐えているために、すべての楽しみを失わなければならないのか？　私のジョゼフィーヌなしには、あなたの愛の保証がなければ、この地上に、私にとって何が残っているのだろう？　私には何ができるのか？……さようなら、かわいいジョゼフィーヌ。そのうち、ある夜、大きな音とともにあなたの部屋の扉が開かれるだろう。嫉妬に狂った人によって。そしてあなたの腕の中に私がいるだろう。数千回の愛のキスとともに。

一七七六年一一月に、ジョゼフィーヌはイポリート・シャルルとともに、ジェノヴァに旅をしたことで、ナポレオンは怒り狂い、感情が混乱した。今では妻の浮気を強く疑っていたが、彼の巨大な自尊心と異常なまでの愛情によって、矛盾した反応を示している。

あなたのことをもう愛していない！　それどころかあなたが嫌でたまらない。あなたは下品で卑劣で野獣のようにふしだらだ。私に手紙もくれない。夫を愛していないのだ……もうすぐあなたを腕の中に包み込む。それから百万回もキスをする。赤道のように燃えて……。

一七九八年三月五日、フランスの「普遍的使命」を訴える能弁な名演説が飛び交い、英国のインドとの貿易を妨害する必要からも、フランス総裁政府はエジプトへの軍事遠征を決定した。総司令官はナポレオンだ。採決の結果は、一七八九年五月一九日に艦隊がトゥーロンから出航するまで秘密にされた(36)。英国の歴史家オーブリー・ノークスによると、ナポレオンはジョゼフィーヌがパリで悪さをするのを恐れたのか、エジプトへの同伴を求めたが、彼女の方が頑固に拒否したという(37)。だが、ヴィンセント・クローニンが書いた最近のナポレオンの伝記によると、事実は反対だったという。エジプトにどうしても行きたかったのはジョゼフィーヌのほうであり、ナポレオンが拒否したのだという(38)。どちらにしろ、結果的にジョゼフィーヌはフランスに残り、イポリート・シャルルに会ってはならないと、ナポレオンに厳命された。ナポレオンがエジプトに向かう旗艦「ロリアン(オリエント)」に搭乗する直前、二人のあいだには奇妙な会話が交わされている。

「お帰りはいつ?」とジョゼフィーヌが小声で聞いた。
「六カ月、六年、帰ってこないかも」とボナパルトは無関心そうに答えた。
ボートが埠頭から離れるとき、ジョゼフィーヌは一歩踏み出し、最後のメッセージを残した。「さよなら、さよなら、テーベ(ルクソール)に行ったら、小さなオベリスクを送ってちょうだい……」。(39)

このような感情的緊張感の中、ナポレオンは発見と栄光のエジプト大冒険に出航した。ジョゼフィーヌの不誠実と軽薄さにかかわらず、ナポレオンは彼女を熱愛しており、二人で行う歴史的使命があると強烈に信じていた。このときは、これまでにないほど、彼の英雄的行為とユニークな使命感を彼女に印象づけたかったに違いない。

「私たちが教皇を滅ぼした……」

フランス艦隊がアレキサンドリアに到着したのは一七八九年七月一日だった。興奮したナポレオンは、エジプトの人々が、マムルーク朝の抑圧的支配下にあるという前提の元、興味深い宣言をしている(40)。

エジプトの人々よ！　私があなた方の宗教を破壊しに来たと教えられるだろう。それを信じてはならない。私はあなたがたの権利を復活させ、抑圧者を罰するために来たのだ。私はマムルーク朝よりもアラーの神、預言者、コーランを崇拝している……エジプトには偉大な都市、偉大な運河、偉大な商業が栄えていた。それらが破壊されたのはなぜか。マムルーク朝の専制政治、不正義、どん欲のためではないか？……シャイフ（族長）たち！　イマーム（導師）たち！　人々に我々がイスラム教徒の真の友人であることを伝えよ。イスラム教徒と戦わなければならないと主張した、教皇を滅ぼしたのは私たちではなかったか？　マルタの騎士団を滅ぼしたのも私たちではなかったか？　なぜならこれらの気の狂った騎士たちは、イスラム教徒と闘うことが神の意思だと信じていたからだ。サルタンと永く友情を保ち、サルタンの敵を敵としていたのは私たちではなかったか？(41)

パリの画家バセが描いた当時の彩色エッチング画がある。これを見るとナポレオンが何を考えていたかがわかるようだ（42）。ナポレオンは上部の絵の中央におり、ギザのピラミッドの脇に立ち、足元にひれ伏す二人のアラブ人からエジプトの鍵を受け取っている。ナポレオンの上には二人の天使が花輪の王冠を持っている。一人は「栄光」もう一人は「名声」の天使だ。下の絵のナポレオンはすぐそばに浮かぶ、大きな輝く三角形（至高存在）を指さしている。どうやら既存の宗教の代表者たちを呼び集め、光り輝く三角形で表わされている普遍的な「神」をあがめるよう勧めているようだ。

一七九八年七月終わりにナポレオンはカイロを陥落させた。アラブ人はナポレオンが申し出た新フランス共和国とイスラムの盟約を受け入れる態度を装った。だが内心ではナポレオンとその軍隊をはるか昔の十字軍同様に憎んでいた。だが今は悪魔との交渉の時であり、ナポレオンを放逸する機会を狙う他なかったのだ。ちょうどこの頃ナポレオンは、パリのジュノー将軍から、個人的な手紙を受け取った。それによるとナポレオンがトゥーロンから出航するとすぐに、ジョゼフィーヌがイポリート・シャルルと一緒に宿屋に泊まったという動かせない証拠があるという。ナポレオンは打ちのめされた。その報復として、ナポレオンもカイロで若い将官のかわいい奥さんポーリーヌ・フレールとおおっぴらに浮気した（43）。

ナポレオンのエジプト征服を、後の歴史家たちは「愚かなエジプト遠征」というが、確かにフランスの犠牲は大きかった。ホレイショ・ネルソン率いる英国艦隊に、フランス艦隊はアブキールで壊滅させられた。また当初、五万四〇〇〇人いた遠征軍の四〇％近くが失われた。さらに悪いことに、アバークロンビー率いる英国軍に、アレクサンドリアのフランス軍の生き残りが、屈辱的な降伏をしてしまった。

ナポレオンは降伏するはるか前にフランスに戻っており、何とか軍事的・政治的大失敗を生き残った。その後すぐに、敗北という現実を文化的勝利だとすり替える、効果的な宣伝が大々的に行われた。

ナポレオンの使命と学者たち

ナポレオンはエジプトに一六七名の「賢人」、つまり学者や技術者を連れていった。その中には測量士、数学者、天文学者、土木技術者、植物学者、言語学者、詩人、画家、建築家などがいた。彼らは新しく創立されたばかりのフランス学士院から選ばれていた。実際に人選したのは数学者のガスパール・モンジュだった。モンジュはナポレオンの親友で、助言者で、この若い将軍を「義理の息子」と見なしていた（44）。モンジュはパリの九詩神ロッジに属する有名なフリーメイソンだ。シャルル・ジルベール・ロムとともに、エジプトの太陽年に基づく共和国暦を作成したのもモンジュだ。エジプト滞在中にモンジュはカイロにエジプト学士院を創立した。これはフランス学士院をモデルにした、科学を研究する百科全書派的な組織だ。モンジュはエジプト学士院の所長となり、ナポレオンが副所長となった（45）。ナポレオンが連れていった、その他の学者や将官の多くもフリーメイソンだった。彼の右腕だったジャン・バティスト・クレベール将軍は、エジプトの地における最初の近代フリーメイソン・ロッジのマスターになったと言われている（46）。

別の賢人にドミニク・ヴィヴァン・ドノンがいる。ドノンは芸術家でフリーハンドのスケッチや、エッチングに優れた才能を持っていた。高い教養を持つドノンは、革命前、ロシアとスウェーデンで外交官として活躍していた。一七九三年一二月には王党派だと見なされ、ギロチン台に送られる寸前まで行ったが、友人の画家ジャック・ルイ・ダヴィッドによって救命された。国民公会の重要人物だったダヴィッドは、その頃、「バスティーユのイシス」の祭典を企画しており、一七九三年一二月にはロベスピエールとともに、至高存在を売り込むのに忙しかった。

才能豊かで洗練されており、ハンサムだったドノンは、貴夫人たちのお気に入りだった。彼はロシアの女帝エカテリーナ二世からも非常に尊敬されており、新たに台頭してきていたジョゼフィーヌに気に入られるのは、楽なことだった。ドノンをナポレオンに紹介したのはジョゼフィーヌだ。ジョゼフィーヌはナポレオンにドノンをエジプトに連れていくよう進言したが、ドノンがフランス学士院の会員でないため、ナポレオンは賛成しなかった。だが結局、いつものようにナポレオンはジョゼフィーヌの主張を受け入れた。だがこの決断をナポレンは後悔しなかったはずだ。なぜなら、ドノンの刊行した素晴らしい絵によって、ナポレオンのエジプトにおける大失敗が、文化的勝利に魔法のように変わってしまったからだ。これはナポレオン個人だけでなくフランス共和国の勝利でもあった。

アブキールで敗北し、アレクサンドリアで遠征軍が屈辱的な降伏をしたという傷があるにもかかわらず、ナポレオンのエジプト「征服」は、彼をアレキサンダー大王やカエサルと並び称される歴史的に著名な軍事的英雄・帝国建設者にした。ここに、生きているフランスのナポレオン大王が誕生した。

エジプトから帰還したナポレオンは、まるでフランス王シャルルマーニュをモデルにした新しいフランス帝国を作る準備のできた神話的・宇宙的英雄のようだった。ドミニク・ドノンが監修して出版された有名な『エジプト誌』は、「大ナポレオン」に捧げられている。表紙には不滅の太陽神アポロ＝英雄王としてナポレオンが描かれている。宇宙の戦車に乗ったナポレオンは、エジプトのシンボルである翼の生えた日輪の下にあり、守られている。この日輪の中には、この場合、星が入っている。

偶然だろうか？　同じ時期に大西洋の反対側でこれと同じ図柄がジョージ・ワシントンとの関連で使われているのだ。その図柄も不滅の太陽神アポロ＝ソルが抽象的に描かれ、宇宙の戦車があり、羽の生えた太陽盤の中には同じ星がある。この謎については次章で述べる。

ほとんどの歴史家が同意するが、ナポレオンの軍事征服の駆動力となったのは、己の使命に対する揺らぎない信念だった。彼は歴史に選ばれ、ヨーロッパあるいは世界を、普遍的なルールの元に統一する運命にあると信じていたのだ。彼の法に関する見方はフランス共和制の思想・道徳観・法律を基礎にしていたので、ナポレオンは自らを革命の、そして普遍的な聖なる任務の化身であると考えていた。

一七九九年にエジプトから帰還したナポレオンはまだ三〇歳だった。彼は総督政府に共和国の「第一執政」になったと公布させたが、この言葉は明らかに共和国ローマから来ている。一八〇二年に彼は「永久執政」に選ばれ、巨大なよく訓練された軍隊を使って、ヨーロッパの多くの地域をフランスに併合した。その中にはドイツ、オーストリア、イタリアが含まれる。ナポレオンは肩書きを除いてあらゆる意味でヨーロッパの「皇帝」になったのだ。
一八〇四年に三五歳になったナポレオンは、究極的な名誉を狙った。

神聖「フランス」帝国

西暦八〇〇年のクリスマスの日、教皇レオ三世はフランス王シャルルマーニュを神聖ローマ帝国最初の皇帝に戴冠した。当時、シャルルマーニュは教皇を守るため、大軍を擁してローマにいた。伝説によるとシャルルマーニュは、礼拝のためにサンピエトロ大聖堂に入っただけだったという。彼が祭壇に近づき、ひざまづいてお祈りを始めると、教皇が黄金の冠をシャルルマーニュの頭に乗せ、信徒たちに次のように叫ばせた。「人生と勝利を崇高なる者シャルルに。神によって戴冠された、ローマ人の偉大で平和的な皇帝！」。教皇はシャルルマーニュの前でひれ伏し、古代ローマ皇帝に接するようなマナーで敬意を示したと言われている。それには聖なる油を注ぐことも含まれる。

シャルルマーニュの戴冠の後、王であれ皇帝であれ、教皇から直接戴冠される名誉を得たものはいない。だが一〇〇〇年後になって、ナポレオン・ボナパルトは、それを変える機が熟したと決めた(47)。そのため彼は一八〇四年遅くに力づくで、教皇ピウス七世をパリに連れてこさせた。戴冠式はナポレオンが綿密に計画し、つい最近まで「理性の女神の神殿」とされていたノートルダム大聖堂で行われた。戴冠式が最高潮に達する寸前に、ナポレオンは前に進み出て、教皇の手から王冠を取り上げ、華々しい抽象的なジェスチャーとともに、自ら頭に乗せて皇帝となった。教皇が唖然として見つめる中、ナポレオンは小さな冠を取り上げ、愛らしく気まぐれなジョゼフィーヌの頭に乗せ、皇妃とした(48)。ダヴィッドは巨大な絵画を描いてこの瞬間を不滅のものとしたが、今でもルーヴル博物館で見ることができる。この盛儀を記念して、九詩神ロッジのフリーメイソンでカリオストロ伯とも親しかった、彫刻家ジャン・アントワーヌ・ウドンがジョゼフィーヌの大理石胸像を制作している(49)。

ウドンやドノンやダヴィッドなどのフランスの芸術家たちは、ジョゼフィーヌに眩惑されたのだろうか、と考えてしまう。彼らはジョゼフィーヌを新たなイシスに昇進させたからだ。したがって彼女は、大陸フリーメイソンとパリの都の真の女神となってしまった。一七七三年にフリーメイソンで九詩神ロッジのメンバーで、近代タロットの発明者クール・ド・ジェブランは次のように書いているのだ。

「当初、パリが島（シテ島）にあったことは、誰でも知っている。したがってパリは最初から航海の都なのだ……川には船があふれ、パリの象徴は船であり、航海の女神イシスを守護神としていた。船はイシスのものであり、この女神のシンボルだった」。(50)

「パリ」のイシスの船と「帝国」の概念の関係については、一九世紀前半のパリの歴史家F・ノエルが次のように書いている。

「イシスの船は航海の女神の船として知られ、ローマでは華麗な祭礼によって祝われる。水に浮かばされた船はイシスの神殿に戻され、皇帝や帝国やローマ市民の繁栄のために祈りが捧げられる……」。(51)

日付と言葉

ナポレオンのエジプト占領は一七九八年から一八〇一年という短い期間だったが、この不運の冒険に神秘的な輝きを与える出来事がいくつかある。

第一に、一七九八年三月五日という、総裁政府がエジプト「解放」のためにナポレオンを送り込むと決議した日だ。メイソンとかイシスに強い関心を持つ人々が多かった総裁政府で、三月五日がイシスの船祭が行われる日であることに誰も気づかなかった、ということはないだろう。航海の女神イシスのお祭りはローマ帝国時代やその後の古代フランス（ガリア）で広く人気があったのだ。

第二に、アブキールの海戦には困惑させられる状況がある。アブキールはアレクサンドリアの東にある浅い湾だ。一七九八年八月一日に、ここでネルソン提督はナポレオンの艦隊を壊滅させている。アブキールは古代都市カノープスがあったところだ。伝説によると、トロイの愛人たちパリスとヘレンを乗せた船が、ここに避難している。ヘレンはヘロドトスによって、彼が「異人アフロディテ」と呼ぶエジプトの神と関係づけられている。アレクサンドリアの人々は、「アフロディテ」をイシスと同一視した。ヘレンとイシスは二人とも、船と船乗りたちの守護神としてよく知られている。さらにイシスの星シリウスは「ステラマリス」であり、「海の星」であり「東の星」「オリエントの星」としても知られている。エジプトにおけるナポレオンとその博識の友人たちは、旗艦「ロリアン（オリエント）」をアブキール／カノープスに停泊させることで、神話の原型を強く呼び起こさせることを知っていたのではないだろうか？

この疑問は憶測も甚だしいことを認めよう。だが当時のナポレオンの心境から推測すると、そのような関連付けを行ったこともありうるのだ。コルシカ島出身のナポレオンは生涯、非常に迷信深かった。彼にとってジョゼフィーヌは「幸運のお守り」であり、生きているタリズマン（護符）だった。彼の極端な迷信深い性格が意味するのは、つねにすべてに縁起を探していたことだ。フランスの歴史家ジャン・デュッシェの報告によると、ナポレオンが枢機卿によって戦争のやり方を非難されたとき、枢機卿の袖を捕まえて、窓際に引っ張っていき、明るい空の下で、「星が見えるか？」と聞いたという。困惑した枢機卿が「星は見えない」と答えたところ、ナポレオンは「そうか、俺にしか星が見えないようだ。そうなら俺は使命を全うする。だから誰の批判も許さない！」と返答したという(52)。

ナポレオンの旗艦「ロリアン（L'orient)」のように「オリエント」という言葉を聞くと、フランス人のフリーメイソンならば、すぐにパリのロッジの本部「大オリエント」つまり「偉大な東」を思い起こす。メイソンの仲間言葉では、「オリエント」と「イースト」と言ったら、それは町や都市の中心的メイソン神殿のある場所を意味する。また「大オリエント」とか「大イースト」と言うと、一国の中心的ロッジを意味する（53）。たとえば、「大オリエント」はカデット通りにあるパリの中心的なロッジだし、同じように「大イースト」は、ロンドンのフリーメイソン・ホールを示している。

フランスのフリーメイソン皇帝？

ナポレオンがフリーメイソンだったと証明できる資料はない。だがメイソンではなかったと証明できる資料もない。それぞれの立場で研究し、推測をしている人々がいる。ある学者たちはナポレオンがフリーメイソンに参入していたと強硬に主張し（54）、ほかの学者はそれに強く異議を唱えている（55）。

一九世紀における大陸のフリーメイソンたちの多くは、ナポレオンをメイソンの一員だとみなして行動している。ヨーロッパにはナポレオンの名前を付けたロッジが一〇以上もあった。パリには「聖ナポレオン」ロッジがあり、トゥールーズには「大ナポレオン」、フィレンツェには「ナポレオン」、ナポリには「星座ナポレオン」、マドリッドには「ナポレオンの星」ロッジがあった。このような名前を持つロッジは、ナポレオンの軍事・社会・文化的業績を喚起しようとしていたわけだ（56）。

ナポレオンの戦略面での側近には、タレーラン、モンジュ、クレベール、マセナなど著名なフリーメイソンがたくさんいた。ナポレオンの家族もフリーメイソンだったことがはっきりしている。父親のシャルル・ボナパルト、兄弟のジェロームとルイとジョゼフ、妻のジョゼフィーヌ、義理の兄弟ジヨアキム・ミュラもメイソンだ（57）。歴史家でメイソンの著述家フランソワ・コラヴェリは確信を持って次のように言う。「ナポレオンが参入したというのは伝説ではない。フランス大オリエントが主張するように、エジプトで参入したようだ」（58）。ほかの権威者たちのなかには、ナポレオンとその将軍ジャン・バティスト・クレベールが、大ピラミッドの内部でコプト人の賢者により、エジプト式メイソン儀礼を授けられたと主張するものまでいる（59）。

将軍ジャン・バティスト・クレベールは影響力のあった実践的フリーメイソンの息子で、ナポレオンの軍隊に入るだいぶ前に、パリで建築業を営んでいた。フランス革命の二年前の一七八七年、クレベールはパリのデチュード公園のためにエジプト風の神殿を設計している（60）。もっとも当時、古代エジプトの神殿について直接知っている人はなく、クレベールの設計は、現存する古代エジプトの神殿とはまったく似ていない。だが装飾から観ると、「イシス」の神殿を造ろうとしたようだ。

歴史家ポール・ノードンによると、クレベールはエジプト最初の近代メイソン・ロッジを創立したが、名前を「イシス」としたという（61）。だが、エジプト到着後二年後の一八〇〇年六月、クレベールはアラブの狂信者によって暗殺された。クレベールの遺体には防腐処置が施され、フランスに送り返された。一八〇〇年九月終わりに棺がパリに届いたとき、芸術家ドノンは、エジプトのデンデラ神殿の複製をヴィクトワール広場に建設し、この偉大な将軍の霊廟にしようと計画した（62）。

ナポレオンによるイシスの研究

エジプトから戻ったナポレオンは、女神イシスに魅了されていた。関心が強いあまりルイ・プティ・ラドランを頭にする特別委員会を作って、イシスがパリの都の守護神だという古代からの伝説を確認しようとした（ジル・コロゼ、シャルル・デュピュイなどによって報告されている）。ナポレオンは特に、「イシスの船」と呼ばれるものとパリの紋章にある「パリの船」の関係について強い関心を示した(63)。一年かけた調査の結果、特別委員会は、ナポレオンに伝説は正しいと報告した。「イシスの船」が「パリの船」であることを支持する証拠がたくさんあるというのだ(64)。この結果に感銘を受けたナポレオンは一八一一年一月二〇日、パリの紋章にエジプトの女神イシスの姿と、彼女の星を加えるよう指示した。

前にも許可し、現在、手に持つ書類で再び公認するが、私たちの素晴らしいパリの都の紋章は添付の図案どおりの色とデザインとする。古代の船の前にはイシスの座る像が置かれ、海と同じ銀でできており、星に導かれるが、その星も銀製である。(65)

ナポレオンの手紙に添付された図は、現在、パリの国立図書館に保管されている(66)。この図を見ると、赤と金と銀の紋章が小麦の花輪で囲まれている。その全体の上には黄金の王冠があり、その上には帝国の鷲がいる。王冠は、翼のある蛇が絡まるヘルメスの杖「カドゥセア」で貫かれている。図柄の中心は銀の海に浮かぶ銀の船だ。へさきには女神イシスが玉座に座り、五つの先端を持つ星が船の前に浮かび、先導役を果たしている。船の上には三匹の黄金の蜂がいるが、これは聖なる太陽による支配を象徴している。

面白いことに、同じグループのシンボルがドノンの出版した『エジプト誌』にも現れる。この本はナポレオンに捧げられ、「N」で表わされているが、それがヘルメス的なとぐろを巻く蛇に囲まれている。その上には王冠があり隣にはファラオの印であるカルトゥーシュが描かれ、その中に蜂と五つの先を持つ星が入っている。

ナポレオンはルーヴル宮殿に作られたナポレオン博物館の初代館長にドミニク・ドノンを任命した。同時に建築家ペルシェとフォンテーヌに命じてルーヴル宮殿の東側の中庭の設計をさせた。また芸術家ジャン・ギヨーム・モワットに内部入口の東側正面を装飾させた。モワットは歴史上名高い、法律をもたらしたモーゼとマヌを選び、その間に玉座に座る女神イシスを置いた。イシスの脇には伝説的なインカ帝国の太陽皇帝で法律をもたらしたマンコ・カパクがいる(67)。

三〇年後に、ナポレオンの遺体が、流刑されていたセントヘレナ島から本国に送還され、パリの廃兵院の霊廟に安置された。有名な彫刻家で建築家のルイ・テュリス・ヴィスコンティは、故皇帝の巨大な棺を囲む、丸い壁の装飾をデザインしている。その場面の一つはナポレオンをマンコ・カパクや「不滅の太陽」を思わせる太陽神に見立てるものだ。崇拝されるフランスの将軍が胸をはだけて玉座に座り、頭から太陽光線が放出され、腕は前に延ばされ、帝国の多くの国々に「法」を渡そうとしている……。

星の場所

パリの最も有名な記念塔で、ナポレオンが一八〇六年に作らせたものといえば、もちろん、シャンゼリゼ大通りの西端にある凱旋門だ（68）。この場所の名前はナポレオンにとって、特別な響きがあったに違いない。永いこと、この場所はエトワール、つまり「星」と呼ばれていたのだ。自らの「使命の星」に執着し、パリとイシスの関係にあからさまな興味を示したナポレオンは、この星を、シリウスだと考えていた可能性がある。さらに凱旋門にはイシスとナポレオンの関係を暗示する風変わりな浮き彫りがある。この記念碑の東側は「ナポレオンの勝利」と呼ばれるが、一八三三年に芸術家ジャン・ピエール・コルトーによって彫刻が施されている（69）。場面では右側の「勝利」像（裸の女性）が、ナポレオン（ローマ皇帝のトーガ服をまとっている）に月桂樹の花輪を戴冠しており、皇帝の足元には頭に塔をかぶるローマの女神が膝まずいている（ナポレオンに降伏した町の象徴とされている）。

膝まずく女神はキュベレーであり、コルトーがモデルにしているのは、明らかに一六七五年にパリで発見された「塔」をかぶるローマの女神像だ。この女神像はサントゥスターシャ教会の土台を発掘したときに発見されている（70）。一六八三年にこの発見について出版したサン・ジュネヴィエーヴ教会のクロード・デュ・モリネによると、この像は……。

ギリシャ人がイーオー、エジプト人がイシスと呼ぶ女神であり、ローマ人がキュベレーという名前で崇拝する、大地あるいは自然の神である。エジプトの女神は太陽であるオシリスと結婚して、乳房からあらゆる作物を生みだす豊穣の女神となった。(71)

これを見ても、一七世紀フランスの歴史家たちにとって塔のような頭飾りをかぶる女神は、イシスを示すと思われていたことがわかる。イシスもまた「塔を頭にかぶっていた」(古代エジプトの絵文字でイシスは塔をかぶっているが、これは実は玉座)(72)。

さらに凱旋門でうずくまっている像が「イシスの冠」をかぶる皇妃ジョゼフィーヌだと観るのも、突飛な考えだとは言えない。なぜならこの場面は、ダヴィッドが描いた、教皇が臨席したジョゼフィーヌとナポレオンの戴冠式の絵を明瞭に思い出させるからだ(73)。絵の中でナポレオンはローマ皇帝の月桂樹の花輪をかぶり、ジョゼフィーヌは足元に膝まずき、皇妃の冠をかぶっている。同じ場面が凱旋門にも彫刻されている。ナポレオンがローマ皇帝の衣装を着て、月桂樹の花輪を戴冠され、女神の塔の冠をかぶったイシス／キュベレーが足元に膝まずく。

第一五章で検討したように、パリの主軸はアンドレ・ルノートルによって定められている(主軸はシャンゼリゼ大通りを貫く)。偶然なのか意識したのか主軸は西を基準として二六度北寄りであり、一年でも宗教的に重要な日（五月八日と八月六日）に、太陽が軸上に沈む。反対側の東を基準として二六度南寄りからはシリウスの重要な上昇がある。この配置は偉大な太陽神殿カルナックやルクソールの主軸にも観られる。ここでも古代エジプト文明初期の頃、西を基準として二六度北寄りの主軸の先に太陽が沈み、反対側の東を基準として二六度南寄りからは、シリウスのヘリアカル・ライジングが観られたのだ。シリウスは太陽王が「誕生」することを告げるものだったことを、私たちは知っている。ナポレオンはパリの都の新しい紋章に女神イシスとシリウス星を加えている。彼はまた「星の場所」に巨大な門を造ったが、パリの主軸の真上だ。これらの関係をすべて考慮に入れ、さらに歴史上の事実を加えると、さらに謎が深まる。一八三一年にナポレオンの凱旋門が完成するとき、古代エジプトのオベリスクがパリに運ばれてきた。二本あったラムセス二世のオベリスクの一本であり、もともとは上エジプトのルクソール神殿の外側に立っていた。これがパリの軸に添った場所を選んで建てられることになったのだ。

フランスの第二革命はいかに起こったか

一八三一年はフランス人にとって特別の年だ。偉大な第二革命が起こった翌年だからだ。一八三〇年七月にルイ一六世の兄弟であるシャルル一〇世の復古王朝が転覆し、ブルボン王朝は二度と戻ってこなかった。この第二革命はフランスとアメリカでもっとも有名なフリーメイソン、ラファイエット侯が起こしたものだ。彼が政変を計画し、フィリップ・エガリテの長男、ルイ・フィリップ・オレルアンを「市民王」として権力の座につかせたのだ。

大西洋の両側のフランス人のフリーメイソンにとっては、パリの地平線に「炎状星」あるいは「オリエントの星」が昇ったように思えたことだろう。「市民王」が凱旋門の完成責任者になったとき、この記念碑の上に巨大な黄金色の五つの先端を持つ星を飾る提案があったのも、驚くことではない(74)。

ここで一八三〇年の革命がどのように起こったかを見てみよう。

一八一五年六月一八日、ナポレオンはワーテルローで英国軍に大敗を喫すると、「退位」させられ、セントヘレナ島に終身追放された。フランスは挫折感と屈辱感に悩まされ、混乱に陥った。この混沌のなかで大衆は考えられないことに同意してしまった……ブルボン王朝への復帰だ。

一八一四年にルイ一六世の弟でプロヴァンス伯爵がフランスの新しく復帰された王、ルイ一八世となった。皮肉なことに、共和派やボナポルト派にとっては、すべてが元の木阿弥になってしまったのだ。だがほかに選択肢はなかった。当時の新共和国は機能せず、ナポレオンの後継者もいなかった。誰が考えても英国風の立憲君主制が現実的な選択だと思われた。だが、革命の水源はまだ枯渇していなかった。

すぐに緊張が広まった。フランス革命を継続したい人々と、絶対君主制に戻りたい人々がいたからだ。「ウルトラ」と呼ばれる過激な王党派グループが政治運動を始めたが、「白い恐怖」と呼ばれるようになった。彼らは革命の痕跡をすべて消し去ろうとし、バスティーユ陥落の前後に王朝を「裏切った」人々をフランスから追放しようとした。

国王は背後で「ウルトラ」を支持していたが、公の立場は温和派であるように見せていた。そのため首相には有名な企業家エリー・デキャーズを任命した。デキャーズに公爵の資格を授与し、彼の公正で理性的であるという評判を利用して、人々の支援を勝ち取ろうとしたのだ。このような間接的な方法で、ルイ一八世は共和派と王党派が生み出す政治的暴風雨を乗り切ろうとした。

デキャーズは著名なフリーメイソンだった。首相に任命される一年前の一八一八年に、デキャーズは古式公認スコットランド儀礼の第三三位階最高評議会のグランド・コマンダーになっている。メイソンの研究家の中には、ルイ一八世もメイソンに参入していたと信じる人もいる。そうだとすると参入したのは一七七五年で、プロヴァンス伯爵であった頃だ。またルイ一八世の弟であるアルトア伯(後のシャルル一〇世)もフリーメイソンで、二人ともロッジ「三兄弟」に所属していたという(75)。

ルイ一八世はナイーブにも、フランスのフリーメイソン団が、革命前に知っていた、貴族と金持ちが集まる古風で趣のあるクラブだと思っていたようだ。だがもちろんそれは、間違いだった。最初、首相デキャーズが宮廷にいるので、王はゆっくりと英国的立憲君主制に移行していくだろうと、多くの人々が期待していた。だがその夢も、一八二〇年二月一三日に完璧に粉砕されてしまった。熱狂的な共和派であるルーヴェルが、王の甥の若いベリー公を射殺してしまったのだ。

ブルボン王朝を継続できる血筋はベリー公だけであったことは、誰もが知っていた。ルイ一八世に子供はなく、その弟は子供を作るには年をとりすぎていた（76）。暗殺者とその背後にいた人々は、ベリー公を殺してしまえば、ブルボン王朝の王家の血筋が途絶えると計算した。だが暗殺者の知らないことがあり、巧妙な陰謀は失敗した。ベリー公の美しく聡明な妻マリー・カロリーヌ・ド・ブルボン・シシルが、妊娠していたのだ。数カ月後に男の子「奇跡の幼児」が生まれ、アンリと名付けられた。

ベリー公の暗殺は「ウルトラ」に、反王党派に対する魔女狩りを始める口実を与えた。ルイ一八世は、正体を現し、この件に関して「ウルトラ」に好きなように行動させた。ルイは共和派でボナパルト派だと見られた首相デキャーズを解任した。後任はヴィレール伯だったが、熱狂的王党派で「ウルトラ」の最悪の指導者だった。

デキャーズの解任で共和派は警戒感を強めた。ルイ一八世が旧体制に戻ろうとしているのではないかと疑い、王に反対する準備を開始した。デキャーズとその支持者の多くはフリーメイソンだった。そこで「ウルトラ」は陰謀の背後にはメイソン・ロッジがあるのではないかと疑った。皮肉なことに、デキャーズを始めとする多くのフリーメイソンは王に忠実だったが、メイソン・ロッジが秘密の政治集会の隠れみのに使われていたことも事実だった。一七八九年の革命当時と同じように、王朝に反対する過激派が潜む理想の場所だったのだ。

一八二一年一二月、過激な秘密結社シャルボヌリのメンバーがパリのメイソン・ロッジに浸透していった。シャルボヌリ党は王に対して武力による反乱を起こすことを目的としていた。カルボネリあるいはシャルボヌリと呼ばれるこのブループは、イタリアの反教権・反王党派グループ、カルボナリ党と直接的な関係があった。カルボナリ党は一八二〇年代から教皇とオーストリアのハプスブルク家によるイタリア支配に、何度も武力蜂起を起こしている。

フリーメイソンと同じように、カルボナリ党はメンバーを厳選し参入の儀式を行っている。儀式が行われたのはロッジではなく、イタリア語で二〇を意味する「ヴァント」だった。「ヴァント」の会員は二〇名を限度としたが、これは警察の注意をひかないためだ。カルボナリ党の起源は一八一二年までさかのぼれる。彼らはまず間違いなくメイソンのイタリア大オリエントからはみ出た武闘派連中だ。当時のイタリア大オリエントのグランドマスターは、ナポレオンの義理の兄弟、ナポリ王ジョアキム・ミュラだった(77)。イタリアのフリーメイソンはナポレオンに征服されてから、花を咲かせている。一八二〇年になると、カルボナリ党とフリーメイソンたちはロッジと「ヴァント」の巨大なネットワークを構築していた。ロッジや「ヴァント」は理想的な会合の場であり、憎きオーストリア人からイタリアを解放したい過激な政治グループの、秘密の通信網を提供していた。

カルボナリ党はイタリア独立運動の駆動力だったが、同時に熱心なボナパルト派で、すべての王政に反対し、カトリック教会の敵でもあった。一八一二年九月にナポレオンが亡くなると、彼らは街に出て騒動を起こした。その結果、教皇ピウス七世はカルボナリ党とフリーメイソン全般を非難した(78)。磔にして火刑にする時代は終わっていたが、一八二一年にオーストリアの警察はイタリアで大行動をおこし、メイソン・ロッジとカルボナリ党の「ヴァント」から過激分子を排除した。数百人が逮捕され多くのメイソンとカルボナリ党員が投獄された。ほかの人々は国外に追放され、あるいは脱出し、フランスのメイソン・ロッジに浸透していった。

一八二二年にフランスでシャルボヌリ党が反乱を起こすと、メイソン・ロッジは厳しく詮索されることになった。さらに悪いことに、「ウルトラ」グループはシャルボヌリ党の指導者は、ラファイエット侯だとにらんでいた。ラファイエット侯は、大西洋の両側で共和制の偉大な英雄だと見なされており、フリーメイソンの間では、すでに伝説的な評判を持つ人物だ。ラファイエット侯は熱心な共和派であり活発なフリーメイソンではあったが、過激派ではまったくなかった。彼は一七八九年の革命で経験した混沌とした「共和国」よりも、むしろ安定した立憲君主制を望んでいた。ラファイエット侯がシャルボヌリ党のシンパかどうかには意味がなかった。なぜなら、フランスのシャルボヌリ党の組織はお粗末で、王党派のスパイがたくさん入り込んでいたのだ。ともかく警察がシャルボヌリ党の陰謀者たちを大勢逮捕し、その後の混乱で多くのフリーメイソンも逮捕されると、シャルボヌリ党の活動は禁止された。

すぐに死刑の判決が降りた。処刑された人々の中には、有名な「ラ・ロシェルの四人の下士官」がいた。その二人はメンフィス・ミスライム・エジプト儀礼団のフリーメイソンだった。メイソン作家のジャン・アンドレ・フォーシェによると、一八二一年と二二年の暴動は、一八〇〇年代初めにイタリアで始められた新しいメイソンであるメンフィス団と、ミスライム団が引き起こしたのだという(79)。事態を悪化させたのは、元首相のエリー・デキャーズがミスライム団のメンバーであったことだ。デキャーズを支援していたイングランドの多くの貴族もミスライム団のメンバーだった。その中にはレスター公爵、サセックス公爵などがいる（80）。

この混乱の年、一八二二年に、ミスライム・ロッジはパリに二二もありさらに一二以上がリヨンやメスに存在していた。このようなロッジでは疑似エジプト的儀礼が行われていたことは、名前から見ても明らかだ。たとえばメスには「ヘリオポリス復活」という名前のロッジがあり、リヨンには「メンフィス」、モントバンには「洪水のナイル」ロッジがあった（81）。

第二革命

一八二二年にシャルボヌリ党を匿っていると非難されたのは、主としてミスライム団だった。その結果、一八二三年に活動を禁止されている。このような混乱と不穏な事件が起こっている真っ最中に、ルイ一八世は一八二四年九月に子供を残さず亡くなった。彼をついだのは弟のアルトア伯爵、つまりシャルル十世だが、すでに七〇歳になろうとしていた。

一七八九年の革命を逃れたほとんどの貴族と同様に、シャルル十世は一八一四年まで亡命していた。苦々しい面目を潰された経験をもつシャルル十世は、王が神聖な権利を持ち、カトリック教会が全面的に権威を持つ、昔の体制に戻す固い決意をしていた。戴冠式でシャルル十世は、古代の王権の儀式にしたがって、ランス大聖堂で聖油をかけることを強要した。この聖油は一七九三年から一七九四年の恐怖政治の時代に、粉砕された聖なるアンプルに入っていたものだ。

戴冠されると、シャルル十世は「ウルトラ」の指導者となり、カトリック教会のリバイバルが始まり、フランス革命を支持した人々は激怒した。多くの反聖職者たちと共和派はメイソン・ロッジに殺到したが、それは魂の啓蒙のためではなく、政治的避難所を求めてであった。シャルル十世は敬虔なカトリック教徒であり、嫌われているイエズス会を復興させようとした。噂ではシャルル十世はイエズス会に参入し、権力を渡すということだった。

一八三〇年三月に政治的混乱は沸点に達し、批判者をなだめるため、王は下院を解散し総選挙を行った。王は「ウルトラ」が勝利するとナイーブにも考えていたが、選挙結果は「ウルトラ」に思わしくなく、シャルル十世には二つの選択肢が残された。一つは立憲君主制に同意すること、もう一つはすでに持っている権力でクーデターを起こし、ボナポルト派や共和派を政府から追放することだった。彼は浅はかにも後者を選び、一八三〇年七月には町中の通りにバリケードが置かれた。五〇年も経たないうちにブルボン王朝に対する二度目の革命が始まったのだ。

ラファイエットが主役の日

すぐに二つのグループが台頭してきた。一つは純粋な共和派で、もう一つは立憲君主派だ。共和派はラファイエット侯を指導者と見なしていたが、妥協の達人であるラファイエット侯はこの二つのグループの両方に支配力を及ぼした。彼は、ブルボン王朝を完全に終わらせ、新しい王家を立て、その王家が旧体制を立憲化する方法がベストだと考えた。彼が考えていたのはオルレアン公の息子だ。この息子の父親はフィリップ・エガリテで、一七八九年の革命を豊かな富と高い立場から支援したが、結局は革命勢力によって断頭台に送られている！

一七八九年の革命の時、ラファイエット侯はフィリップ・エガリテと敵対したにもかかわらず、その息子のルイ・フィリップ・オレルアンと緊密な連絡を保っていた。ラファイエット侯の計画には明らかな利点があった。共和派とボナパルト派と立憲君主派の双方から受け入れられる可能性があり、内戦の危険を避けられることだ。共和派とオルレアン家のルイ・フィリップは正しい選択だった。これを実現するのにラファイエット侯は、強力なシンボリズムを上手に使った。このやり方はパリの暴徒には効き目があることが多いのだ。

一八三〇年八月にシャルル十世は強制的に退位させられた。シャルルは孫の「奇跡の幼児」ベリー公を新しい王にしてくれと頼んだ。フランスの王位をブルボン家で保ちたかったのだ。だが、共和派も立憲君主派も、この提案を即座に拒否した。この瞬間にラファイエット侯と彼が推薦するオルレアン公ルイ・フィリップが行動に出た。三日間に渡るパリにおける血なまぐさい市街戦の後、群衆は市庁舎の前に集まっていた。奥義を極めたものにしかできない絶好のタイミングを捉えて、ラファイエット侯は革命の三色旗をつかむと、ルイ・フィリップの体に巻き付け、彼こそフランスの市民王だと宣言した。

驚いたことにこの劇的なジェスチャーには効果があった。パリの暴徒は歓呼で迎え、この日はルイ・フィリップの勝利となった。共和派とボナパルト派の強硬派グループは彼らの「革命」を劇的に奪いとられて、怒ったが、何もすることができなかった。

ルイ・フィリップ一世は、すぐにボナパルト派や革命を好んでいることを示すため次々にプロジェクトを打ち出した。彼は一八〇九年に開始されたが未完成に終わっていた凱旋門の建設を、すぐに完成するよう命令を下した。さらに、一八三〇年の革命を記念して、バスティーユ広場に巨大な柱を建設するよう指令した。この柱の頂上には、ギリシャのヘルメスを思わせる翼をもつ若者「パリのジニー」が置かれている(82)。

同じ頃、ルイ・フィリップは最近パリに到着した、エジプトのルクソール神殿から運搬してきたオベリスクをコンコルド広場に立てるよう指示した……。

シャンポリオン

ナポレオンが亡くなってから一年半後の一八二二年に、偉大な学術的発見があった。この発見は学界を絶句させただけでなく、皇帝ナポレオンがセントヘレナ島でした約束を果たすものでもあった。なぜエジプトを侵略するのか、と問われたナポレオンは、「ヨーロッパの関心を古代世界の中心地に再び戻らせるためだ」と静かに答えているのだ(83)。

ナポレオンのある側面はよく見逃される。彼は天才的な軍略家であっただけでなく、造詣の深い学者であり、フランス学士院の古参会員なのだ。一七九八年に一六七名の賢者をエジプトに連れていくという遠謀を持っていたのもナポレオンだ。エジプトに近代的・科学的研究所であるエジプト学士院を創立したのもナポレオンだ。したがって、古代エジプトの文化に対する関心を復帰させようという彼の大きな夢が、政治家ではなくて、静かな学問に励む若者によって実現されたのも不思議ではない。この若者はグルノーブル近くのフィジャックという小さな町の住人で、フランスから外に出たこともなく、エジプトにはもちろん行ったことがなかった。

一八二二年九月一七日、ジャン・フランソワ・シャンポリオンはパリの碑文・文芸アカデミーで学者たちを前に話をしていた。咳をしながら弱い声で話したが、明らかに肺に罹患があった。彼はエジプトの謎に包まれた古代の神聖絵文字《ヒエログリフ》に関して重大な発表をしたのだ。有名な学者たちの疑い深そうな目にさらされたシャンポリオンはぎこちなく感じたが、ゆっくりと論文を読み始めた。これはアカデミー・フランセーズのダシエ会長に宛てられた論文で、題名は「ダシエ会長への手紙。神聖絵文字とアルファベットの関連」だった。

実のところこれは文化的・科学的な爆弾であり、世界でも稀な規模の大事件だった。この日、シャンポリオンの話を聞いていた人々は、この若者が過去最大の謎を解いたことを悟ったのだ。彼は古代エジプトの絵文字ヒエログリフを解読したのだ。シャンポリオンの地味な「ダシエ会長への手紙」によって、アカデミー・フランセーズの名声が高められ、科学的エジプト学の土台が提供され発展することになった。一八二二年九月、この場にいた多くのフリーメイソンたちも素晴らしいだけでなく適切なことだと思っただろう……、世界を変える発見がイシスの都パリで発表されたからだ。

一八二〇年代にシャンポリオンが住んでいたグルノーブルとリヨン地域は、君主制に反対する共和派やボナポルト派の拠点であっただけでなく、独創的なメイソン運動の温床でもあった。特に「エジプト」系フリーメイソン団はカリオストロ伯によってリヨンで開始されている(84)。シャンポリオンもそうだが、兄のジャック・ジョゼフは熱烈なボナポルト主義者だった。それだけでなくシャンポリオンの友人のほとんどがフリーメイソンだった(85)。そこで問題は、シャンポリオンもフリーメイソンに参入していたかどうかだ。それも特にエジプト儀礼のロッジのメンバーであったか? 今日、メイソン研究家の中にはシャンポリオンを有名なフリーメイソンの一人とする人々もいる。だが、彼が参入していたという証拠はない(86)。

シャンポリオンとその兄は、政治的な扇動をしたと疑われて、一八一六年にフィジャックの自宅に軟禁されたことがある。翌一八一七年に二人はグルノーブルに帰れたが、釈放の命令を出したのは影響力の強いフリーメイソンで当時内務大臣だったエリー・デキャーズだったと言われている(87)。

デキャーズはすでに述べたように第三三位階最高評議会のグランド・コマンダーであり、エジプト儀礼のメイソン団ミスライムに参入した最初の有名人の一人だ(88)。後になって著名な政治家ブラカス・ドルブ公がシャンポリオンの庇護者になっている(89)。奇妙なことにドルブ公は頑迷な「ウルトラ」で、ルイ一八世とシャルル十世のお気に入りだった。ドルブ公は一八一五年からナポリ王国にフランス大使として派遣されている。当時のナポリはエジプト儀礼のミスライム・メイソン団の中心地だった。

シャンポリオンはリヴォルノのギリシャ系イタリア美人アンジェリカ・パッリとも関係があった。シャンポリオンは一八二六年のイタリア調査旅行中に、彼女にほれ込んでしまっている。リヴォルノ町はピサの近くの地中海に面する港町であり、フィレンツェのメディチ家が使う主要な港であった。第七章で見たように、メディチ家はヘルメス的ルネサンスに重要な役割を果たしている。アンジェリカ・パッリは詩人で作家でありリヴォルノ・アカデミーに所属していたが、ヘルメス思想と新プラトン主義の文献に精通していた。彼女の名前は神殿の天使という意味であり、シャンポリオンの豊かな想像力を刺激したに違いない。彼は友人のガゼッラ神父に「私は彼女に会えて偉大な神アモン・ラーに感謝している」と書いている。一方、彼女の方も「プラトンやピタゴラスが知恵を引き出した豊かな土壌を持つエジプトの教義」が浸透している彼の「哲学」を喜んでいる(90)。

後年、アンジェリカ・パッリは、イタリアの有名な革命家ジュゼッペ・マッツィーニを積極的に支援している。マッツィーニは忠実なフリーメイソンで、イタリアの第三三位階最高評議会のトップだった。マッツィーニは人気のあった英雄ジュゼッペ・ガリバルディの親しい友人で同僚だった。ガリバルディは、エジプト式メイソン団ミスライムの初代グランドマスターだ(91)。シャンポリオンとアンジェリカ・パッリが出会ったリヴォルノという町と、つかまえ所のないメイソン・ロッジ「秘密のエジプト社会」との間にも興味深い関連がある。このロッジの創立者の一人はマチュー・ド・レセップスだと考えられている。この人は、エジプトのスエズ運河を建設した有名な技術者フェルディナン・ド・レセップスの父親だ(92)。一八一八年にオーストリアの警察がヴェネツィアのメイソン・

ロッジを急襲したところ、秘密結社が存在することがわかった。だがその中のメンバーの一人は、近代エジプトの初代支配者モハメッド・アリ太守であったという(93)。

マチュー・ド・レセップスは忠実なボナポルト主義者で、フリーメイソン団のエジプト儀礼に精通していた(94)。彼はアリ太守の親しい友人で、一八〇三年から一八〇六年までエジプトでフランスの商務官を務めている。その後、港町リヴォルノのフランス領事となった(95)。次の章でレセップス一家とは、また出会うことになる。ニューヨーク港に立つ、自由の女神と関連があるからだ。ところでこれらのことが、リヴォルノでのシャンポリオンにどのような影響を与えたかははっきりしない。だが、彼が初めてにして最後のエジプト旅行を計画するとき、何を考えていたかを明らかにしているとは言えるだろう……。

テーベに行ったら小さなオベリスクを送ってちょうだい

一八三〇年に退位させられるその三年前に、シャルル十世は、芸術家フランソワ・エドアール・ピコに命じて、ルーヴル宮殿の個人的博物館の天井に絵を描かせている。絵は古代エジプトを主題として、女神イシスを中心に据えている(96)。ピコは過激な革命家でボナポルト主義者のジャック・ルイ・ダヴィッドの弟子だった。ダヴィッドはロベスピエールと一緒になって、パリで理性の女神と至高存在のさまざまな祭典を実行している。さらに一七九三年八月のバスティーユの祭典では、パリの大衆のためにイシスの彫像を据え付けている。これを考慮に入れてピコの巨大な天井画を見ると、ダヴィッドによるバスティーユ祭典のイシス像をモデルにしていることがわかる。実は、絵そのものの独立した要素が、この関係を裏付けているのだ。たとえば、イシスの上に浮かんでいるのは「芸術のジェニー」と呼ばれるが、黄金の羽根を持つ裸の若者でギリシャの神ヘルメスを思い起こさせる。「ジェニー」は手にたいまつを持ち、「女神アテナ」のために下の風景を照らしている。女神アテナの足元にはフクロウがいるが、これは奥義を極めることで得られる知識を象徴している。

イシスの下の風景はエジプトではなく、パリだと見て間違いないだろう。もっと正確に言うと、バスティーユ広場だ。それがわかるのは「ジェニー」の存在だ。今日、ジェニーはバスティーユ広場の上に浮かんでいる。どこか？　巨大な柱の頂上だ。これはピコが天井画を完成させてから三年後の一八三〇年に「市民王」ルイ・フィリップが、この場所に建てさせている。

もう一つ指摘したいことがある。ピコの絵では、女神イシスが遠くのオベリスクを凝視している。このオベリスクはルイ・フィリップ一世がコンコルド広場に立てたルクソールからの実際のオベリスクなのだろうか？　ピコの絵は、パリの都とルクソールの都が関係あることを示唆しているのだろうか？

ピコが天井画を完成した一八二八年に、シャルル十世はエジプトからパリにオベリスクを運ぶ可能性の調査をシャンポリオンに委託した。このオベリスクはモハメッド・アリ太守からフランスに寄付されたものだ(97)。シャルル十世は古代エジプトに深い関心を持つようになり、一八二八年にはエジプト遺物博物館をルーヴル宮殿の南棟に開設している。

同じ年の七月、シャンポリオンは科学者と芸術家の小さなチームを引き連れて、トゥーロン港からエジプトに向かった。チームの中にはフランスの考古学者シャルル・ルノルマンと建築家のビボンがいた。シャンポリオンとそのチーム「アルゴノーツ（アルゴー号の乗組員＝冒険家たち）」は、一八二八年八月一八日にアレクサンドリアに到着した。三〇年前にはナポレオンが軍隊とともに上陸した場所だ。シャンポリオンはフランス領事ベルナルディーノ・ドロヴェッティに迎えられたが、この二人のあいだですぐに友情が深まった。

ドロヴェッティは南イタリアの出身で、一八一八年からアレクサンドリアのエジプト・メイソン・ロッジの「大いなるコプト人」を務めていた（98）。フランス領事に任命されたのは一八二一年で、その前はマチュー・ド・レセップスのアシスタントをしていた。前任者のレセップスと同様に、ドロヴェッティもモハメド・アリ太守の親しい友人となった。この特別な関係で、ドロヴェッティは古代エジプトの遺物を自由に扱うことができ、たちまち大富豪となった。彼の英国の好敵手はアレクサンドリアの英国領事ヘンリー・ソルトだった。彼と、イタリアのフリーメイソンでエジプト学者のジョヴァンニ・ベルゾーニは、古代の遺物を取引しており、個人の収集家や大英博物館に売りさばいていた（99）。

シャンポリオンはエジプトに完全に魅了された。彼は古代エジプト文明について、次のように述べている。

私たちヨーロッパ人は小人です。ほかの古代文明人も近代人もエジプト人ほど巨大で壮麗な芸術的建造物を発展させていません……もう一度繰り返しましょう……古代エジプトがギリシャに芸術を教えたのです。ギリシャはそれをさらに華麗にしましたが、エジプトなしにギリシャが芸術の本拠地となることはなかったでしょう。(100)

エジプトに魅了されたシャンポリオンは、生まれたときからエジプトに関係があったようだと述べている。「私はエジプトで生まれたような気がします」と、アモンとあだ名を付けた兄に手紙を書いている。「ここにいるヨーロッパ人たちは、私がコプト人のようだと言うのです」(101)。

一八カ月にわたるエジプト滞在の間に、シャンポリオンはモハメド・アリ太守と合意に達し、ルクソール神殿の外側に立つ二本のオベリスクのうちの一本をパリに運べることになった。太守はシャンポリオンが二本とも運ぶことに賛成だったが、フランスの技術者が扱えるのは一本がせいぜいであった。古代の一本石をフランスに運ぶのは、簡単な仕事ではなかった。重さが推定で二三〇トンもあり、長さも二三メートルだ。最初は扱いやすいようにオベリスクを切断しようという話もあったが、シャンポリオンは神聖なものを冒瀆することになると拒絶した(102)。

フランスに戻る途中、シャンポリオンは若い海軍の技術者ヴェルニナック・ド・サンモールと親しくなった。サンモールは後ほど、オベリスクを運ぶために造られた特別な船「ルクソール」号の指揮をとり、ナイル川を下り、地中海を横断することになる。サンモールはフランス海軍大臣オセーズ男爵の指揮下で働いた。オセーズ男爵はグルノーブルにおいて警察長官を務めたことがあり、その時の確執でシャンポリオンを嫌っていた。そこでオセーズ男爵はシャンポリオンを脇に追いやり、エジプトの太守からオベリスクを受け取る功績を、すべて自分の物にしてしまった。彼の回顧録には次のように書かれている。

学界で、私がローマしか持っていない記念碑で、フランスを豊かにしたい夢を持っていることが知れ渡ると、アレクサンドリアのオベリスク（ロンドンとニューヨークに運ばれた）よりも、もっと価値のある二本のオベリスクを入手する責任者に任命された……これらはルクソールにあるので、はるかに運搬が難しい。(103)

この仕事には六年間もかかり、オセーズ男爵は最後まで見届けることができなかった。海軍大臣になって一年も経たない一八三〇年の七月革命の混乱の最中に、解任されたのだ。このプロジェクトの責任者は、帰化した英国人の息子であり、著名なテイラー男爵となった。テイラーは芸術の擁護者であり、作家でもあった。考古学者ジョマールの友人でもあったテイラーは、古代エジプトに強い関心があり、オセーズ男爵が残した仕事を素早く引き継いだ。王の推薦状と一〇万フランという気前のよい予算を手にしたテイラーは、自らエジプトに赴き、太守に面会し、運搬の指揮をとった。テイラーはすぐに運搬の技術的責任者にバティスト・アポリネール・レバを任命した。太った背の低いレバは、エジプト人のあいだで笑い草となった。彼らはこのように背の低い男が、これほど背の高いオベリスクを、遠いフランスまで運ぶ責任者にされることが、いまいち信じられなかったのだ。

レバがこの目的のために建造された船「ルクソール」をトゥーロン港から上エジプトまで運ぶのに、一八三一年四月から七月までかかった。時は夏で、ルクソールの気温は日陰で四〇度という耐えられない暑さであり、コレラの流行を含む、思い掛けない問題に襲われた。だが、最後にはレバが、この仕事の適任者であることが証明された。一〇月までにレバは、オベリスクを一本石のまま安全に砂の上に横たえた。さらに二カ月かけて、ナイル河岸までオベリスクを引きずり、無事にルクソール号の甲板に乗せることができた。それからレバは、アレクサンドリアまで帆走するのに、ナイル川が増水する翌年の七月まで待たなければならなかった。アレクサンドリアでさらに三カ月ほど予定から遅れ、ルクソール号はついに地中海を渡り、一八三三年五月一一日にフランスの港トゥーロンに到着した。そこからは川を伝ってパリに到着し、さらに三年間も埠頭におかれていた。

オベリスクをパリの主軸にあるコンコルド広場の中央に立てるべきだと、はるか前から決めていたのはルイ・フィリップ一世だった。ここはテュイルリー庭園のすぐ西で、ルーヴルと凱旋門の間になる(104)。彼によってようやく、オベリスクの建てられる日が決められた。一八三六年一〇月二五日のその日には、二〇万人の人々がこの行事を見ようとコンコルド広場に集まった。これは、四〇年前にルイ一六世が同じ場所で断首されたときの観衆よりも多い。レバは自ら難しいオベリスクを立ち上げる作業を監督した。誰もが感心し喜んだのは、据え付けがなんの問題もなく終わったことだ。歓喜と歓声の中、ついに古代エジプトの太陽の護符が、パリの地平線を飾ることになった。これでフランスは首都を「光の都」と呼べるようになった……あるいは「太陽の都」と呼ぶべきだろうか？

コンコルド広場に立つ美しいオベリスクは、悠久の太古のものであり、パリではもっとも古い記念碑だ。このオベリスクは紀元前一五〇〇年頃からエジプトの物語を目撃してきた。パリにある今は、過ぎ去るフランス王朝、一八四八年の第二共和国の設立、ナポレオン三世による二度目の皇帝の台頭、そしてナポレオンの甥だった皇帝の一八七一年の没落、レオン・ガンベッタによるメイソン的政府による第三共和国の形成(105)、第一次世界大戦、第二次世界大戦、そして最後になるがシャルル・ドゴール将軍による現在の第五共和国を目撃してきている。

だが、パリにギザの大ピラミッドを思わせる近代的な建造物が加わったのは、一九八四年だった……。

ミッテランの「大事業」

一九八一年当時フランスの大統領だったフランソワ・ミッテランは、「大事業」と呼ばれるプロジェクトを開始した。これにはフランスの文化と栄光を示す印象的な建造物の建築が含まれていた。八年後は一七八九年の革命から二〇〇年目に当たる。そこで、ミッテランは巨大な祭典を計画し、ルイ一四世にならって、いくつかの偉大な国家的記念碑を建てようとした。故意か偶然なのか、ミッテランは個人的に二つの記念碑に関心をよせたが、それは古代エジプトとメイソンの至高存在あるいは

「宇宙の偉大なる建築師」を思い起こさせるものだった。これらの選択をしたため、フランスの風刺を好むメディアは、ミッテランに「神」「スフィンクス」「太陽王」などの称号を与えた。

フランソワ・ミッテランはフリーメイソンではなかったが(106)、ロッジに対しては極めて好意的だった。そこで現在でもフランスの多くの人々は、ミッテランが秘密のフリーメイソンだと確信している。ミッテランの側近で政治顧問の一人であるギィ・ペンヌは、フランス大オリエントの評議員だった(107)。またミッテランの息子ジャン・クリストフを巻き込んだスキャンダルもある。クリストフは一九八二年にギィ・ペンヌの事務所で働き始め、一九八六年にはペンヌの仕事を引き継いだ。ジャン・クリストフは最近になって「ファルコン事件」に巻き込まれているとフランスの新聞は伝えている。この事件は西アフリカにおける秘密の武器取引で、メイソン・ロッジに属するアフリカの老練政治家たちが関与していたと示唆されている(108)。

ミッテラン大統領が関心を持った二つのプロジェクトは、一九八九年に行われる二〇〇年祭に間にあうように作られた。一つはグランド・ルーヴル・プロジェクトで、究極的には巨大なガラスのピラミッドを建設した。もう一つは、シャンゼリゼ大通りのはるか西端にあるラ・デファンスに新凱旋門を作るプロジェクトだ。ミッテランの陣頭指揮の下、このプロジェクトを遂行するために、大蔵省の下に豊かな予算を持つ二つの機関が創設された。一つはEPGL(大ルーヴル公共建設部)でもう一つはEPAD(ラ・デファンス地域据え付け部)だ。さらに二人の著名な建築家が、ミッテランによって個人的に選ばれた。一人は米国の著名な中国系アメリカ人イオ・ミン・ペイでルーヴルを担当した（109）。もう一人はデンマークの建築家ヨハン・オットー・ファン・シュプレケルセンで、新凱旋門を担当した（110）。

ミッテラン大統領はI・M・ペイにルーヴルを担当してもらうことに熱心で、通常行われる国際的なコンペも止めて、直接、設計を依頼した（111）。ペイによると、当時の状況は次のようだった。

一九八一年七月にロンドンのフランス大使館で会いたいと、ポール・ギマールから連絡があった……彼によると、ミッテラン大統領がパリで私に会いたいという……この会合には大統領とギマールと私の三人しか出席しなかった。会合は一九八一年一二月一一日に行われた……。（112）

ペイによると、最初の会議でミッテランはルーヴルのピラミッドについて、何も言わなかった。大統領はただ「フランスの生活の中では建築物が極めて重要なのだ」と述べたのにとどまったという（113）。一九八三年の終わり頃、ミッテラン大統領は顧問のエミール・ビアジニをニューヨークに送り、このプロジェクトのためにI・M・ペイと直接契約させた（114）ジャーナリストに、古典的バロック建築のルーヴルに、なぜピラミッドを選んだのかと聞かれたとき、I・M・ペイは返事した。「建築というのは幾何学だ……幾何学そのものだ。ルーヴルも幾何学だ。少し傾いているがそれでも幾何学だ……フランス側は最初、反対だったがミッテラン大統領は反対しなかった。私の考えを徹頭徹尾、支持してくれた」（115）。

I・M・ペイはピラミッドのアイデアを「ルイ一四世のために広大な庭園を造り、テュイルリー庭園を造ったルノートルの、庭園の菱形設計」から借用したと主張した(116)。多分そうなのだろう。だが、I・M・ペイによるピラミッドの傾斜角は五〇度七一分であり、エジプトのギザの大ピラミドとほとんど違わない。この相似は何を意識したのか? 私たちには知ることができない。だがI・M・ペイの下で働いた老練な建築家ヤン・ウェイマスは、この質問に次のように答えている。

モデルと透視図を使って形状と立地を研究した。中央のスカイライトの形を作り、形状を地上の高さから研究した。その結果、正三角形の五四度七四分の傾斜だと、きつすぎる感じがした。だが傾斜が四五度になると、形状が「溶けて」しまう。最後に選んだ五〇度七一分はギザの大ピラミッドの傾斜とほとんど同じだ。そこで考えられるのは、私たちが、エジプト第四王朝で行った研究を再び繰返したことだ。(117)

上の発言からわかることは、I・M・ペイもヤン・ウェイマスも、エジプトの第四王朝のピラミッド群の進化について、研究したことだ。エジプト学者たちによると、本格的なピラミッドを建設したのはファラオ・スネフェルとその名高い息子カフだという。彼らの三つのピラミッドは(ダハシュールに二つと、ギザの大ピラミッド)、まず五四度の傾斜からスタートし(ダハシュールの南ピラミッド)、それが四五度に変えられ(ダハシュールの北ピラミッド)、最後に五一度八五分になったという

(ギザの大ピラミッド)!

歴史的に重要なプログラムであり、据付け場所も特別で、革命二〇〇年祭の象徴でもあり、ペイは過去にパリでピラミッド建設プロジェクトがあったことも知っていただろう。この章の最初に述べたエティエンヌ・ルイ・ブレーやクロード・ニコラ・ルドゥーのプロジェクトだ。さらにルイ一四世の統治の時に、建築家フランソワ・デュボアが、太陽王の栄光を讃えるため、ルーヴルの中庭にピラミッドを建てる提案をしたことも知っていただろう(118)。さらには、建築家ルイ・フランソワ・ルウルが設計した、ナポレオン像を頂上に飾るという奇妙なバロック風ピラミッドについても知っていただろう。このピラミッドはペイのガラス・ピラミッドが建てられた場所と、まったく同じ場所に計画されていた(119)。

新凱旋門プロジェクトの方は、ペイの場合と異なり、国際コンペにかけられた。だが、最終決断を下したのはやはりミッテランだった。建築家フォン・シュプレケルセンは設計について次のように言っている。「解放的な立方体で、窓が世界に向けて開いている……未来を凝視している。これは現代の凱旋門だ、人間性の勝利を讃えるためだ。人々が自由に出会うことができる未来であれという希望のシンボルだ」(120)。

新凱旋門は確かにほぼ完璧な立方体で、高さが一一〇メートル、奥行きが一一二メートルもあり、一ヘクタール以上の土地を占有している。門の中の空間には、ノートルダム大聖堂がすっぽり入ってしまうと推算されている。公式ガイドによると、「聖なる感覚を呼び起こさせる……エジプトのピラミッド群に比肩する」記念碑だという（121）。芸術家ジャン・ピエール・レノーは、屋根の上に黄道帯を作ったが「自然による真の建築物である宇宙のドームとの対話」を引き起こしたいという（122）。一言付け加えておくならば、彼のデザインは「上のように下も」という思想で作られている。

新凱旋門の最上階には「友愛の門」財団の本部がある。この財団の理事長は一九八九年から元外務大臣のクロード・シェイソンが務めている。この財団は一九七〇年代に人権組織として発足し、一九五〇年代にフランス大統領だったエドガー・フォールが理事長だった。一九八〇年代始めにミッテラン大統領が新凱旋門を「友愛と自由」を象徴する記念碑としたいという意向を明らかにしたとき、エドガー・フォールがパリの「友愛の門」財団の本部をラ・デファンスにある新凱旋門ビルの最上階に置きたいと、申し出たのだ（123）。

軸の謎

新凱旋門プロジェクトは二〇〇〇年祭に間に合うように建てられ、一九八九年七月一四日にフランソワ・ミッテラン大統領によって大々的に落成式が行われた。新凱旋門ははるか遠くから見ることができ、エッフェル塔の次に威圧的なランドマークだといってよいだろう。新凱旋門の公式ガイドブックを書いたにジャン・クロード・ガルシアによると、一九八〇年代を代表するこの記念碑は、「魂が不滅であるという直感」にたいする集合意識を呼び覚ますものだという（124）。さらにガルシアは、新凱旋門が一人の建築家の頭脳から生まれたものではなく、「一七世紀に始められた、長くて曲がりくねった街の軸の最終製品」でありその軸は「以下のように図式化できる」という。

ルーヴルの中庭から始まり、テュイルリー庭園にはいると北に六度曲がり、パリを東西に走る主軸は、ルイ一四世の統治の時にルノートルが大通りに木を植えることから始まった。彼は沈む太陽が展望できるようにしたのだ……次にルイ一五世の時代にコンコルド広場が作られ、坂道を平らにして凱旋門とシャンゼリゼ大通りが作られた。旧体制の最後の頃に技術者ペロネがヌイイの地点に石橋を架け、主軸をラ・デファンスがあるシャントコックの丘まで伸ばした。(125)

フランスの有名なエジプト学者ジャン・マルセル・アンベールは、パリのエジプト化についての最高権威でもあるが、次のように興味をそそることを述べている。

証明はしていないが、偉大な主軸は(ラ・デファンスからコンコルド広場のオベリスク、ルーヴルのピラミッド)、偶然にできたのではなく、フリーメイソン的な配置だといわれている……フリーメイソンたちは自らの起源をエジプトに求めていることはよく知られている。(126)

従って新凱旋門は連鎖する思想の頂点だったようだ。人によっては、ルイ一四世から始まり、フランソワ・ミッテランで終わった、オカルト的な計画だというかもしれない。ミッテランは野心的な大プロジェクトを遂行したので、冗談で「太陽王」と呼ばれていた。ついでに述べておくが、ミッテランはもう一つ、大プロジェクトをラ・デファンスに予定していた。高さ四百メートルの高層ビルで「果ての無い塔」と呼ばれていた。この怪物ビルを設計したのは建築家ジャン・ヌーヴェルだ(127)。ほかの高層ビルと異なり、このビルは上に行くほど光を透過して　透明度が増していく。その結果、最上階は空に溶け込んでしまう(128)。これが狙っているのは聖書の中の「バベルの塔」だ。バベルの塔は第一級の世界的なタリズマン（護符）であり、フリーメイソンでも芸の起源のシンボルとしてよく使われる(129)。だが「果ての無い塔」は結局、資金不足と構想があまりにも突飛すぎて建築されなかった(130)。

新凱旋門はパリの主軸の西端という大事な場所を占めていることは間違いない。これは偉大な計画の最終的日没に当たる。日の出は太陽王ルイ一四世のルーヴルにおける奇跡的な誕生だ。だが私たちは、最初の「日の出」があったのは、はるか遠い古代エジプトで悠久の昔のことだったと思う。したがって新凱旋門は、パリの主軸にそって立つ、エトワール広場の凱旋門、コンコルド広場のオベリスクとともに、記念碑タリズマン（護符）群の一つなのだ。主軸はテュイルリー庭園の構内に入り、ルーヴルに達する。主軸を東にたどっていくと、第一六章でも述べたように、アレキサンダー大王を見立てたルイ一四世の騎乗姿の銅像の上を通る。ここはペイのガラスのピラミッドの南側だ。さらに東に行くと、ルーヴルの西棟に当たるが、ルイ一四世の母親アンヌ・ドートリッシュの個人部屋のすぐそば、ないしは真上を通り抜ける。一六三七年一二月に、アンヌはここで「奇跡の幼児」ルイ一四世を懐妊した(131)。

興味深いことに、「メイソン」的あるいは「エジプト」的記念碑群が、全体として調和の効果を発揮し、意識的な配置が明らかにされたのは、二〇〇〇年祭の一九八九年七月一四日ではなく、その一年後だった。フランスの作曲家ジャン・ミッシェル・ジャールが一九九〇年七月一四日に特別コンサートを、ラ・デファンスにある新凱旋門で開催するよう依頼されたのだ。なぜ、ジャン・ミッシェル・ジャールが選ばれたのかは不明だ。だが、パリ始まって以来の音と光と花火の驚くべき狂騒劇が繰り広げられた。フランス革命の時にジャック・ルイ・ダヴィッドとロベスピエールがルーヴルのそばで至高存在の時代を告げる祭典を行ったが、それとは比較にならない規模だった。

一九九〇年七月一四日の夕暮れ、二百万の人々がシャンゼリゼ大通りを埋め、奇妙なヘルメス的聖祭に参加した。この奇妙な夜、歴史的な軸に据え付けられた記念碑である新凱旋門、凱旋門、ルクソールのオベリスク、それにもちろんルーヴルのガラスのピラミッドには照明が当てられ、パリの魔法のような風景が浮かび上った。

ジャン・ミッシェル・ジャールのオーケストラは、新凱旋門の足元に臨時に作られたメタル造りのピラミッドの下に配置され、合唱団は白いローブを身にまとい、現実離れした雰囲気を醸し出した。この臨時のピラミッドはレーザー光線で照明された。レーザー光線は近くの高層ビルにも当てられ、絵が描かれた。それらのイメージの多くは、ヘルメス思想とメイソン的なものだった。たとえば側面に目の付いたピラミッドが描かれた。

八年後の一九九八年五月に、ジャン・ミッシェル・ジャールは、似たようなショーを依頼されたが、ギザの大ピラミッドに関係していた。エジプトのホスニ・ムバラク大統領とその閣僚がパリのコンコルド広場における特別な式典に参列した。ルクソールのオベリスクの頂上に黄金の冠石を置いたのだ(132)。

この儀式の最中に、エジプトの文化大臣ファルーク・ホスニ博士が、一九九九年一二月三一日に二一世紀の門出を祝って、黄金の冠石をギザの大ピラミッドの上に置くと発表した。数週間後に、ジャン・ミッシェル・ジャールがこの行事を遂行するよう依頼されている。

ロバート・ボーヴァルの意外な発見 (一)

一九九二年初春のある午後、ロバート・ボーヴァルはルーヴル博物館の本屋に入り、ルクソール市の写真が入っている考古学雑誌を購入した。この雑誌『歴史と考古学』(133) を購入したのはルクソールの考古学会会長のモハメッド・エル・サギル博士、シカゴ大学エジプト調査室のウイリアム・J・マーネインや、レニー・D・ベルなどの権威者の記事が入っていたからだ。

同じ日すでにボーヴァルは、ラ・デファンスにある新凱旋門を訪ねていた。新凱旋門の最上階にはパリの素晴らしい航空写真が展示してある。この写真を見ると、東のバスティーユ広場から西のラ・デファンス地区までのパリの歴史的軸全体が見て取れる。写真は数メートルの長さで、すべての詳細が明瞭に見えた。ルーヴルの蟹型の配置、テュイルリー庭園（一本一本の木がはっきり見える)、コンコルド広場のオベリスク、凱旋門、ラ・デファンスの高層ビル群、それにもちろん新凱旋門だ。守衛がそばにいたので、ビデオ撮影の許可を求め、この見事な空からの写真をビデオに納めた。さらにカメラで、部分ごとにわけて撮影した。パリの主軸の縮小モデルもこの展示の一部だったので、ボーヴァルはそれも写真とビデオに収録した。

つぎにボーヴァルは、ラ・デファンスを後にして地下鉄に乗り、まっすぐにルーヴル博物館に向かった。向かう途中ずっと、航空写真とパリの主軸の縮小モデルについて熟考しながら、ビデオ撮影した映像を再び見て、詳細の記憶を鮮明にした。このようにして街全体を空から眺め、三次元モデルで縮小してみると、特別な眺望が見えてくる。高い場所から見ると大都会がまるで数百年かけて作られた巨大なジグソーパズルのように見えてくるのだ。

地上からは見抜くことができないが、航空写真を見るとすぐに目に付くのが、ルーヴルから出て西に向かうパリの軸が奇妙なことにわずかに方向を変えていることだ。これはテュイルリー庭園をセーヌ川の流れと並行させるために行われたように見える。だがそうだとしても、テュイルリー庭園からコンコルド広場に来たところで、軸をもとの方向に戻すこともできるはずだ。セーヌ川はそのあたりから南に方向を変えているのだ。ところが軸の方は、北寄りに向けられたままだ。

この奇妙な異常が、元構造技術者だったロバート・ボーヴァルを悩ませた。パリの主軸の変更は、障害物があったためだと考えたかったが、どうもそうではないようだと感じたのだ。パリの街造りは極めて野心的で、全体が明らかに意図的に調整されている。たとえば主軸にそった主要な記念碑の間の距離をみても、三つの「門」の大きさを見ても、それはわかる。パリのガイドブックは次のように指摘する。

興味深いことに距離は毎回二倍になる。カルーゼル凱旋門からコンコルド広場のオベリスクまでは一キロ、オベリスクからシャンゼリゼ大通りの終わりの凱旋門までは二キロ、そこから新凱旋門までは四キロある。さらに興味深いことに、凱旋門の大きさも毎回倍になっていく(134)。

このようにほかのすべてが特別なシンボル的効果を出すために計画されている。そうなると軸の方向が変えられているのも、シンボル的計画の一部ではないのだろうか?

ロバート・ボーヴァルの意外な発見 (二)

ボーヴァルは地下鉄ルーヴル駅から外に出たが、博物館に行く前に衝動的にパリの主軸が通るところを散歩することにした。航空写真で見た軸と、それから湧きおこる疑問が頭を駆け巡っていた。最初にコンコルド広場のオベリスクまで歩いた。そこでオベリスクの西面に背中を向けてたった。前にはパリの軸をなすシャンゼリゼ大通りがある。まるで矢のようにまっすぐ西に放たれ、凱旋門を通り、六キロ先の新凱旋門まで続いている。

次にオベリスクの東側に回り、ルーヴル方向である東を見た。主軸はテュイルリー庭園の中央を通り抜け、ルーヴルの外側の広場にあるカルーゼル凱旋門に至る。だがここで「偏り」がはっきりする。東に向かう軸は、ルーヴルの中心軸と重ならないで南翼の上を通りすぎるのだ。

ボーヴァルはカルーゼル凱旋門まで歩き、軸が方向を変える地点を見つけ、そこに立ってもう一度、東のルーヴルを見た。予想通り、パリの軸はルーヴルの中心軸にあるガラスのピラミッドを通り抜けずに、右側（南）を通り抜け、堂々としたアレキサンダー大王スタイルのルイ一四世の騎乗姿の像のそばを通り抜けていた。像の先で軸は、ルーヴルのシュリー翼の二番目の窓を通ることがわかった。幸運なことにそこの窓が開いていた。そこでボーヴァルは、そこに行くことに決めた。そこからなら、西方向に向かうパリの軸全体の素晴らしい写真が撮れると考えたのだ。

窓に行くには、まずシュリー翼の一階に行かなければならない。そこから古代ギリシャと古代エジプトの収集物が展示してある一連の部屋を通り抜けていくことになる。それらの部屋の一つ（ガイドマップの番号は三〇）の天井に、ピコの謎に満ちた絵がある。ボーヴァルは、もちろん、前にもこの絵を見たことがあった。ヘルメス的な奇妙な「パリのジェニー」が「イシスがヴェールを外される」ところを見ている。遠くにはオベリスクとピラミッドが見える。コンコルドのオベリスクと、ルーヴルのガラスのピラミッドを見てきたばかりのボーヴァルは、記憶が新鮮だった。そこでピコの絵のオベリスクやピラミッドも、遠くの地平線に向かって一直線になっていることに気がついた。これはまるでパリの主軸の上にあるオベリスクとピラミッドのようだ。

パリの主軸がルーヴルと交わる点に近づいていたボーヴァルは、この奇妙な偶然に驚いたが、その考えを振り捨てて、開いている窓に急いだ。そこで期待通り、パリの軸が西に延びる素晴らしい景色を見ることができた。オベリスクを通り抜け、凱旋門から遠くの新凱旋門まで見えるのだ。彼はこの風景に慣れてきており、軸が方向を変えていることも明らかだった。数枚の写真を撮ったボーヴァルは、一階にある本屋に向かい、前にも述べたが上エジプトのルクソール市の詳細な写真が掲載されている考古学雑誌を購入した。

ロバート・ボーヴァルの意外な発見 ㈢

本屋でゆっくり時間を過ごした後、ボーヴァルはガラスのピラミッドの下にある出口からルーヴルの外に出た。そこは中庭で、明るく太陽が輝いていた。そこで座るところを見つけ、今買ったばかりの『歴史と考古学』誌をぱらぱらとめくったところ、二ページにわたる見開きにルクソール神殿の航空写真があった。写真は西を向いて撮影されており、先にはナイル川があった。神殿は左から右（南から北）に横たわっている。つまりナイル川の流れに沿っている。北側の神殿の入り口には、目立つオベリスクが一本建っている。その隣には空の台座がある。以前ここにはオベリスクが建っていたが、今はパリに据え付けられている。そのオベリスクが、奇妙なことに、彼の座っていたところから見えたのだ！　オベリスクの一つはテーベのルクソール神殿の前にあり、もう一つは、パリのルーヴル宮殿の前にある。地球上の二つの遠く離れた場所が、古代の太陽護符のペアによって結ばれたと考えるのは奇妙だろうか。

ボーヴァルはさらに注意深く写真を眺めた。この高度からの写真を見ると、ルクソール神殿の蟹型の建物がナイル川にそって配置されているが、ルーヴルの蟹型の建物とセーヌ川との位置関係と、見間違えてもおかしくないのが奇妙だった。興奮の高まりを感じたボーヴァルは、雑誌の次のページを開いてみた。そこには彼が望んでいた写真があった。二枚目の航空写真で、さらに高い高度から撮影しており、南のルクソール神殿から北のカルナック神殿まで、ルクソール市の全体を見渡せた。

これはまったく奇妙だ！

ルクソールとカルナックの航空写真を見ていることはわかっていたが、ボーヴァルは、強烈な既視感《デジャヴュ》を持った。同じような主題のよく似た「イメージ」を見たばかりなのだが、それは最初のルクソールの航空写真ではなかった。彼は新凱旋門で撮影したばかりのパリの航空写真のビデオを再生してみた。それを見てから再び、考古学雑誌のルクソール航空写真を見てみた。パリのルーヴルから新凱旋門までの配置、エジプトの聖なる都におけるルクソール神殿からカルナックまでの配置は驚くほど似ている！

オベリスクの出所と位置はパズルの一つだ。だがそれよりも驚くのは、パリの軸とルクソールの軸が、同じように方向を変えていることだ。ほぼ同じ位置から一方はラ・デファンスに、一方はカルナックに向かうのだ。だがボーヴァルは、エジプトのナイル川は南から北に流れていることを知っていた。従ってルクソール神殿は北を向いている。ところがパリのセーヌ川は東から西に向かって流れ、ルーヴル「神殿」は西を向いている。シャンポリオンとレバはこのような方位の違いを知っていたのに違いない。彼らが謎に満ちたシンボリズムのゲームの参加者だったら、このことを計算に入れていたのではないだろうか(135)？

この疑問をパリのガイドブックが解消してくれた。歴史家ジャン・ヴィダルが次のように書いている。「注意しておこう……コンコルド広場にあるオベリスクの四面は、方位が変更されている。ルクソールで北を向いていた面は、現在、西方向のシャンゼリゼ大通りを向いている」(136)。

パリの航空写真と、ルクソールの航空写真を見比べていると、両方の画像がそれぞれ意思を持っているかのように感じてくる。お互いに一緒になりたがっているのだ。ボーヴァルは遠くのコンコルド広場のオベリスクの方向を見た。まるでパリの都にかぶせられていたヴェールがゆっくりと持ち上げられていくようだ。そう、ピコの絵でゆっくりと持ち上げられているヴェールのように……。

予言を成就する建築物

覚えているだろうか？　ヘルメス思想家のトマソ・カンパネッラは一六三八年にパリが「エジプト的」な太陽の都になると予言していた。一方、ボーヴァルはパリと、エジプトの「太陽の都」テーベ＝ルクソールに、明らかな建築的な関連性があることを発見した。極めて不思議に感じるが、同時に、奇妙に論理的でもある。ボーヴァルはピコの絵にある「パリのジェニー」になったと想像してみた。ジェニーはバスティーユ広場上に浮遊し、エジプト的な風景が姿を現すのを見ている。これは秘密の景色であり、ゆっくりと準備され、パリの街路の素朴な姿に隠されている。そうなると、数世代にわたる目的意識を持った建築であり都市計画だったと言うことになる。そうなると、この計画が始められたのは、一六六五年にルノートルがテュイルリー庭園の軸の方向を、西を基準にして二六度北寄りに変更したときとなる。完成したのは一九八九年であり、三〇〇年後のことだ。

これは陰謀だろうか、それとも陰謀説だろうか？

パリの軸とルクソールの軸が似ているのは、ただの偶然だろうか。それとも何か理由があるのだろうか？

何か理由がある、あるいは陰謀があると思わせるのは、数世紀にわたってパリの都が、古代エジプトや特に女神イシスと、謎の結びつきを持つとされてきたことだ。また、「太陽王」ルイ一四世が生まれたときのカンパネッラの予言で、パリが古代エジプトの黄金時代をモデルにした「太陽の都」になるという言葉も無視はできない。

その時、ボーヴァルは突然、あることに気がついた。フランス共和国が一七八九年から一七九四年にかけて、パリの町を再生させる記念的な都市計画を作成していた頃、別のグループの「同胞」である共和主義者が、大西洋の反対側で新たな都市の設計をしていたことだ。

そこでも奇妙な幾何学的な配置と、ヘルメス的・メイソン的な配列がされていることが、明らかになっているのだ……。

第一八章

礎石

「奇妙な真実は、ワシントン記念塔（オベリスク）がエジプト人の星シリウスと緊密に結ばれていることだ……古代世界の最も重要な星が、なんでアメリカ合衆国の建造物によって復活させられているのだろう？」

（デイヴィッド・オーヴァソン著『風水都市ワシントンDC』センチュリー社、ロンドン、一三七ページ）

「トマス・ジェファーソンが論じたように、連邦議会議事堂が「人々による統治に捧げられた最初の神殿」だとするなら、一七九三年の儀式における兄弟たち（メイソン）は、最初の高位の神官だったことになる」

（スティーヴン・C・ブロック著『革命の友愛団』ノースカロライナ大学出版、チャペルヒル、一九九六年、一三七ページ）

「ワシントンDCは世界で一番の「メイソン都市」と言えるだろう。その中心部はフランスのフリーメイソンであるピエール・シャルル・ランファンによって描かれた計画に従って配置されている。」

（『フリーメイソナリー・ツデー』二〇〇〇年一六号）

記念碑や建物、あるいは既に見てきたように町全体が生きている心臓になり、強力な思想と意味が盛り込まれたタリズマン（護符）となることができるならば、そのようなタリズマンの「ペースメーカー」は、礎石《コーナーストーン》なのに違いない。

古代の多くの文化において、新しい神殿や堂々たる建物の落成式では、支配者による綿密な儀式が行われた。そのような儀式の目的は、建物への神あるいは女神に慈愛と守護力を求め、さらには神々が天から降りてきて、建物に宿ることを懇願するものだった。このとき重要なのは、儀式を祝う永久的な印をつけることであり、通常、それは「最初の石」あるいは「礎石」という形をとる。

中世ヨーロッパでは、この古代の思想がそのまま継承され、教会や大聖堂に礎石を据えることは「日の光の中、意識の中、あるいは天に向けて建物を立ち上げていくこと」を象徴すると理解されていた（1）。この点から見て、神が好意を持つタイミングを選ぶことが重要だった。そうすれば参列者たちにも、星や地球の神々による影響が最高であることが保証される。そのために占星術が使われた。

現代のフリーメイソンたちは、今でも定礎式を極めて重要視している。それは、神殿や大聖堂を造った石工だった祖先と結びつくからだけではない。再生と「復活」の強力なシンボルでもあるからだ。この行動は、エルサレムで「ソロモン神殿を再築し」、礎石を据え付けるというメイソンの大望を

(文字通り、あるいは寓話的にしろ）力強く表現しているのだ。メイソンであれ非メイソンであれ、このように大きな熱望（博愛であれ破壊であれ）を引き起こせるタリズマン（護符、ここではソロモン神殿の礎石）はそれほど多く無い。十字軍や一九六七年のアラブ・イスラエル戦争、現在進行中のパレスチナの民衆決起を考えてみるとよい。そうすればこのタリズマンがもつ、エネルギーのすごさを感じることができるだろう。礎石を探し出し、再生したソロモン神殿に再び据え付けることは、知的・霊的な爆発を起こさせるだろう。それは中東だけでなく世界中に巨大な影響を与える。

古代の建物における礎石は、儀式の前に注意深く準備され、地下室の壁や基部に埋め込まれた。メイソンの作家デイヴィッド・オーヴァソンによると……。

シンボル的に言うと、地下室というのは墓所だ。それは大地であり、麦の種が落とされ成長し、再生されなければならない場所だ。まるで棺桶から植物が生長するようだ。フリーメイソン団における地下室は、もっとも高徳なマスター・メイソンが埋葬されるところだ……再生の思想はフリーメイソンの礎石を祝う儀式の公式儀礼として現代まで続いている。儀式の参加者は、床に麦をまくが、時にはこの種まきは星への種まきと関連付けられている。

古代エジプト人は古代エジプト文明初期の頃から、ピラミッドや神殿の定礎式で、「星の」儀式を「星魔術」の形で行っていたことが知られている。この儀式には北の空と南の空の周極星が使われ、オリオン座の星と、特にシリウス星が使われた（2）。オーヴァソンは「星の不変性があるので、古代エジプトの神官たちとその弟子であるギリシャの建築家たちは、神殿を星の向きに合わせた」という。オーヴァソンはさらに、星の不変性があるので、メイソンの建築家たちの建物も都市計画も、「星の知識からくる知恵を反映する幾何学的配置になっている」という（3）。

ワシントンの「昇進」

バスティーユ広場で「イシス」の祭典がおこなわれてから一カ月ほど過ぎた一七九三年九月一二日（4）、大西洋の反対側のジェンキンズ・ヒルの高台で、特別なシンボルを多量に使ったもう一つの儀式が行われた。この儀式が最高潮に達したとき、アメリカ合衆国初代大統領ジョージ・ワシントンが、ラファイエット侯から贈られたメイソンのエプロンを身に付け、高位のフリーメイソンたちの代表が見守る中、連邦議会議事堂の礎石を据え付けた（5）。

測量士であり、農民でもあった監督教会派信者のジョージ・ワシントンが生まれたのは、ヴァージニア州ポープ・クリークだった。育ったのはフレデリックスバーグ近郊の父親の農園の中だ。若いとき、彼は数学を学び測量士となり、最終的にはヴァージニア民兵軍に入隊したが、そこで頭角を現した。一七七五年、四三歳になったワシントンは、大陸会議によって英国軍と戦う革命軍の総司令官に任命された。独立戦争が終わると、ワシントンは退役したが、一七八九年にヴァージニア州が、彼を憲法制定会議に派遣し、その場でアメリカ合衆国の大統領に全員一致で選出された。一七九二年にも対立候補が無く、再選されたが、一七九六年の三選は拒否された。ワシントンは六七歳の時にマウント・ヴァーノンで、咽頭炎を起こして亡くなっている。

ジョージ・ワシントンがフリーメイソンになったのは一七五二年で、フレデリックスバーグにおいてだった。翌年にはマスター・メイソンに昇格している(6)。一七七七年にアメリカ植民地のフリーメイソンたちは、イングランドから独立した連合大ロッジを作ることにし、ワシントンに初代グランドマスターになるよう依頼した。ところがワシントンは、そのような高い地位に昇る資格がないと謙虚に辞退した。だがワシントンは、一七八八年にアレクサンドリア・ロッジのマスターになっている。現在、このロッジはアレクサンドリア・ワシントン・ロッジ二二番となっている。場所はワシントンDCのポトマック川の南に位置する。一九三二年からこの有名なロッジは、巨大なメイソンの記念塔の内部に包みこまれている。この記念塔のモデルはエジプトのアレクサンドリアにあったファロスの灯台で(7)、正式名称は「ジョージ・ワシントン・メイソニック・ナショナル・モニュメント」だ(8)。この記念塔を設計したニューヨークのヘムリー&コーベット社のヘムリーによると……。

ファロスが建てられたのは太古の船乗りたちを安全に陸に着かせるためだった。ヴァージニア州アレクサンドリアのポトマック川を見下ろす小高い丘に建てるものとして、ファロス灯台のコピーほどふさわしいものがほかにあるだろうか?(9)

スエズ運河のイシス

ヘムリーも顧客側のルイス・A・ウオーターズも、フリーメイソンであり、当然、アレクサンドリアの古代ファロスが女神イシスとその星シリウスに捧げられていることを知っていただろう。だが、米国のフリーメイソンたちが女神イシスと彼女の星を思わせるランドマーク的記念建造物を建てたのはここだけではない。バーナード・ワイズバーガーによると、ニューヨーク港にたつ自由の女神の設計者もイシスを念頭においていたという。

この偉大な像を作った彫刻家はイタリア人だ。名前をオーギュスト・バルトルディという。彼の仕事は古代の彫刻家フェイディアスに多大な影響を受けている。フェイディアスは古代の女神たちの巨大な像を作った。特にギリシャの知恵の女神アテナとネメシスだ。女神ネメシスは右手にカップを持っている。自由の女神のプロジェクトを始める前に、バルトルディはスエズ運河を見下ろす、エジプトの天の王妃である女神イシスの巨大な彫像を作ろうとしていた。イシスの像は「ローブをまとい、高くトーチを掲げる女性」だった。(10)

フレデリック・オーギュスト・バルトルディはフランスのアルザス地方のコルマール市で生まれている。彼はパリの有名な学校リセ・ルイ・ル・グランで学び、二一歳になった一八五五年には、友人三名とともにエジプトに旅をしている。その三名とはオリエント学者レオン・ジェローム、オーギュスト・ベレ、ナルシス・ベルシェールだ。エジプトでテーベやアブ・シンベルの古代の神殿を訪ねているうちに、バルトルディは古代エジプトの彫刻家たちの巨大な業績に魅了された。彼は八カ月間にわたって巨像を記録し、多くのスケッチや写真を抱えてフランスに戻った。

この最初のエジプトへの航海の最中に、バルトルディは著名なフランスの技術者フェルディナン・ド・レセップスと会い、一生涯の友人となった。レセップスはフランスやエジプトの政府要人と会い、地中海と紅海を結ぶスエズ運河の建設資金集めをしていた。バルトルディはレセップスの展望に深い感銘を受け、トーチを持つ巨大な像を作ってレセップスの支援ができないかと考え始めた。バルトルディがイメージしたのは、この像を運河の入り口に据え付けて「エジプトが東方に啓蒙をもたらす」ことを示すことだった。当時のフリーメイソンなら知っていただろうが、この言葉はカリオストロ伯の有名なせりふ「すべての啓蒙思想は東方からやってきた。すべての参入儀式はエジプトからだ」を思い起こさせる(11)。

エジプトのイスマーイール太守もフリーメイソンだったが、ナポレオン三世の美しい妻ウージェニーに深く魅了されており、フランスのすべてが大好きだった。皇妃ウージェニーはフェルディナン・ド・レセップスの従姉妹であり、彼女がエジプトの太守にスエズ運河プロジェクトを好意的に見るよう頼んでいた。レセップスの父親マチューは、イスマーイールの祖父のモハメッド・アリ太守とともに、ロッジ「秘密エジプト・ソサエティー」を創立している。このロッジではスコットランド儀礼のフリーメイソンと、カリオストロ伯のエジプト儀礼が混在した姿で実践されていた(12)。

バルトルディは巨大な彫像の考えを、イスマーイール太守に話すことができたようだが、何も起こらなかった。たぶん、ヨーロッパの銀行からお金を借りすぎたエジプトが、金融危機に陥っていたためだろう。だがバルトルディはまったく気落ちせずに、このプロジェクトを別のところに持っていった。

ニューヨークのイシス、自由へのタリズマン

独立宣言一〇〇周年を記念して、フランスとアメリカ合衆国の友情を祝う、記念碑のアイデアを考え、話しあったのは、バルトルディを含む人々で、北米文化の権威エドゥアール・ド・ラブレーのパリ近郊の家に集まった。バルトルディはエジプト・プロジェクトを焼き直し、ニューヨークのための「世界に光明をもたらす自由の女神」として提案したようだ。このために一八七五年に「フランス・アメリカ・ユニオン」が結成され、資金集めを始めた。当然だろうが、「フランス・アメリカ・ユニオン」のメンバーの何人かはフリーメイソンだった。その中にはバルトルディの従兄弟で、米国に赴任していたフランス大使も含まれる。その他の活発に活動したフリーメイソンは、アンリ・マルタン、トクヴィル伯爵、オスカル・ド・ラファイエットなどだ。バルトルディがフリーメイソン団に参入したのは一八七五年で、パリの「アルザス・ロレーヌ」というロッジだった。その後一八八〇年にはマスター・メイソンになっている。

自由の女神を設計したのはバルトルディだったが、実際の建設はアレクサンドル・ギュスターヴ・エッフェルに任された。エッフェルは有名なフランスの構造技術者で、パリのエッフェル塔を設計・施工している。エッフェルもまたフリーメイソンだ。ついでに述べておくが、フランスの技術者ジャン・ケリゼルによると、エッフェル塔の最初の二段は、ピラミッドの形をしているという(13)。エッフェルは一〇〇年ほど前の一七九二年に、まったく同じ場所であるシャン・ド・マールにフランス革命を記念してピラミッドが造られたことを知っていたに違いない(14)。

『必携アメリカ史』には自由の女神の由来について、次のように書かれている「彫刻家フレデリック・オーギュスト・バルトルディは、崇拝するエジプトのピラミッドの要素を取り入れ、彫像の顔は母親をモデルにしている。完成したのは一八八四年のはじめであった」(15)。

自由の女神の顔がバルトルディの母親をモデルにしたものかどうかは、ささいなことだがいまだに論議され、結論が出ていない。それよりも確かなのは、この彫像がフランス革命の「自由の宗派」あるいは「理性の宗派」と結びつくことだ。両方とも、共和主義者にとってはメイソンの理想に強く結びつけられている。「自由」や「理性」の像はエジプトの女神イシスや、そのギリシャ版やローマ版をモデルにすることが多いのも間違いない。

興味深いことにフランスのエジプト学者ベルナール・マチューによると、バルトルディはニューヨークに据え付けられる前の自由の女神を、「ファロス」と呼んでいたという。自由の女神の基部は、アレキサンドリアの古代「ファロス」に使われたと思われている基部と同じデザインなのだ(16)。

エジプトに長い間滞在し、古代の「世界の不思議」を研究したバルトルディは、ファロスが女神イシスに結びつけられていたことを知っていただろう。さらにはシリウス星についても知っていただろう。そうなると、スエズ運河の灯台のような役目を果たすことが考えられていた巨大な「トーチを高く捧げるローブ姿の女性」の彫像は、その後、場所がニューヨーク港に変えられたが、バルトルディのイメージでは女神イシス＝ファリアであり、アレキサンドリアの灯台だった可能性が高くなる。

ガリバルディ、「二つの世界の英雄」

これまで見逃されてきたが、バルトルディの人生で、この彫像をデザインしたときの心鏡に影響を与えた出来事がある。

バルトルディはイタリア革命の英雄ジュゼッペ・ガリバルディと親しい友人だった。ガリバルディは「リソルジメント」として知られるイタリア統一運動の背後で活躍した軍人だ。政治家カミッロ・カヴールやジュゼッペ・マッツィーニとともに、ガリバルディは近代イタリアの父の一人とされている。よく言われるのは、カミッロ・カヴールが「リソルジメント」の背後にあった「知性」で、ジュゼッペ・マッツィーニが「精神的駆動力」だったことだ。一方、ジュゼッペ・ガリバルディは「戦闘力」であり、「リソルジメント」を達成するのに欠かせない存在だった。彼には有名なせりふ「まめな舌より、まめな腕をくれ」があるが、この驚異的な人物をよく物語っている。イタリアと南アメリカの革命で英雄的偉業を行ったガリバルディは、ラファイエット侯のように「二つの世界の英雄」という称号をもらっているが、驚くことではない。

ガリバルディはニースで生まれ、長いこと商船の船乗りだったが、マルセイユにいた一八三三年に、イタリアの偉大な愛国者ジュゼッペ・マッツィーニに出会った。マッツィーニはガリバルディを「ジョヴァネ・イタリア（若いイタリア）」とよばれる団体に引き込んだ。この団体がイタリア愛国運動の先頭に立っていた。ガリバルディは人生を通して、マッツィーニに深く長く残る影響を与えている。ガリバルディはカリスマ性のあるマッツィーニのことを「師匠」と呼んでいた。フリーメイソン団はこの自由への闘争で非常に活発に活動した(17)。よく「イタリア共和国の使徒」と呼ばれたジュゼッペ・マッツィーニは、筋金入りのフリーメイソンだった。彼は一八六四年にパレルモの大オリエントによって、スコットランド儀礼第三三位階に昇格されている(18)。

ガリバルディは一八三三年に秘密結社カルボナリに参入し(19)、一八四四年に通常のフリーメイソン団に参入した。一八六二年にはパレルモで第三三位階のフリーメイソンになり、一八六四年にはフィレンツェで全イタリアのフリーメイソン団のグランドマスターに選出されている。一八七〇年に、プロイセンがパリを攻囲したとき、常に英雄的なガリバルディはイタリアで義勇兵を募って、フランス第三共和制を守るために急行した。第三共和制の最初の大統領はフリーメイソンのレオン・ガンベッタだった(20)。プロイセンに対する軍事的勝利を得たガリバルディは、ガンベッタによってパリの国民議会の議員になるよう招かれた。一八八〇年にガリバルディは、「エジプト的」メイソン団メンフィスに参加し、一年後には連合メイソン団メンフィス・ミスライムの最初のジェネラル・グランドマスターに任命された（21）。

グローバル・タリズマンのための「素晴らしい場所」

ガリバルディが彫刻家バルトルディに紹介されたのは、フランスにおける一八七〇年の軍事行動中だった。当時、バルトルディはフランス軍の少佐であり、ガリバルディの陣地で身辺の世話をした。だが数カ月後には、「その地での共和体制と自由を賛美する」提案をするためにアメリカに渡った。彼は一八七一年七月にニューヨークに到着した。ニューヨークに入港すると、彼はいつの日か自由の女神が建つべき場所が、すぐにわかった。

ニューヨークに到着したとき、目にする光景は素晴らしいものだ……目が覚めると、船であふれた内海の真ん中にいる……興奮を禁じえない。ここそまさに新世界だ……素晴らしい場所を見つけた。湾の真ん中のベドロー島だ……海峡の真反対にある。言うならばアメリカへの入り口だ。

米国でバルトルディはフランスの高位のフリーメイソンたちから貰った紹介状を有効に使った。彼は多くの有名人や南北戦争の古参兵にあっている。その中にはヘンリー・ワーズワース・ロングフェロー、ホレス・グリーリー、チャールズ・サムナー、ユリシーズ・S・グラント大統領などが含まれる。それらの人々に彼の大きな構想を語り、彫像の絵とモデルを見せた。彼はこの頃、自由の女神を

「自由が世界を照らす」影像と呼んでいた。

このプロジェクトはもちろん成功した。現在はニューヨーク港に立っており、強力なグローバル護符（タリズマン）となっている。ところで、これらすべてにフリーメイソンが深くかかわっていたことが、一九八四年八月五日に明瞭になった。青銅の記念銘板が像の台座に取り付けられたのだ。銘板には以下のように書かれている。

一八八四年八月五日にこの場所で、「自由が世界を照らす」影像の土台に礎石が据えられた。儀式はニューヨーク州のメイソンのグランドマスターであるウイリアム・A・ブロディーによって執り行われ、大ロッジのメンバー、米国政府とフランス政府の代表、陸軍と海軍の将官たち、外国使節団、市民代表が参列した。この記念銘板は、この歴史的出来事の一〇〇周年を記念して、ニューヨークのメイソンたちによって奉納された。

一九八四年八月五日、M・W・カルヴィン・O・ボンド、メイソンのグランドマスター：P・W・ロバート・G・シンガー、副グランドマスター：M・W・アーサー・マークウイッチ、メイソン団記念祭会長。

一八八四年八月五日に行われた儀式では、グランドマスターのウイリアム・ブロディーは、なぜ、フリーメイソン団が自由の女神の礎石を据えるのかと聞かれ次のように答えている。「フリーメイソン団ほど人々を無知と圧制の鎖から解放し、自由を促進している団体はほかには無いだろう」(22)。

同じことは、古くなるがエジプトのアレクサンドリアにおけるグノーシス派やヘルメス思想にも言えるし、その後の中世におけるカタリ派や、ルネサンスについても言える。これらの革新的な宗教の目的は常に同じだった。それを説いたのがヴァレンティヌスやマニ、あるいはブルーノやカンパネッラであっても、その目的は「無知と圧制の鎖」から人類を解放することにあったのだ。

もう一つのエジプトの女神と七つの先端を持つ星

「イシス」が自由の女神に関連していることから、重要な定礎式に八月五日が選ばれていることに気づかずにはいられない。

すでに知っているように、イシスはシリウス星と同一視されていた。このことはバルトルディの時代のメイソン社会でも多いに議論されたことだろう。特にフランスとアメリカのロッジでは議論された筈だ。フランスのフリーメイソンたち、とくに天文学者ラランド（パリの九詩神ロッジの主要メンバー）はシリウス星に魅了されていた。ラランドの興味はシリウスのヘリアカル（夜明け直前）・ライジングにまつわるミステリーに集中していた。フリーメイソンたちにとって、ヘリアカル・ライジングは、霊魂の「復活」の思想と、密儀への参入の「昇格」を思い起こさせるのだ(23)。バルトルディはフリーメイソンだった。エジプトをくまなく旅行している。フリーメイソンだったエッフェルとも親密に仕事をしている。ガリバルディと親しく、彼の「エジプト」儀礼のフリーメイソン団も知っている。古代エジプトの建造物に深い興味を抱いていた。これらのことから見て、バルトルディがシリウスのヘリアカル・ライジングと、それが強烈な「復活」の象徴であることについて、知らなかったとは思えない。考えてみると、天界の吉兆の出来事を地上における「神殿」建設と固く結びつけるのに、イシスの星のヘリアカル・ライジングより優れたものがあるだろうか。この「神殿」は自由に対して捧げられ、フリーメイソン団の高徳の上に建設される、新しい土地における新しい生活の希望の標識となるのだ。

紀元前三〇〇〇年の古代エジプト初期、シリウスのヘリアカル・ライジングは夏至の頃に発生した。現代のグレゴリオ暦では六月二一日になる。古代エジプト文明の終わりの頃である紀元前三〇年では、地球の軸の傾きから起こる歳差運動の影響で、ヘリアカル・ライジングは夏至よりも一カ月ほど後に発生している。つまり七月二〇日ごろだ。バルトルディが一八六〇年代にエジプトを訪れたときのヘリアカル・ライジングは、さらに夏至から離れていた。カイロ近郊の古代ヘリオポリスの緯度から見ると、シリウスのヘリアカル・ライジングが観測できたのは、八月五日の朝だったはずだ(24)。

古代エジプトにおいて礎石を据える儀式は「ひも伸ばし」と呼ばれていた。この儀式は悠久の昔から女神セシャトに扮した女神官によって執り行われた。女神セシャトのシンボルは七つの先端を持つ星で、それを頭にかぶっていた。セシャトは「建造者の女神」として知られ、神殿建造者、建築家、石工の守護神だ。面白いことに、彼女はエジプトの知恵の神トトの妻でもあった。トトこそ、フリーメイソン団を含む秘教やオカルト伝統の保護者として崇拝されているヘルメス・トリスメギストスの原型だ。古代エジプトにおいて「ひも伸ばし」の儀式は、シリウスのヘリアカル・ライジングが起こる夜明けに行われていた可能性が、極めて高い(25)。このことと女神セシャトの七つの先端を持つ星の冠を考えると、バルトルディがなぜ七つの先端を持つ星の王冠を自由の女神にかぶせ、定礎式の日を八月五日にしたのかを考えたくなる。

バルトルディなどが考えていたシンボリズムをさらに深く考えていくと、エジプトの女神イシスとの関連が見えてくる。自由の女神がなぜ七つの先端を持つ星の冠をかぶっているかというと、それは、秘教的意味合いや複雑な経路をたどっていくと、女神イシスにたどり着くからだ。スコットランド儀礼のフリーメイソンでも特にフランスが顕著だが、彼らはタロットで一六を表わすカード(星のカード)をイシスの星シリウスのシンボルとしていた。従って、このカードに出てくる女性の頭に七つの先端を持つ星があり、壺の水を川に流している場面が描かれていても不思議ではない。これは間違いなくイシスとナイルの洪水の結びつきを寓話的に描いている。ナイルの洪水はイシスの星シリウスのヘリアカル・ライジングとともに起こるのだ。

ニューヨークのオベリスク

自由の女神がベドロー島に立てられたのとちょうど同じ頃、古代エジプトの本物のオベリスクがニューヨークのセントラル・パークに運ばれた。このオベリスクには、トトメス三世(紀元前一四七九

〜前一四二五年）に捧げるという銘が刻まれているが、太古にはヘリオポリスに立っていた二本のうちの一本だ。もう一本の方は、現在、ロンドンのヴィクトリア河岸通りに立てられている。セントラル・パークに送られたオベリスクは、紀元前一二年のアウグストゥス帝の統治の時代に、カエサリウム神殿の入り口を飾るため、ヘリオポリスからアレクサンドリアに運ばれた。カエサリウム神殿は東港のそばにあったが、これは、湾の北側にあるファロス灯台の反対側だ(26)。それからさらに一八〇〇年も経ってから、ニューヨークに運ばれたのだ(27)。

自由の女神と同様に（ロンドンのオベリスクも同じ）(28)、ニューヨークに「ニューヨーク・オベリスク」を運んだのも、徹底してフリーメイソンがかかわっている。このプロジェクト全体の責任者は海軍技術者のヘンリー・ハニーチャーチ・ゴリンジだった。ゴリンジは忠実なフリーメイソンでニューヨークの「アングロ・サクソン一三七」ロッジに参入している(29)。メトロポリタン博物館のために、ニューヨーク・オベリスクの公式解説を書いたマーティナ・ドルトン博士ですら、次のように言わざるを得なかった。

フリーメイソンたちはニューヨークに強い地位を築いていた。アメリカにオベリスクを持ち込んだ関係者は、ほぼ一人残らず団員だった。ゴリンジ、シュローダー、ヴァンダービルト、ハールバートなどだけでなく市長も、警察長官も市の政治家たちも……。(30)

オベリスクをニューヨークに運ぶことを最初に考えたのは、エジプトの太守イスマーイールのようだ。ことの起こりは一八六九年にスエズ運河が開通したときにさかのぼる。『ニューヨーク・ワールド』紙の編集者ウイリアム・ハールバートの隣に座った太守は、アメリカ合衆国政府への贈り物として、オベリスクを送付したいと出し抜けに言い出したのだ(31)。フリーメイソンであったハールバートは、太守が丁重な「メイソンの握手」のしぐさをしたことにすぐに気がついただろう。太守もフリーメイソンだったのだ(32)。

メイソンの影響力はそれだけではなかった。スエズ運河を開通する数カ月前、太守イスマーイールの叔父ハリム・パシャ王子がメイソン団メンフィスのグランドマスターに選ばれていた。メンフィスは疑似エジプトの儀式を執り行い、「九二位階」のシステムを使用していた(33)。ハリム・パシャはエジプト大オリエントの公式グランドマスターでもあった(34)。

ヘンリー・ゴリンジがオベリスクを運ぶためフリーメイソンの同僚、シートン・シュローダー中尉と一緒にエジプトに着いたのは、一八七九年の一〇月だ。太守はフランス人のサルバトーレ・ゾラ(一八七四年に、ハリム・パシャ王子の後を継いで、メンフィス団のグランドマスターになっている)(35)に、贈り物をアメリカ人に渡す仕事を任せた(36)。ゴリンジがようやくオベリスクをアレキサンドリアの砂に横たえたとき、大きな興奮が湧き起こったことが伝えられている。この仕事に携わっていた多くのフリーメイソンたちは、「メイソン紋章」が太古の台座に彫刻されていることに気がついたのだ。紋章は、こて、建設者の使う直角定規、建築家の三角定規だった(37)。ゴリンジは「シンボルに衝撃を受け、台座のすべてを新世界に運び、元どおりに据え付けることにした」(38)。

ゴリンジはこの数年前にも別のことで「衝撃」を受けていることを述べておこう。一八七六年に米国水路局と働いているときに、アゾレス諸島で「アトランティス」を発見したと確信しているのだ。この発見で、ゴリンジは米国大統領ユリシーズ・グラントから個人的にお祝いのメッセージを受け取っている(39)。オベリスクがニューヨークに到着したのは、「一八八〇年一〇月九日であり、九〇〇〇人のフリーメイソンたちが、ラッパを鳴り響かせ五番街を練り歩き、礎石の神聖な儀式が行われるグレイワック・ノールまで行進した(40)。儀式は翌日の一〇月一〇日に行われたが、ニューヨーク・メイソン団のグランドマスターであるジェシー・B・アンソニーが「フリーメイソンの起源を古代エジプトと結びつける」栄誉に預かった(41)。

ヴァージニア州アレクサンドリアにあるジョージ・ワシントン・メイソニック記念塔の定礎式は一九二三年五月にクーリッジ大統領によって執り行われた。クーリッジ大統領は、ジョージ・ワシントンが一三〇年前に首都ワシントンの連邦政府議事堂の定礎式で使ったものと、同じ「こて」を使っている(42)。したがってヴァージニア州アレクサンドリアにあるジョージ・ワシントン・メイソニック記念塔は、アメリカ合衆国における第三番目の重要なメイソン記念碑だということになる(残りの二つは自由の女神とニューヨーク・オベリスク)。これらの三つの記念碑は、それぞれエジプトの古代都市アレクサンドリアとシンボリズム的に結ばれている。アレクサンドリアという都市は、悠久の昔からファロスの灯台や、女神イシス=ファリアと結びつけられている土地だ。

フィラデルフィア「親密な友愛の都」

首都ワシントンの土台は一七九三年に築かれたが、政府が移動したのは、ジョン・アダムス大統領の任期の終わりの一八〇一年だ。ジョージ・ワシントンが大統領を務めた二期は、一七八九年から一七九七年だが、若いアメリカ合衆国の首都と政府の所在はフィラデルフィアにあった。フィラデルフィアとは文字通り「親密な友愛の都」という意味だが、より正確には「同胞団の愛の都」と言ったほうがよいだろう。この名前は、非常にメイソン的な響きを持つ。だがそれも驚くには当たらない。後ほど検討するが、アメリカ植民地でフリーメイソンが繁栄したのは、フィラデルフィアだったからだ。

アメリカ合衆国の最初の首都フィラデルフィアの物語は、ハリウッドのプロデューサーが好む夢のような題材だ。すべては一六八一年にイングランドで始まっている。国王チャールズ二世は、ペン提督に莫大な借金があり、それを提督の息子で後継者のウイリアム・ペンに支払わなくてはならなくなった。

ウイリアム・ペンはクエーカー教徒の構想力のある指導者だった。クエーカー教徒は英国の国教に従わない一派で、英国教会にとっては頭痛の種だった。ウイリアム・ペンに現金で返済をしたくなかったチャールズ二世は、代わりにイングランドの大きさに相当する北米の土地を与えようと、持ちかけた。その条件は、この土地を使ってクエーカーやその他の国教に従わない人々が、「自由な信教と自主政府」を楽しめる英領植民地として発展させていくことだった。ペンシルバニアという名称は、国王チャールズ二世がみずから選んだもので、「ペンの森」という意味で、ウイリアムの父親ペン総督の名誉を讃えるものだった。

ウイリアム・ペンは神の与えてくれた「聖なる実験」をするチャンスだと見て、喜んで申し出を受け、実験に挑戦することにした。チャールズ二世はもちろん喜んだ。この結果はペンの聖書的な壮大な夢をはるかに越える結果をもたらすことになった。一方、チャールズ二世は、目障りなクエーカー教徒を無価値の不動産を与えることで厄介払いしたと思っていた。もちろん、これがアメリカ植民地での英国の統治権を失う種を蒔くことになったとは、気づいていなかった。

バビロンの川筋で

ウイリアム・ペンは一六八二年初めにアメリカに渡った。彼の思いは新世界に作る偉大な都の夢と構想であふれていた。当時の資料からわかるが、ペンが描いていたのは「私の緑の田舎町」であり、イングランドの田舎に持っていた領地をモデルにしていた。だが、ウイリアム・ペンのもっとも有名な伝記作家の一人スーザン・クーリッジによると、「ペンが構想していたのはバビロンの都をモデルとする街だった」という(43)。多くのことから見て、クーリッジが正しいようだ。たとえば、ペンは都を二つの川の間に作る考えに強く傾倒している。デラウェア川とスクールキル川の間だが、同じように古代バビロンの都も、チグリス川とユーフラテス川の間にあった。もう一つは、ペンが採用した「碁盤目」と呼ばれるレイアウトだ。これは多くの大通りが東西と南北に走り、交差するものだが、これも歴史家によると、古代バビロンでも使われていた(44)。三番目には、ペンが選んだ都の名前フィラデルフィア、「親密な友愛の都」であり、ここでは異なった人種、言語の人々が再統一されることになる。

聖書によると、バビロンにはニムロデによって建てられたバベルの塔があった。当時、人々は同じ言語を話していた。多くのフリーメイソンにとって、バベルの塔は、究極的なタリズマン、あるいは彼らの起源のシンボルなのだ。有名な随筆『フリーメイソンの起源』のなかでトマス・ペインは次のように説く。

フリーメイソンたちが秘密を注意深く隠していることはよく知られている。だが彼らがメイソンについて語るところからわかるのは、秘密というのはほかでもなく起源についてなのだ。それについて理解している人は少なく、それを知る人は、謎として包んでしまう……一七三〇年に、イギリスのロッジのメンバー、サミュエル・プリチャードは論文集『メイソン団の解剖』を出版している。彼はロンドン市長を前に真の写本であると宣誓をしている。「サミュエル・プリチャードは宣誓した。ここに添付された写本は本物であり、細部に渡るまで純粋である」。この本の中で彼は教理問答あるいは査問をして、徒弟、職人、マスター・メイソン(親方)に関する質問に答えている。これをするのは難しくないだろう。単なる形式に過ぎないのだから。この本の序文で、彼は「メイソン団の最初の創立は、自由科と科学を土台にしているが、もっと特定すると幾何学だ。バベルの塔を建設するにあたってメイソン団の芸術と秘密が導入された。それがエジプトの尊敬すべき優れた数学者ユークリッドに伝えられ、彼からエルサレムのソロモンの神殿を建設した、親方ヒラムに伝えられた」と言っている。(45)

トマス・ペインは正しいことに、次のように指摘する。

バベルの塔からメイソン団が生まれたという話もばかばかしいが、この物語によると、言葉の混乱により、建設者たちがお互いを理解できなくなり、その結果持っている知識を伝達できなくなった。だが彼の物語の年代には、目障りな矛盾がある。ソロモンの神殿はキリストの時代の一〇〇四年前に建てられ奉納されている。一方、ユークリッドは年代表を見てもわかるように、紀元前二七七年に生きていた。したがってユークリッドがヒラムに何かを伝えるのは不可能だ。ユークリッドはヒラムの時代の七〇〇年後に生まれているのだ。(46)

実務家のトマス・ペインが理解できていないのは、イングランドのフリーメイソン団には、学者が理解しているような「歴史」など無いことだ。だが「シンボリズムによる歴史」ならある。「シンボリズムによる歴史」によって、フリーメイソン団の原則や思想は、聖書的、秘教的、さらには、ソロモン神殿やバベルの塔の建設など歴史的出来事によって説明、つまり「象徴」されている。学術的な歴史家にとって、このような説明は、偽りの歴史に過ぎない。歴史的に価値のないほら話で、聖書的な話を使って、ある個人や文化を賛美するためのでっちあげにすぎない。だが、フリーメイソンたちは、利口な考え方をしている。シンボリズムによる歴史は、間違っており、ゆがんでおり、大げさになっているだろう、だが、社会や大衆のふるまいに影響を与える面では多いに価値があるのだ。

ウイリアム・ペンの新世界における川に挟まれた「ニューバビロン」の構想は、メソポタミア・スタイルの「エデンの園」の構想でもあった。ここでは広大な一万エーカーの土地のうち、一二〇〇エーカーがフィラデルフィアのために保存され、残りは、ペンの興味深い「緑の田舎町《グリーン・カントリー・タウン》」と「碁盤目」の交差する大通りによって発展していく。この聖書的な「テーマパーク」で、市民は、「かなりの広さの緑地」を与えられる。フィラデルフィアの中心部には八〇エーカーの土地が「紳士の地所」として特別に確保された。ここには大邸宅が建てられたが、必ず二五〇メートルほど距離があり、その間には見事な庭園や野原が作られた。碁盤目の広い通りは完璧な方形の左右対称で、街の中心の四隅には「広場」があった。これは現代で言う「街の公園」だ。それらの真ん中には、五番目の巨大な「広場」があり、そこからは巨大な通りが伸びて、巨大な交差点を形成していた。

都市全体は長方形の中にあり、長い方の境界線は東西に向かっていた。だが奇妙なことに、この巨大な四角は、天文的な方位（真の東西南北）には合わされていない。街の軸は東を基準として一〇度南寄りに固定されているのだ。これは、そばを流れる川にある程度並行した配置にするためのように思われる。だが、「友愛」の都市では、もっと秘教的な理由が存在する可能性がある。したがって面白いことに、フィラデルフィアの軸に沿って太陽が昇るのは、一年に二回であることを書いておこう。二月一六日と一〇月一三日だ(47)。一〇月一三日というのは、テンプル騎士団が弾圧された日だ。第一四章で見たように、一三〇七年一〇月一三日に弾圧が開始された。さらには偶然なのか故意なのか、ワシントンDCのホワイトハウスの定礎式が行われたのも一〇月一三日だ。このことは後ほど検討する。

ペンはフィラデルフィアの設計を、実績のある都市計画家トマス・ホームに一任した。ホームはペンの計画を一六八三年に出版している(48)。ホームの設計図のコピーも現存している。それを見ると「碁盤目」の原則が明らかであり、四隅と中央の広場群もある。このような幾何学的な都市は、アメリカ合衆国の首都として、一七八九年から一八〇一年まで、一二年間の役目を果たしただけではなく、アメリカの「フリーメイソン団」の「首都」であったに違いない。今日、フィラデルフィアにはメイソンに関係のある場所が二五ヶ所ある。ブロード通りには、エジプトの部屋やソロモンの部屋を持つメイソンの大きな神殿がある。五番街とアーチ通りの角には「フリー・クエーカー・ミーティングハウス」があるが、ここは、一七七五年から一七七七年の大事なときに、ペンシルバニアのメイソン大ロッジとして使われた。さらには「兄弟」ジョージ・ワシントンに捧げられた、ナショナル・メモリアル・アーチも忘れられない(一九九六年にペンシルバニアのフリーメイソンたちによって再建されている)(49)。

これらのことの根は深い。ウイリアム・ペンが新世界に到着したわずか四〇年後、彼が創ったユートピア都市が、アメリカ最初のフリーメイソンたちの故郷となったのだ。

ロウソク職人の息子

一八世紀の最後の二五年間を迎える頃、フィラデルフィアは英語を話す都市としてはロンドンにつぐ大都会となっていた。名前が示唆するように、地元の文化は極めてメイソン的だった。さらに豊かな商業の中心地であったが、「親密な友愛」の土地という言葉とは裏腹に、黒人奴隷の取引を盛んに行っていた。フリーメイソンのロッジが初めてアメリカにできたのは、フィラデルフィアだったと言われている。ロッジの名前は「聖ヨハネ」だ(50)。アメリカの中でも最も有名なフリーメイソン、ベンジャミン・フランクリンが参入したのも、フィラデルフィアにおいてだった(51)。

ボストンのロウソク職人の息子に生まれたベンジャミン・フランクリンは、一七二三年に町を離れた。職を失ったのだ。兄の新聞『ニュー・イングランド新報』に書いた記事の政治的論調が問題にされたのだ。若いフランクリンはフィラデルフィアに住み着いたが、ペンシルバニア州知事ウイリアム・キースに励まされて、出版事業を始めることにした。キースの支援を受けたフランクリンは、出版事業を学ぶためにイングランドに渡った。ロンドンには一七二四年から一七二六年まで滞在して、フィラデルフィアに戻り、『ペンシルバニア・ガゼット』紙を創刊した。アメリカで始めてフリーメイソンについて言及したのがこの新聞だ(52)。

一七三〇年にフランクリンはフィラデルフィアの「聖ヨハネ」ロッジでフリーメイソンになった。

一七三四年にはそのロッジのグランドマスターになっている（53）。一七三七年から一七五三年まで、フランクリンはフィラデルフィア郵便局の局長を務めている。理神論者で宗教的寛容を説くフランクリンは、同時に科学者でもあった。一七五一年には雷雨の中で凧を飛ばし、避雷針を発明して有名になっている。

フランクリンは一七五七年から一七六二年にかけて、植民地ペンシルバニアの代表として、イングランドを再訪している。二年後にまた渡英し、一七七五まで留まったこの最後の滞在中に、フランクリンは英国政府と長い交渉を行っているが、ジョージ三世がアメリカ植民地に押し付けた印紙税を撤回させるのに、重要な役割を果たした。いろいろな方法でフランクリンは政治的・知的に対英国反対運動の種を蒔いたが、それが究極的にはアメリカの独立戦争へとつながった。一七七五年にアメリカの植民者たちが、英国に対して武力蜂起すると聞いたフランクリンは、イングランドにおける立場が危険になったと感じて、大西洋を横断することにした。フィラデルフィアには一七七五年五月に到着したが、レキシントンで英国軍に対して戦闘の火ぶたが切られてからちょうど二週間が経っていた。六月に、アメリカ革命軍はバンカー・ヒルで英国軍と対峙し、全面的な戦争がはじまることになった。

トマス・ペイン

もう一人の著名なジャーナリストで、クエーカー教徒の熱心な理神論者トマス・ペインが英国に対し、文筆による強烈な攻撃を始めたのも、フィラデルフィアからだった。ペインはイングランドのノーフォーク生まれのクエーカー教徒でコルセット製造業者の息子だった。なんども身を立てることに失敗したペインは、一七七〇年代初めにベンジャミン・フランクリンとロンドンで出会い、それから運に恵まれるようになった。フランクリンは、彼にアメリカで運命を切り開くように助言して、推薦状を渡した。トマス・ペインは一七七四年にフィラデルフィアに到着して、二年後の一七七六年一月に有名な小冊子『コモンセンス』を出版した。その中で「独立宣言」の概念を述べている。この小冊子は五〇万部以上も売れ、一七七六年七月にトマス・ジェファーソンが編纂した独立宣言の基礎になったと言う人もいる。

ペインは政治的に大影響を与えたが、それとは別に、フリーメイソンの人々の間では、英国の考古学者でフリーメイソンのウイリアム・ステュークリー（王立協会の会員で評議員）と同じ思想を広めたことで知られている。ステュークリーは、フリーメイソン団は古代ドルイド教から儀式を引き継いだのだという。さらに古代ドルイド教徒は、古代エジプト人から儀式を継承したのだという（54）。この問題に関してペインは、次のような見解を述べている。「古代のドルイド教の神官は……ペルシャの司祭階級や、エジプトのヘリオポリスの神官たちと同様に、太陽の神官たちであった」。さらにペインは……。

キリスト教もメイソン団も共通する一つの起源を持っている。両者とも太陽崇拝が起源なのだ。起源で違うのは、キリスト教は太陽崇拝をパロディー化していることだ……太古のいつごろ、どこの国でこの宗教が始められたかは、記録の無い時代の迷宮でわからなくなっている。だが一般的には古代エジプトから始まったとされる……ドルイドの宗教も前にも述べた通り、古代エジプトの宗教と同じものだ。エジプトの神官は教授であり科学の教師だった。彼らは太陽の都ヘリオポリスの神官だった……。(55)

同じ記事でペインは、ジョージ・スミス大尉の言葉を引用して、自説を補強している。ウールウィッチにある王立砲術アカデミーの監督官でありケント州のメイソン地区グランドマスターであったスミスは、次のように断言する。

多くの謎の由来となっている古代エジプトは、歴史上常に別格だった。その古さ、学問、富裕、肥沃の面でどの国よりも崇拝されていた。彼らのシステムでは、主要な英雄の神オシリスとイシスが神学的に至高存在と宇宙的自然を表わしていた……最初期のエジプト人たちは、多くのロッジを持っていた。だが、たゆまぬ努力で外部の人々に知られないよう、メイソン団の秘密を守った。秘密は口承により不完全な形で伝えられてきており、労働者や職人や見習いたちが、幾何学や人文科学に熟達し、親方や監察官になれるまで、見つからないよう保存されなければならなかった……。(56)

後ほどトマス・ペインがフランス革命の最中にパリに行き、天文学者シャルル・デュピュイと友人

張していることにしていると主張していたことを見るが、デュピュイはパリの都がエジプトの女神イシスを起源にしていると主張している。パリでペインは、フリーメイソンの神秘家で、過激な革命家でもある作家ニコラ・ド・ボンヌヴィルとも親しくなった。さらには数学者で哲学者のコンドルセ侯とも友人となったが、コンドルセ侯も革命家で九詩神ロッジのメンバーだった(57)。ペインはロベスピエールの統治の最盛期にパリを訪問しており、パリの大衆に至高存在という共和制の宗派を紹介し採用させるのに、一役買っていたかもしれない。また、一七九三年八月のバスティーユ広場における疑似イシスの宗派として練り歩いた自然・理性・自由の宗派にも、何らかの役割を果たしていた可能性がある。

フランスのフランクリン

フランス革命が始まる一三年前の一七七六年にベンジャミン・フランクリンは、生まれたばかりの合衆国の大使としてフランスに派遣された。独立宣言の最年長署名者で、避雷針を発明しているフランクリンの名声は行き渡っており、パリに到着したフランクリンはまるで崇拝される英雄のように大歓迎された。彼の主たる任務は、英国からの独立戦争のために、フランスから資金面・軍事面での援助を得ることだった。彼はこれに成功したが、仕事は主にルイ一六世の外務大臣ヴェルジェンヌ伯シャルル・グラヴィエとの舞台裏における複雑な交渉であった。

機知に富んだ賢いフランクリンは、革命前のフランスで「新世界の自由」のシンボルと見なされた。彼は英国に抵抗した英雄であり、それはヨーロッパの君主による抑圧と独裁に抵抗することにつながった。彼はすぐにパリの社交サロンの人気者となり、エリートのメイソン・ロッジの賓客となった。フランクリンは大使であったときにパリの有名な九詩神ロッジに入っており、一七七九年にはグランドマスターになっている。

九詩神ロッジは古いロッジ「科学」の後継者だった。「科学」の創立者は天文学者ラランドと哲学者・理神論者のクロード・エルベシウスで一七六六年に創立されている。一七七一年にエルベシウスが亡くなると、ラランドとエルベシウスの未亡人アンヌ・カトリーヌ・エルベシウスが九詩神ロッジの創立に大事な役割を果たした。エルベシウス夫人はエリートたちが集まる有名な「サロン」をパリのサンタンヌ通りに持っていたが、そのメンバーの知的レベルの高さはヨーロッパ中に知れ渡っていた(58)。彼女はパリ近郊のオートゥイユにもう一つのサロンを主催していたが、九詩神ロッジと緊密な関係を保っていた(59)。

フランクリンはエルベシウス夫人のサロンの常連であり、フランス軍の若い将校だったラファイエット侯も常連だった。ラファイエット侯はロッジ「社会契約《ル・コントラ・ソシアル》」のメンバーでもあった。「社会契約」は別のエリート・ロッジ「ソシエテ・オランピック」とも結びついていた。「ソシエテ・オランピック」の会員には、シャンブラン伯、グラース伯、デスタン伯などの若い将校、さらには有名な「海賊」だったジョン・ポール・ジョーンズがいた。これらの若者たちは、後にアメリカの独立戦争で大活躍をする。フランクリンの政治と商務のパリにおける代理人だったアメリカ人サイラス・ディーンが、フランスの若い将校を英国と戦うジョージ・ワシントンに加勢させることができたのは、このようなロッジやサロンでのつき合いがあったからだった。ディーンがボーマルシェを仲介にして加勢を頼んだそのような将校の一人がラファイエット侯だった。当時、ラファイエット侯は一九歳に過ぎない(60)。

「ホワイ・ノット？」

アメリカ独立においてラファイエット侯の果たした重要な役割は軽視できない。今日でも多くのアメリカ人が、ラファイエット侯の支援なしには、ジョージ・ワシントンが英国軍に勝つ軍事力を持つことができなかっただろうと思っている。また、多くの人々が、なぜラファイエットが個人的に大きな犠牲を払ってアメリカの理想の為に戦ったのか、不思議に感じている。その答えの一部は、彼が紋章に選んだ座右銘に見つかるだろう。「ホワイ・ノット？（なぜ、いけない？）」だ(61)。この素朴な二つの言葉は、この進取の気性に富む、驚くほど勇敢な男の性格を、なによりもよく語っている。

ラファイエット侯のフルネームは、マリー・ジョゼフ・ポール・イブ・ロシェ・ジルベール・デュ・モティエで、一七五七年九月六日にフランスのオート・ロワール県シャヴァニアックで生まれている。父親は陸軍の著名な将軍で、ラファイエットが二歳の時に戦闘で亡くなった。その一一年後に母親も亡くなり、幼いラファイエットは莫大な財産を一人で受け継ぐことになった。著名な軍人一家の後裔にふさわしく、ラファイエットはベルサイユの陸軍士官学校で学び、一六歳の時にはルイ一六世の近衛竜騎兵連隊の大尉となった。サイラス・ディーンに紹介されたのは一九歳の時だ。ディーンはラファイエットの影響力の強さと、莫大な富を見て、アメリカの大義に非常に役立つと考え、即座に植民地のジョージ・ワシントンのアメリカ軍に加わるよう要請した。

ラファイエットはフランスの由緒ある貴族の出身だが、結婚によってさらにコネが増えた。義理の父親はアヤン公爵で、フランスでもかなり豊かで影響力の強いノアイユ家の一員だ。アヤン公爵の父親も祖父も、フランス軍部の最高位であるフランス元帥だった。アヤン公自身もルイ一六世の親衛隊の指揮官だ。アヤン公の弟、ノアイユ伯はイングランドにおけるフランス大使だった。アメリカ議会宛の推薦状で、サイラス・ディーンはラファイエットを「最高の家族と富をもっている……無限の働きをしてくれるだろう」と紹介しているが不思議ではない。ディーンはこの若くて活気あふれる指導者がアメリカに到着したら、「大歓迎」するようにと主張している。

新世界の「自由」を守る熱気に駆られ、軍事的栄光にどん欲だったラファイエットは、仲間とアメリカに渡るために自費で船「ラ・ヴィクトワール（勝利）」を購入した。これらすべては秘密のうちに実行された。彼はルイ一六世の許可も、強大で影響力の強い義理の父の許可も得ていない。「ラ・ヴィクトワール」の航海は無事で、ラファイエットとそのチームは一七七七年六月中旬に、カロライナ州ジョージタウンに到着している。彼と六名の仲間は陸路、フィラデルフィアに向かった。だが議会は、フランスでサイラス・ディーンがラファイエットに与えた軍事委任をなかなか認めたがらなかった。だがラファイエットが情熱を込めて演説し、自費で活動すると述べ、議員たちを説得することに成功した。彼の情熱と大義への責任感に感銘を受けた議会は、彼の任命を承諾し、二日後にはフィラデルフィアの北側にいたジョージ・ワシントンの司令本部に送られた。伝説によると、二人はお互いを兄弟と見なしたという。戦争が終わり、ラファイエットがフランスに帰ると、ワシントンは次のような有名な手紙を彼に送っている。

あなたがここに来られるのに、事態の変化で、フランス騎士団の指揮官としてこられようと、あるいはアメリカ軍の将軍として陸軍部隊の指揮をとってくださろうと、平和になってから、友人・仲間として会いに来られるにしろ、どんな場合でも、私はあなたを兄弟の愛情を持って歓迎いたします。

一七七七年九月、ワシントンの隣で騎乗していたラファイエットは、英国軍と勇敢に戦った。ブランディワイン川の戦いだ。負傷したラファイエットはフィラデルフィアに退避したが、そこで英国軍の手で街が陥落する姿を目撃した。七カ月後、彼はバレン・ヒルの戦いで違いを見せつけた。ラファイエットは野戦における比類なき将校であり、ワシントンにとっては賢い助言者だった。将来、初代アメリカ大統領となる二五歳年上のワシントンとは、深い友情で結ばれ、息子のようにワシントンを崇拝するようになった。だが、ラファイエットが独立戦争で無くてはならない人だったのは、フランスとアメリカの間で触媒の役割を果たし、フランス政府に影響を与え、反英国の連盟協定を米議会と結ばせるのに成功したことにある。

一七八一年に彼はワシントンの隣で戦闘し、ヨークタウンの戦いで勝利した。彼の見事な活躍によって英国軍が完敗し、ワシントンに降伏したのだ。アメリカに到着してから四年経ち、若くて気さくなラファイエット侯は二四歳になり、「二つの世界の英雄」だと喝采を浴びるようになった（イタリアのガリバルディも後に同じ名前で呼ばれる）。大西洋の両岸における英雄というわけだ。ラファイエットがアメリカ人に与えた巨大で根深い影響は、今日でも確認できる。四〇〇に近い公共の場所や、街や通りにラファイエットの名前が使われているのだ。ペンシルバニア州にはラファイエット郡すらある。四二年後の一八二四年に、ラファイエットはアメリカを再訪している。このときはフリーメイソンの第三三位階を取得していたが、アメリカで国民的英雄として歓迎された。

この偉大なフランス人に対する、アメリカの人々の永続する巨大な感謝の念は、一九一七年にパリが解放されたとき、アメリカの将軍ジョン・パーシング（第三三位階のフリーメイソン）の代理、スタントン大佐の言葉で不滅のものとなった。「ラファイエット、私たちは来た！」。スタントン大佐が親身ある敬意を示したのは、独立記念日の七月四日であり、場所はパリのピクピュス墓地だ。ラファイエットの墓の前には多くのフリーメイソンたちが参集していた（62）。

神殿の家

第三三位階のシステムは、アメリカの最高評議会に管轄される古式公認スコットランド儀礼で統制されている。このエリート・メイソン団は大げさな肩書きや印象的な名前の位階を多くもつが、軍部の高官や新進の政治家に人気があるようだ。現在、世界中に四〇の最高評議会があり、「ナショナル・ロッジ」は四つある。これらすべてが、非公式だがアメリカ合衆国の南部管区最高評議会の権威の下にある。

マザー最高評議会と通称される機構の本部は、現在、ワシントンDCの一六番通り北東一七三三番地にある。「神殿の家」と呼ばれるこの威圧的な新古典主義の建物は、ヘリカルナソスの霊廟をモデルにしている。デザインは有名なフリーメイソンの建築家ジョン・ラッセル・ポープによるものだ。入り口には威圧的な「エジプト風」の「知恵」と「力」を意味する二つのスフィンクスが据えられている(63)。「知恵」のスフィンクスの胸にはエジプトの女神像の絵姿があるがたぶんイシスだろう。一方、「力」のスフィンクスは、古代エジプトの「生命の鍵」と呼ばれるアンク(輪付き十字架)とユリーアス(蛇形記章)をもつ。ユリーアス(蛇形記章)はファラオが太陽の家系であることを示すシンボルだ。

ワシントンDCにある最高評議会の正門のドアの把手は、太陽のライオンの姿をしている。内部の広間はエジプトの神殿を思わせ、椅子に座る二人の書記のエジプト風の像が、儀式用階段の足元に置かれている。これらの彫像はそれぞれエジプト絵文字の碑文を手にしているが、訳文は「神の栄光のために設立された」と「強い国を創るために働く者たちに知恵を教える」である。階段を上ると、そこにはアルバート・パイクの青銅の胸像がある。パイクはスコットランド儀礼のグランドマスターの中ではもっとも有名であり、「神殿の家」はパイクに捧げられている。パイクの胸像の上の銘板には次のように書かれている。「私たちのために行ったことは、私たちとともに死に絶える。だが、ほかの人々のためや世界のために行ったことは永遠に残る」。

ワシントンDCの最高評議会にあるもう一つの印象に残る疑似エジプト的な図柄は、翼の生えた輝く三角形だ。これは、神殿の主要な部屋の祭壇の上と天井に吊られている。この図柄はもちろん古代エジプトの神殿にほぼ必ずある翼の生えた日輪をモデルにしたものだ。だがもっと興味深いのは、メイソン・ロッジの入り口によく見られる「炎状星」は、イシスの星シリウスだとアルバート・パイクが明言していることだ。「炎状星」はメイソンの光輝く三角形とも関連つけられている。「古代の天文家たちはメイソンの偉大なシンボルを星の中に見ていた。シリウス星はいまでも私たちのロッジで炎状星として光を放っている……」(64)。

アルバート・パイクのイシスの星シリウスに関する主張と、ワシントンDCの「神殿の家」の色濃い疑似エジプトスタイルと、入り口を守るスフィンクスを考え合わせると、すぐ目に浮かんでくるものがある。それはジャック・ルイ・ダヴィッドがデザインしてパリのバスティーユ広場に置かれた、二頭のスフィンクスとイシス像であり、ルーヴルにあるピコの絵だ。

この興味深い結びつきを検討する前に、もう少しアルバート・パイクについて、知っておく必要があるだろう。なぜ、ワシントンDCの「神殿の家」は彼に捧げられているのだろう……。

丸太小屋から神殿へ

スコットランド儀礼のフリーメイソンたちは、アルバート・パイクについて、詩人、猟師、歴史家、革命家、法律家、政治家、軍の司令官、演説家、作家、それに哲学者だという。つまり万能の天才だったわけだ。一八〇九年にボストンに生まれたパイクは、ハーバード大学に進んだが中退し、学校の先生になった。一八三一年にアーカンソー州で猟師になり、その後、最高裁判所の弁護士団に入ることを認められている。それから、ニューオリオンズに移り、弁護士となり、南北戦争中は南軍に参加し、インディアン部族を率いる南軍の司令官となった。彼は怪しげな汚職の容疑で軍法会議にかけられたが無罪放免となり、ワシントンDCに法律事務所を開設した。

アルバート・パイクが記憶されているのは、カラフルな職歴のためではなく、一八五九年にメイソン団のグランド・コマンダーになったときに、スコットランド儀礼を再生させたからだ。彼は「当時の最も有名な（時には悪名高い）フリーメイソン」だと言われていた。一八九一年四月にパイクは、ワシントンDCのスコットランド儀礼の神殿の机で仕事をしている最中に、安らかに息を引き取っている。皮肉なことに、今日、フリーメイソンになる人で、彼について少しでも知っている人は、数少ない。

アルバート・パイクは一八五〇年にアーカンソー州リトルロックの「ウエスタン・スター二番」ロッジでフリーメイソン団に参入し、同じ年の一一月にはマスター・メイソンに昇格している。さらに一〇年も経たない一八五九年に、アメリカ合衆国のスコットランド儀礼最高評議会の最高グランドマスターの地位に登りつめている。つまりは世界最高の地位だ。パイクがスコットランド儀礼に参入したとき、メイソン団がぼろぼろなことに気がついたが、人生の終わり頃のパイクは「メイソン団が人間の尊厳と権利の安全な神殿だと感じていた」。彼は「世界でも最も影響力の強いフリーメイソン団」を創ったのだ（65）。スコットランド儀礼の驚くべき大改革の手始めは、長い年月の間に低俗化していた第三三位階の儀式を書き換え、公式化することだった。次にパイクは、スコットランド儀礼の「土台となる文書」を提供した。その結果は八六〇ページの著作『古式公認スコットランド儀礼の道義と教則』であり、一八七一年にスコットランド儀礼出版局から初版が発行されている（66）。この膨大で不可解ともいえる本は、パイクの講演をまとめたもので、三二章に分かれ、各位階の解説をしている。だが第三三位階は含まれていない。最後のこの位階は称号にすぎないのだ。

この本を読めばわかるが、パイクが比較宗教学、カバラ、ヘルメス思想、秘教神秘学、神話学、シンボルリズムなど思弁哲学一般を徹底的に調査し比較検討したことが明らかだ。この本が出版されてから六〇年間にわたり、スコットランド儀礼の参入者たちには、『道義と教則』と略称されるこの本を読むことが義務づけられていた。だが本の題名とは異なり、この本はメイソンの宣誓書ではまったくない。むしろ、スコットランド儀礼フリーメイソン団に歴史的・神話的な枠組みを与えようとするものだ。パイクがはっきりさせているのは、この本に書かれていることを認めるのも否認するのも、読者の自由であることだ。もっとも当時のパイクの評価は高く、彼の研究は反論無く受け入れられていた。現代のあるメイソン作家がこの怪しげな歴史的記述について述べていることは正しいだろう。「真実かどうかよりも、真実だと主張されていることが重要」なのだ（67）。

パイクがメイソンの五つの先端を持つ「炎状星」とエジプトのイシスの星シリウスとの関連を述べ

たのは、『道義と教則』においてであった。イシスの星も五つの先端で描かれることが多いのだ。パイクは当時の定説に強力に反対したことになる。それまで「炎状星」は「東の星」つまりベツレヘムの星を意味すると考えられていたのだ。

五つの先端を持つ「炎状星」が神による予告の兆しと見るのもまた、空想に過ぎない。東方の三博士を案内した記念の星だという見方も比較的近代のものだ。本来は天狼星シリウスを示していた。

シリウスが炎状星と関連付けられるのは、これが初めてではない。ホメロスの『イーリアス』(紀元前八〇〇年頃)のなかで、英雄アキレスの猛威を「収穫の時に現れる炎状星であり、闇夜に光る星たちの間に忽然と現れるが、人々によってオシリスの天狼星（シリウス）と呼ばれる」と述べている。アポロニウスによる『アルゴナウティカ』には、「天狼星シリウスは、天からミノア諸島を焼け焦がしている」とある。同じ文の中に「シリウスがオケアノスから昇る。光り輝き美しいが、民にとっては脅威だ」とも書かれている(68)。詩人アラトスは「燃える炎を伴う最も強く輝く星。人はこれをシリウスと呼ぶ」と語る(69)。最後になるがローマの政治家マニリウスはシリウスについて「燃える顔を持つ犬」と述べている。

そうなるとアルバート・パイクがいかなる間違いを冒していようと、綿密な学者であることだけは確かなようだ。彼は『道義と教則』を書くに当たって、間違いなくこれらの古い文献を研究している。

実のところパイクは、これらの古代の文献を研究するため、ラテン語、ギリシャ語、サンスクリット語を独学で習得したことで知られているのだ。パイクがメイソンの「炎状星」とシリウスを簡単に結びつけられるなら、ほかの学識のあるメイソンも同じ結論に到達していたに違いないと結論できるだろう。

だが、そうだろうか?

トマス・ペインの至高存在

ヨークタウンで英国軍を降伏させ、一七八二年にフランスに帰国したラファイエットは、英雄として大歓迎された。肩書きも少将になり、パリでベンジャミン・フランクリンの外交副官も務めた。一七八四年にフランクリンの仲間にアメリカ合衆国の新たな大使トマス・ジェファーソンが加わった。同じ年にラファイエットはドイツに旅して、フリードリヒ大王に会っている。一方、トマス・ペインはまだ米国にいたが、困窮していた。彼は煙の出ないロウソクの発明に没頭し、フィラデルフィア近くのスクールキル川のために支柱の無い鉄橋をデザインするなど、奇妙な事業に時間を使っていた(70)。

ベンジャミン・フランクリンはパリの九詩神ロッジのグランドマスターになってから七年経っていたが、フランスとヨーロッパ全土に友人の巨大なネットワークを構築していた。トマス・ジェファーソンがフリーメイソンであったかどうかは明らかでない。だが、このテーマに興味を持つ第三三位階のメイソン、ジェームス・W・ベレスは極めて適切にも次のように述べる。「ジェファーソンは会員証を持ち歩くフリーメイソンではなかっただろう。だが、彼の哲学と行動は、間違いなくメイソンの理想と実践と同じものだ」(71)。ジェファーソンがパリにいたころの九詩神ロッジのメンバー、ジョゼフ・ギヨタン博士の報告によると、ジェファーソンは少なくとも一回は九詩神ロッジを訪問している(72)。ジェファーソンが著名で活動的なフリーメイソンの人々に囲まれていたのは、間違いない。ベレスは次のように言う。

義理の息子でヴァージニア州知事トマス・M・ランドルフも、彼のお気に入りの孫、トマス・ジェファーソン・ランドルフも、さらには甥のピーター・カーとサミュエル・カーもヴァージニア州アルベマール郡の「徳への門四四番」ロッジのメンバーだった。フリーメイソンだったトマス・ペイン、ヴォルテール、ラファイエット、ジャン・ウドンなどは、ヨーロッパにおけるジェファーソンの親しい友人だった。アメリカで彼が尊敬していたフリーメイソンには、ジョージ・ワシントン、ベンジャミン・フランクリン、ベンジャミン・ラッシュ博士、ジョン・ポール・ジョーンズ、ジェームズ・マディソン、ジェームズ・モンロー、メリウエザー・ルイス、ウイリアム・クラークなどがいた……一八一七年一〇月六日には、ロッジ「寡婦の息子六〇番」、「シャーロッツヴィル九〇番」によるセントラル・カレッジ（現ヴァージニア大学）の定礎式のためのメイソン行進に参加している……一八二六年七月四日にジェファーソンが亡くなったとき、サウス・カロライナとルイジアナの大ロッジは、葬式と葬儀の行進を行っている……ヴァージニア州サリー・コート・ハウスの青ロッジの名前が一八〇一年には「ジェファーソン・ロッジ六五番」になっている。(73)

ジェファーソンがまだパリに居る一七八七年に、トマス・ペインはヨーロッパに戻った。ペインはまずロンドンを訪れ、鉄橋プロジェクトの支援を得ようとした。しかし一七八九年七月にバスティーユが陥落すると、フランス革命に興味を感じ、パリに居るジェファーソンと定期的に連絡をとり始めた。

一七九〇年春、ペインはパリに旅行し、ラファイエット侯に憲法について助言することになった。ペインが初めてラファイエットを訪問したとき、ラファイエットはペインにほぼ解体されたバスティーユの鍵を渡した（ほとんど粉砕されていたが……）(74)。同じ旅でペインはフリーメイソンの作家ニコラ・ド・ボンヌヴィルと連絡をとっている。当時、ボンヌヴィルはフォーシェ神父とともに、理神論と共和主義の徳と理想を促進する過激な知識人が集まる、「セルクル・ソシアル」を創立したばかりだった。その後の一八一二年に、ニコラ・ド・ボンヌヴィルはトマス・ペインの著書『フリーメイソン団の起源』をフランス語に翻訳している。この本の中でペインは、古代エジプトの太陽とオシリスの宗派こそメイソンの儀式の起源だとしている(75)。

パリでトマス・ペインの友人となり支援者となった中には、コンドルセ侯も居た。ヴォルテールの友人であるコンドルセ侯は、著名な数学者で、人権の擁護者としても名高いが、九詩神ロッジのメンバーでもあった。九詩神ロッジ仲間には、ベンジャミン・フランクリン、タロットカードの発明者で神秘主義者のクール・ド・ジェブラン、天文学者ラランドなどがいる。ここでもう一度、クール・ド・ジェブランが彼の有名な著書で、次のように書いていることを見ておこう。

「当初、パリが島（シテ島）にあったことは、誰でも知っている。したがってパリは最初から航海の都なのだ……川には船があふれ、パリの象徴は船であり、航海の女神イシスを守護神としていた。船はイシスのものであり、この女神のシンボルだった」

第一六章で述べたが、クール・ド・ジェブランはフリーメイソン団におけるスコットランド儀礼原型とテンプル騎士団に精通していた。だが、「エジプト」儀礼のフリーメイソン団の創立者として有名なカリオストロ伯にあったとき、「すべての知識においてはるかに勝るこの人物を尋問する」資格がないと認めている(76)。

一七七八年に作家ヴォルテールが九詩神ロッジで参入したときの名誉ある介添人となったのは、ベンジャミン・フランクリンとともにクール・ド・ジェブランだった。多くの著名人がいた中で、なぜクール・ド・ジェブランが選ばれたのだろうか？　その理由は、スコットランド儀礼の「位階」とタロット「カード」とカバラ的な「径（小道）」が結びつくところにあるのではないだろうか？　この三者に共通する秘教的な数は三二なのだ。

スコットランド儀礼第三三位階の作家であり、ワシントンDCのスコットランド儀礼の本部の歴史家でもあるチャールズ・サムナー・ロビンジャーは、カバラの三二の知恵の小道は(77)「疑いも無くスコットランド儀礼の大憲章にある位階の数の起源だ」と述べている(78)。近代的な秘教的タロットはカバラとカバラ的セフィロトの思想をモデルにしていることは、よく知られている。さらに興味深いのは、クール・ド・ジェブランがタロットは「エジプト起源」であり、タロットの中で「星」と呼ばれているのはイシスの星シリウスのことだと述べていることだ。トマス・ペインはクール・ド・ジェブランに会うことができなかった(ペインがパリに行く七年前にジェブランは亡くなっている)。だが、トマス・ペインが有名な著書『人間の権利』の出版準備をしていた頃、パリの友人たちの間では、カバラ的、ヘルメス的思想が彷彿《ほうふつ》とみなぎっていたことがわかる。

一七九〇年五月初めにトマス・ペインはロンドンに戻った。同じ頃、エドモンド・バークが君主制に反対する人々を攻撃する著書『フランス革命の省察』を出版している。トマス・ペインは激怒し、すぐに『人間の権利』の前半をパリに行く前に大急ぎで書き、出版した。一七九一年初めにパリについて、トマス・ペインは最初の「共和主義者」クラブを創立し『共和主義宣言』を書き上げた。エネルギーにあふれたペインは一七九一年七月にはロンドンに戻り、『人間の権利』の後半を書き上げ、ラファイエット侯に捧げた(79)。

パリに滞在中、ペインはトマス・ジェファーソンに会い、信頼できる友人となっている(80)。ロンドンにいるとき、ペインは過激な思想家のエリート・グループに出入りしていた。その中には有名な英国の詩人ウイリアム・ブレイクも居る。これらの過激な思想家にとって、フランス革命の初期の段階は次のようなものだったと、デイヴィッド・コーディ教授は言う。

フランス革命の初期は、迷信や特権に対する、理性の力の勝利を示していると見られた……（さらに）落ち込んでいた人類が完璧な状態に戻る予兆のシンボルとも見られた。(81)

驚くことではないがトマス・ペインの『人間の権利』は、英国政府によってすぐに発禁となり、ペインに見立てた人形教会の前で焼かれるなどの嫌がらせがあった。ペインは「自由主義の煽動者」と見なされて起訴されたが、この危険な時代にあっては、死刑が確実だった。彼はかろうじて逮捕を免れた。よい友人だったウイリアム・ブレイクがタイミング良く、家に帰るなと警告したのだ。ブレイクはペインを助けてすぐにフランスに逃した。

パリに到着したペインは革命の友であり、英雄として大歓迎され、名誉フランス国民の資格が与えられ、国民議会のメンバーにされた。だが、平和主義者だったペインは、ルイ一六世の死刑に反対し、王を亡命させるほうに票を投じた。この立場は熱狂的なロベスピエールを激怒させ、ペインは昔のリュクサンブール宮殿の牢獄に放り込まれた。閉じこめられている間に、ペインは彼の最も有名な著書『理性の時代』の最初の部分の出版を手配した。

『理性の時代』でトマス・ペインは、自らを理神論者だと明らかにして、至高存在を信じ、教会に反対する立場を明確にしている。まったく同じ時期に、ロベスピエールとジャック・ルイ・ダヴィッドが「理性」の宗派と「至高存在」を押し進めていたことは、当然知っていただろう。一七九三年八月一〇日のバスティーユにおける奇妙な祭典における「理性」と「自由」は、少なくともダヴィッドの心の中では、エジプトの女神イシスとして表わされていた。ペインのメイソンの起源に対する深い関心や、メイソンの儀式の起源がドルイドや古代エジプトから来ていると信じていることから考えると、ペインの「理性」のヴェールを脱がして人格化したら、同じナイルの女神となることも十分に考えられる。

パリのバスティーユで共和制「イシス」の祭典が行われてから五週間後の一七九三年九月一八日に、大西洋の反対側でも、もう一つの共和制の儀式が執り行われた。場所はポトマック川を見下ろす低い丘の頂上だ。だがこれはバスティーユのように嫌われていた国家的記念碑の破壊を祝うものではなかった。そうではなく、丘に建てられる偉大な「自由の神殿」の礎石を置くためだった。もう一人の冒険好きなフランス人、ピエール・シャルル・ランファンが創案したものだ。

ランファン

一九〇九年四月の春の明るい日、ワシントンDC近郊のディグス農場の管理者D・H・ローズは、コロンビア特別区の警察官立ち会いの元、ある男の遺体を掘り起こす作業の指揮をとっていた。この男は八四年前の一八二五年に亡くなっている。かろうじて残っていた遺骨は、丁寧に集められ金属で内張りされた棺に納められ、アメリカの国旗がかぶせられ、マウントオリーブ墓地に運ばれた。四月二八日の朝、棺は連邦議会の議事堂に運ばれ、昼まで静かに安置されていた。その後、棺は軍隊に護衛され、アーリントン国立墓地に埋葬された。大邸宅の前の緩やかな丘陵にあるこの墓からは、遠くに首都ワシントンの町並みが一望の元に見える。議会は一〇〇〇ドルの予算で、墓の上に記念碑を建てた。記念碑のテーマは首都の通りの計画図だ。図面の下には亡くなった男の名前も見える……ピエール・シャルル・ランファン、技師、芸術家、兵士。

ピエール・シャルル・ランファンはパリで一七五四年に生まれている。父親は風景と戦闘シーンを得意とする画家だった(82)。父親と同じように、若者ランファンも、フランスの王立絵画彫刻アカデミーで教育を受けた。そこで彼は軍事要塞の設計のしかたも学んだ。またアンドレ・ルノートルの業績から景観の科学も学んでいる。ルノートルは一〇〇年ほど前にルーヴルのテュイルリー庭園と、パリの偉大な歴史軸を設計している。ランファンはその後、フランス軍に入隊し、一七七六年にアメリカ独立戦争が始まると参戦し、少佐にまでなっている。

ラファイエットや当時の多くのフランスの若者と同様、ランファンは新しい共和主義の理想である自由や平等の理念に燃え、アメリカ革命軍に志願したのだ。彼の要塞設計の知識は大変に貴重で、ジョージ・ワシントンも注目するようになる。ランファンは「工兵隊長」となったが、これが後の米国工兵隊に成長する。一七八二年三月、ワシントンはランファンに次のように書いている。

あなたの情熱と活発な奉仕は、あなたの高い道義心を反映しており、私は大変に喜んでおります。国会議員のかたがたも、あなたの工兵隊をさらに発展させることに力を注ぐことでしょう。(83)

シンシナティ・ソサエティとのつながり

私たちはランファンが「シンシナティ・ソサエティ」として知られる組織に関係があると知って驚いた。

一七八三年に、独立戦争に従軍した将校やその家族が困難に遭遇したときのために創立されたこの組織は、現在もある。五世紀のローマの兵士ルキウス・クイントゥス・キンキナートゥスの名前に由来するこの「ソサエティ」は、愛国的なエリート軍事組織であり、奇妙なことに世襲会員制だ。会員になれるのは、オリジナル会員の長男だけなのだ。最初の会長はジョージ・ワシントンで、この「ソサエティ」から一七九〇年にシンシナティ市という名前が生まれている(84)。オリジナル会員には、アレキサンダー・ハミルトン、ジョン・ポール・ジョーンズ、米国大統領になったジョージ・ワシントンとジェームズ・モンローがいる。モンローの名前は西アフリカのリベリアの首都モンロヴィアとして、長く残ることになった(85)。

「シンシナティ・ソサエティ」はメイソン団ではないが、ラファイエット、ハミルトン、ジョーンズ、ワシントンなど、創立会員の多くはフリーメイソンだった。そこで「シンシナティ・ソサエティ」が友愛の情や名誉を表現し、多くのメンバーがフリーメイソン」なのも不思議ではなかった(86)。一七八五年にランファンはニューヨークで建築家として働き始めたが、「シンシナティ」の魅力的なコネを使って、多くのもうかる設計プロジェクトを担当することができた。一七八九年に、アメリカ合衆国の新首都をヴァージニア州に作るという計画を耳にしたランファンは、古い友人のジョージ・ワシントンに直接手紙を書いた。作家であり歴史家で、駐米フランス大使を務めたこともあるジャン・ジュール・ジュスランによると……(87)。

ランファンはすべてを「大きく」見る人であり、常にそうであり続けた。首都がニューヨークでもフィラデルフィアでもなく、いかなる既存の都市でもなく、新しく創ると聞いた瞬間に、彼はジョージ・ワシントンに手紙を書いた。驚いたことに彼はこの国に与えられたチャンスについて明に理解していた。彼が固く決心していたのは、当時の住民三百万人を目的とすることではなかった。むしろ現在の一億人のためであり、私たちの後に住む、数億人という人々のために働くことだった。手紙の日付は一七八九年九月一一日で、ニューヨークから出されている。「閣下」と彼は始めている。「最近、議会がこの広大な連邦国家の首都とする街の基礎を固めることに決定いたしましたが、この事業の遂行を依頼される人は高い評価を受ける機会を与えられることになります。そこで閣下も、役に立つ市民でありたいという私の野心や願望についても驚かれないと思います。私もこの事業に参画したいのです……たぶん、これまでに首都にする場所を意識的に決める機会を得た国家はないことと思います……現在の国力からみますと、野心的な設計を追求する立場にはないかも知れません。しかし、計画は大きく描かれなければならないことは、明らかです。いつかはわかりませんが国の富が増大することに備えて、増築と拡大の余地をのこしておかなくてはいけません。このように事態を見ますと、私はこの事業の意味を十分に理解していると考えます」。(88)

再び「テンプル騎士団」の八角形と生命の木

一七九一年の初めにジョージ・ワシントンはトマス・ジェファーソンに依頼して、ランファンをジョージタウンに送り、アンドルー・エリコットを支援させた。アンドルー・エリコットはペンシルバニア州から来たクエーカー教徒でフリーメイソンであり、コロンビア特別区の測量士だった。当時、三七歳だったエリコットは、ペンシルバニア州バックス郡の時計職人の息子だったが、天文学に深い関心を持って成長した。独立戦争にも従軍し少佐にまで昇進したが、このときにワシントンやベンジャミン・フランクリンと親しくなっている。後者はとくにエリコットに注目していたようだ。エリコットが天文学に詳しく、天体観測技術に優れていたからだろう(89)。

一七九〇年始めに、ワシントンはエリコットを新首都の測量士に任命した。これは弟のジョゼフの支援を受けて、数年来、エリコットが得ようとしていた仕事だ。アンドルー・エリコットはジョージ・ワシントンから選ばれるだけの理由を持っていた。だがランファンは、そのすべてを変えてしまった。意志が強く尊大なフランス人は、ワシントンの「支援」をしろという指令を武器に、強引に割り込んで、仕事をエリコットから取り上げてしまった。

ランファンに与えられた仕事は「連邦政府の建物を建てるにふさわしい場所を図面にすること」だった(90)。ランファンはジェファーソンと親密に働き、一七九一年六月に予備計画書を作成した。九月にはこのプロジェクトの管理責任者である新理事たちから「連邦地区はコロンビア特別区、連邦都市はワシントン市と呼ぶ」と、情報を受けている(91)。

ランファンは、彼を知る多くの人々の言葉によると短気で傲慢であり、すぐに理事たちを敵に回し、彼らの指示を拒否するようになった。状況はたちまち悪化し、一七九二年にジョージ・ワシントンは理事たちの権威を認めるよう、ランファンに厳しい警告を発することを、トマス・ジェファーソンに依頼せざるを得なくなった。だがランファンには妥協する気が無く、プロジェクトから身を引いてしまった。

同じ年に、ワシントンはアンドルー・エリコットをアメリカ合衆国測量長官に任命し、ワシントンDCの計画を完成するよう命じた。この計画は原則的にランファンのオリジナル設計を踏襲し、一カ月後には図面が完成している(92)。

ジョージ・ワシントンもトマス・ジェファーソンも都市計画の進展に、直接、深くかかわり、彼らの考えを入れたのではないか、と疑われている。たとえば、『神殿とロッジ』という本の中で著者、マイケル・ベイジェントとリチャード・リーは、ワシントンDCの配置の裏には、奇妙な八角形のパターンが見られ、それらはテンプル騎士団の八角形であり、ジョージ・ワシントンが個人的に指示したものだと主張している。この八角形は巨大で、議事堂とホワイトハウスを中心とする一帯にはっきり見てとれる（93）。

ランファンの計画書の最初の印刷版の大きさは、二二×二四・五センチで、ワシントンDCの議事堂図書館地理地図部に保管されている（94）。銅版に彫ったのは、芸術家のサッカラとヴァランスで、ワシントンDC最古の銅版印刷物だとされている。印刷には記事が添付されている。それは一七九三年三月に出版された『ユニヴァーサル・アサイラム・アンド・コロンビアン・マガジン』のものだ。記事のタイトルは「コロンビア特別区のワシントン市の描写。ヴァージニア州とメリーランド州から合衆国に割譲されたもので、ここに連邦政府が置かれることになる」（95）。

ランファンの計画を観察してまず気がつくのは、壮大な野心だ。このフランス人が考えていたのは、八〇万人が住む壮麗な首都だ。古典的な建物や記念碑が建つこの都市は、人口五億人の巨大な共和国の首都にふさわしいものとなっている。だが当時の合衆国の人口は合計しても四百万人よりも少ない。ヨーロッパ全体の人口も二億人以下だった。世界全体の人口も九億人程度だっただろう。現在のアメリカ合衆国の人口も三億人以下だ。この数字は一〇〇年後には二倍になると見られている（96）。そうなれば、ランファンの壮大な予測に合うことになるが、二二世紀の初めとなる。

計画自体は独創的で興味をそそる。最初に衝撃を受けるのは、パリの都市計画とベルサイユの計画によく似ていることだ。だが、さらに興味深いのは、レンとイヴリンがロンドンのために作って実現しなかった都市計画とそっくりなことだ。だがそれはたいして驚くことではないかもしれない。トマス・ジェファーソンは実績のある建築家であり、ヨーロッパの中心都市を訪問して研究しているから

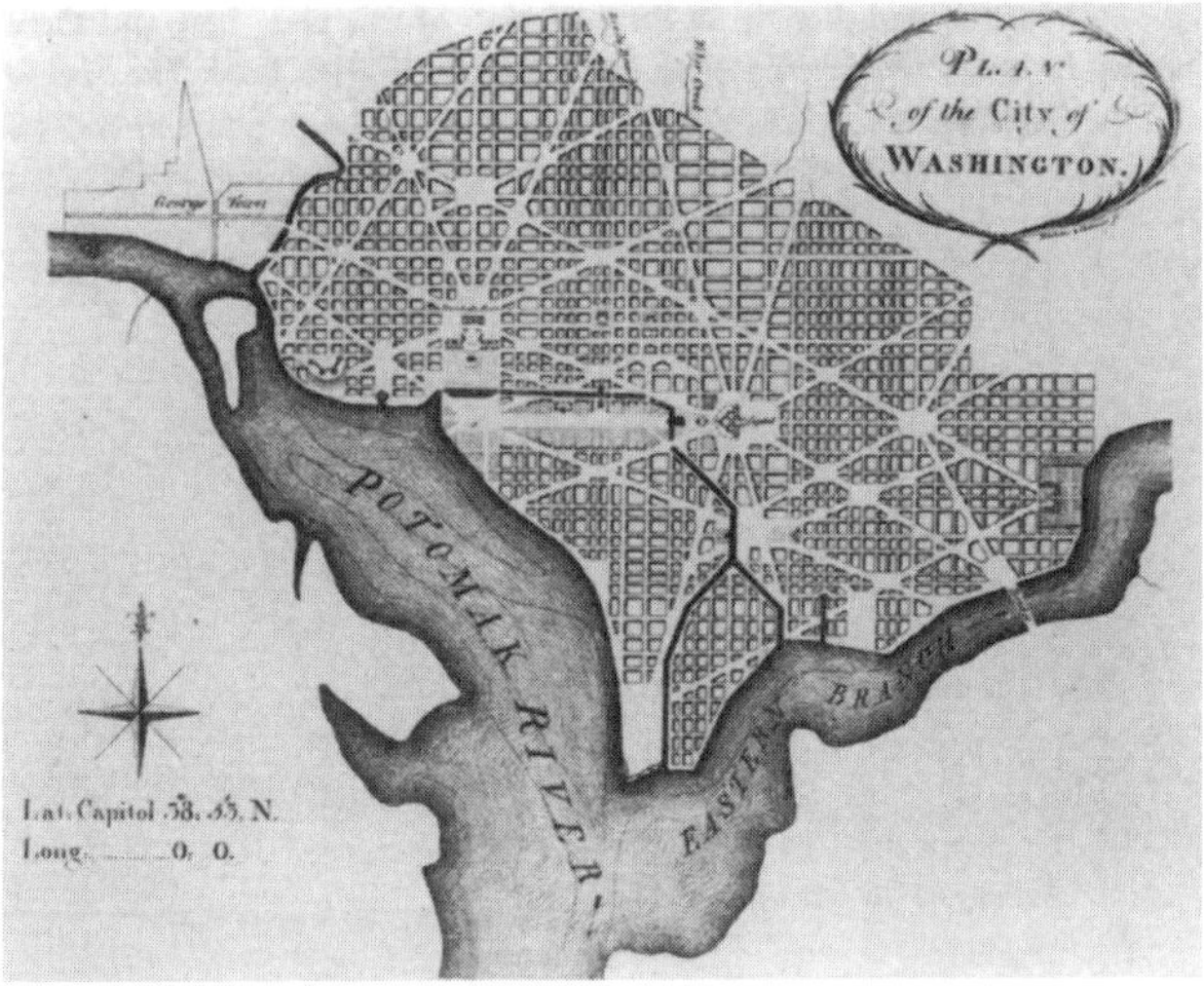

ランファンの設計プラン

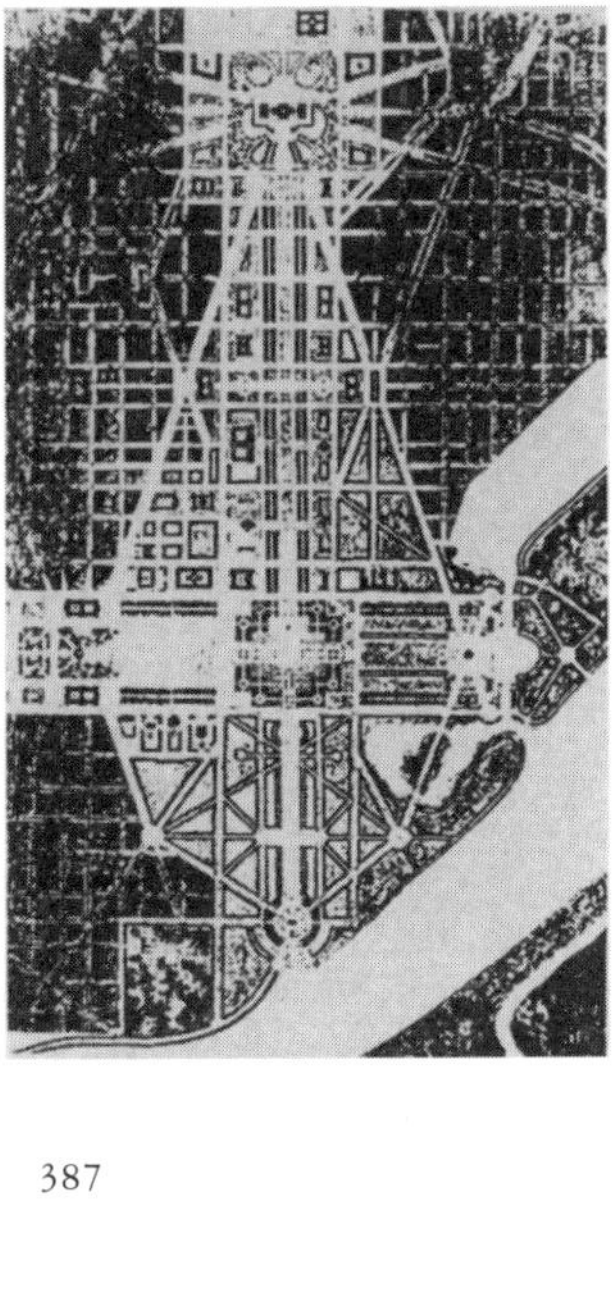

ワシントンDC空撮図

だ。彼はランファンに参考として、ヨーロッパの都市計画書をいくつか渡しているのだ(97)。

パリやロンドンと同じように、ランファンの計画は、東西の配置が支配的となっており、ザ・モール(ランファンはグランド・アベニューと呼ぶ)が議事堂から(未来の)ワシントン記念塔まで通っている。気楽な観察者ならば、この都市の主軸は、故意か偶然か、昼夜平分時である秋分・春分の日の出・日没に固定されていると思うだろう(98)。だが、地図を詳しく検討し、当時の文献から見ると、ランファンが主軸にしようと考えていたのは、プレジデンシャル・アベニュー(ペンシルバニア・アベニュー)なのだ。この大通りは、連邦議事堂と大統領官邸(ホワイトハウス)を結んでいる。

ランファンの計画はパリの配置から、大きな影響を受けていることがすぐにわかる。だがもっと似ているのは、大火災の後にレンとイヴリンが制作したロンドンのレイアウトだ(99)。一番目に付くのはダイヤモンド型のデザインで、セフィロトの生命の木を思い起こさせることだ。イヴリンのロンドンの都市計画ほど歴然とはしていないが、レイアウトの中の生命の木は楽に認識できる。それは東の議事堂から始まり、西のワシントン記念塔(巨大なオベリスク)に達する。

ロバート・キャメロンによる素晴らしいフォト・エッセイ『ワシントン空中散歩』には(100)、見事な航空写真が掲載されている。これを見ると、この近代都市は、ランファンの計画にほとんど従っていることがわかる。この計画では議事堂を中心点として西向きに、二つの大通りが、斜めに伸びている。一本は南西方向(メリーランド・アベニュー)で、もう一つは北西方向(ペンシルバニア・アベニュー)であり、これが、古典的なセフィロトの生命の木の上部にあたる。生命の木の場合、ここの中心には最初のセフィラー（流出物）があるが、これは王冠（神性）を意味する。議事堂を王冠にたとえるのは奇妙に思えるが、一八三〇年に議会は巨大なワシントンの像を作らせている。ワシントンはゼウスの姿で玉座に座っている。ゼウスといえば古典世界の最高神だ。ホレイショ・グリーノウによって造られたこの銅像は、最初、議事堂の真ん前に置かれ、その後、目立たないザ・モールの東側に移され、現在ではスミソニアン博物館で見ることができる(101)。

ランファンのワシントンDCをセフィロトの木として見ていくと、巨大なオベリスクの建つ場所は、「ティファレト」として知られる場所になる。「美」の意味だ。このセフィラーは第一四章でみたように、太陽を示し、物事の中心で、すべての生命と光を放射する。したがってワシントンに立っている「エジプト風」オベリスクから類推すべきことは明白だ。ローマ、パリ、ロンドン、ニューヨークにあるオベリスクよりも七倍も高いこの塔は、パワフルな太陽のタリズマンであり、世界新秩序の首都の象徴になっているのだ。

反響

レンによるロンドン都市計画と、ランファンのワシントン計画を重ね合わすと、米国の議事堂に当たる場所に、ロンドンの王立取引所が存在することがわかる。米国の連邦議事堂の定礎式は、ジョージ・ワシントンを中心とする極めてフリーメイソン的な行事だった。そうなると当然ながら、王立取引所の場合はどうだったのかという疑問が出てくる。

王立取引所は「証券取引所」としてトマス・グレシャム卿によって、一五六六年に創立されている。王室による宣言で現在の名前となったのは一五七一年であり、一六六六年九月三日のロンドン大火で、炎に包まれ完全に崩壊している。だがすぐその後に、チャールズ二世は、建築家ジャーマンの新計画を採用して、王立取引所を再建させている（102）。再建工事は一六六七年の中ごろに始まった。フリーメイソンのジョージ・ワシントンが米国大統領として、一七九三年の議事堂における儀式に参加したのと同じように、フリーメイソンだったと言われているイギリス王チャールズ二世も、その一二六年前に、王立取引所における同じ意味の儀式に参加している。

王立取引所を創設したトマス・グレシャム卿は、一五七九年に亡くなった。だが彼の名前は常にフリーメイソン団と結びつけられ、彼の遺産は死後も長いこと、フリーメイソンの発展に役割を果たし続けた。一六六〇年に彼のロンドンの住居ビショプスゲートのグレシャム・ハウスには、グレシャム・カレッジが置かれていたが、王立協会の最初の本部となった。読者の方も覚えていると思うが、グレシャム・カレッジの主唱者であった、ロバート・モレー卿、ジョン・ウイルキンズ、クリストファー・レン、エリアス・アシュモール、ジョン・イヴリンなどは、「目には見えない学院」や王立協会や初期のロンドンにおけるメイソン・ロッジに関係していた。王立協会を研究したロバート・ロマスの最近の著作が示すように、明瞭にするのは難しいが、グレシャム・カレッジにもメイソンの「雰囲気」が強く感じられる。この「雰囲気」はトマス・グレシャム卿が自ら定めた「七人の学者」が指名されて「七つの自由科」をそれぞれ教えなければならないという規則からも感じられる（103）。ロバート・ロマスはこのカレッジこそ「王政復古時代のロンドンにおけるフリーメイソン団の中心であり……トマス・グレシャム卿はメイソンの理想にかなった教育を支援するために創立したのだ」とまで主張している(104)。

クリストファー・レンはジョン・イヴリンと異なり、ロンドンの計画をするに当たって、王立取引所の位置を変更せず、全体配置の中心としていた。歴史家エイドリアン・ティニスウッドはレンの決断について、以下のように述べている。

最高の場所には王立取引所が置かれていた。その広場からは放射線状に並木道が走り、商業ビルディング群によって囲まれている。ローマ教皇シクストゥスの計画は、絶対主義者の思想が下敷きになっているが、ルイ一四世とアンドレ・ルノートルはベルサイユのレイアウトにうまく使っている。それがここでは重商主義に敬意を表わすために使われている。貿易が新たな宗教なのだ。(105)

レンの考えていた「新宗教」は、王立協会、フリーメイソン団、テンプル騎士団主義という新しい科学的思想の混成物であったかもしれない。これらはいずれも商業と貿易を奨励している。最後の頃のテンプル騎士団は、二元論を信奉していたかもしれないが、彼らこそヨーロッパの銀行と投資のシステムの根幹を作ったことを忘れてはならない。フリーメイソンに関して言えば、彼らはロンドンの同業組合や銀行、投資、保険などの業界に徐々に入り込んでいる。したがって王立取引所は、重商主義とそれが意味するものの象徴でありタリズマンとなったのだ。

ロンドン大火の後にグレシャムの王立取引所を再建したときに、メイソンたちが定礎式に関係していたことは、エリアス・アシュモールの日記で確認できる。その謎めいた記録には次のように書かれている。「チャールズ王が王立取引所の最初の石を置いたのは、一六六七年一〇月二三日、午前七時ちょうど。アシュモール・ドミヌム・バーナード」(106)。

アシュモールのイギリスにおけるフリーメイソンに果たした顕著な業績について強調する必要はもうないだろう。したがって、エリアス・アシュモールの専門家で、この謎めいた記録を研究した歴史家のC・H・ジョステンが、次のように言うのも、驚くことでもない。彼によると、この記録が語っているのはチャールズ二世が王立取引所の「最初の石」である礎石を置いたが、「真のメイソンの形式をとり、そのためフリーメイソンのアシュモールが、儀式にとってもっとも好都合な時間を決めるよう依頼された」のだという(107)。これはよく知られていることだが、エリアス・アシュモールは、チャールズ二世から、さまざまな公式行事を行う日取りを「星占い」で決めるよう、たびたび依頼されていた。とくに一六六六年の大火災の後は、重要な建物の礎石を置くのに好都合な日を諮問している。たとえば、一六七五年には、セントポール大聖堂の定礎式に参加しているが、このときにも日取りを決めている。重要な建造物や記念碑の定礎式を行うときに、星占いを使い、占星術からみて好都合な日を選ぶのは、フリーメイソンの伝統であり、今日でもごく普通に実施されている。そこで問題となるのが、エリアス・アシュモールが選んだ一〇月二三日という日付は、なんで好都合なのか、という点だ。

既に指摘したように一六六七年当時のイギリスでは、まだユリウス暦を使っていた。これはグレゴリオ暦とは一〇日から一一日のずれがあった。エリアス・アシュモールのような学者は、英国でもグレゴリオ暦を採用すべきことを知っていたに違いない。なぜなら、グレゴリオ暦はユリウス暦よりもはるかに科学的現実に近いからだ。そこでグレゴリオ暦が採用されると、ユリウス暦の一〇月二三日は、新しい暦では一〇月一三日になる。したがってほとんどのヨーロッパ諸国、とくにフランスでは、ロンドンの王立取引所の定礎式が執り行われたのは、一〇月二三日ではなく、一〇月一三日だということになる。大陸のフリーメイソンたちなら、この日付は「テンプル騎士」の日だとすぐにわかる。私たちも知っているように、一三〇七年一〇月一三日に、テンプル騎士団に対する悪名高い弾圧が始まっているのだ。アシュモールは典麗な騎士道精神を好むフリーメイソンだった。そこで彼が「テンプル騎士団」のメッセージをこの日付に託した可能性もありうる。

この仮説が正しければ、エリアス・アシュモールが関係したほかの定礎式にも、似たような「テンプル騎士団」の象徴が出現するだろう。これはとくにセントポール大聖堂の場合にはっきりする。強烈な「テンプル騎士団」のタリズマンが見えるのだ。

セントポールの礎石

新しいセントポール大聖堂の定礎式は、謎に満ちている。エリアス・アシュモールの日記によると、この行事は一六七五年六月二一日に行われる予定だった。星占いでこの日にちを決めたのもアシュモールのようだ(108)。ところがアシュモールの日記の別の箇所には、「一六七五年六月二三日、午前六時三〇分、セントポール大聖堂の礎石が据えられた」と断言されている(109)。

歴史家で占星術師のデレク・アップルビーは、儀式が行われる日にちが変更されたのは(二一日から二三日)、単に天候が悪かったためだと信じている(110)。その可能性もある。だが、別の説明も可能だ。当時のイギリスではユリウス暦が主流だった。したがって六月二一日は新しいグレゴリオ暦では夏至の日だが、ユリウス暦では一〇日から一一日遅れるので、意味がない。ではユリウス暦の六月二三日ならどうか？　これは聖ヨハネ祭の前日だ。メイソン団とテンプル騎士団の新年は六月二四日から始まる。もちろんエリアス・アシュモールは、この日の意味に気がついていた。英国のフリーメイソンたちが連合大ロッジを創ったときにも、一八一四年六月二四日を選んでいる。聖ヨハネの日だからだ。一八一四年にはすでにグレゴリオ暦が採用されてから、かなりの年月が経っていた(一七五二年に採用されている)。だが、アシュモールの時代においては、まだユリウス暦が主流だった(111)。

それではアシュモールは何を考えていたのか？　グレゴリオ暦の日付か、それともユリウス暦の日付だろうか？

ユリウス暦の六月二三日をグレゴリオ暦に変換すると、七月四日になる(112)。テンプル騎士団の歴史では、七月四日が特別の意味を持つが、これは偶然だろうか？　一一八七年七月四日、テンプル騎士団は聖地におけるハッティンの戦いにおいてイスラム軍団に徹底的な敗北を喫している。その結果、エルサレムはキリスト教徒から奪われることになった。したがって七月四日ほど、「テンプル騎士団」や「ソロモン」を思い起こさせる日はほかに無い。その時に思い出すのはエルサレムにソロモンの神殿を再建する大志だ。読者の方ももちろんお分かりだろうが、七月四日というとアメリカ合衆国の独立記念日だ。独立宣言の署名を祝うこの日は、さらに強烈なタリズマンに変化しており、新世界の「独立」と「自由」、さらに今では「世界の新秩序」の呪文ともなっている(113)。

ここまでわかってくると、さらに強力なタリズマン的な記念碑の定礎式の日について検討しないのは、つむじ曲がりだけだろう。それらはつまりアメリカの連邦議事堂であり、ホワイトハウスであり、さらにはペンタゴン(国防総省)だ。そこには占星術的、メイソン的、あるいは「テンプル騎士団」のシンボリズムが隠されているかもしれない。

処女と星

フリーメイソンの著者デイヴィッド・オーヴァソンは、連邦議事堂の定礎式が一七九三年九月一八日の朝に行われたとき、太陽は乙女座(処女宮)にあったが、これが大きな意味を持つという(114)。オーヴァソンによると……。

ワシントンDCの支配者としての乙女座のイメージは、多くの黄道一二宮や石に刻んだシンボルがこの街を飾っていることに反映されている。乙女座との結びつきは、ワシントンDCにとって根本的に重要な土台図でも強調されている。この都市の土台も、ランファンが都の中心とした三角形のそれぞれの場所（連邦議事堂、ホワイトハウス、ワシントン記念塔）も、乙女座が天空で重要な場所にあったときに地上に記されている。(115)

私たちは天文学者でもフリーメイソンでも無いので、オーヴァソンの仮説の保証人とはなれない。だが私たちが支持できるのは、ワシントンDCのような都市の設計やシンボリズムに、天文学が重要な役割を果たしているという、彼の直感だ(116)。オーヴァソンは一七七六年の独立宣言やアメリカ合衆国の建国には、古代の前触れの星シリウスが結びついているという説得力ある議論を展開している。シリウスの絵文字は有名な五つの先端を持つ星だ(117)。これを考えに入れると、連邦議事堂には別の天文学的事柄が結びつくことを考慮に入れる必要があると思う。

最新の天文ソフト「スターリーナイト・プロ」やプロ用の「スカイマップ・プロ8」を使うと、簡単に古代の夜空が再現できる。いつの時代でも、場所を問わず、高度な精度と臨場感を伴って古代の夜空を見ることができる。そこで、一七九三年九月一八日の朝、議事堂の礎石が置かれたときに、天界で起こった目には見えないことまで（太陽の光で裸眼ではまぶしい）、そのまま観察できるのだ。

将来の連邦議事堂が建てられる場所、ジェンキンズ・ヒルでは、ジョージ・ワシントンと随行する賓客の到着に備え、徹夜で準備が進められた。彼らはホワイトハウスから行進してくる（ここでは一年ほど前の一七九二年一〇月一三日という「テンプル騎士団」ゆかりの日に、メイソン式の定礎式が執り行われている）(118)。大統領一行は、ホワイトハウスから馬車に乗り、ペンシルバニア・アベニューを通り、ジェンキンズ・ヒルに向かった。

ホワイトハウスからジェンキンズ・ヒルまでのペンシルバニア・アベニューは、東を基準として二二度南寄りの軸をなしている。この軸に沿って眺めると、一七九三年九月一八日の日の出の数時間前に、輝く星シリウスがジェンキンズ・ヒルの真上から上昇してくるのが見えるのだが（雲がなければ）、これは偶然ではないだろう。世界が回転するにつれ、星はゆっくりと高度をあげ、日の出の時には、議事堂が建つ場所に、一つだけ輝いて見える。このような驚くべき幻想的なシンボルが現れることを、ワシントンを計画し主要な建物の場所を決めたフリーメイソンの重鎮や、天文学者たちが知らなかったとは、とても思えない。だがそうだとすると、ペンシルバニア・アベニューの軸も、ランファンや同僚のアンドルー・エリコットによって意識的に、シリウス星の上昇に向けて決められていたことになる。

これが行われたと示唆する証拠があるだろうか？

パリで建築学と都市計画を学んでいたピエール・シャルル・ランファンが、一七世紀の造園家アンドレ・ルノートルの業績から大きな影響を受けたことは、すでに見てきた。ルーヴル宮殿の西側にあるテュイルリー庭園からシャンゼリゼ大通りを抜け、凱旋門があるシャイヨー丘に達する有名なパリの主軸を決めたのはルノートルだ。この軸はルノートルによって、西を基準として二六度北寄り、東を基準として二六度南寄りに定められている。偶然か意図されたのか、ルイ一四世の統治の時代のパリにおいて、シリウスは東を基準として二六度南寄りから昇っているのだ。パリとワシントンDCでは緯度で一〇度の違いがあるので、ワシントンから見るシリウスの上昇地点も異なってくる。ランファンの時代、ワシントンから観察すると、シリウスが上昇するのはペンシルバニア・アベニューの軸に沿った、東を基準として二二度南寄りだ(119)。

ランファンはこのことを知っていたに違いない。アンドルー・エリコットも知っていただろう。彼が実際に測量してペンシルバニア・アベニューの軸を定めているが、当時の米国においてもっとも尊敬されていた測量士であり天文学者だったのだ。フリーメイソンであったエリコットは、上昇するシリウスに照準を合わせることを無視できなかったはずだ。スコットランド儀礼におけるシリウスは、五つの先端を持つ炎状星であり、ホワイトハウスに立ち、南西の議事堂が建設される場所を眺めた人には、一年の大半この星がよく見えたに違いない(120)。

そこで、もう少しこの方向を探ってみよう。さらに何かが出てくるかもしれない。

空に隠されたもの

『風水都市ワシントンDC』の調査をしていたデイヴィッド・オーヴァソンは、八月の一二日と一三日に議事堂からホワイトハウスの方向を見ると、ペンシルバニア・アベニューの軸に沿って太陽が沈むことに気がついた。

ほぼ一週間、議事堂から見る夕陽は、ペンシルバニア・アベニューの西端にあるようだ。八月六日から一二日まで、太陽はアベニューの地平線上を魔法のような正確さで落ちていく。これらの日に日没を目撃したら、誰でもこの都市の設計者が、この時期を、あるいはこの一週間のうちの一日を、都市設計の重要な要素としていたと悟るだろう。(121)

オーヴァソンはさらに続ける。

天文学の球体幾何学と現代のコンピュータ・プログラムを使えば、重要な日没の日を、理論的に特定することが簡単にできる。議事堂は西経七七度〇一分、北緯三八度五三分に位置する。ペンシルバニア・アベニューの方位角は、ランファンとエリコットによって二九〇度に設定されている。ここに太陽が沈むのは八月一一日か一二日だ。(122)

似たコンピュータ・ソフトウエアを使って、ワシントンDCから見える一七九三年時の空を再現してみると、八月一一日から一二日にかけてオーヴァソンが観察した太陽だけでなく、シリウスに関しても興味深いことが起こるのがわかる。これらの日にシリウスはヘリアカル・ライジングをする。つまり太陽の直前に昇るのだ。読者もご存知のように古代エジプトにおいて、シリウスのヘリアカル・

ライジングは、新しい年が「誕生」することを知らせる天界の出来事であり、メイソンの奥義の伝承においても重要視されていたようだ。さらに、シリウスのヘリアカル・ライジングは、アレキサンダー大王の「太陽の影響を受けた」誕生神話にもかかわっている。また私たちの仮説が正しければ、ルイ一四世の「カペーの奇跡」神話にも、パリの主軸にもかかわっている。

あなたがアンドルー・エリコットのように測量士でフリーメイソンでもあるなら（ジョージ・ワシントンもそうだったが）、一七九三年のワシントンDCから見たヘリアカル・ライジングを、新たな首都「誕生」と結びつけないわけがない。ローマ以来、真の共和国の首都「誕生」なのだ。さらにいうと、世界初の共和国を造ったユリウス・カエサルは、紀元前四八年にユリウス暦を作ることで、共和制時代を祝った。このユリウス暦はエジプトのアレクサンドリアのエジプト人天文学者によって作られたが、シリウスのヘリアカル・ライジングを使って計算されている。

したがって、一七九一年四月一五日午後三時三〇分、未来のワシントンDCの近郊アレクサンドリアにフリーメイソンたちが集まり、「アレクサンドリア二二番」ロッジのマスターが臨席して、メイソンの定礎式を行ったのは偶然だろうか(123)？　ついでに述べておくと、このとき太陽はキリストのシンボルである魚座にあり、獅子座（王的なシンボル）は東から昇っていた。

次に、同じ年の一七九三年に、パリの都からシリウスのヘリアカル・ライジングがどのように見えたか検討してみよう。緯度が異なるので、ヘリアカル・ライジングが起こったのは八月一一日と一二日ではなく、八月二〇日になる。単純に観察した場合、エトワール広場からルーヴル宮殿を見ると、一七九三年八月二〇日の夜明け直前に、シリウスがルーヴルの南翼の上に上がるのが見える。ちょうど「カペーの奇跡」が起こった部屋のあたりだ。まったく同時に、太陽は獅子座の一番明るい、「太陽王」を意味するα星レグルスと一体になる（合《ごう》という）。古代においてアレキサンダー大王の公式の「誕生日」がユリウス暦の七月二〇日から二六日に祝われたのは、アレクサンドリアではこの時期に、太陽が獅子座の一番明るい星レグルスと一体（合《ごう》）になり、同時にヘリアカル・ライジングが起こったからなのだ。

紀元前三三二年のアレクサンドリアで、このような神秘的な占星術的な考慮が払われていたのはわかる。だが現代西欧の偉大な近代都市でも、同じことを考慮して大通りや記念碑の位置や配置が決められているようだ。私たちはこのようなことを疑わなくてはならないこと自体に、不可解で奇妙な感じを受ける。

だが、まだいろいろな手がかりがある……。

ワシントンのオベリスク

ワシントンDCが誕生してから五年後の一七九九年に、ジョージ・ワシントンが亡くなった。米国のフリーメイソンたちは、荘厳な葬式を組織し、米国とフランス全土のロッジは、一時的に「悲しみのロッジ」となった。

同じ年の一七九九年に、ナポレオン軍がエジプトを占領した。多くの共和派のメイソンたちにとっては、偉大な歴史的瞬間だと思えたに違いない。フリーメイソン団の古代の「故郷」が、ついにフランスとアメリカ合衆国が先導する新たなメイソン的共和制の世界秩序に組み込まれたからだ。

ワシントンが亡くなるとすぐに、共和国の最初の大統領を記念する偉大な「国定記念物」を、ワシントンDCの連邦議事堂の真西に建立する計画が生まれた。この目的のため、一八〇〇年五月、議員による委員会が結成され、ピラミッドを建てたいということになった。基部が三三メートル四方あり、それに見合った高さを持つピラミッドのプロジェクトは、資金不足と関心が低いため、棚上げとなった(124)。だが一八三三年に、愛国者のグループが、ワシントン国定記念物ソサエティを結成し、資金集めに成功し、「国の父」の記憶にふさわしい設計と工事をすることも連邦議会から許可された。

最初の設計を提案したのはピーター・フォースだった。影響力のあるフリーメイソンで、記念物ソサエティの創立メンバーの一人だ。彼のアイデアもピラミッドだった。だがその規模は一八〇〇年に提案されたものより、はるかに巨大だった(125)。一八三六年にフリーメイソンの建築家ロバート・ミルズが別の設計を提出した。これは柱廊のある神殿で、太陽の戦車に乗るグレコローマンスタイルの衣装を身に着けたワシントンの銅像が納められ、その後ろには巨大なオベリスクが立ち、頂上には大きな五つの先端を持つ星が飾られていた。だが、最終的に受理されたデザインは、巨大なオベリスク一本だった。オベリスクの頂上は先細りになりピラミッドを造っている。これが現在の私たちが知っているワシントン記念塔だ。オベリスクの高さは一六九メートルもあり、ザ・モールの中央線からはわずかにずれている。理想的な場所の地盤の状態が良くなかったのだ。

新しい共和国に高いピラミッド（オベリスクは柱状のピラミッド）をシンボル的に建てるという考えには背景がある。一七七六年にも、ベンジャミン・フランクリンとトマス・ジェファーソンが、米国国璽のデザインとして提案している（米国一ドル紙幣の裏に国璽のモチーフが印刷されている。これは第三二位階のフリーメイソンだった、フランクリン・D・ルーズベルトが採用したものだ）。一七八九年には同じシンボルが『人権宣言』の表紙にも現れている。パリで署名されたこの宣言は、ラファイエット侯とベンジャミン・フランクリンが指導をしている。

ワシントン記念塔の定礎式は一八四八年七月四日の独立記念日に執り行われた。この日が「テンプル騎士」にとって特別な日であることは既に述べた。またユリウス暦に変換すると、フリーメイソンの聖ヨハネの日になることも知っている。ワシントン記念塔の定礎式はアメリカのフリーメイソンたちによって適切に組織されたのだ。数百名のフリーメイソンが、メイソンの正装をして参列している(126)。式は著名なフリーメイソンであるベンジャミン・フレンチによって指揮された。コロンビア特別区のグランドマスターであるフレンチは、メイソンのエプロンと飾り帯をしていたが、これらはジョージ・ワシントンが一七九三年の連邦議事堂の定礎式の時に身に付けていたものだ。作家デイヴィッド・オーヴァソンによると……。

記念塔の定礎式の瞬間は保存されている。それから土台のチャートを再構築することが可能だ……多くの面でこれは驚くべきホロスコープだ。数千年前に古代エジプトで行われていた、星の魔術が正

確に反映されている。(127)

資金不足と政治的もめごとのため、工事は定礎式が行われてから数十年遅れ、再開されたのは一八八〇年だ。「二度目」の定礎式が一八八〇年八月七日の「一一時一分前」に行われた。一〇時五九分という正確な時間が選ばれたのは天文学的な事情であり、占星術とは関係がないとデイヴィッド・オーヴァソンは主張する。オーヴァソンの研究では、ある星の出現と合わせたのだという。その星は、乙女座のもっとも明るい星スピカだ。このような行為への影響を与えたのはメイソンの天文学者ラランドではないだろうか。パリの九詩神ロッジの創立メンバーで、一七七八年に作家ヴォルテールが参入したとき、ベンジャミン・フランクリンや「タロット」の占星術師クール・ド・ジェブランとともに列席していた。ラランドは次のように書いている。

乙女座はイシスに捧げられている。獅子座がご主人のオシリスに捧げられているのと同じだ……乙女の手には麦の穂が握られているが、これは月々という考えを表明したものだ。なぜなら乙女座は東方の人々によって……麦の穂と呼ばれるからだ。(128)

このような考えを、ワシントンのオベリスクの定礎式に参加した人々は持っていただろう。考えてみればこれはフリーメイソンたちが選んだ露骨な「エジプト的」シンボルなのだ。

ワシントン・オベリスクが最終的に奉献されたのは、一八八五年二月二一日だった。興味深いことにこの日はジョージ・ワシントンの誕生日の一日後だ。この寒くて雪が降る日に、コロンビア特別区の二一のロッジのメンバー、さらにはマサチューセッツ、デラウエア、ペンシルバニア、メリーランド、ヴァージニア、テキサス、サウス・カロライナ、ジョージアからメイソン代表団が送られ、さらにその他の「兄弟」たちも集まり、巨大な行進を繰り広げた。米国大統領も国会議員たちもフリーメイソンの行列に参加し、大勢の群衆が歓呼の声を上げ、米国海兵隊の楽隊が「多くの活発な行進曲を演奏」した。オーヴァソンの計算によると、この儀式は午後に行われたが、議事堂の上にシリウスが昇るタイミングに合わせてあったという(129)。彼の結論は……。

奇妙な真実は、ワシントン記念塔の存在そのものが、エジプトの星シリウスと親しく結びつけられていることだ……古代の人々は絵文字《ヒエログリフ》でこの星を、星形だけでなくオベリスクのような形でも表現している。古代世界のもっとも重要な星が米国の建築物の中に、いつの間にか復活することなどが起こりうるのだろうか?(130)

一九九八年にロバート・ボヴァールはワシントン記念塔を訪問した。だが記念塔は建国二〇〇年祭にそなえる修復と装飾のため、足場におおわれていた。記念塔の内部に入ったボヴァールは、扉のまぐさ石のすぐ上に、ジョージ・ワシントンの顔が彫られたブロンズ板があることに気づいた。この銘板はフランスの芸術家でフリーメイソンのジャン・アントワーヌ・ウドンが彫ったものだ。ウドンはパリの九詩神のメンバーで、カリオストロ伯や皇妃ジョゼフィーヌも描いている(131)。銘板の上には、古代エジプトのモチーフである翼の生えた太陽盤がありその中央には星が浮き彫りにされている。

この星が何を示しているかは、もうわかる筈だ……。

ペンタゴンとシリウス

ワシントン記念塔が完成してから五六年後の一九四一年に、別の建物の定礎式がワシントンDCで行われた。今回は巨大な五つの側面を持つ星形の建物だった……国防総省《ペンタゴン》ビルだ。参列者はメイソンの正装をしていない。参列していたのは五つの先端を持つ金の星をキラキラ輝かせる制服を着た、米国軍部の高官たちだ。一九四一年に真珠湾攻撃が起こる前まで、ワシントンDCの戦争局に務める一般人と軍人の数は二万四〇〇〇人にもなっていた。彼らはコロンビア特別区の一七のビルに分散して仕事をしていた。米国が第二次世界大戦に参戦する見通しが高くなったとき、これらの職員を一つの巨大な中央本部に集めることが急きょ、決められた(132)。その仕事は陸軍補給部隊の建設師団に与えられ、一九四一年七月にペンタゴンの設計図を提出した。この計画書は一九四一年一二月一日にフランクリン・D・ルーズベルト大統領に承認された法律により、プロジェクト全体が米国工兵隊に一任された。最初の一部が完成したのが一九四二年四月で、全体が完成したのは一九四三年一月一五日だった。総額は六四〇〇万ドルもかかっている(133)。このプロジェクトの重要性から、主な事項の決断は、すべてルーズベルト大統領が下している（134）。よく目立つこの五角形の建物が考案されたのは、最初の建設予定地だったアーリントン墓地近くの土地が、五角形だったからだ、とよく言われる。だが、そうだとしたら、もっと南の土地に建てることになったのに、なぜ五角形を保ったのだろうか？

この味気ない説明が正しいことももちろん十分にありうる。だが同時に、フランクリン・D・ルーズベルトが、一九一一年にニューヨークの「オランダ八番」ロッジのマスター・フリーメイソンになり、一九二九年にはオルバニー宗務会議で、第三二位階のスコットランド儀礼のメイソンになったことも確かだ（135）。スコットランド儀礼の高位のフリーメイソンなら誰でもアルバート・パイクの『道義と教則』を読んでいる。この中でパイクは、ペンタゴンの形、あるいはペンタクル（五芒星形）を、メイソンの「炎状星」と結びつけている。そうなるとペンタゴンは、古代エジプトの五つの先端を持つ星シリウスとも結びつく。ルーズベルトも当然、このことをよく知っていたはずだ。

ロバート・キャメロンの著書『ワシントン空中散歩』の一一七ページには、NASAが赤外線フィルムで撮影した、見事な写真が掲載されている。「航空写真の洗練が究極に達したことを示している」この写真はU2偵察機によって高度二万メートルから撮影されている。このような映像の技術的解析は専門家の仕事だ。だが素人でも、ポトマック川の西側にあるペンタゴンの位置が、南東に延びる軸に導かれ、川の反対側のメリーランド・アベニューと並行して、まっすぐに議事堂を向いていることがわかる。これを反対側から見たロバート・ボーヴァルは、議事堂から見るペンタゴンは、西を基準として二四度南寄りあたりにあると計算した。スターリーナイト・プロを使って、ワシントンDCの一九四一年当時の空を再現してみたボーヴァルは、西を基準として二四度南寄りに関心を集中しながら、ソフトを動かした。半分期待していた通りだったが、シリウス星はNASAの写真が示すペンタゴンの真上にあった。

イスラエルにある真の「ニューエルサレム」？

米国人なら誰でも、あるいは世界中のすべての人が、九月一一日がどんな日かを知っている。「悪名高い」日であり、アラブのテロリストが旅客機をペンタゴンに衝突させ、別の二機がニューヨークの世界貿易センター高層ビルに突っ込んだ。

従ってペンタゴンの定礎式も九月一一日に行われていたことを知ると、非常に奇妙で非現実的な感じを受ける。もっとも一九四一年の九月一一日だ。このことについてあまり追求はされていないが、この偶然があいまいにされていたわけではない。ジョージ・W・ブッシュ大統領が攻撃の一カ月後にペンタゴンで行った演説で、このことに触れているからだ。『アーミー・リンク・ニュース』によると……。

二〇〇一年一〇月一一日に行われた追悼式で、ジョージ・W・ブッシュ大統領、ジョン・ヴァン・アルスタイン中将、ローラ・ブッシュ夫人が軍合同歌唱隊に加わり、数千の旗を振るペンタゴンの職員と一緒になり、「ゴッド・ブレス・アメリカ」を歌った……大統領は犠牲者について語った。ハイジャックされた旅客機に乗っていた教師に連れられていた三人の学童、陸軍将校、ペンタゴンで三〇年間働いた陸軍部の市民、海軍予備兵。大統領は「アメリカの自由と自信のシンボル」で「世界におけるアメリカの強さの象徴」であるペンタゴンの建設が六〇年前の一九四一年九月一一日に始められたことに触れた……「その日の夜に、フランクリン・ルーズベルト大統領は国民に向けて演説をしている」とブッシュは言った。

ここで読者には二つのことを思い出していただきたい。(1)スコットランド儀礼のロッジで行われる「ソロモンの神殿の再建」の儀式が、強い「ユダヤ」的、「テンプル騎士団」的性格を持つこと。(2)イスラムのテロリストの米国に対する不平の源泉が、パレスチナの人々の抑圧と、超大国アメリカがイスラエル国家に与える政治的・軍事的支援にあることだ。ルーズベルトとトルーマンは米国ペンタゴンの職務と、九月一一日という日に、一見してわかる以上の、もっと深い意味を込めていたのだろうか？

二〇〇一年九月一一日の攻撃の後に、たくさんの間の抜けた陰謀説が提案されたことは、もちろん知っている。その炎に、油を注ぐようなことはしたくもない。だが、ルーズベルトとトルーマンの外交政策が、一九四〇年代後半のイスラエル国家の創造に大きな役割を果たしたことは、明らかだ。そうなると、この二人がともにスコットランド儀礼に入会していたことが、気になってくる。

さらに奇怪なことに、ルーズベルトは第三二位階スコットランド儀礼のメイソンであり、第三二代目の米国大統領で、ルーズベルト時代に副大統領だったトルーマンは第三三位階スコットランド儀礼のメイソンで、第三三代目の米国大統領だ。スコットランド儀礼のフリーメイソン団において、三〇から三三までの最後の四つの位階に参入することは、メイソンによる啓蒙（あるいは実験という人もいる）の荘厳な目的を達成する段階だと思われている。つまり、寓意的な意味でだが、「エルサレムにおいてソロモンの神殿を再建する」ことだ。

既に見たが、スコットランド儀礼の第三〇位階の儀式ではトレーシング・ボードが出てくるが、セフィロトの生命の木を使っている。これはソロモン神殿の「霊的」な表現だとみなすことができる。これらの儀式は純粋に寓意的なものにすぎない。儀式の意味は素朴で、参入者が人間の「神殿」として、霊的な完成の域に達したことを示すものだとメイソンたちは、保証してくれている。つまり、それがソロモンの「神殿」の完璧さと比較できるというのだ。

それでもなお、質問せざるを得ない。ルーズベルトとトルーマンの政権が、「メイソン的な実験」を徹底して押し進め、現実にユダヤのソロモン的国家をパレスチナに「再建」しようとしたのではないだろうか？　強引な解釈で信じがたいと思うだろう。だが、このような法外な質問を正当化できる背景がある。それは、この二人の大統領が持っていた実際の位階だ。

三〇度から三三度

数年前のことだが、ロバート・ボーヴァルは、エジプトの友人を訪問したときに、スコットランド儀礼のメイソンの免状を見ることができた。それは一九一八年にカイロのロッジが発行したもので、第三三位階の最高評議会によるものだ。持ち主は友人の母方の祖父だった。

今日のエジプトでは、フリーメイソン団はほとんど知られていない。一九六四年にガマール・アブデル・ナセル大統領に違法とされたためだ。だが、二〇世紀の初期においては、大変に人気があり、多くの政府高官やエジプトの王族たちがフリーメイソンだった(136)。

証明書はフランス語とアラビア語で書かれていた。ボヴァールは両方の言語に精通しているが、最高評議会の場所が「カイロ」とされているだけでなく、正確な緯度まで示されていることに気がついた。「天界の円天井の天頂で三〇度二分四秒」とある。この緯度はカイロの中心にあるアブディーン宮殿のすぐそばを精確に照射している。

面白い事実がある。近代国家イスラエルの緯度は北緯三〇度から三三度の間にある。それをそのまま西に移動させると、ギザの大ピラミッドを通り抜ける。

ハリー・トルーマンがイスラエル暫定政府に送付した歴史的な声明がある。一九四八年五月のことだ。それには以下のように書かれていた。

「わが政府は、パレスチナでユダヤ国家の独立宣言が行われたとの情報を得た。また、その（暫定）政府から承認を求められた。アメリカ合衆国はこの暫定政府を、新イスラエル国の事実上の支配者であることを認める」

ハリー・トルーマン大統領
一九四八年五月一四日承認

二〇年後の一九六七年六月、イスラエル軍がエルサレムを席巻し、八世紀にわたるイスラム教徒によるこの街の支配に終止符を打った。ダビデの星がついに再び昇ったのだ。ニューエルサレムの礎石、つまり新たな神殿の礎石が置かれたことになる。

数年に渡るこの本の調査の間に何度も感じたが、今回も半透明のヴェールが持ち上げられ我々の顔に触れた感じを受けた……。

エピローグ

世界を揺るがせた日

「一九四八年五月一四日、デイヴィッド・ベン・グリオンは歴史を作った。この日の午後四時、彼は大きな声でそれらの言葉を読んだ。彼は世界の政治を永遠に変えた。この簡潔な言葉の中には、二〇〇〇年にわたる亡命に耐えてきたユダヤの人々の夢が込められている。イスラエルの独立宣言だ。彼の周りではパワフルな勢力が、この生まれたばかりの国を邪魔し、破壊しようと努力している。隣国ヨルダンでは、アブドゥラ王がアラブ五カ国と同盟してイスラエル誕生の瞬間に首を締め上げようとしている。ベン・グリオンは中東に対して独自の計画を持つ国連に反抗している。内戦が国内で勃発している。過去三〇年間この地域の平和を維持してきた大英帝国も去る。彼のただ一つの希望はワシントンにある。トルーマン大統領の支援があれば、イスラエルは生き残るチャンスがあるかもしれない」

(「イスラエルの誕生。一九四八年五月一四日」、世界を揺るがせた日、BBC2、二〇〇四年一月一四日)

宣言

デイヴィッド・ベン・グリオンがテルアビブのユダヤ人評議会でイスラエルの独立宣言を読み上げてからほぼ五〇年後の一九九八年二月、別の「宣言」が、「ユダヤ人と十字軍との聖戦のための世界イスラム戦線」のオサマ・ビンラディンによって読み上げられた。イスラム教徒が、ユダヤ人と「十字軍」たち、アメリカ人とその同盟者たちに対して、「彼らの手からエル・アクサ・モスク（エルサレム）とハラーム・モスク（メッカ）を取り戻すまで」、聖なる戦争をするよう呼びかけたのだ。

三年後の二〇〇一年九月一一日ビンラディンの組織アルカイダは、ニューヨークにある世界貿易センタービルとワシントンDCにあるペンタゴン（国防総省）の破壊工作の指揮をとった。志願者を募って旅客機三機をハイジャックさせ、決死の覚悟で上記の建物に突っ込ませたのだ。この忌まわしい事件は、歴史に「九・一一」として記憶された。

二〇〇三年一一月二〇日、トルコの首都イスタンブールで、英国領事館とHSBC銀行が、自爆テロによって破壊された。TGOREF（東方戦線：トルコ大オリエント・ライダーズ）に属すると称する男から半国営のアナトリアン通信に電話があり、TGOREFとビンラディンのアルカイダが一緒になって攻撃した、と、冷たく述べた。謎の声は、次のような不吉な言葉を付け加えている。「我々のメイソン団を標的とする攻撃はまだ続く。イスラム教徒は孤立していない！」（1）。

二〇〇三年一月二五日、ロンドンにおけるイスラム教の精神的指導者アブハムザ・アル・マスリ師は、奇妙な見解を「インデペンデント」紙に寄せている。

アメリカのすべての政府関係者がこれ（九・一一）について知っていたというのではない。だが（米政府の）中には、第三次世界大戦をおこしたい少数の人々がいる。彼らはビジネス界の圧力団体から支援を受けている。かれらのほとんどはフリーメイソンであり、シオニズムに忠誠を誓っている。

二〇〇四年三月一〇日、ＢＢＣニュースは、報告している。

トルコのイスタンブールで、メイソン・ロッジへの自爆テロが発生し、一名が死亡し五名がけがをした……イスタンブールのＢＢＣのジョニー・ダイモンドは言う……極めて秘密主義の国際フリーメイソン団がイスラエルとアメリカ合衆国の政策を支援していると、過激なイスラムグループは見ている。

爆死実行犯の一人は「神は偉大なり」と叫んでから装置を爆発させたと報告されている……別の襲撃者はアブドゥラ派だと認めたが、「イスラエル・ロッジに死を！」と叫んだ。
（ガーディアン・アンリミテッド、二〇〇四年三月一〇日）

フリーメイソンに対するこれらの強迫、非難、攻撃に、ビンラディンの「ユダヤ人」と「十字軍」に対する聖なる戦いという言葉を合わせると、恐ろしいメッセージが伝わってくる。この宣言ではエルサレムにあるエル・アクサ・モスクの解放も呼びかけている。エル・アクサ・モスクのある場所は、ソロモン神殿（テンプル）があった場所だ。テンプル騎士団の名前もここから来ている。多くのメイソン研究家によると、テンプル騎士たちは、英国のフリーメイソンたち、とくにワシントンDCに本部をもつスコットランド儀礼メイソン団の先駆者たちだという。フリーメイソン団の理想を示す最も重要なシンボルは、ソロモンの神殿とその霊的な「再建」だと言ってよいだろう。メイソンのテンプルやロッジの入り口の両脇には、二本の柱があることが多い。これはソロモン神殿にあった柱ボアズとヤキンを示している。ボアズは「知恵」、ヤキンは「力」を意味する。スコットランド儀礼、とくにアメリカで実施されているタイプのスコットランド儀礼は、テンプル騎士団をモデルにして、自らを新十字軍のようなものだとみなしている。

そこで次のような疑問が出てくる。アルカイダは米国をメイソン十字軍として見ており、その中東占領部隊がイスラエルだと見ているのだろうか？　九・一一はその信念のあらわれか？　九・一一はアルカイダによる聖なるイスラム神殿エル・アクサと石のドームの解放「宣言」と、直接関連しているのか？　さらに不吉にいうと、九・一一は「ソロモンの神殿」への攻撃だったのか？

位階の問題

スコットランド儀礼は第三三位階最高評議会として知られるフリーメイソン団のエリート支部だ。最高評議会は一八〇一年にサウス・カロライナ州チャールストンで、創立されている。スコットランド儀礼の起源はあいまいだが、メイソンの歴史家が一般的に同意しているのは、一七四〇年代にフランスのボルドーで始められ、そのすぐ後にアメリカ植民地に運び込まれたことだ。その考えは普通の「クラフト」フリーメイソン団を中世のエリート組織だったテンプル騎士団と結びつけるものだ。テンプル騎士団はパワフルな政治的・金融的組織で、もともとはイスラム教徒から聖地を、とくにエルサレムを守るために創られた。テンプル騎士団の名前はエルサレムの神殿の丘からきている。神殿の丘には太古にソロモン神殿が建てられており、テンプル騎士たちは、ここに本拠を置いていた。エルサレムは一一世紀にイスラム教徒から奪還され、新しいキリスト教国「エルサレム王国」は、キリスト教の騎士たちによって保護されていた。その中心にいたのがテンプル騎士団であり、彼らはこの国を守護すると厳粛に誓っていた。一一八七年に聖地はイスラム教徒によって奪取された。七月四日にサラディンの軍隊がハッティンの戦いにおいてテンプル騎士団を打ち破ったのだ。エルサレムのキリスト教国は、一一八七年一〇月にサラディンに降伏している。それ以降、聖なる都はほぼイスラム教徒の支配下にあった。そこを一九六七の戦争でイスラエルが占領したのだ。

当然ながらスコットランド儀礼フリーメイソン団の儀式は極めて「ユダヤ風」であり、第三〇位階から三三位階の上位位階の人々は、極めて「テンプル騎士団風」だ。彼らはソロモン神殿の「シンボル的再建」を主張している。現在、二つのイスラム教の神殿が神殿の丘に立っている。岩のドームとエル・アクサ・モスクだ。これらはイスラム教の最も神聖な場所で、預言者モハメッドが天国に旅立った場所だとされている。したがってエルサレムの神殿の丘は、イスラム教徒がもっとも崇拝する聖地であり、多くのイスラム教徒にとっては、メッカのカーバ神殿よりも神聖な場所だ。ここは、ユダヤ人が崇拝する場所でもあるが、その理由は全く異なる。ここはシオンの山であり、重要なソロモンの神殿があった場所であり、そこには聖体を入れる箱と十戒が納められていた。ここには聖なる嘆きの壁があり、ユダヤ人の救い主を願望する中心地でもある。スコットランド儀礼の儀式で重要なのは「トレーシング・ボード」だ。これは紙や布でできており、ロッジの中央に敷かれ、この上で秘密の参入式が執り行われる。トレーシング・ボードの多くには、「ソロモンの神殿」を示すシンボルが描かれている。その中でも重要なのは二本の高い柱、ヤキンとボアズ、「テンプル」の中央にある五つの先端を持つ星やペンタゴン（五角形）だ。従って、アルカイダが米国の「入り口」（ニューヨーク）にある二本の柱と、米国の力の中心であるペンタゴンを標的したのは単なる偶然ではないようだ。

偽装された、ユダヤとメイソンの陰謀

ジョージ・ワシントンを含む米国の多くの大統領が、フリーメイソンに参入していることはよく知られている。その中には近代国家イスラエルの創立に関与した大統領が二人いる。フランクリン・

D・ルーズベルトと、より直接的にはハリー・トルーマンだ。ルーズベルトが第三二代米国大統領に就任したのは一九三三年だ。奇妙な偶然で、スコットランド儀礼フリーメイソン団の第三二位階にも参入している。ハリー・トルーマンが第三三代米国大統領になったのは一九四五年だ。だがまたもや奇妙な偶然で、スコットランド儀礼フリーメイソン団の第三三位階にも参入している。実は「三二と か三三」という数字は、エルサレム神殿の丘にも関係がある。スコットランド儀礼の三二位階の儀式はカバラのセフィロトあるいは生命の木の三二の「知恵の径（小道）」から名前を得ている。カバラは複雑なユダヤ秘教の奥義の伝授システムで、その基礎を暗号化された「神の言語」に置いている。この言語はモーゼに伝えられ、ユダヤのラビ（師）たちに伝えられたという。ユダヤ語のアルファベット二二文字が、神からの一〇の「流出体」と結ばれ、三二の径ができる。そこで、ユダヤの神秘主義者たちは、ソロモンの神殿がこれらの秘教の思想を基礎にした聖なる計画によって設計されたと信じている。これを頭に置いておいて欲しい。スコットランド儀礼の免状にはロッジの名前とともに緯度が書かれていた。このことはメイソンの儀式の「位階《デイグリー》」とロッジの緯度《デイグリー》には、秘教的な結びつきがあることを思わせる。エルサレムと神殿の丘の地理的緯度は北緯三一度から三二度の間にある。北緯三二度は聖なる都エルサレムの北側をかすめている。また第三三位階の最高評議会の「マザーロッジ」は、サウス・カロライナ州チャールストン市にある。その理由は、北緯三三度がほぼ真上を通っているためだろう。これらすべてが、純粋に偶然なのかどうかを証明するのは難しい。だが、過激な思想家たちがこれを見て、米国のスコットランド儀礼のエリートたちによる、近代国家イスラエル誕生を巻き込む巨大な陰謀があると受け取る可能性も十分にあるだろう。近代国家イスラエルは一九四二年から四八年にかけて、シオニズム組織と米国大統領ルーズベルトとトルーマンの指揮によって創られているのだ（2）。

一九四二年一二月三日に、ルーズベルト大統領が財務長官ハンス・モーゲンソーとあったとき、パレスチナにユダヤ人国家ができることについて、奇妙なコメントをしている。

私だったらパレスチナの周りに有刺鉄線を張り巡らして、アラブ人をパレスチナから追い出し始めるだろう……アラブ人を一人追い出すごとに、ユダヤの家族を送り込むのだ……九〇％はユダヤ人でなくてはいけない……この国はほかの国と同じような独立国になる……完全な独立だ。九〇％がユダヤ人なら、当然、ユダヤ人が政府を支配することになる。（3）

世界を絶句させた手紙

最近、BBC2の番組で放映された『イスラエルの誕生』によると（この章の最初に引用している）、一九四八年五月一四日の早朝、シオニストの指導者デイヴィッド・ベン・グリオンは、まだイスラエル国家独立宣言に朱を入れていた。その後すぐにテルアビブのユダヤ人評議会で、この宣言を読み上げることになっていた。ついでに述べておくが、当時のパレスチナの人口は二百万人程度で、そのうちの三〇％がユダヤ人、残りのほとんどがイスラム教徒で、少数のキリスト教徒もいた。イスラム教徒とユダヤ教徒の間で戦争が起こり、ヨルダン、シリア、エジプト、イラク、レバノンのアラブの軍事連盟によってユダヤ人は圧倒されるかに見えた。

午後四時、ベン・グリオンは宣言を読み始めた。それは次の言葉で始まる。

イスラエルの土地はユダヤの人々の誕生の地です。ここで精神的、宗教的に国としての一体感が作られました。ここで独立を勝ち取り、国として世界的に価値ある文化を創造したのです。ここで聖書が書かれ、世界に与えられています。

宣言はさらに次のように言う。

そこで、パレスチナに住むユダヤ人と世界のシオニズム運動を代表する国家評議会のメンバーは、今日、厳粛な会議に集まりました。この日、英国によるパレスチナの委任統治が終わります。またユダヤの人々には歴史的にも権利があります。国際連合の総会決議もあります。そこで、ここパレスチナにイスラエルと呼ばれるユダヤ人国家を作ることを宣言いたします……イスラエル国家は、離散していたすべての国々からのユダヤ人移民に開放されています。住むすべての人々の利益になるよう国の発展を促進します。ユダヤの預言者たちが教えた自由、正義、平和を基礎とします……世界中のユダヤ人に呼びかけています。私たちの側に立って、移民の仕事を行い、発展させてください。また一緒になって数世代に渡る夢を実現する偉大な苦闘をしましょう……イスラエルの救出です。全能の神を信頼して、この宣言に署名いたします。暫定国家評議会の会議において、テルアビブの町で、祭日の前夜、ユダヤ暦五七〇八年イヤール月五日、一九四八年五月一四日。

この宣言の中でユダヤ国家は一九四八年五月一五日真夜中に発足すると語られた。それは英国のパレスチナ委任統治が終わる時間でもあった。エルサレムの真夜中の一二時は、ワシントンDCでは五月一四日の午後六時にあたる。ワシントンでは、テルアビブのベン・グリオンが宣言を読み始めたとき、パレスチナのユダヤ人代表エリアフ・エプスタインが電話に呼び出された。イスラエル暫定政府の代表となるエプスタインに電話したのは、トルーマン大統領の特別顧問マーク・クリフォードだった(4)。クリフォードはエプスタインに、急いで大統領宛に手紙を書くように要請した。米国政府に「イスラエルを承認し、各国の仲間に入るイスラエルを歓迎する」よう求めろと言うのだ。同じ日、遅くなってから、エプスタインは次のような電報を、イスラエル「暫定」政府に送っている。

パレスチナでユダヤ国家宣言が行われ、効力が発した数分後の東部時間午後六時一分に、トルーマン大統領が次のような声明を出しました。「わが政府は、パレスチナでユダヤ国家の独立宣言が行われたという情報を得た。またその（暫定）政府から承認を求められた。アメリカ合衆国はこの暫定政府を、新イスラエル国の事実上の支配者であることを認める」。

ＢＢＣ２の番組が指摘したとおりだろう。「トルーマンの返答は世界を絶句させた……アメリカの指導の元、世界が従った」。

デイヴィッド・ベン・グリオンは、イスラエルの最初の首相になった。ニューヨークに住んでいた「シオニズム組織の精神的指導者」ヘイム・ワイツマンが初代大統領に就任した。その後のことは歴史が語るとおりだ。

二〇〇一年一月に次のような記事がＡＰ通信によって配信された。

ジョージ・Ｗ・ブッシュ、宣誓に二三四年前のメイソンの聖書を使用：ニューヨーク・シティー・ニュース。

米国の初代大統領ジョージ・ワシントンが大統領就任の宣誓に使った聖書を、ジョージ・Ｗ・ブッシュが使うことになった。マンハッタンにある自由公認メイソン団の「聖ヨハネ」ロッジの三人の代表は、明日、アムトラック鉄道でワシントンＤＣに向かう。彼らは重さ四キロもある二三四年前のキング・ジェームズ聖書を特別なケースに入れて運ぶ。土曜日にこの聖書は大統領の就任式につかわれるが、歴史上六回目だ。前回はジョージ・Ｈ・Ｗ・ブッシュで一九八九年だ。このメイソンの聖書の上に左手を置いた他の大統領は、一九二一年のウオーレン・ハーディング、一九五三年のドワイト・アイゼンハワー、一九七七年のジミー・カーターだ。この聖書は、一九六四年から一九六五年のニューヨーク世界博覧会でも展示された。

二〇〇一年九月一一日、アルカイダは「十字軍兵士たち」を直撃して大打撃を与えた。

だが、これが最後ではないかもしれない……。

(完)

＊注

第二章

1. Frances Yates, The Rosicrucian Enlightenment, Ark Paperbacks, London, 1986, p. 103（フランセス・A・イエイツ著『薔薇十字の覚醒：隠されたヨーロッパ精神史』山下知夫訳、工作舎、1986）で言及
2. 同上、p. 104で言及
3. 同上、p. 103.
4. 同上、p. 104.
5. 同上
6. 同上、pp. 30, 238, 251.
7. Fama, in 同上、p. 239.
8. Fama, in 同上、pp. 239-40.
9. Fama, in 同上、pp. 240-41.
10. 同上、p. 242.
11. 同上
12. 同上、pp. 242-3.
13. 同上、p. 243.
14. 同上、p. 246.
15. 同上
16. 同上、p. 248.
17. 同上、p. 251.
18. 同上、p. 244.
19. Confessio in 同上、p. 252.
20. 同上、p. 253.
21. 同上、p. 257.
22. 同上
23. 同上、p. 258.
24. 同上
25. 同上、p. 259.
26. 同上、pp. 248 and 255.
27. 同上、p. 30.
28. Joscelyn Godwin (trans.), The Chemical Wedding of Christian Rosencreutz, with Introduction and Commentary by Adam McLean, Phanes Press, Grand Rapids, Michigan, 1991, Introduction by Adam McLean, p. 7（『化学の結婚』）
29. Yates, 前掲、p. 30.
30. Godwin, 前掲、p. 10.
31. Yates, 前掲、p. 31.
32. 同上、p. 50:「アンドレーエは多数の著作の中で、しばしばこの運動（薔薇十字団）に言及しており、運動全体の背後に彼がいたことは間違いない」
33. 同上、pp. 30-31.
34. Godwin, 前掲、p. 10.
35. 正式な題名は「1459年のクリスチャン・ローゼンクロイツの化学の結婚」同上、p. 13を参照
36. 同上、p. 15
37. Franklin Electronic Bibleで「Father of Light」を検索した結果
38. 第5章参照
39. Godwin, 前掲、p. 15.
40. 同上、p. 16.
41. 同上、p. 107.
42. 同上、pp. 16-17.
43. 同上、pp. 33-4.
44. 同上、pp. 46-8.
45. 同上、p. 80.
46. 同上、p. 102.
47. Dr Stephan Holler, in Gnosis: A Journal of the Western Inner Traditions, The

Lumen Foundation, San Francisco, summer 1996, p. 26; Godwin, 前掲、p. 145の、「化学の結婚」に登場する王と女王の死のシンボリズムについてのコメントも参照のこと：「肉体の死は、実は霊的世界に生まれ変わることなのだ。存在は、物質という外皮から解き放たれれば、より霊的な状態に戻る」

48. Yates, 前掲、p. 57.

49. 同上、p. 147.

50. Frances Yates, Giordano Bruno and the Hermetic Tradition, University of Chicago Press; Chicago and London, 1991, pp. 312-13.

51. 同上、p. 414.

52. 同上、p. 373.

53. 同上、p. 367.

54. 同上、p. 413.

55. 同上

56. 同上

57. Christopher McIntosh, The Rosicrucians, Samuel Weiser, York Beach, Maine, 1997, p. 21 (クリストファー・マッキントッシュ著『薔薇十字団』吉村正和訳、筑摩書房、2003)

58. Yates, Giordano Bruno, pp. 413-14, fn. 1.

しかしCarlos Gilly はTommaso Campanella e l'attesa del secolo aureo, Fondazione Luigi Firpo, Florence, 1998, pp.107-55の'Campanella fra i Rosacroce'の中で、トビアス・アダミがカンパネラの手稿をドイツへ運んだのは1610年以降であり、薔薇十字団のマニフェストである「名声」(やはりアンドレーエ作)は既に書かれていたと主張している。Gillyは1619年にコペンハーゲンで出版されたOle Wormの'Laurea phiosophica summa'を引用している。Wormはその中で、自分はこのマニフェストの存在を出版前の1611年から知っていた。したがってカンパネッラの思想の影響はあり得ないと述べている。だが筆者は、この論は弱いと思う。「太陽の都市」は1602年に書かれている。ということは、アンドレーエや彼の仲間は、「太陽の都市」を実際に読んだことがなかったとしても、の内容は、マニフェストを書く前に知っていた可能性が高い。そうでなければ、なぜトビアス・アダミがわざわざ危険を冒してナポリの異端審問所の監獄から持ち出し、アンドレーエに届けたりするだろうか？ ヴェンセがアンドレーエに対して、アンドレーエのユートピア本の題を「太陽の都」とするよう提言したことについても同じことが言える

59. J. P. Kenyon, The Stuarts, Fontana, London, 1966, p. 41.

60. Yates, The Rosicrucian Enlightenment, pp. 39-40:

「疑いの余地はない。薔薇十字団の出版物の背後にある運動はつきつめれば、ジョン・ディーから始まったと見るべきだ。ディーの影響は、プファルツ選帝侯とイギリスとの縁で、イギリスからドイツに入ったのかもしれないし、ディーが以前に活発な伝道を行ったボヘミアから広がったのかもしれない……」

61. 同上、pp. 36-7.

62. McIntosh, 前掲、p. 24.

63. Yates, The Rosicrucian Enlightenment, pp. 134-8.

64. 同上、p. 19.

65. Joscelyn Godwin, Robert Fludd: Hermetic philosopher and Surveyor of Two Worlds, Phanes Press, Grand Rapids, Michigan, 1991, p. 11 (ジョスリン・ゴドウィン著『交響するイコン：フラッドの神聖宇宙誌』吉村正和訳、平凡社、1987)

66. 放浪者や宿無しを「ボヘミアン」と呼ぶのは、このことに由来する

67. Yates, The Rosicrucian Enlightenment, p. 178.

第一三章

1. See Zoe Oldenbourg, Massacre at Montsegur, Weidenfeld and Nicolson, London, 1997, p. 311.

2. 同上、p. 78.

3. 第10章、第11章参照

4. 第10章参照

5. Frances Yates, The Rosicrucian Enlightenment, Ark Paperbacks, London, 1986, p. 243の、Famaについての言及

6. Christopher McIntosh, The Rosicrucians, Samuel Weiser, York Beach, Maine, 1997, pp. 16-18 (クリストファー・マッキントッシュ著『薔薇十字団』吉村正和訳、筑摩書房、2003)
7. Ibid, p. 18.
8. Yates, 前掲 p. 118.
9. 同上 p. 119.
10. Sir Walter Scott (trans.), Hermetica: The Ancient Greek and Latin Writings Which Contain Religious or Philosophic Teachings Ascribed to Hermes Trismegistus, Shambala, Boston, 1993, p. 117.
11. 同上 p. 321.
12. Yates, 前掲 p. 119.
13. 同上 p. 119.
14. Robert Lomas, The Invisible College, Headline, London, 2001, pp. 71-80, 85-6.
15. Fama, cited in Yates, 前掲 p. 243.
16. McIntosh, 前掲 p.33.
17. 同上
18. Joscelyn Godwin, Robert Fludd: Hermetic Philosopher and Surveyor of Two Worlds, Phanes Press, Grand Rapids, Michigan, 1991, p. 11 (ジョスリン・ゴドウィン著『交響するイコン：フラッドの神聖宇宙誌』吉村正和訳、平凡社、1987)
19. 同上
20. Yates, 前掲 p. 70.
21. Francis Bacon, New Atlantis, Kessinger Publishing Co. reprint, Kila, Montana, p. 329 (フランシス・ベーコン著『ニュー・アトランティス』)
22. Jerry Baker (ed.), New Atlantis and The Great Instauration: Bacon, Harlan Davidson, Arlington Heights, Illinois, 1989, p. xxx.【邦訳なし】
23. Yates, 前掲 p. 126; R.C.の紋章についてはp. 55も参照
24. 同上 P. 127.
25. John Heydon, The Holy Guide, London, 1662, sig. B6 recto; sig. C7 recto.
26. Alexander Piatigorsky, Freemasonry, Harvill Press, London, 1997, p. 83.
27. R. W. Bros. Sir James Stubbs, Freemason's Hall, The Library Art and Publication Committee, London, 1983, pp. 53-5.【邦訳なし】
28. New Atlantis and The Great Instauration: Bacon, p. xxv.
29. Scott, 前掲 excerpt xxiv, pp. 501-3.
30. E. A. Wallis Budge, An Egyptian Hieroglyphic Dictionary, Dover Publications, New York, 1978, vol. I, p. 9a.
31. Frances Yates, The Occult Philosophy in the Elizabethan Age, Routledge & Kegan Paul London, 1979, p. 96 (フランセス・イエイツ著『魔術的ルネサンス：エリザベス朝のオカルト哲学』内藤健二訳、晶文社、1984)
32. Fama, cited in Yates, The Rosicrucian Enlightenment, p. 248.
33. A. Fowler, Spenser and the Numbers of Time, Routledge & Kegan Paul, London, 1964.
34. Yates, Occult Philosophy, p. 95.
35. Angus Fletcher, The Prophetic Moment: An Essay on Spenser, Chicago University Press, Chicago and London, 1971, pp. 157 and 275.
36. 「列王記・上」9章24節
37. Ron Heisler, 'Michael Maier and England', The Hermetic Journal, 1989.
38. 同上
39. 同上
40. Donald R. Dickson, The Tessera of Antilia: Utopian Brotherhoods and Secret Societies in the Early Seventeenth Century, E. J. Brill, Boston, 1998.
41. 同上 pp. 114-15.
42. 同上 p. 121.
43. Piatigorsky, 前掲 p. 38.
44. Fred Pick and G. Norman Knight, The Pocket History of Freemasonry, Frederick Muller, London, 1953, P. 272.
45. Piatigorsky 前掲 p. 46.

46. Pick and Knight, 前掲 p. 32.
47. 同上 p. 34.
48. 同上 p. 35.
49. Lomas, 前掲 chap. 5.
50. Pick and Knight, 前掲 pp. 23 and 43.
51. Yates, The Rosicrucian Enlightenment, p. 182.
52. 同上 p. 183.
53. 同上
54. 同上
55. 同上 p. 182.
56. 同上 p. 177.
57. 同上 p. 176.
58. 同上 P. 178.
59. 1668年にアムステルダムで最初に出版された
60. Yates, The Rosicrucian Englightenment, p. 179.
61. Christopher Falkus, Charles II, Cardinal, London, 1975, P. 21.
62. 王政復古後、チャールズ2世はオランダとの戦争中に、何度もルーパート王子に海軍で指揮官をとらせた。ルーパートは晩年、科学実験に手を染め、版画のメゾティント技法を考案したと言われる
63. Pick and Knight, 前掲 p. 45. アシュモールの「昇格」式には、議会派の大佐であるヘンリー・メインウオリング卿が出席した。メインウオリングは数年後に亡くなり、不思議な縁で、彼の未亡人は1649年にアシュモールの二番目の妻となった
64. このロマンスの刺激的な詳細については、Guy Breton, Histoires d'amour de l'histoire de France, Presse Pocket, Paris, 1960, pp. 14-15（ギー・ブルトン著「フランスの歴史をつくった女たち」曽村保信ほか訳、中央公論社 1993）を参照のこと
65. Falkus, 前掲 p. 38.
66. 同上
67. 同上 p. 39.
68. 同上 p. 46.
69. 同上 p. 47.
70. おそらく彼はパピロニア的、つまり浅黒い肌をしていたのだろう
71. Falkus, 前掲 p. 47.
72. Paul Naudon, Histoire generale de la Franc-Maconnerie, Office du Livre, Paris, 1981, p. 49.
73. John Lawrence, Free-Masonry: a Religion?, Kingsway Publications, Easthourne, 1987, pp. 92-100.
74. Antonia Fraser, King Charles II, Mandarin, London, 1993, p. 182.
75. Lomas, 前掲 p. 220.
76. Francois Bluche, Louis XIV, Fayard, Paris, 1986, p. 247.
77. たとえば、アムステルダムにあるヘルメス主義／薔薇十字団図書館のJoseph Ritmanらによる論：「The Silent Language: The Symbols of Hermetic Philosophy, In de Pelikaan Press, Amsterdam, 1994を参照
78. ヨーロッパでこうした普遍主義やユートピア思想が盛んになった背景には、教皇庁と深幕主義のキリスト教との間の亀裂が徐々に深まっていたことと、その結果として16世紀中葉から17世紀初頭に、プロテスタントによる宗教改革とカトリック側の反宗教改革が起こったことがある。こうしたキリスト教の内紛の危険性を誰より強く意識していたのは、パリのリシュリュー枢機卿だった。宗教のみならず国政をも司っていたリシュリューは、フランス国内の宗教的緊張に対する警戒を怠らなかった。彼は、そうした緊張がさほど遠くない過去に悲惨な内戦の原因となったことを忘れていなかった。フランス宮廷においては、ルイ13世とアンヌ・ドートリッシュの結婚後は特に、カトリックが圧倒的に優勢だったが、にもかかわらず、リシュリューの野望の一つが教皇庁＝ハプスブルク家＝スペインによる中欧支配に幕を引くことだったことは、よく知られている。リシュリューは就任後まもなく、トリック勢力と対決する冷徹な決意を示して周囲を驚かせた。スイスのグリソン（グラウビュンデン）州にいた教皇軍に対して、迅速かつ決定的な軍事行動を取ったのだ。この事件は、リシュリューはローマカトリックとカトリック連合の絶対的守護者だという幻想を抱いていた者全員に、手痛いメッセージを送った。彼

の最大の政治的危機は1630年に起こった。狂信的なカトリック教徒の王母マリー・ド・メディシスが気弱な息子ルイ13世をそそのかし、リシュリューを更迭させようとしたのである。このときはルイ13世が珍しく母親に抵抗して自分の意志を通し、逆に母后を宮廷から追放した。フランスの歴史の行方を左右することになる、この重大な決定は、リシュリューの鋭い政治的洞察の前に、フランスの摂政さえ一杯食わされたという意味で、「デュープ（ぺてん）の日」と呼ばれている。リシュリューは変幻自在の外交政策で多くの者を混乱させた。たとえば1628年にラ・ロシェルでユグノーがイギリスのプロテスタントと結んで反乱を起こした際のように、新教徒に厳しく対処しながら、その一方で、たとえば三十年戦争中の1635年にはプロテスタント側に加担するなど、カトリック連合に対しても同様に厳しい態度を取った。こうした行動は、カトリックとプロテスタント、両方の急進派の憎悪を買い、ローマ教皇との間の耐えざる摩擦のもとになった。莫大な財産を持っていたリシュリューは芸術振興に熱心で、本人も戯曲や音楽に多少の才能を発揮した。彼が53歳のとき設立したアカデミー・フランセーズ（フランス学士院）は、彼の自慢の種だった。リシュリューがドイツの薔薇十字運動のような、普遍的改革を目指す新たな「キリスト教」運動に多少なりとも共感していた、などということがあり得るだろうか？ 彼は、デカルトらに働き掛けて似たような同じような機関を設立させ、それによって「自然哲学」を奨励することで、ヨーロッパの宗教熱に対する中和剤としようとしたのだろうか？ これらはきわめて刺激的な疑問だが、今はまだ推測であり、今後も調査を必要とする

79. Frances Yates, 'Considerations de Bruno et de Campanella sur la monarchie francaise', Actes du Congr's Leonardo de Vinci, Etudes d'Art, 8, 9 and 10, Paris-Alger, 1954, p. 12.

80. Lomas, 前掲、 pp. 114-16.

81. 結婚して一年後、1653年1月に出産で亡くなった。子供も死産だった。モレーは悲嘆に暮れ、その後は独身を通した

82. カリフォルニア・フリーメイソン・オンラインの情報：October 2001, 'The First Initiation on English Soil'.

83. Yates, The Rosicrucian Enlightenment, p. 185; 翻訳はウォーンではない

84. Dudley Wright, 'The First Initiation', in The Builder, 1921.

85. Lomas, 前掲、 p. 250. プレストンについての詳細は, Pick and Knight, 前掲、 p. 97を参照のこと

86. Adrian Tinniswood, His Invention so Fertile: A Life of Christopher Wren, Jonathan Cape, London, 2001, p. 108.

87. 同上、 p. 109.

88. 同じ彗星が太陽を通過して再び現れた可能性もある、 Tinniswood, 前掲、 p. 112を参照

89. 同上、 p. 115.

90. Fraser, 前掲、 p. 237.

91. Lomas, 前掲、 chap. 2.

92. Pick and Knight, 前掲、 pp. 50-51.

93. Piatigorsky, 前掲、 p. 209; Jasper Ridley, The Freemasons, Constable & Co., London, 1999, p. 23; Williamson and M. Baigent, 'Sir Christopher Wren and Freemasonry: New Evidence'. in AQC, vol. CIX, pp. 188-90.

94. Pick and Knight, 前掲、 pp. 68-70.

95. 同上、 p. 69.

96. ヴァティカンのオベリスクの話は, Christopher Hibbert, Rome: The Biography of a City, Penguin, London, 1985, pp. 175-8(クリストファー・ヒバート著「ローマ：ある都市の伝記」横山徳爾訳、朝日新聞社、 1991) を参照。 E. A. Wallis Budge, Cleopatra's Needle and Other Egyptian Obelisks, Dover Publications, New York, 1990 edn, pp. 255-7およびLabib Habachi, The Obelisks of Egypt: Skyscrapers of the Past, American University Press, Cairo, 1984, p. 131(ラビブ・ハバシュ著「エジプトのオベリスク」吉村作治訳、六興出版、 1985) も参照のこと

97. 今日ローマの教会や広場で見られるオベリスクは、大きい順に以下のとおり……サン・ジョヴァンニ・イン・ラテラノ広場(32.18m)、サン・ピエトロ広場(25.37m)、ポポロ広場(23.20m)、 モンテ・チトーリオ広場(21.79m)、ナヴォナ広場(16.54 m)、エスクイリーノ広場 (14.75m)、クイリナーレ広場 (14.64m)、トリニタ・デイ・モンティ (スペイ

ン階段上)(13.91m)、ピンチョの丘(9.25m)、ロトンダ広場(6.34m)、ミネルヴァ広場(5.74m)、ヴィラ・チェリモンターナ(2.68m)

98. Pliny, Natural History, xxxvi, II(プリニウス『博物誌』)。Budge, Cleopatra's Needle and other Egyptian Obelisks, p. 255も参照

99. Jaromir Malek and John Baines, Cultural Atlas of the World: Ancient Egypt, Stonehenge Press, Alexandria, Virginia, 1991, pp. 173-4(ジョン・ベインズ、ジャミール・マレック著『古代のエジプト』吉村作治訳、朝倉書店、1983)

100. Hibbert, 前掲、p. 355.

101. A. M. Partini and B. de Rachewiltz, Roma Egizia, Edizione Mediterranee, Rome, 1999, pp. 105-6.

102. サン・ピエトロ大聖堂は1626年にようやく奉献された。コンスタンティヌスによる最初の奉献から、ちょうど1300年経っていた。ミケランジェロ(完成前に死亡)の仕事は、ジャコモ・デラ・ポルタとドメニコ・フォンタナによって続けられた。カルロ・モデルノによる新たなファサードは1607年に着工し、1614年に完成した。1650〜67年にはベルニーニが、有名な広場と柱廊を付け加えた。オベリスクはその焦点となっている

103. Paul Johnson, The Papacy, Orion, London, 1998, p. 154.【邦訳なし】

104. シクストゥス5世は、ドメニコ・フォンタナを指名して、オベリスクを移動させ、サン・ピエトロ大聖堂の前に立てさせた。この作業は1年近くかかった。フォンタナは伝統的な工法を用い、古代エジプト人が使わなかった新たな方法は、人力のほかに馬を使った点だけだ。表面だけ見れば、教皇の狙いはヴァティカン広場の見栄えを良くすることだったが、より深い目的は、教皇の権力が増大しつつあることを、16世紀以上前にこれらの記念物をエジプトから持ち帰ったローマの諸皇帝になぞらえて示すことだった。確かにオベリスクの位置を変えることは、大聖堂にとって視覚的に重要だったが、全体を通じて、シクストゥス5世は明らかに、教皇を古代の皇帝たちに比している。そして、古代の皇帝やファラオと同様に、シクストゥス5世もフォンタナに絶大な権力を与え、この大オベリスクを立てるために必要なら労働力も道具も材料も好きなだけ徴用することを許した。フォンタナはまた教皇から、邪魔になる家屋を自由に取り壊す権限も与えられた。教皇は、この計画に反対したり、妨害する者は誰であれ、巨額の罰金を課されるし、死刑の可能性もあると明言した。実際シクストゥス5世は、オベリスクを立てる最終段階で、見物に集まった大群衆に対して、物音一つ立てるなと厳しく命じ、この命令に反した者は死刑に処すと宣言した。ある時点で、オベリスクを支えていたロープが負荷に耐えかねて切れそうになった。ジェノヴァ人の水夫が勇敢にも教皇の命令を無視して「ロープに水をかけろ!」と叫び。おそらくそのおかげでオベリスクは救われた。オベリスクが無事に立てられてはじめて、群衆は歓声をあげることを許されたという

105. ベルニーニは、ミネルヴァ広場の有名な、背中にエジプトのオベリスクを乗せたゾウのモニュメントのデザインも任された。サンタ・マリア・ソプラ・ミネルヴァ教会周辺にはかつて、三つの異教の神殿が立っていた。692年にグナエウス・ポンペイウス帝が異教の女神ミネルウァを讃えて建設したミネルウィウム、イシスを祀ったイセウム、そしてセラピス(ギリシャのオシリス)を祀ったセラペウムである。ゾウが背負ったオベリスクは、エジプト風ヒエログラフに関するフランチェスコ・コロンナの奇妙な論文Hypnerotomachiaに触発されたもの(J. M. Humbert, L'Egyptomanie dans l'art occidental, ACR, Paris, 1989, p. 13を参照のこと)

106. シャンゼリゼ、つまり「エリュシオンの野」という名は、ギリシア神話で英雄や善人が死後に住むとされる楽土エリュシオンに由来する。エリュシオンの概念は、古代エジプトのデュアトに源泉がある。パリの目抜き通り/主軸につけられたこの名は、ルイ14世の治世の終盤までさかのぼることができる(Marc Gaillard, Les Belles Heures des Champs-Elysees, Editions Martelle, Paris, 1990, p. 11を参照)。この有名な大通りは、「歴史軸」としても知られている

107. Gaillard, 前掲、pp. 10-11.

108. Marie-France Arnold, Paris: ses mythes d'hier a aujourd'hui, Editions Dervy, Paris, 1997, 地図と序文を参照。Jean Phaure, Introduction a la geographie sacree de Paris: Barque d'Isis, Editions Du Borrego, Paris, 1985, pp. 20-21も参照のこと

109. Tinniswood, 前掲、p. 122.

110. 同上、pp. 125-6.

111. 同上、p. 137.

112. London Gazette, 3-10 September 1666.

113. ユリウス暦1666年9月20日＝グレゴリオ暦1666年9月30日木曜日＝ヘブライ暦5427年ティシュリ月1日
114. Fraser, 前掲 p. 248.

第一四章

1. 案を用意した者は他にもいたが、この二つは重要性が段違いに高い。Adrian Tinniswood, His Invention so Fertile A Life of Christopher Wren, Jonathan Cape, London, 2001, p. 151を参照のこと：王立協会の主事兼フェローで、グレシャム・カレッジの幾何学教授でもあったリチャード・フックRichard Hookeも案を提出した (Tinniswood, 前掲 P. 77).
2. Tinniswood, 前掲 p. 150.
3. William of Tyre, A History of Deeds Done Beyond the Sea, Octagon Books, New York, 1986, vol I., pp. 524-5.
4. コーラン17章
5. Graham Hancock, The Sign and Seal: A Quest for the Lost Ark of the Covenant, Heinemann, London, 1992, pp. 379-80(グラハム・ハンコック著「神の刻印」田中真知訳、凱風社 1996) の編を参照
6. 同上 p. 385.
7. たとえばHancock, 前掲 pp. 389ffを参照
8. 同上 p. 94.
9. Dan Bahat, Carta's Historical Atlas of Jerusalem, Carta, Jerusalem, 1986, p. 46 (ダン＝バハト著「図説イェルサレムの歴史」高橋正男訳、東京書籍 1993)
10. 同上 PP. 46-7.
11. Hancock, 前掲 p. 93.
12. John J. Robinson, Born in Blood: The Lost Secrets of Freemasonry, Century, London, 1989, p. 66.
13. Hancock, 前掲 p. 93.
14. Zoe Oldenbourg, Massacre at Montsegur, Weidenfeld and Nicolson, London, 1997, p. 85.
15. Stephen 0' Shea, The Perfect Heresy: The Life and Death of the Cathars, Profile Books, London, 2001, p. 29.
16. Malcolm Barber, The Cathars: Dualist Heretics in Languedoc in the High Middle Ages, Longman, London, 2000, p. 61:「テンプル騎士団やホスピタル騎士団にとって、ラングドックは重要な収入源であり人材源だった……テンプル騎士団は1130年代にアラゴン、トゥールーズ、プロヴァンスに地区長を置き、この地方で増加しつつあった分団の監督に当たらせた
17. Alain Demurger, Vie et mort du Temple, Editions du Seuil, Paris, 1989, pp. 152-8.
18. 1967年にモシェ・ダヤンの指揮するイスラエル軍がエルサレムを併合するまで、アラブの支配下にあった
19. Hancock, 前掲 p. 154.
20. Demurger, 前掲 p. 322.
21. Robinson, 前掲 pp. 142-3.
22. Michael Baigent and Richard Leigh, The Temple and the Lodge, Arrow, London, 2000, p. 91.
23. Hancock, 前掲 P. 167.
24. 詳しくはBaigent and Leigh, 前掲を参照
25. Hancock, 前掲 p. 166.
26. Andrew Sinclair, The Sword and the Grail, Crown Publishers, New York, 1992.
27. 同上 pp. 48-9.
28. 同上 図版
29. Sinclair, 前掲 p. 108.
30. 同上 p. 75.
31. 同上の編を参照
32. Steven Runciman, The Medieval Manichee: A Study of Christian Dualist Heresy, Cambridge University Press, Cambridge, 1999, p. 179.
33. Gaetan Delaforge, The Templar Tradition, Threshold Books, Putney, Vermont,

1987, p. 71.

34. Albert Hourani, A History of the Arab Peoples, Faber and Faber, London, 1991, pp. 184-5ff（アルバート・ホーラーニー著『アラブの人々の歴史』阿久津正幸編訳、第三書館、2003）を参照

35. Barber, 前掲、p. 61. バーバーは、ホスピタル騎士団とラングドック貴族の間にも同じ協力関係が成立したことを示している

36. Sinclair, 前掲、p. 76.

37. Arthur Guirdham, The Great Heresy: The History and Beliefs of the Cathars, C. W. Daniel Company, Saffron Walden, 1993, p. 90.

38. Aubrey Burl, God's Heretics: The Albigensian Crusade, Sutton Publishing, Stroud, 2002, p. 38.

39. Sinclair, 前掲、p. 26.

40. Guirdham, 前掲、p. 89.

41. 同上、p. 90.

42. Barber, 前掲、p. xiii.

43. Guirdham, 前掲、pp. 90-91参照

44. 同上、p. 89.

45. Jonathan Sumption, The Albigensian Crusade, Faber and Faber, London, 1999, p. 90で言及された、トゥデーラのベンジャミンの報告

46. 同上、p. 90; O'Shea, 前掲、p. 20.

47. Cited in Sumption, 前掲、p. 90.

48. Geoffrey Wigoder (ed.), The Encyclopaedia of Judaism, The Jerusalem Publishing House, 1989, pp. 512-13.

49. Runciman, 前掲、pp. 6-7.

50. 同上

51. 同上

52. 同上、pp. 6-7を再度参照されたい。初期のキリスト教グノーシス派も同じ見解だった。

53. Encyclopaedia of Judaism, pp. 740-41.

54. Z'ev ben Shimon Halevi, Kabbalah: Tradition of Hidden Knowledge, Thames and Hudson, London, 1988, p. 5（ゼヴ・ベン・シモン・ハレヴィ著『ユダヤの秘義：カバラの象徴学』大沼忠弘訳、平凡社、1982）

55. インターネット上ではhttp://www.aril.org/ Drob.htmに、セフィロートに関する優れた記事がある

56. Halevi, 前掲、pp. 5-6.

57. マンダラについてはGraham Hancock and Santha Faiia, Heaven's Mirror, Michael Joseph, London, 1998, pp. 122ff（グラハム・ハンコック著、サンサ・ファイーア写真『天の鏡：失われた文明を求めて』大地舜訳、翔泳社、1999）で詳しく論じているので参照されたい

58. R. T. Prinke, 'Early Symbolism of the Rosy Cross', in The Hermetic Journal, 25 (1984), PP. 11-15の論を参照

59. Francis Bacon Research Trust: www.fbrt.org.uk参照

60. 印刷はL. Lichfield of Oxford, 出版はR. Young and E. Forrest, 彫版はWilliam Marshall, ラテン語から英語への翻訳はGilbert Wats卿による

61. 同上、注59に同じ

62. 出典：The Ancient and Accepted Scottish Rite of Freemasonry containing Instructions in all the degrees, approved by the Supreme Council of the Thirty-third Degree of the Southern Jurisdiction, 1801.

63. William. W Westcott, Collectanea Hermetica, Parts 1-10, 'Sepher Yetzirah', Samuel Weiser, York Beach, Maine, 1988.

64. 同上

65. Charles Sumner Lobingier, The Ancient and Accepted Scottish Rite of Freemasonry, Kessinger Publishing Co., Kila, Montana, 1931, p. 4.

66. Joscelyn Godwin, Athanasius Kircher, Phanes Press, Grand Rapids, Michigan, 1991, p. 56参照

67. 同上、p. 61.

68. 同上、p. 13.

69. 同上
70. 同上、p. 15.
71. 同上、p. 18.
72. Frances Yates, Giordano Bruno and the Hermetic Tradition, University of Chicago Press, Chicago and London, 1991, p. 418.
73. Kircher, Oedepus Aegyptiacus, Rome, 1652, p. 150; Yates, 前掲、p. 418も参照
74. レンの前任者セス・ウォードは、1649年からこのサヴィル教授の地位にあった。彼はジョン・ウィルキンズと親しく、二人はオックスフォードに在職中の1654年に、古代の大学を支持する内容の、論議を呼びそうな本を一緒に書く計画を立てた。1660年、チャールズ2世はウィルキンズとウォードを解任し、後者の代わりにクリストファー・レンを任命した。皮肉なことに、セス・ウォードは1661年にエクセター（イギリス南西部の都市）の主教となり、1668年にはウィルキンズもチェスターの主教となった。何とも不思議な時代だった
75. Peter Tompkins, The Secret of the Great Pyramid, Allen Lane, London, 1973, p. 30(ピーター・トンプキンズ著『失われた王墓：大ピラミッドの謎に挑む』吉村作治訳、日本ブリタニカ、1981)
76. John Greaves, Pyramidographia or a Description of the Pyramids in Aegypt, London, 1646.
77. David Stevenson, The Origins of Freemasonry, Scotland Century 1590-1710, Cambridge University Press, Cambridge, 1988.
78. The Last Will and Testament of Sir Thomas Gresham, London, 1765.
79. Robert Lomas, The Invisible College, Headline, London, 2001, pp. 154-64.
80. Christopher Hibbert, Rome: The Biography of a City, Penguin, London, 1985, pp. 179-86（クリストファー・ヒバート著『ローマ：ある都市の伝記』横山徳爾訳、朝日新聞社、1991)
81. Guirdham, 前掲、pp. 91-2.
82. Cited in Yates, 前掲、p. 394, fn 1.
83. テンプル騎士団は1130年に、国王ヘンリー2世に招かれて、初めてイギリスに上陸した。分団は当初、ロンドン北部のハイ・ホルボーンの、チャンセラーズ通りとフェイター通りの間に置かれたが、1161年にテムズ川に近い、より便利な場所に移転した。Dr Hugh Clout (ed.), The Times History of London, FBA, Times Books, London, 1991, p. 50 (ヒュー・クラウト編『ロンドン歴史地図』青木道彦 ほか訳、東京書籍、1997)
84. David Lewer, The Temple Church London, Pitkin Pictorials, London, 1989, pp. 3-4.
85. Times History of London, p. 150.
86. Felix Barker and Ralph Hyde, London as It Might Have Been, John Murray, London, 1982, p. 22.
87. この点は、Adrian Gilbert, The New Jerusalem, Bantam Press, London, 2002, p. 211でも強調されている。「レンはセントポールの軸を、東を基準に約8度北寄りに変更した……これで、旧テンプル教会と完全に一線になった……」
88. Christopher Wren (son), Parentalia, Farnborough, 1995.
89. Steve Padget, 'Wren's St Paul's: Axis Mundi of the New Jerusalem', paper read at Ball University, 2000, p. 2.
90. 同上、p. 4.
91. V. Hart, Art and Magic in the Court of the Stuarts, Routledge, London, 1994. V. Hart, St Paul's Cathedral: Christopher Wren, Phaidon, London, 1995も参照のこと。Hartは、「この〝キリスト教化〟された宇宙論を反映して、シエナの大聖堂の床や、ピントゥリッキヨが教皇アレクサンデル6世のためにヴァティカンのボルジアの間に描いたフレスコ画に、ヘルメスが描かれた……メルクリウス・トリスメギストスの姿は、ルネサンスにおけるキリスト教の魔術と芸術の結びつきを体現するものとなった
92. セフィロトでは、参入者は2本の〝柱〟の間を通って神格へと近づくことになる。興味深いことに、ユダヤ人作家Z. Haleviによれば、2本の〝柱〟の間を通るという概念はソロモン神殿の設計にも見られる。こちらでは、神聖な存在に近づくために、ヤキンとボアズという2本の柱の間を通らなくてはならない。Z. Halevi, Kabbalah Tradition of Hidden Meaning, Thames and Hudson, London, 1979.

93. Tinniswood, 前掲, pp. 150-2.
94. この秘密主義的傾向は、レンが新たなセントポール大聖堂を設計したときにも見られた。Barker and Hyde, 前掲, p. 31を参照
95. Tinniswood, 前掲, p. 150.
96. 同上
97. Barker and Hyde, 前掲, p. 23.
98. Tinniswood, 前掲, p. 152. Evelyn, London Revived, ed. De Beer, Clarndon Press, 1938, pp. 45-6も参照
99. 「黙示録」21章2節
100. Barker and Hyde, 前掲, p. 25.
101. Adrian Tinniswoodによれば, レンの計画の「一番の自慢は取引所の広場だった。放射状に見通しが開け、周囲を商業建築に囲まれている。ちょうどこの頃、ルイ14世とアンドレ・ル・ノートルは、シクストゥス時代のローマの都市計画の根底にあった絶対主義思想をヴェルサイユの設計に巧みに取り入れていたが、同じ思想が、ここでは商業主義の賛美に使われた。商業は新たな宗教になろうとしていた」。王立取引所はトマス・グレシャムのアイデアから生まれたこと、また、彼の自宅は、王立協会が入る前には、おそらくフリーメイソンのロッジとして使われていた。このことが、レンの計画に込められたシンボリズムと関係しているのかもしれない
102. このことは、Adrian Gilbertが前掲, p. 205で初めて提唱した。彼は、ダートのセフィラーが王立協会の本部であるグレシャム・カレッジの近くに置かれたのは偶然ではなかったかもしれないとも指摘している
103. Tinniswood, 前掲, p. 188.
104. 同上

第一五章

1. Fred Pick and G. Norman Knight, The Pocket History of Freemasonry, Frederick Muller, London, 1953, p. 68.
2. 「マタイによる福音書」11章11節
3. 「ヨハネによる福音書」3章30節
4. 7月4日はもちろん米国の独立記念日
5. Pick and Knight, 前掲, p. 69.
6. 同上
7. 同上
8. Jasper Ridley, The Freemasons, Constable & Co. London, 1999, p. 37.
9. Paul Naudon, Histoire generale de la Franc-Maconnerie, Office du Livre, Paris, 1981, p. 66.
10. 同上, pp. 69-70.
11. 同上, p. 72.
12. Ridley, 前掲, p. 37.
13. Lynn Picknett and Clive Prince, The Templar Revelation, Corgi Books, London 1998, p. 481.
14. Charles Sumner Lobingier, The Ancient and Accepted Scottish Rite of Freemasonry, Kessinger Publishing Co., Kila, Montana, 1931, p. 32.
15. http://gallica.bnf.fr/scripts/ConsultationTout-.exe?E=0&0=N101439で全文を読むことができる
16. ブルゴーニュ公は王になることなく、1712年に病気で亡くなった
17. Lobingier, 前掲, P. 35.
18. Eliane Brault, Le Mystere du Chevalier Ramsay, Editions du Prisme, Paris, 1973, p. 81およびTransaction of the Quatuor Coronati Lodge, 1934, vol. XLVII, p. 77を参照。ラムジーの一生とフリーメイソンとしての経歴については、Lobingier, 前掲, pp. 32-49に秀逸な記述があるので参照されたい
19. Ridley, 前掲, p. 70.
20. "ラムジーの講話"の全文と注釈は、Robert Freke Gould, History of Freemasonry (1883-7) に掲載されている。Heredom, The Transactions of the Scottish Rite Research Society, vol. I, 1992のCyril N. Batham 33, 'Ramsay's Oration: the Epernay and Grand Lodge Versions'も参照のこと

21. Alexander Piatigorsky, Freemasonry, Harvill Press, London, 1997, pp. 116-17.
22. Pick and Knight, 前掲, P. 204.
23. ドモレー団は自らを「神への愛・親への愛・祖国への愛の原理に基づく若者の友愛会と宣言し、こうした教えを親への愛、神への愛、礼節、友情、忠誠、清潔、愛国心の七大美徳の修養を通じて、さまざまな方法でメンバーに身に付けさせるよう努める……〝ドモレー〟の名は、13世紀フランスの英雄的殉教者ジャック・ド・モレーに由来する。テンプル騎士団の最後のグランドマスターだった人物だ……12歳から21歳で、最高存在（神）を信じ、人品卑しからざる者は、ドモレー団員を目指すべし。ドモレー団の地方支部はチャプターと呼ばれ、フリーメイソン会員のグループかロッジが後援する」。1919年、フランク・S・ランドというカンザスシティーのフリーメイソンが、カンザスシティー周辺で若者の組織が必要なことに気付いた。ルイス・ロウアーという地元の若者を知りあったランドは、他の数人の地元と若者と、カンザスシティー・スコットランド儀礼ビルで会合を持った。ランドの指導と若者たちの熱意から、ドモレー団が誕生した。新しい団はたちまち人気を集め、すぐ米国全州にチャプターができた。ほどなくして国外にもチャプターが設けらるようになった。創設から75年以上が過ぎた今も、デモレー団は引き続きメンバーに人生の基本原則を教えている。そうすることで団員が善良で清廉な大人になるのを助け、神・親・祖国に対する敬愛を育むべく力を尽くしている。デモレー団はその歴史を通じて多大な会員数を誇り、影響力のある成功したメンバーを輩出している
24. 旧約聖書「列王記・上」5章6節、「歴代志・下」2章6節
25. Andrew Sinclair, The Sword and the Grail, Crown Publishers, New York, 1992, p. 158.
26. これらの儀式に対する論評は、John Lawrence, Freemasonry: A Religion?, Kingsway Publications, Eastbourne, 1991, pp. 92-107を参照のこと
27. Martin Short, Inside the Brotherhood, Grafton Books, London, 1989, p. 93.
28. Lawrence, 前掲, pp. 51-61.
29. 同上
30. Jean-Marcel Humbert, L'Egyptomanie dans l'art occidental, ACR Edition, Paris, 1989, p. 117.
31. Short, 前掲, p. 115.
32. 同上, p. 123.
33. Stephen Knight. The Brotherhood, Grafton Books, London, 1985, pp. 236-9（スティーヴン・ナイト著『知られざるフリーメーソン』岸本完司訳、中央公論社、1987）
34. Short, 前掲, p. 104.
35. ピタゴラスのエジプト滞在についての詳細は、Egypt see R. A. Schwaller de Lubicz, Sacred Science, Inner Traditions, New York, 1982, p. 259を参照
36.「創世記」4章20節も参照
37. Pick and Knight, 前掲, p. 32.
38. 同上, pp. 32-3.
39. 同上
40. Naudon, 前掲, p. 64.
41. 同上, p. 72.
42. 同上, p. 74.
43. 同上, pp. 74-6.
44. Francois Ribadeau Dumas, Cagliostro: homme de lumiere, Editions Philosophiques, Paris, 1981, p. 25.
45. Gerard Galtier, Maconnerie egyptienne, Rose-Croix et Neo-Chevalerie: les fils de Cagliostro, Editions du Rocher, Paris, 1989, p. 29.
46. 同上, p. 35; カリオストロの入団式がどこで行われたかに関しては、フリーメイソン史家の間で意見が分かれており、1767年マルタ（Gastone Ventura, Masonic Rites of Memphis and Misraim, 1986）と1777年ロンドン（Galtier, 前掲, p. 30）という二つの説がある
47. Ribadeau Dumas, 前掲, p. 35.
48. 同上, p. 39.
49. ペルネティはしばしば、フリーメイソンのいわゆる〝スウェーデンボリ儀礼〟の創設者とされる。彼は50歳のときベネディクト会を離れ、アヴィニヨンに腰を落ち着けた。そこで、それまでの錬金術に対する興味をフリーメイソンに向け、いわゆる〝ヘルメス

儀礼〟を創設した後、ベルリンに移ってフリードリヒ2世の図書館長となった。ベルリン滞在中に、スウェーデンの神学者で、新エルサレム教会の創設者ではないかといわれているスウェーデンボリの著作を翻訳した

50. Ribadeau Dumas, 前掲、p. 50; Naudon, 前掲、p. 92.

51. フリードリヒ2世は1781年に、ドイツ薔薇十字団の分団である〝黄金の薔薇十字教団〟に入会した。入団を手配した薔薇十字団員のJohann WollerとJohann Bischoffwerderは、後にフリードリヒにきわめて近しい相談役となった（クリストファー・マッキントッシュ著『薔薇十字団』吉村正和訳、筑摩書房、2003）

入団式でフリードリヒ2世に与えられた秘義名は〝オルメソス・マグヌス〟だった。黄金の薔薇十字教団は、彼ら自身の起源譚によれば、エジプトのアレクサンドリアで〝オルミソスまたはオルムス〟と呼ばれるエジプト人賢者によって創設された（Galtier, 前掲、p.164)。これは、悪名高いピエール・ド・シオンに与えられた〝第二の名〟だ(M. Baigent, H. Lincoln and R. Leigh, The Holy Blood and the Holy Grail, Corgi, London, 1983, p. 123(マイケル・ベイジェント、リチャード・リー、ヘンリー・リンカーン著『レンヌ＝ル＝シャトーの謎：イエスの血脈と聖杯伝説』林和彦訳、柏書房、1997)を参照。後で見ていくが、〝オルムス〟とは、フリーメイソンのメンフィス団の創始者に与えられた名でもあった。フリーメイソンの作家Carla Miccinelliによれば、〝オルムス〟という名は早くも1753年に、フリーメイソンのサンセヴェロ候ライモンド・デ・サングロがパリのTchoudy男爵に宛てた私信に登場する(Miccinelli, E dio Creo L'Uomo e la Massoneria, Rome, 1985, p. 73)

52. Ribadeau Dumas, 前掲、p. 51.

53. 同上。ペルネティは1758年に、〝同じ原理に結びついた、ベールを脱いだエジプトとギリシャの寓話：ヒエログリフとトロイ戦争についての注釈付〟という野心的なタイトルの論文を発表している。これは、彼の〝自然科学〟がどういうものであったかをよく示している

54. Galtier, 前掲、p. 36.

55. 同上. Manly P. Hall, Freemasonry of the Ancient Egyptians: Crata Repoa, Philosophical Research Society, Los Angeles, 1965, pp. 81-102も参照

56. Galtier, 前掲、p. 36; Hall, 前掲、p. 73も参照

57. Naudon, 前掲、p. 91.

58. Ridley, 前掲、pp. 110-21.

59. 同上、p. 129.

60. Naudon, 前掲、p. 91.

61. Galtier, 前掲、p. 19.

62. Naudon, 前掲、p. 229.

63. Pierre Chevallier, Histoire de la Franc-Maconnerie francaise, Librairie Fayard, Paris, 1974, vol. I, pp. 258-9.

64. J. E. Manchip White, Ancient Egypt in Culture and History, George Allen & Unwin, London, 1970, p. 107【邦訳なし】ヘロドトスは70日としており（『歴史』第2巻85章）、そちらのほうが古代エジプトの慣習と合致している

65.「創世記」50章3節。大洪水も40日間続いた（「創世記」8章6節）

66. Chevallier, 前掲、vol. I, pp. 256-62.

第一六章

1. Francois Ribadeau Dumas, Cagliostro: homme de lumiere, Les Editions Philosophiques, Paris, 1981, p. 165.

2. Pierre Chevallier, Histoire de la Franc-Maconnerie francaise, Librairie Fayard, Paris, 1974, vol. I, p. 261.

3. 同上. Gisele and Yves Hivert-Messeca, Comment la Franc-Maconnerie vint aux femmes, Editions Devry, Paris, 1997, p. 148も参照

4. Paul Naudon, Histoire generale de la Franc-Maconnerie, Office du Livre, Paris, 1981, pp. 228-30.

5. カリオストロについての秀逸な記事が、Henry Evans, 'Masonry and Magic in the Eighteenth Century'が、The Master Mason, June 1927に掲載されている

6. Bibliotheque Nationale, ms. Fr. 12420 c. 1402 fol. XVI; ms. Fr. 598, c. 1403 fol. XVI.

7. Jurgis Baltrusaitis, La Quete d'Isis, Flammarion, Paris, 1985, p. 63（ユルギス・バ

ルトルシャイティス著『イシス探求：ある神話の伝承をめぐる試論』有田忠郎訳、国書刊行会　1992）
8. L. M. Tisserand, Les Armoiries de la ville de Paris, Paris, 1874, chap. 3, 'Formation du sceau ou des armoiries de Paris', p. 61; also Baltrusaitis, 前掲、p. 63.
9. Jacques le Grant, Sophologium, Paris, 1475; also see Baltrusaitis, 前掲、p. 61.
10. Lemaire de Belge, Les Illustrations de Gaule et Singularitez de Troye, Paris, 1512; Baltrusaitis, 前掲、p. 59も参照
11. Baltrusaitis, 前掲、p. 58; plates 1, 6.
12. Jacques du Breul, Theatre des Antiquitez de Paris, Paris, 1612.
13. Andre Favyn, Histoire de Navarre, Paris, 1612.
14. Baltrusaitis, 前掲、p. 89.
15. Jean Phaure, Introduction a la geographie sacree de Paris: Barque d'Isis, Editions Borrego, Paris, 1985, pp. 19-20 (map).
16. Jean Phaure, 前掲、p. 84 (map).
17. 同上
18. Ian Wilson, Jesus the Evidence, Pan Books, London, 1984, pp. 136-7（イアン・ウィルソン著『真実のイエス：伝説の謎にせまる』紀伊國屋書店　1997）。Timothy Freke and Peter Gandy, The Jesus Mysteries, Thorsons-Element, London, 2000, pp. 41-2も参照
19. Edward Carpenter(1844-1926)のPagan and Christian Creeds, 1981, p. 50より：
　イエスの物語は、過去の太陽神たちの物語や、現実の太陽が天で何をするかとより多くの共通点があることが、これでお分かりいただけたと思う。実際、偶然や、神を冒瀆しようとする悪魔の策略に帰すには、共通点が多すぎる！

　いくつか例を挙げてみよう。（1）処女の母親から生まれた、（2）家畜小屋（あるいは洞窟や地下室）で（3）12月25日（冬至直後）に生まれた、（4）東の星（シリウス）、（5）賢者たち《マギ》（三人の王）の到着、（6）幼児虐殺の危機があり、そのために遠い国へ逃れた（クリシュナなど、他の太陽神についても同じ話がある）。教会の祭りとしては、（7）キャンドルの行列によって、徐々に成長する光を象徴する聖燭節（2月2日）、（8）春の訪れである四旬節、（9）太陽が赤道を越えたことを祝う復活祭日（普通は3月25日）、⑩同時期の、エルサレムの聖墳墓における光の噴出。さらに、⑪復活祭3日前の聖金曜日の、子羊＝神の磔刑と死、⑫木へのはりつけ、⑬空っぽの墓、⑭喜ばしい復活（オシリス、アッティスなどのケース）、⑮12人の弟子（黄道十二宮）、⑯うち1人の裏切り、⑰愛弟子ヨハネの誕生を讃える、6月24日のミッドサマー・デイ、これは降誕節《クリスマス》に対応している。⑱聖母の被昇天（8月15日）と⑲聖母の誕生（9月8日）は、乙女座を通る神の動きに対応し、キリストと弟子たちの対立を秋の星座⑳蛇座とさそり座が表す。興味深い事実として、教会は㉑ほかならぬ冬至の日（誰もが自然なこととして、太陽の再生を疑いかねない日）を、イエスの復活を疑った聖トマスに捧げた日としている。

　聖堂に集う会衆は、東を向いて祈る。エルサレムではなく東、つまり日の出の方角を向くのである。この祈りの方角はまず間違いなく、古代の太陽信仰に由来している。キリスト教の礼拝では、この意味はやや変化している。キリストは太陽神の性質を多数備えており、過去に現れて将来また戻ってくる救世主である点も、古代神話に登場する太陽神の死と再生のアナロジーとなっている。東は日の出の場所、太陽が再生する場所、光がやってくる場所である。東方の秘教では、東は霊的啓蒙と神性を象徴している
20. Norman Lockyer, The Dawn of Astronomy, Cassell & Co., London, 1894, p. 120.
21. Labib Habachi, The Obelisks of Egypt, American University Press, Cairo, 1988, pp. 155-6（ラビブ・ハバシュ著『エジプトのオベリスク』吉村作治訳、六興出版、1985）
22. Lockyer, 前掲、pp. 98-106.
23. ずっと後の1973年になって、天文学者ジェラルド・S・ホーキンズがロッキヤーの説に異を唱え、カルナック神殿が向いているのは夏至の夕陽の方角ではなく、東から26度5分南寄りの冬至の朝日の方角だと述べた。Gerald Hawkins, Beyond Stonehenge, Arrow Books, London, 1977, Chap. 11 'Amon-Ra', pp. 193-218（ジェラルド・S・ホーキンズ著『ストーンヘンジの謎』小泉源太郎訳、大陸書房、1983）およびRonald L. Reese, 'Midwinter Sunrise at Karnak', in Sky & Telescope, March 1992, p. 276.を参照のこと。ホーキンズは、ストーンヘンジの天文学的配置についての研究で有名だが、ロッキヤーと違って、カルナックで実際に天体観測はしていない。彼はルクソールのフランス＝エジプト研究センターの測量地図を使って方位を測定し、夏至・冬至の日の出・日没の位

置はロッキャーと同じく、実地の観測ではなく計算によって得た。（ホーキンズはエジプトを訪問しているが、それは夏至1カ月前の5月だった）数年後、天文学者エド・クルップがカルナック神殿から実際に冬至の日の出を観測し、ホーキンズの数値を確認した(Krupp, Echoes of Ancient Skies, Oxford University Press, Oxford, 1994, pp. 253-7)。ホーキンズがロッキャーの結論は誤りだと主張した根拠は、カルナック神殿の塔門を通して夏至の夕陽は見ようとしても、遠くのテーベの丘陵が邪魔をする、というものだった。確かに、われわれの現実的見地からは、西側のテーベの丘陵が障害となるが、この理屈は古代エジプト人の宗教的見地には当てはまらない。彼らにとって、このような物理的な邪魔物は障害ではなかった。たとえば墓所にはよく固い石でできた〝騙し扉〟があるが、死者の魂はこれを通り抜けると考えられた。エジプトの天文学者＝神官、とりわけ太陽信仰に関わる者たちは、カルナック建設よりずっと昔から、至日の日の出や日没を観測してきた。だから、彼らが最大角も最小角もよく知っていたであろうことは疑いの余地がない。だから、テーベの丘陵があるから夏至の日没と一線になっているとはいえないというホーキンズの結論は、古代の神殿建設者たちの宗教的文脈においては筋が通らない(Hawkins, 前掲, p. 198)。ホーキンズはロッキャーがストーンヘンジで行った観測の正確さを賞賛しているが、「彼のアモン＝ラー神殿の観測は正確でない」と述べ、技師P・J・P・ウェイクフィールドの報告に言及している。ウェイクフィールドはロッキャーの依頼で1891年6月21日に、カルナックで経緯儀《セオドライト》を使った計測を行った。確かにウェイクフィールドは、ロッキャーが印をつけた神殿の軸上の場所では、どこからも太陽は見えなかったと報告した。だが、塔門2の入り口に経緯儀を置いたときは、「沈む夕陽の一部が見えたが、残りは大塔門（塔門1）の南壁に隠れていた」とも付け加えている。太陽の直径は約5度分だから、地平線上を0.5度北に〝ずらす〟ことができれば、塔門1から塔門2に伸びる軸のこの部分から見えるはずだ。そして、黄道面の傾きのせいで、紀元前1500年頃の太陽は実際、今より0.5度北にあった。このことを考えると、カルナック神殿の方位は、ホーキンズがフランス＝エジプト・センターの地図から得た26度55分よりも26度に近いのではないかと、筆者は思う。事実、レプシウスらのエジプト学者はこの角度を「北から26度か26度30分東寄り」としていたと、ロッキャーは述べている。E・C・クルップがこれを確認しに行ったのは冬至だったので、神殿の反対側の端、つまり、いわゆるレー＝ホラクティ神殿と〝太陽の高い間〟を通した並びしか確認することができなかった。私（ロバート・ボーヴァル）は、陸軍技師P・J・G・ウェイクフィールドの述べたことを確認するために、6月21日に観測し直す必要があると考え、実際に2003年6月21日の日没を観測した。その結果、建設者は冬至の日の出に照準を合わせたが、反対側で夏至の日没が起こることも知っていた、という結論に達した。後者は軸線には合わず、より少し西寄りになるが、意図があったことは明らかだ。

24. R. Wells, 'Re and the Calendar' in Revolution in Time: Studies in Ancient Egyptian Calendrics, ed. A. J. Spalinger, Van Siclen Books, San Antonio, Texas, 1994, p. 19. ロン・ウェルズの計算では、紀元前3500年頃のシリウス星は、冬至の日の出と全く同じ位置から昇ったはずだという。彼の計算は、「地平線は平らで、屈折はない」ことを前提としている。私（ロバート・ボーヴァル）が自分で計算したところでは、今日のカイロの緯度から見ると、シリウスは南を基準に29.5度東寄りに昇ったはずだ。ただし、エジプト王朝時代が始まった紀元前3300頃には、南から約28度東寄りに昇ったと思われる（方位角118度）。簡単に計算したところでは、この時代のシリウスの赤緯は冬至の太陽と同じで、約24度（天の赤道から24度南）だったので、冬至の太陽と同じ道筋をたどったことになる。つまり、夜空の中で冬至の太陽と同じ位置に見える、文字通り〝第二の太陽〟だったわけだ。紀元前3300年という時代は、エジプト全土が一つの王国に統一された王朝時代の始まりという意味できわめて重要である

25. 女神イシスはローマ時代に、ギリシャのデメテルにあたるローマの女神ケレスと同一視され、ケレスと融合することすらあった。Baltrusaitis, 前掲, p. 70およびSir James Fraser, The Golden Bough, Wandsworth Editions, Ware, 1993, pp. 383 and 393（ジェームズ・フレイザー著『金枝篇』）を参照。Marie-France Arnold, Paris: ses mythes d'hier a aujourd'hui, Editions Dervy, Paris, 1997, pp. 87-8も参照のこと：「ローマ人は古代エジプト人と違って、［イシス］を〝小麦と自然の母〟とは呼ばなかったが、彼女を崇め、供物を捧げた……パリのシテ島の、後にキリスト教徒がノートルダム大聖堂を建てた、まさにその場所に、イシスを祀る祭壇が作られた。ノートルダム大聖堂の地下は司教を埋葬する場所となっているが、1711年に遺体安置所を作るために掘ったところ、この祭壇が発見された……」Anne BaringとJules Cashfordは著書（The Myth of

the Goddess: Evolution of an Image (Penguin Arkana, London,1993)で、フランスにおける聖母マリア、特にいわゆる〝黒い聖母〟のイメージは、エジプトのイシス女神と密かにつながっていることを示した (pp. 586 and 647). Baltrusaitis, 前掲 pp. 24-40も参照のこと

26. Phaure, 前掲 pp. 56-7.
27. Ribadeau Dumas, 前掲 p. 167.
28. Jean-Andre Faucher, Les Francs-Macons et le pouvoir de la Revolution a nos jours, Editions Perrin, Paris, 1986, p. 32.
29. 同上
30. Grand Larousse, 前掲 vol. III; p. 261A.
31. Naudon, 前掲 p. 95.
32. Faucher, 前掲 p. 27; Gerard Galtier, Maconnerie egyptienne, Rose-Croix et Neo-Chevalerie: les fils de Cagliostro, Editions du Rocher, Paris, 1989, p. 30も参照
33. Ribadeau Dumas, 前掲 p. 294.
34. 同上、p. 200.
35. Manly P. Hall, 'Rosicrucian and Masonic Origins', in Lectures on Ancient Philosophy - An Introduction to the Study and Application of Rational Procedure. The Hall Publishing Company, Los Angeles, 1929, pp. 408-9.
36. Court de Gebelin, Monde primitif analyse et compare avec le monde moderne, Book 8, Paris, 1773-83参照
37. Ribadeau Dumas, 前掲 pp. 167-8.
38. 同上、p. 168.
39. 同上、p. 199.
40. Joscelyn Godwin, The Theosophical Enlightenment, State University of New York Press, Albany, 1994.
41. Ribadeau Dumas, 前掲 p. 199.
42. Naudon, 前掲 p. 129.
43. Albert G. Mackey, Encyclopedia of Freemasonry, Macoy Publishing, Richmond, Virginia, 1966, p. 474.
44. この情報の出所はhttp://freemasonry.bcy.ca/Writings/Illuminati.htmlを参照
45. Noble E. Cunningham Jr, In Pursuit of Reason: the Life of Thomas Jefferson, Ballantine Books, New York, 1988, opening page.
46. Naudon, 前掲 p. 129. バイエルン啓明結社が明るみに出たことには、非常に奇妙ないきさつがある。リーダーの一人Jacob Langが嵐の中を歩いて帰宅途中に雷に打たれ、その際に彼が身に付けていた反政府文書が発見された。これがバイエルン選帝侯に届けられたのがきっかけで、啓明結社の捜査が始まった。
47. 元データはhttp://freemasonry.bcy.ca/anti-masonry/anti-masonry02.htmlを参照
48. 〝光輝三角形〟の中の〝眼〟は中世に〝神〟のしるしとして使われ、多くの聖書の写本の表紙に見られる。(たとえばManly P. Hall's The Secret Teachings of All Ages, The Philosophical Research Society, Los Angeles, 1998, p. xcviii (マンリー・P.ホール著「象徴哲学大系」人文書院)) を参照。ロバート・フラッド (1574-1637) の作品には、輝く三角形＝ピラミッドのシンボルが多数登場するが、〝眼〟は他のシンボルや〝神〟を表す言葉に置き換えられていることが多い (Joscelyn Godwin, Robert Fludd: Hermetic Philosopher and Surveyor of Two Worlds, Phanes Press, Grand Rapids, Michigan, 1991 (ジョスリン・ゴドウィン著「交響するイコン：フラッドの神聖宇宙誌」吉村正和訳、平凡社、1987)) を参照。ドイツの錬金術師やカバラ学者は18世紀前半に〝ピラミッドの中の眼〟のシンボルを多用した。(The Silent Language, The Symbols of Hermetic Philosophy, ed. J. Ritman, In de Pelikaan, Amsterdam, 1994, pp. 59 and 75).
49. Joscelyn Godwin, Athanasius Kircher, Phanes Press, Grand Rapids, Michigan, p. 8.
50. Iversen, The Myth of Egypt and its Hieroglyphs, GEC GAD Publishers, Copenhagen, 1961, p. 105, plate XIX.
51. Naudon, 前掲 p. 122.
52. 国璽の最初の図案は1776年に、ピエール＝ウジェーヌ・シミティエールが作成した。1776年にトマス・ジェファーソンが紙に鉛筆で書いたスケッチが、米国会図書

館の古文書部門に残っており、〝三角形の中の眼〟が上部にはっきり見える。１７７６年8月20日に開催された最初の委員会が選んだ図案は、盾にアメリカに移民を送った欧州6カ国の象徴…イギリスから3種類（イングランドの薔薇、スコットランドのアザミ、アイルランドの竪琴）と欧州大陸から3種類（フランスの百合、ドイツの鷲、ベルギーの獅子）…を組み合わせたものだった。盾は、槍を持ちフリギア帽をかぶった自由の女神と、秤を持った正義の女神に支えられている。上部のクレストには、「輝く三角形の中の神の目、その栄光は像を越え盾を貫く」「多の中から一が」と書かれている

53.合衆国璽を決定する最初の委員会は、ベンジャミン・フランクリン、トマス・ジェファーソン、ジョン・アダムズ、ピエール＝ウジェーヌ・シミティエールをメンバーとして、１７７６年7月4日午後に結成された。メンバーはそれぞれ、さまざまな案を出した。フランクリンの案は、「モーセが浜辺に立ち、海上に手を伸ばして、屋根のない戦車に乗ったファラオを倒そうとしている。ファラオは王冠をかぶり、片手に剣を持っている。雲間の火の柱から、光の筋がモーセに届き、彼が神の命で行動していることを示す。銘は、〝暴君への反逆は神への服従〟というものだった。

　その後の数年間に、いくつもの委員会が設立された。三つ目の、最後の員会は、１７８２年5月4日に結成された。その1カ月足らず前の１９８２年4月12日からパリで、アメリカとイギリスの間に一連の平和会談が始まっていた。アメリカ代表はベンジャミン・フランクリンだった。条約締結のため、アメリカ合衆国は早急に、公式な主権のしるしと紋章を必要としていた。いわゆる第三委員会のメンバーは、サウスカロライナから議長アーサー・ミドルトンとジョン・ラトレッジ、ニュージャージーからエリアス・ブーディノ、ヴァージニアからアーサー・リーという構成だった。ウィリアム・バートンという、紋章学に造詣の深い28歳のアーティストが、二つの複雑な図案を思いついた。両方とも次に挙げる、図案を解説した公式文書を絵にしたものだった。

　表：ハクトウワシの胸に盾、盾の下2／3には、紅白の縦縞13本。ワシは右の鉤爪にオリーブの枝、左の鉤爪に束をつかみ、くちばしにくわえた巻物には'E Pluribus Unum（多の中から一が）'と書かれている。ワシの頭上には、雲間から黄金の光輪が差し、13の星からなる星座を囲んでいる。背景は青。

　裏：未完成のピラミッドの頂上に三角形の中の隻眼。それを黄金の光輪が囲んでいる。眼の上には'Annuit Coeptis（神は我々の約束に恵みを与える）'という言葉。ピラミッドの土台にはローマ数字でMDCCLXXVI（1776）、その下に'Novo Ordo Seculorum（新たな世界の秩序）'の銘

54.これについてはGeoff Muirdenの秀逸な記事'Conspiracy Theory and the French Revolution', in The Journal of Historical Review, vol. 9, No. 1, pp. 109-15を参照

55.Nesta H. Webster, The French Revolution, Constable & Co., London, 1919を参照。Webster's Secret Societies and Subversive Movements (1924), A & B Publishers Group, New York, 1998, chap. 9（ネスタ・H・ウェブスター著『世界秘密結社』馬野周二訳、東興書院、1992）も参照のこと

56.Faucher, 前掲、p. 39.

57.同上、p. 24.

58.同上、p. 25.

59.Ribadeau Dumas, 前掲、p. 199.

60.Evans, 前掲を参照。Master Mason magazine, vol. 1, No. 1, January 1924 to vol. 7, Nos. 3 and 4, March-April 1930も参照のこと

61.Grand Larousse, 前掲、vol. VII, pp. 1009-10.

62.Galtier, 前掲、p. 37.

63.1789年7月にバスティーユにいた囚人は、ジャン・ド・ラ・コレージュ、ジャン・ベシャード、ソラージュ伯、タヴェルニエ、ベルナール・ラロシュ、ジャン＝アントワーヌ・ピュジャード、デ・ウィットのわずか7人だった。デ・ウィットはスパイとして収監されていた頭のおかしいアイルランド人で、暴徒の肩にかつがれて釈放される間中、「自分はユリウス・カエサルだ」と叫んでいた

64.これに先立つ１７８９年7月7日、ドフルー大尉とサリ＝サマードと呼ばれる32名のスイス人衛兵部隊が、警備のためにバスティーユに移動させられていた。当時、84名の〝廃兵〟もバスティーユの警備にあたっていたが、パリの群衆にはとても歯が立たなかった

65.Chevallier, 前掲、vol. I, p. 272.

66.当時のフランスの人口は２５００万で、そのうち約35万人が貴族、約15万人が聖職者

残りはすべて第三身分と見なされた
67. Faucher, 前掲, p. 32.
68. 同上
69. タレーランは1791年、2人の〝立憲的〟司教を任じたかどで教皇に破門された。タレーランは数年後、ナポレオン・ボナパルトの台頭と彼の大胆なエジプト遠征に決定的な役割を演じることになる
70. "Et bien, f…, qu'ils restent!', Faucher, 前掲, p. 172, pl. 1を参照
71. 同上, p. 34.
72. 同上
73. ギロチンが使われたのは、1792年4月25日にグレーヴ広場で行われたニコラ・ジャック・ペルティエの公開処刑が最初だった。フランスでは20世紀になっても長い間使用が続き、1981年になってようやく廃止された。フランスでのギロチンによる処刑は、1977年マルセイユでの殺人犯ハミダ・ディアンドゥビの処刑が最後となった
74. Gisele and Yves Hivert-Messeca, Comment la Franc-Maconnerie vint aux femmes, Editions Devry, Paris, 1997, p. 124.
75. 元データはwww.epromat.com/pwh/poindessault/vso/revolemp.htmを参照：Ermanno A. Arslan, Iside: il mito il mistero la magia, Electa, Milan, 1997, p. 644も参照のこと。
76. この図案は、たとえばワシントンDCのワシントン記念塔（オベリスク）東口内側扉の上にある。ワシントン像の上にも見られる。
77. Grand Larousse, 前掲, Vol. III, p. 910b.
78. Michel Vovelle, La Revolution contre l'Eglise: de la Raison a l'Etre Supreme, Editions Complexe, Paris, 1988, p. 28(ミシェル・ヴォヴェル著『フランス革命と教会』谷川稔ほか訳, 人文書院, 1992)
79. 国民公会は実質的に、エベール派の属する与党〝山岳党〟に支配されており、その宿敵で穏健な保守派ジロンド党は、密かに王党派をかくまっていると非難された。1793年6月にジロンド党が国民公会で敗北すると、エベール派と山岳党は共通の敵を失った。これは深刻な空隙だった。彼らの政治は主に、敵対する党を〝人民の敵〟として言葉で激しく攻撃することに依存していたからだ。そこで彼らは非難の矛先を互いに向け、たちまち極めて不穏なムードが漂うようになった。不正とスパイ行為の大きなスキャンダルが起こり、それにエベール派が関わっているとされた。ロベスピエールはその機に乗じ、エベールとショーメットの逮捕を命じた。二人は慌ただしく裁判にかけられ、1974年3月に処刑台に送られた。こうして共和国が直面する問題の責任を転嫁し非難できる相手が誰もいなくなってしまうと、ロベスピエールとダントンの間に激しい対立が起こった。この対立は、どちらにとっても命取りとなった。ダントンはインド会社のスキャンダルに巻き込まれて反逆罪で告発され、1794年に断頭台に送られた
80. Faucher, 前掲, pp. 42-4.
81. Kathleen Jones, Women Saints: Lives of Faith and Courage, Forest of Peace Publications, Chap. 2, p. 54.
82. Francois Victor Alphonse Aulard, Culte de la Raison, Paris, 1892および Christianity and the French Revolution (English edn 1927)を参照. Aulardはフランス革命について多くの著書があり、Political History of the French Revolution (1901)が最もよく知られている。Aulardは1886年に、ソルボンヌ大学で初のフランス革命史教授となった
83. Vovelle, 前掲。著者Kathleen Jones(前掲, p. 54)は、この1794年の迫害に遭って同年6月に断頭台の露と消えたシスター・マドレーヌ・フォンテーヌ（1723-94）に起こった出来事を報告している。処刑を命じたジョゼフ・ルボンは元司祭で、国民公会でロベスピエールに協力していた。70代のシスター・マドレーヌ・フォンテーヌは、アラスで少数の修道女をまとめて病院と学校を運営していたが、そこへ革命が勃発した。死刑台に引きずり出されたとき、この年配の尼僧は群衆に向かってこう叫んだという。「キリスト教徒のみなさん、お聞きなさい！ 私たちが最後の犠牲者です。この迫害は終わります。絞首台は破壊され、イエス様の祭壇が再び、栄光に包まれて立てられるでしょう！」シスター・マドレーヌ・フォンテーヌは1920年に、ベネディクトゥス15世によって福者に列せられた
84. Baring and Cashford, 前掲, pp. 399-401. フランス革命中で最も過激な一派サンキュロットがかぶったフリギア帽は、ジャック＝ルイ・ダヴィッドの『ヘレネとパリスの愛』

によって一般に浸透したらしい。この絵は1787年に、後にシャルル10世となるアルトワ伯のために描かれた

85. Maarten J. Vermaseren, Cybele and Attis, translated by A. M. H. Lemmers, Thames and Hudson, London, 1977, p. 10 (M.J.フェルマースレン著『キュベレとアッティス：その神話と祭儀』；小川英雄訳、新地書房、1986)

86. Baltrusaitis、前掲、p. 80.

87. 同上。イシスが頭にのせているのは実は塔ではなく"王座"だが、縦長なので塔と間違えやすい。実際に、18～19世紀のパリ史の研究家はよく勘違いした

88. David Ovason, The Secret Zodiac of Washington DC: Was the City of Stars Planned by Masons?, Century, London, 1999, p. 87 (デイヴィッド・オーヴァソン著『風水都市ワシントンDC』三山一、戸根由紀恵訳、飛鳥新社、2000).

89. Joseph Jerome Lalande, Astronamie par M. de la Lande, 1731, vol. IV, pp. 245ff.

90. Gerard de Nerval, Les Illumines, Editions Folio, Paris, 1976; Cagliostro, Les Paiens de la Republique, p. 1200も参照

91. Kerisel, La Pyramide a travers les ages, Presse des Ponts et Chaussees, Paris, 1991, p.160.

92. Vovelle, 前掲、p. 105.

93. 同上、p. 271.

94. Grand Larousse, 前掲、Vol. I, p. 365a.

95. Louis Blanc, History, Vol. II, pp. 365-7.

96. Grand Larousse, 前掲、Vol. VIII, p. 1014c.

97. 'MM. Dupuis et Lalande voient Isis par-tout…!'; Baltrusaitis, 前掲、p. 31参照

98. 同上、p. 35; Faucher, 前掲、p. 20.

99. Charles Dupuis, Origine de tous les cultes ou religion universelle, Paris, 1794, vol. III, p. 50; Baltrusaitis, 前掲、pp. 24-30.

100. 'Histoire de l'Academie Royale des Sciences, annee 1785, compte rendu de J. de Lalande', in Le Journal des Scavans, July 1788, pp. 475-8.

101. 紀元前第3千年紀の『ピラミッド・テキスト』には、「ソティス（イシスの星シリウス）はあなた（ラー）の象徴であり、"年"の名において、あなたの毎年の食物を用意する」(965行)とある

第一七章

1. Jean Kerisel, La Pyramide a travers les ages, Presses des Ponts et Chaussees, Paris, 1991, p.158.

2. Marcello Fagiolo, Architettura e Massoneria, Convivio/Nardini Editore, Florence, 1988, p. 44.

3. James Stevens Curl, The Art and Architecture of Freemasonry, B.T. Batsford, London 1991, p. 118.

4. 同上

5. Kerisel, 前掲、p. 161.

6. Curl, 前掲、p. 129.

7. 同上。ピラミッドの図像とフランス革命についての詳しい解説は、J.P.Mouilleseaux, Les Pyramides ephemeres de la Revolution Francaise', Revue FMR, 21, vol. 6, August 1989を参照

8. 同上、p. 129.

9. 同上、p. 117.

10. Fagiolo, 前掲、P. 53

11. Sylvie Legaret and Philippe Courtines, Paris Story, Editions Deno'l, Paris, 1977, p. 83, plate 3.

12. 同上、plate 6.

13. David Ovason, The Secret Zodiac of Washington DC: Was the City of Stars Planned by Masons?, Century, London, 1999, p. 116 (デイヴィッド・オーヴァソン著『風水都市ワシントンDC』三山一、戸根由紀恵訳、飛鳥新社、2000)

14. Curl, 前掲、pp. 132-3.

15. 第11章の注47、48を参照

16. Michel Vovelle, La Revolution contre l'Eglise, Editions Complexe, Paris, 1988,

frontispiece（ミシェル・ヴォヴェル著『フランス革命と教会』谷川稔ほか訳、人文書院、1992）

17. Jean-Andre Faucher, Les Franc-Macons et le pouvoir de la Revolution a nos jours, Editions Perrin, Paris, 1986, p.34. 興味を持たれるかもしれないので指摘しておくと、1819年にヴォルテールが非常に可愛がっていた継娘ド・ラ・ヴィレット夫人が、ミスライム派のために、パリに〈美と善〉という、いわゆる"養子"ロッジを開設した。そこではエジプト儀礼の上位の位階が実践された(Les Dossiers de l'Histoire, No. 7, 98; also see Paul Naudon, Histoire generale de la Franc-Maconnerie, Office du Livre, Paris, 1981, p. 230を参照)

18. 本名はマリー＝ジョゼフ＝ローズといい、"ジョゼフィーヌ"の名はナポレオンが1796年の結婚後につけた。ナポレオンの兄ジョゼフにちなんだ愛称らしい

19. Gisele and Yves Hivert-Messeca, Comment la Franc-Maconnerie vint aux femmes, Editions Dervy, Paris, 1997, p. 159.

20. 同上、p. 160.

21. 同上、p. 159.

22. Naudon, 前掲、p. 172.

23. Francois Collaveri, Napoleon: Empereur Franc-Macon, pp. 26-7.

24. 同上、p. 168.

25. ずっと後になって、同じことが1867年にも起こった。ジョゼフィーヌの曾孫にあたる皇妃ウジェニーが、史上に残る大胆な手管でエジプト副王を魅了したことが、やがて皇妃の従兄弟の技師フェルディナン・ド・レセップスによるスエズ運河建設につながった。(Trevor Mostyn, Egypt, La Belle Epoque, Quartet Books, London, 1989, p. 17参照)

26. Mostyn, 前掲、p. 17.

27. Faucher, 前掲、pp. 9, 32-3. 有名画家のウジェーヌ・ドラクロワはタレーランの私生児だが、彼が1822年にエジプト系のフリーメイソン・メンフィス派やカルボナリ党と共謀して、王位を取り戻したルイ18世に対するクーデター（失敗）を企てた活動家の一人としてフランス警察に告発されたことも、指摘しておくべきだろう

28. Bros. Henry Evans, 'Masonry and Magic in the Eighteenth Century', in The Master Mason, June 1927.

29. Erik Iversen, The Myth of Egypt and Its Hieroglyphs, GEC GAD Publishers, Copenhagen, 1961, p. 125.

30. Frances Yates, The Rosicrucian Enlightenment, Ark Paperbacks, London, 1986, p. 154（フランセス・A.イエイツ著『薔薇十字の覚醒：隠されたヨーロッパ精神史』山下知夫訳、工作舎、1986）

31. Iversen, 前掲、p. 100.

32. Jean Lacouture, Champollion: Une vie de lumieres, Editions Grasset, Paris, 1988, p. 382.

33. 同上、p. 34.

34. Faucher, 前掲、p. 18.

35. Pierre Chevallier, Histoire de la Franc-Maconnerie francaise, Librairie Fayard, Paris, 1974, p. 261.【邦訳なし】

36. Lacouture, 前掲、p. 35.

37. Noakes, Cleopatra's Needle, H. F. & G. Witherby, London, 1962, p. I.

38. Vincent Cronin, Napoleon, HarperCollins, 1994, p. 146.

39. Noakes, 前掲、p. I.

40. 解放奴隷の子孫からなる、軍事・政治的階級

41. Alan Moorehead, The Blue Nile, Penguin, 1983, p. 65（アラン・ムアヘッド著『青ナイル』篠田一士訳、筑摩書房、1976）。ナポレオンはエジプトの指導者《イマーム》たちに対して、こう言ったらしい。「アラーの名において……貴国の国民に伝えよ。フランス人もまたムスリム（イスラム教徒）であると……教皇庁は絶えず、イスラムを攻撃せよとキリスト教徒を煽っていたが、フランスは［ローマを占領することで］その教皇庁を没落させた……」

42. Lauren Foreman and Ellen Blue Phillips, Napoleon's Lost Fleet, Roundtable Press, New York, 1999, p. 69（ローラ・フォアマン、エレン・ブルー・フィリップス著『ナイルの海戦：ナポレオンとネルソン』山本史郎訳、原書房、2000）

43. 同上、p. 159.

44. 同上、p. 49.
45. Moorehead, 前掲、p. 124.
46. Naudon, 前掲、p. 224.
47. See Donald Bullough, The Age of Charlemagne, Paul Elek, London, 2nd edn, 1973を参照。Russell Chamberlain, Charlemagne, Grafton, London, 1986も参照のこと。教皇レオ3世は、自分とローマを救ってもらったことに対する感謝の念から、シャルルマーニュを神聖ローマ皇帝として戴冠した。「フランク王年代記」（「フランス大年代記」）は、このアイデアはシャルルマーニュの相談役の一人が教皇に提案したと述べている。シャルルマーニュの伝記作者アインハルトや、同時代の他の著作家によれば、戴冠式はシャルルマーニュにとって全く予想外の出来事で、彼を怒らせたという。現代の学者は、これはシャルルマーニュが教皇を、自らの広大な帝国の単なる臣民にすぎないと見ていたからだと考えている
48. この茶番にいやがらずも付き合わされた教皇ピウス7世はその後、ナポレオンの帝国が崩壊しはじめた際に報復に出た。まず1814年にイエズス会を復活させた。フランスでは、イエズス会は1764年から禁止され、1773年には、フランスに強制された教皇クレメンス14世【原文は9世だが、誤りと思われる】によって解散させられた。1821年にナポレオンがセントヘレナ島で孤独な死を迎えようとしていたころ、ピウス7世が有名な大勅書「Ecclessiam a Jesu Christo」を発し、全キリスト教世界のフリーメイソンやカルボナリ党を避難したのも、おそらく無関係ではないだろう（Faucher, 前掲、p. 71参照）
49. Naudon, 前掲、p. 78.
50. Court de Gebelin, Monde primitif analyse et compare avec le monde moderne, Paris, 1773.
51. F. No.l, Dictionaire de la fable, Paris, 1823.【邦訳なし】
52. Jean Duche, L'Histoire de France racontee a Juliette, vol. II, Presse Pocket, Paris, 1954, p. 237.
53. Faucher, 前掲、P. 315.
54. F. Collaveri, La Franc-Maconnerie des Bonapartes; Gerard Galtier, Maconnerie egyptienne, Rose-Croix et Neo-Chevalerie: les fils de Cagliostro, Editions du Rocher, Paris, 1989, p. 139を参照。Naudon, 前掲、p. 97も参照のこと
55. Chevallier, 前掲、vol. II, pp. 17-30.
56. Collaveri, 前掲、annex ivを参照
57. 同上、p. 67.
58. 同上、p. 68.
59. The Kneph, vol. III, no. 6, June 1883, p. 45; see Galtier, 前掲、pp. 139-40.
60. Jean-Marcel Humbert, L'Egyptomanie dans l'art occidental, ACR, Paris, 1989, p. 40.
61. Naudon, 前掲、p. 124.
62. Humbert, 前掲、p. 48; 礎石が置かれ、厚紙製の模型も作られたが、結局資金不足で実現しなかった
63. Lacouture, 前掲、p. 20.
64. 同上、pp. 55, 63.
65. 同上、pp. 54-5.
66. Jurgis Baltrusaitis, La Quete d'Isis, Flammarion, Paris, 1985, p. 55, plate 3も参照のこと(ユルギス・バルトルシャイティス著「イシス探求：ある神話の伝承をめぐる試論」有田忠郎訳、国書刊行会、1992)
67. Ermanno A. Arslan, Iside: Il Mito, Il Misterio, La Magia, Electra Editore, Milan, 1997, p. 645.
68. 建築家はシャルグラン(1806-11)、ジュース(1811-14)、ブルエ(1833-6)。彫刻家はコルトー、リュード、エテックス、パラディエ、ルメール
69. "ナポレオン礼賛"とも呼ばれる
70. Baltrusaitis, 前掲、p. 80.
71. 同上
72. 同上、p. 8.
73. Margaret Laing, Josephine and Napoleon, Sidgwick & Jackson, London, 1973, pp. 131-2.

74. Project d'Achevement de l'Arc de Triomphe de l'Etoile, Monument des Victoires, Sciences et Arts, ou de la Legion d'Honneur, offert au Roi des Francais, Louis-Philippe 1er, et aux Deux Chambres. 凱旋門博物館で、このプロジェクトの写真を見ることができる

75. Naudon, 前掲、p. 78; Faucher, 前掲、pp. 22 and 62-3.

76. アルトワ伯にはもう1人、ルイ=アントワーヌという息子がいたが、彼は性的不能者だと信じられていた

77. Naudon, 前掲、p. 98.

78. Faucher, 前掲、p. 71.

79. Faucher, 前掲、pp. 72-4.

80. 同上、P. 73.

81. Galtier, 前掲、p. 121.

82. 'Charles X et l'Egypte', article by Jean-Marcel Humbert, Conservateur du Patrimoine, Directeur du Musee National de la Legion d'Honneur in Paris.

83. Lacouture, 前掲、p. 38; Memorial de Sainte -Helene, Seuil, Paris, 1968. chap. 1, p. 67も参照

84. Lacouture, 前掲、pp. 333-74.

85. 同上

86. 同上、p. 340.

87. 同上、p. 324.

88. Faucher, 前掲、p. 73.

89. Lacouture, 前掲、p. 465.

90. Lacouture, 前掲、pp. 33 and 549

91. 同上、p. 550; Naudon, 前掲、p. 166.

92. Galtier, 前掲、pp. 150-51.

93. 同上

94. 同上

95. 同上

96. この絵は、ルーヴル美術館シュリー翼30号室で見ることができる。部屋の内装はシャルル10世時代に、建築家フォンテーヌが担当した

97. Lacouture, 前掲、p. 727.

98. Galtier, 前掲、p. 151.

99. ベルゾーニはイギリスのフリーメイソンにはよく知られた人物だった。彼はサラという名の英国女性と結婚していたが、彼女はベルゾーニの死後、エジプトのオシリス神はフリーメイソンだったという彼の説を積極的に宣伝した。この説の根拠は、「オシリスはフリーメイソンの特徴的な前掛けを身に付けている」というもので、少なくともベルゾーニや彼の支持者にとっては、多くのエジプトのモニュメントの描写から明らかだった(Martin Short, Inside the Brotherhood, Grafton Books, London, 1989, p. 118). 後日、セティ1世の壮麗な墓所を発見したのが、よりによってこのベルゾーニだった。イングランドやフランスで大変な論議を巻き起こした〝セソトリス〟だ。ベルゾーニはヘンリー・ソルトの助けを借りて、この神殿の実物大模型を作り、1818年にヨーロッパに送った。まずパリに、1821年にはロンドンに送らたこの模型は、ロンドン、とりわけフリーメイソン関係者の間にセンセーションを巻き起こした(Who Was Who in Egyptology pp. 23-4参照)。したがって、シャンポリオンが1829年にセティ1世の神殿で、娘ゾライデの誕生祝いと〝故ベルゾーニ〟(1825年没)の追悼を兼ねたパーティーを開いたことは興味深い。シャンポリオンはどうやら、ベルゾーニを大いに買っていたものと思われる(Lacouture, 前掲、p. 661参照)

100. Lacouture, 前掲、pp. 636 and 668.

101. 同上、pp. 613 and 618.

102. 同上、p. 731.

103. 同上、p. 734.

104. 同上、p. 742.

105. 第三共和制の生みの親のうち、中心人物レオン・ガンベッタを含む5人はフリーメイソンだった(Faucher, 前掲、pp. 9 and 85参照)

106. Faucher, 前掲、p. 8; フランソワ・ミッテランは、1960年代にフランス大オリエント《グラントリアン》のグランドマスターを務めたジャック・ミッテランとよく混同される(Faucher,

前掲、pp. 169-70参照)

107. Faucher, 前掲、P. 275.

108. BBC News, Africa, 22 December 2000 16:01 GMT; ParisMatch.com/news/mit2812/s4page03self.stm中参照

109. The New Louvre, Publications Connaissance des Arts, p. 36.

110. La Grande Arche, Publications Beaux Arts, p. 3.

111. The New Louvre, p. 38.

112. 同上、p. 36.

113. 同上

114. 同上、p. 38.

115. Sunday Express, 3 February 1994, sect. 3, p. 7.

116. 同上

117. The New Louvre, p. 44.

118. Kerisel, 前掲、p. 157.

119. 同上、p. 177.

120. La Grande Arche, p.6.

121. 同上、p. 19.

122. 同上、p. 22.

123. 同上、p. 31.

124. 同上、p. 19.

125. 同上、p. 11.

126. 'Je n'ai pas verifie, mais on dit que le grand axe Arche de la Defense /Obelisque de la Concorde/Pyramide du Louvre est une ligne maconnique, que ce n'est pas le fruit du hazard... Il est connu que les macons trouvent leurs sources dans l'Egypte ancienne'(Jean-Marcel Humbert, Docteur en egyptologie, on NovelObs.com)

127. ジャン・ヌーヴェルは1945年に、フランス南西部のフュメル村で生まれた。学生時代から設計事務所で働き、1975年に自分の事務所を開いて、いくつかのコンペに参加した。ヌーヴェルは、モダニズムやポスト・モダニズムとは異なるスタイルを創造しようと務めた。当時の建築界は、ひたすらル・コルビュジエに追従するという風潮で行き詰まっていたが、彼はこの風潮を拒絶し、どんなプロジェクトにも、あらゆる先入観を排除して臨んだ。伝統的なフォルムを借用することはあっても、彼の建物は伝統の枠を超えている。ヌーヴェルは建物と敷地や周囲との調和を非常に重視する。デザインを考える際はコンテクストに依存するが、どのデザインにもある種の連続性が見られ、作品にはほぼ一貫して、透明感や光と影の遊びが取り入れられている。1981年には、フランス大統領フランソワ・ミッテランによる一連の〝大プロジェクト〟のコンペに当選。1987年には、それまでの仕事に対して建築グランプリを、ミニマリスト家具のデザインに対して「銀の定規」賞を授与された。代表作は、アラブ世界研究所(パリ、1987年)、モノリス(スイスのモラ、2002年)など

128. 2001年5月21日付『ガーディアン』紙参照。「建設する価値があったのに、建設されなかったビルもある。ジャン・ヌーヴェルの「終わりの無い塔」は、その一つだ。1980年代末に設計された、この円筒形のガラスのエッフェル塔は、シャンゼリゼ通りの西端に位置する、壮大ではあるが凡庸なオフィス街ラ・デファンスにそびえ立ち、空へと消えるはずだった」

129. Moncure Daniel Conway (ed.), The Writings of Thomas Paine, G. P. Putnam's Sons, New York, 1896中の、トマス・ペイン「フリーメイソンの起源」より引用：「イングランドのconstitutedロッジのメンバーだったサミュエル・プリチャードは1730年に、『フリーメイソン解剖』と題する論文を発表し、ロンドン市長の前で、これが真正な写しであると誓った。『サミュエル・プリチャードは、添付の写しはあらゆる点で、真正かつ正確であると宣誓した』彼は作品中で、徒弟・職人・親方間の教理問答あるいは試験を、質問と答のかたちで提示している。これは形式にすぎないので、難しいことではなかった。彼は序文の中で、次のように述べている。『フリーメイソンという機関の基盤はもともとリベラル・アーツや科学にある。特に重要なのは幾何学だ。というのも、フリーメイソンの技芸と奥義は〝バベルの塔〟建設の際に初めて登場したからだ。そこからエジプトの優れた数学者エウクレイデス(ユークリッド)から、エルサレムのソロモン神殿建設に従事したヒラムに伝えられた』」

130. New York Observer, 13 April 2003を参照

131. この軸はさらに、1668年にル・ヴォーがルイ14世の命で建設したシュリー翼の26号室を通り抜けている。奇妙なことに、その後1832年になって、建築家フォンテーヌがこの部屋の改装を手がけ、王妃アンヌ・ドートリッシュの紋章をあしらった木製パネルを張った。女神ミネルヴァの扮装でヘルメスの杖を持つアンヌの肖像画も、夫ルイ13世の肖像画と向かい合わせに掛けられている。さらに興味深いのは、最近になって、エジプトの最高神である太陽神アムンの像が、この二枚の肖像画の間、シュリー翼26号室のど真ん中に置かれたことだ。ルクソール神殿には特別な〝誕生の部屋〟があり、そこで王妃がアムン神の訪問を受けて、太陽王を身ごもると言われていた。アムン神はまた、マケドニア王妃オリュンピアスの部屋を訪れて、アレキサンダー大王を懐妊させたともいう。こうしたことを考え合わせると、シュリー翼26号室が中庭のアレキサンダー大王をまねた太陽王ルイ14世の騎馬像と一線に並んでいるのは特に興味深い

132. Robert Bauval, Secret Chamber, Arrow Books, London, 2000, Update, Prologue and Epilogue.

133. Dossiers: Histoire et Archeologie, vol. 101, January 1986.

134. Gerard Bauer, Tableaux Choisis: Paris, p. 41.

135. アンドレ・ルノートルが北を基準に26度西寄りの歴史軸を設定した際、国王ルイ14世の栄光のために、太陽に関係のある配列を取り入れたことは、歴史的にも天文学的にも証拠がある。ただし、彼が上エジプト、テーベのルクソール＝カルナックの配置まで考えに入れていた可能性は低いし、当時テーベの地図が存在したという証拠もない。しかし、ルクソールのオベリスクの一つをパリに運んでコンコルド広場に立てるという決定がなされた1828年は、事情が違う。1799年にナポレオン軍によって作成されたテーベ市街の地図が、『エジプト誌』の中で公開されていたからだ。以後のフランスの建築家たちは、パリの歴史軸とルクソール＝テーベの軸との対応を考慮したかもしれない。実際、パリのオベリスクの位置を考えれば、彼らが両者の相似に気付かなかったとは考えにくい

136. Jean Lacouture, 前掲, Epilogue, 'L'Absent obelisque' by Jean Vidal, p. 731.

1. David Ovason, The Secret Zodiac of Washington DC: Was the City of Stars Planned by Masons?, Century, London, 1999, p. 76(デイヴィッド・オーヴァソン著『風水都市ワシントンDC』三山一、戸根由紀恵訳、飛鳥新社、2000)

2. See E. C. Krupp, In Search of Ancient Astronomies, Chatto & Windus, London, 1979.

3. Ovason, op., cit., p. 5. これに関する詳しい考察は、Norman Lockyer, The Dawn of Astronomy, London, 1894も参照のこと

4. 1793年8月10日にパリで行われた「イシスの再生の泉」の祭典は政治的に意味のある日に関連付けられていたが、我々はどうしても、これにまつわるシンボリズム…ライオンにはさまれて王座に座り、乳首から勢いよく水を溢れさせているイシス…に興味をそそられてしまう。この日、天ではシリウスが、日の出と共に昇り、太陽は獅子座にあった。古代エジプトでは、これが象徴することは明白だった…女神イシスは概ねこの季節に、ナイルの洪水という再生の水をもたらしたのだ。パリのこの祭典を主催した者たちが、このつながりを知らなかったとは考えにくい。既に別所で述べたとおり、〝プロパガンダ〟画家ジャック＝ルイ・ダヴィッドはピコにシンボリズムを教え、そのピコは1827年にルーヴルの、ライオンの王座に座るイシスの絵を描いている

5. Steven C. Bullock, Revolutionary Brotherhood, University of North Carolina Press, Chapel Hill, 1996, p. 137.

6. Fred Pick and G. Norman Knight, The Pocket History of Freemasonry, Frederick Muller, London, 1953, p. 275.

7. William Adrian Brown, History of the George Washington Masonic Memorial, 1980, pp. 8-9.

8. 同上、p.56.

9. 同上、p. 9.

10. Bernard Weisberger, Statue of Liberty: First Hundred Years, p. 30; James Lloyd, Beyond Babylon, p.103も参照

11. Gerard Galtier, Maconnerie egyptienne, Rose-Croix et Neo-Chevalerie: les fils de Cagliostro, Editions du Rocher, Paris, 1989, p. 19.

12. 同上 p. 150.
13. Kerisel, La Pyramide a travers les ages, Presse des Ponts et Chaussees, Paris, 1991, p.176.
14. 同上 p. 138.
15. 'Statue of Liberty': The Reade's Digest Companion to American History, January 1991
16. Bernard Mathieu, 'Le Phare d'Alexandrie', in Egypte, Afrique et Orient, 6, Avignon, September 1997, p. 14.
17. Paul Naudon, Histoire generale de la Franc-Maconnerie, Office du Livre, Paris, 1981, p. 170.
18. 同上 p. 167.
19. 同上 p. 171.
20. Pierre Chevallier, Histoire de la Franc-Maconnerie francaise, Librairie Fayard, Paris, 1974, II, p. 487.
21. サルバトーレ・ゾラはエジプト在住のイタリア人で、フランスの有名小説家エミール・ゾラの親戚だった。1850年代にはガリバルディと戦ったこともある。サルバトーレ・ゾラは1896年にフリーメイソン団を脱退し、病院で生涯を終えた。Galtier, 前掲 p. 153; Dossier de l'histoire, 2117 RD 7, pp. 116-19も参照のこと
22. Freemasonry Today, 19, January 2002, p. 12.
23. Robert Bauval, Secret Chamber, Century Books, London, 1999, Epilogue. See also Robert Lomas and Christopher Knight, The Second Messiah, Arrow Books, London, 1998, p. 288も参照。トマス・ペインも「フリーメイソンの起源」という小文に、次の謎めいた言葉を書いている。「メイソン団員は、キリスト教会による弾圧から我が身を守るため、ロッジの太陽像については常に、秘密のやり方で語るか、あるいは天文学者フランドのように、口を閉ざすかしてきた」
24. Skymap Pro v.7による。8月5～6日という日付は、ヘリオポリスの緯度(北緯30度)の場合。北緯44.5度のニューヨークだと、1884年のヘリアカル・ライジングは8月12日前後となる。バルトルディはこの行事の日を選ぶにあたって、オリジナルであるエジプトの緯度を使ったのかもしれない。不思議なことに、8月12日という日付は本書のこの後、ワシントンDCの記念碑を考察した箇所にも登場する
25. Martin Isler, 'The Gnomon in Egyptian Antiquity', in JARCE, 28, 1991, pp. 167-8および'An Ancient Method of Finding and Extending Directions', in JARCE, 26, 1989, pp 201-2. E. C. Krupp, 前掲 pp. 197-9とN. Lockyer, The Dawn of Astronomy, London, 1894, pp. 192-5も参照のこと
26. E. A. Wallis Budge, Cleopatra's Needle and other Egyptian Obelisks, Dover Publications, New York, 1990, p. 166. この2本のオベリスクはもともとファラオ・トトメス3世(しばしば"エジプト第18王朝のナポレオン"と呼ばれ、偉大な戦士でもあった)のもので(Martina D'Alton, The New York Obelisk, Metropolitan Museum of Arts, New York, 1993, p. 3), 古代の太陽都市ヘリオポリス(オン)で太陽神アトゥム＝ラーの神殿を飾っていた。(Labib Habachi, The Obelisks of Egypt: Skyscrapers of the Past, The American University Press, Cairo, 1984, pp. 165-7(ラビブ・ハバシュ著「エジプトのオベリスク」吉村作治訳、六興出版、1985))。トトメス3世のオベリスクは他にも3本、かつてカルナックのアメン神の神殿に立っていた(Budge, 前掲 p. 129)。ニューヨークのオベリスク(誤って"クレオパトラの針"と呼ばれる)にはヒエログリフで、ファラオ・トトメス3世(この名は"トト神の息子"を意味する)は「ヘリオポリスの統治者」であり、「ヘリオポリスの主」である「父」アトゥム＝ラーのために2本のオベリスクを造らせた」と刻まれている(Budge, 前掲 p 172)
27. D'Alton, 前掲 pp. 42-4; Habachi, 前掲およびBudge, 前掲も参照
28. Robert Bauval, The Orion Mystery, Heinemann, London, 1994, Epilogue(ロバート・ボーヴァル、エイドリアン・ギルバート著「オリオン・ミステリー：大ピラミッドと星信仰の謎」近藤隆文訳、日本放送出版協会 1995)
29. Richard Noone, 5/5/2000, Ice: The Ultimate Disaster, Three Rivers Press, New York, 1982, p. 19.
30. D'Alton, 前掲 pp. 41-2.
31. 同上 p. 12.
32. Pick and Knight, 前掲 p. 331; Robert Bauval, Secret Chamber, Arrow, London,

2000, p. 185も参照
33. Galtier, 前掲, pp. 429-31.
34. 同上, p. 153.
35. 同上, p. 152.
36. Noone, 前掲, p. 19.
37. 同上, p. 20; see also D'Alton, 前掲, p. 27.
38. D'Alton, 前掲, p. 27.
39. 同上, p. 10.
40. 同上, p. 42.
41. 同上, p. 44.
42. 同上, p. 25.
43. S. Coolidge, A Short History of the City of Philadelphia from its Foundation to the Present Time, Arden Press, 1880, Chap. 3. ペンは、1567年にカタネオが発表した、ルネサンスの理想都市の計画からヒントを得たという説もあるが、その可能性は低いと思われる
44. Ovason, 前掲, p. 41.
45. Thomas Paine, 'Origins of Freemasonry', in Moncure Daniel Conway (ed.), The Writings of Thomas Paine, G. P. Putnam's Sons, New York, 1896.
46. 同上
47. StarryNight Pro v.4で１６８３年をシミュレーションした結果。日付はグレゴリオ暦による。イギリスやイギリス植民地では、まだユリウス暦が使われていたが、グレゴリオ暦はヴァティカンによって１５８２年から導入されており、当時のクエーカー教徒は太陽暦／グレゴリオ暦を使っていた可能性がある
48. Thomas Holme, Portrait of the City of Philadelphia, 1683.
49. The Pennsylvania Freemason, vol. 43, no. 2, May 1996.
50. Naudon, 前掲, p. 181. 〈聖ヨハネ〉ロッジはしばしば、設立が公式記録で証明できる最古のロッジとして名前を挙げられる
51. Pick and Knight, 前掲, p. 271.
52. 同上
53. Jasper Ridley, The Freemasons, Constable & Co., London, 1999, p. 92.
54. Jurgis Baltrusaitis, La Quete d'Isis, Flammarion, Paris, 1985, pp. 201-8(ユルギス・バルトルシャイティス著『イシス探求：ある神話の伝承をめぐる試論』有田忠郎訳、国書刊行会、1992)
55. Paine, 前掲
56. 同上
57. Naudon, 前掲, p. 32.
58. 同上, p. 81.
59. 同上
60. Jacques Debu-Bridel, La Fayette: une vie au service de la libert, Editions Nouvelles de France, Paris, 1945, p. 27.
61. 同上, p. 29.
62. Naudon, 前掲, p. 198.
63. http://www.srmason-sj.org/web/temple.htmを参照
64. Albert Pike, Morals and Dogmas of the Ancient and Accepted Scottish Rite of Freemasonry, Charleston, 1871, p. 486. 米国南部管区第33位階最高評議会のために準備された文書
65. Dr Rex R. Hutchens, Albert Pike - The Man Not the Myth, 17 October 1989. 米国南部管区第33位階最高評議会での講演
66. Albert Pike, 前掲
67. Robert Temple, The Sirius Mystery, Century, London, 1998, p. 404(ロバート・テンプル著『知の起源：文明はシリウスから来た』並木伸一郎訳、角川春樹事務所、1998)
68. Argonautica, 2.518ff. and 3.958ff(アポロニオス『アルゴ船物語』)
69. Phaenomena, 328. 【邦訳なし】
70. Encyclopaedia Britannica, vol. 9, p. 65.
71. The Scottish Rite Journal, http://srjarchives.tripod.com\1998-03\beless.htmを参照

72. 同上

73. 同上

74. ペインはその後、この鍵をジョージ・ワシントンに送った。現在はマウント・ヴァーノンのワシントン邸に展示されている

75. Baltrusaitis, 前掲 pp. 52-3.

76. Manly P. Hall, 'Rosicrucian and Masonic Origins', in Lectures on Ancient Philosophy - An Introduction to the Study and Application of Rational Procedure, The Hall Publishing Company, Los Angeles, 1929, pp. 408-9.

77. この"径"は、ヘブライ語のアルファベット22文字と10個のセフィロートを足すことで得られる。第14章を参照

78. Charles Sumner Lobingier, The Ancient and Accepted Scottish Rite of Freemnsonry, Kessinger Publishing Co., Montana, 1931, p. 4.

79. Theosophy Magazine, vol. 27, no. 2, December, 1938.

80. Thomas Edison, 'The Philosophy of Paine',(7 June 1925), in Dagobert D. Runes (ed.), The Diary and Sundry Observations, 1948.

81. http://65.107.211.306/Victorian/history/hist7.htmlの、ハートウィック・カレッジ助教授デイヴィッド・コーティの記事を参照。ウイリアム・ブレイクは、「フランス革命」という詩を書き上げたばかりで、イングランドとロンドンを"新エルサレム"とする詩的構想を温めていた。ブレイク自身はフリーメイソンではなかったが、コンパスを操って創造に励む偉大な建築師として"至高存在"を描いたエッチングを制作している。これはメイソンの刊行物に好んで使われる

82. ジョンズ・ホプキンズ大学の卒業生ミミ・マリー嬢の、ピエール＝シャルル・ランファンについての学位論文を参考にさせていただいたことを感謝する

83. Library of Congress, Washington Papers.

84. シンシナティ・ソサエティは１７８３年５月13日に、ニューヨーク州フィッシュキルのヴァープランク・ハウスで結成された。支部は当初、アメリカの13植民地とフランスに限定されていた。シンシナティ・ソサエティは主に、大陸軍砲兵隊の司令官で、アメリカの初代陸軍長官となったヘンリー・ノックス少将の発案だった。ジョージ・ワシントンは１７９９年に死ぬまで会長の座に留まり、ノックスはワシントンの下で事務局長を務めた。会員資格は独立戦争で従軍した士官に与えられた。６０００名ほどの有資格者のうち、実際に入会したのは主としてデラウエア周辺の２０４３名だった。フランス士官も250名ほど入会した

85. Washington Post, 13 December 2001, p. CO1. これより後の大統領でシンシナティ・ソサエティー会員だったのは、テイラー、ピアス、ブキャナン、グラント、クリーヴランド、ベンジャミン・ハリソン、マッキンリー、セオドア・ルーズヴェルト、フランクリン・D・ルーズヴェルト、タフト、ウイルソン、ハーディング、フーヴァー、トルーマン。会の本部はシンシナティ市マサチューセッツ・アヴェニューNW２１１８番地にある50室の豪邸アンダーソン・ハウスに置かれている。初代会員の最後の１人は１８５４年にニューヨークで亡くなり、現在は初代会員の直系の子孫にのみ入会が認められている

86. Bullock, 前掲 p. 130.

87. ジャン＝ジュール・ジュスランは1917年にピュリッツァー賞歴史賞を受賞した

88. From Jean-Jules Jusserand (1855-1932), With Americans of Past and Present Days, 1916.

89. See The Journal of Andrew Ellicott, 1803.

90. H. Paul Caemmerer, The Life of Pierre Charles L'Enfant, De Capo Press, New York, 1950, p. 135.

91. 同上、p. 167.

92. ただしエリコットはマサチューセッツ・アヴェニューの向きを変更して放射状の短い通りを5本ほど減らし、連邦議事堂の南東と南西には2本増やした。また、通りの命名にも関わった

93. Michael Baigent and Richard Leigh, The Temple and the Lodge, Jonathan Cape, London, 1989, p. 262; Ovason, 前掲 pp. 42-3.

94. First printed edition of the L'Enfant plan, G3850 1792 L4 Vault.

95. March Issue, 1793, pp. 155-6; published in Philadelphia by William Young, Bookseller, No. 52 Second-Street, the corner of Chestnut-Street. これより前の

1792年11月に、この地図のより大きな版がThackara and Vallanceから出版されている。1793年に印刷されたTobias Lear著Observations on the River Potomack, the Country adjacent and the City of Washington, Samuel Loudon and Son, No. 5 Water-street, New Yorkのタイトルページ対面にも、同じ地図が掲載されている

96. Data from the Encyclopaedia Britannica.

97. Ovason, 前掲、p. 42.

98. 同上、p. 83.

99. ランファンに影響を与えたのアンドレ・ルノートルの設計は、パリではなくヴェルサイユだという説が一般的だが、ワシントンDCの主軸の配置とパリのは驚くほど似ており、無視するわけにはいかない。Washington Architecture 1791-1957, Prepared by a Committee of the Washington-Metropolitan Chapter American Institute of Architects, Reinhold Publishing Corporation, New York, 1957, pp. 5 and 36参照

100. R. Cameron, Above Washington, Cameron & Co., San Francisco, 1996, plate on p. 81.

102.101. 同上、plate on p. 42

この新しい取引所も1838年に焼失し、1842-44年に15万ポンド(当時)といわれる建設費を投じて現在の王立取引所が建てられた

103. The Last Will and Testament of Sir Thomas Gresham, published in London 1765より。

105.104. Robert Lomas, The Invisible College, Headline, London, 2001, p. 292.

A. Tinniswood, His Invention so Fertile: A Life of Christopher Wren, Jonathan Cape, London, 2001, p. 150.

106. MS Ashmole 242, f.78; C. H. Josten (ed.)Elias Ashmole (1617-1692)His Autobio-graphical and Historical Notes, His Correspondence and Other Contemporary Sources relating to his Life and Works, edited with a biographical introduction, 5 vol., Oxford University Press, Oxford, 1966, vol. 3, pp. 1, 112を参照。エリアス・アシュモールのこの日の日記には、占星術のホロスコープと占星術師ウィリアム・リリーによるメモも書かれている(History of Astrology, edited by Annabella Kitson, Mandala-Unwin Paperbacks, London, 1989, p. 200を参照)

108.107. 同上、no. 4.

Annabella Kitson (ed.), History of Astrology, Mandala-Unwin Paperbacks, London, 1989, pp. 199-204.

112.111.110.109. MS Ashmole 1136, f. 53; Elias Ashmole, vol. 4, pp. 1, 432に引用

History of Astrology, pp. 199-200.

イギリスでは、グレゴリオ暦は1752年まで導入されなかった

http://abstract.cs.washington.edu/7dougz/cgi-bin/date.pl?date＝4+july+1667の暦変換を参照

113. 独立宣言が議会で採択されたのは1776年7月2日で、7月4日は全会一致を得た日にすぎないらしい。その後、7月8日に公共の場で読み上げられた。Ovason, 前掲、pp. 142-3を参照。ユリウス暦の1776年6月23日は、グレゴリオ暦では1776年7月4日となる

114. 乙女座がワシントンDCにとって大きな意味を持つ理由は、Ovason 前掲、Appendix, pp. 357-91を参照

116.115. Ovason, 前掲、p. 379.

ワシントンDCに関するオーヴァソンの「占星術」説を、作家マイケル・ベイジェントはFreemasonry Today (vol. 15, 1999)で批判している。本書執筆中、ロバート・ボヴァールがベイジェントと個人的に話したところ、オーヴァソンは占星術の知識が乏しいようだし、本にも間違いが多いと言われた。天文学の間違いもいくつかある。しかし、それはそれとして、オーヴァソンはワシントンDCの設計と建設にまつわる出来事について行った、史料や記録の綿密な調査は秀逸であり、本書の執筆にも大いに役立った

118.117. Ovason, 前掲、p. 118.

このきわめて重要なメイソンの儀式に関して唯一現存する記録は、チャールストンの新聞に掲載された短い手紙の中にある。1792年10月13日土曜日、メリーランドのジョージタウン9番ロッジのメンバーが定礎式の場所に集まった。礎石は、大統領邸(後のホワイトハウス。1814年に、イギリス軍の砲撃で焦げた外観を白く塗ったため、こう呼ばれるようになった)の南西の隅に置かれた

119. オーヴァソンが8月12日にペンシルベニア・アヴェニューで日没を観測したところによると、軸は、観察者の身長にもよるが、20度と22度の間になるはずだという。このことは、彼の本の注に書いてある(Ovason, 前掲, p. 456, n. 69参照)。オクラホマ大学のデイヴィッド・ハッジンズ博士(CFM)も2003年8月11－12日に、私たちの代理でこの事実を確認し、デジタルカメラで撮影した

120. 1年のうち、シリウスが空から姿を消す約2カ月半を除けば、ほぼ毎日見られる。デイビッド・オーヴァソンは、ホワイトハウスと連邦議事堂を結ぶ線(＝ペンシルベニア・アヴェニュー)は、意図的に日没を差すように造られたと考えている(Ovason, 前掲, p. 337参照)。独立宣言書やワシントン記念塔(エジプト風のオベリスク)の〝定礎式〟に〝エジプトの〟五稜星形シリウスが組み込まれているというオーヴァソンの説には説得力があり、それを考えると、彼がホワイトハウスと連邦議事堂の軸とシリウスが一線に並ぶことに気付かなかったというのは、控えめに言っても興味深い

121. Ovason, 前掲, p. 337.

122. 同上, p. 456, n. 69. ただし、エリコットやランファンがどの程度の高さから観測を行ったのか不明なので、オーヴァソンは8月6～12日に実際に太陽を観測して確認することにした

123. 同上, pp. 47 and 58.

124. 同上, p. 127.

125. 同上

126. Peter Tompkins, The Magic of Obelisks, London, 1981, pp. 322-9.

127. Ovason, 前掲, p. 129.

128. Quote in 同上, p. 87に引用。原本はJ. J. Lalande, Astronomie par M. de la Lande, Paris, 1731, edn in 4 vols., vol. 1, p. 245.

129. According to StarryNight Pro v.4によれば、午後4時ごろ

130. Ovason, 前掲, p. 137.

131. Naudon, 前掲, p. 79.

132. ペンタゴンのアイデアは、補給局建設隊長ブレホン・B・ソマーヴェル准将の要請によって、1941年7月中旬のある週末に考え出された。陸軍省は当時、深刻なスペース不足に陥っており、その一時的な解消が目的だった。竣工は、着工からほぼ16カ月後の1943年1月15日だった

133. http://www.hq.usace.army.mil/cepa/pubs/oct01/story4.htm にある、Headquarters US Corps of EngineersのBernard Tateの記事を参照

134. R. Cameson, 前掲, p. 32.【Cameronの誤り?】

135. フランクリン・ルーズベルトの副大統領ハリー・トルーマンは、ベルトン・ロッジ450番でこの位階を授けられた。彼はグランドヴュー618番を組織し、その創立メンバーでもあった。第一次大戦中に陸軍大尉として従軍し、地区講師とグランドマスター補を数年間務めたトルーマンは、1940年にミズーリ州でメイソン団のグランドマスターに選任され、常々そのことを人生最大の栄誉だと言っていた。上院議員のときに初めてスコットランド儀礼(北部管区)のグルガス・メダルを受賞。第二次大戦中はメイソン団奉仕協会を通じて、軍人のために活動した。1944年に副大統領に選出され、フランクリン・ルーズベルト(フリーメイソン)の死去に伴って1945年4月12日に大統領に就任。1972年12月26日に72歳で亡くなり、28日に、荘厳な葬儀を経てトルーマン大統領図書館の敷地に埋葬された。この葬儀の一部は、テレビ中継された唯一のメイソン式葬礼となっている

136. Bauval, 前掲, Chap. 7.

エピローグ

1. SkyNewsの報道

2. 1948年のイスラエル建国のそもそものきっかけとなったのは、1917年11月2日のいわゆるバルフォア宣言だった。イギリスの政治家アーサー・ジェームズ・バルフォア(1848-1930)は、50年間にわたって保守党内で強大な地位を保持し、1902～05年に首相、1916～19年に外相を務めた。多くのメイソン研究者は、彼がフリーメイソンだったと考えているが、連合大ロッジは否定している。いずれにせよ、バルフォアはシオニズム運動の指導者ハイム・ワイツマンとナフム・ソコロフの働きかけに応じて、イングランド金融界の大物でイギリスにおけるシオニズム運動の中心人物だったロスチャイルド男爵に手紙を書いた。彼が外務省から出した、この有名な手

紙には、無地の便箋にタイプ打ちで、以下の文言が記されていた。

拝啓　ロスチャイルド卿

私はイギリス政府に代わり、ユダヤ人のシオニズム運動へ目指すところへの共感のしるしとして、以下を宣言するものです。これは既に内閣に提出され、承認を受けております。

イギリス政府は、パレスチナへのユダヤ人の民族的郷土建設を好意的に見ており、パレスチナに既存の非ユダヤ人共同体に市民権や宗教的権利、および他国でユダヤ人が享受している権利や政治的地位に不利益を生じさせることは行われないという理解の下に、この目的の達成に対して支援を惜しみません。

この宣言をシオニスト連盟にお知らせいただければ幸いです。

敬具

アーサー・ジェームズ・バルフォア

3. Israel Insider, 25 December 2002に掲載のRobert Rockaway, 'FDR's Plan for a Jewish State in Palestine', および Robert H. Abzug, America Views the Holocaust 1933-1945. A Brief Documentary History, St Martin's, Bedford, 1999, pp. 134-5から参照

4. マーク・クリフォードはこの件に関してトルーマンに大きな影響を与えたと、よく言われる。しかしクリフォード自身の言葉によれば、「トルーマン大統領は私に、ユダヤ人国家樹立を擁護する案件を準備してくれ、と言った。まるで、最高裁判所に提出する案件を準備してくれとで言うように」

訳者あとがき

本書は欧米の歴史の裏で活躍し、世界を変え、あるいは変えようとしてきた秘密の組織の実態を探っている。

その始まりは、古代エジプト文明がローマ帝国に滅ぼされたときだ、と筆者たちは主張する。秘密の組織の存在が、エジプトで見つかったナグ・ハマディ文書に示唆されているのだ。

ナグ・ハマディ文書は、キリストの実像についても聖書とはまったく別の物語を語っている。たとえば、マグダラのマリアは娼婦などではなく、イエス・キリストの腹心の同志であり恋人だったという。さらには、キリストの弟による福音書などが含まれている。

ナグ・ハマディ文書でさらにわかったことは、ローマ・カトリックはキリスト教の主流派の一つに過ぎなかったことだ。本当のキリストの思想は、グノーシス派と呼ばれるキリスト教の一派が伝えているのかもしれない。

ところがローマ帝国の国教となり皇帝の後押しを受けたローマ・カトリック教会は、他の宗派を迫害して独裁体制を築いた。そこで、グノーシス派など他の宗派は地下に潜り秘密の組織として活動し始めたという。

数百年後にこの秘密の組織は、ローマ・カトリック教会の強敵・キリスト教カタリ派あるいはボゴミール派として再び姿を現し、ヨーロッパにおいてローマ・カトリック教会と覇権を争ったが、ローマ教皇の組織した悪名高いアルビジョワ十字軍などによって、徹底的に壊滅させられる。

一方、古代エジプトの宗教は不死鳥のように甦り、ヘルメス思想として再びヨーロッパに姿を現し、ルネサンス（文芸復興）の原動力となる。だが、その中心人物であったブルーノ、カンパネッラなどのヘルメス思想家は、火刑に処され、あるいは長い投獄生活を余儀なくされるなど、苦難の人生を送る。

それ以降、謎の組織は慎重に行動するようになり「目には見えない結社」として、姿を見せなくなったという。

その目には見えなかった結社が、表に出てきたのが、フランス革命に大きな影響を与え、アメリカ独立運動の原動力となったフリーメイソン団ではないかと、著者たちは推察する。

秘密結社から、秘密をもつ結社になったフリーメイソン団は、今でも裏の舞台から、世界の政治経済を操っている。今でも「目には見えにくい」が、フリーメイソン団は隠然たる力を持って、世界の未来に影響を与えようとしている。その一つの結果が、米国で起こった「九・一一」の同時多発テロではないかと著者たちは推察する。

グラハム・ハンコックは大胆な仮説を、豊富な知識によって証明することを得意とするジャーナリストだ。

一方、共著者のロバート・ボーヴァルは、造形に対する独特な臭覚を持っている。ギザの大ピラミッド群が、オリオン座を地上に写し取ったものだと見抜いた著書『オリオン・ミステリー』は欧米でベストセラーとなったが、今回も、ヘルメス思想に基づく、「太陽の都」が、エジプトのルクソールと、光の都パリに造形されていることを看破している。

本書は、欧米の裏面史であり、欧米から遠い私たちが知らない、数々の陰謀が明るみにされている。私たちはヨーロッパ、アメリカ合衆国のことを何でも知っていると思いがちだ。だが、歴史からかき消されてしまった宗派や、目には見えない組織として背後から歴史を操る思想結社などの実態を知ることも、また大事だと、本書を翻訳しながら感じた。

本書は、訳者の知らないエピソードも多く、文献を読みながらの翻訳となった。内容の正確さには万全を尽くしたが、翻訳に間違いがあればすべて私に責任がある。

なお、本書の全面的調査と前半の下訳をしていただいた榊原美奈子さんには、今回も大変にお世話になった。榊原さんの優れた調査能力・正確な翻訳には敬服している。彼女の努力がなければ、本書の翻訳のレベルを高く保つのは難しかっただろう。大変に感謝している。

また竹書房の溝尻賢司さん黒柳一郎さんの尽力にも深く感謝している。

欧米世界の裏面史を、読者のかたがたに楽しんでいただけたら嬉しいと思う。

二〇〇五年五月

大地舜

グラハム・ハンコック

1950年英国エジンバラ生まれ。「エコノミスト」誌の東アフリカ特派員を経て、調査旅行と執筆に明け暮れる生活に入る。著書に、世界中でベストセラーになった『神々の指紋』（小学館文庫）、『神々の世界』（小学館）などがある。

ロバート・ボーヴァル

1948年エジプト、アレクサンドリア生まれ。土木建築技師として人生の大半をエジプトや中近東で過ごすうちに、ピラミッドと星の相関関係に興味を抱くようになる。
著書に『オリオン・ミステリー』（NHK出版）、グラハム・ハンコックとの共著に『創世の守護神』（小学館文庫）がある。

大地　舜（だいち　しゅん）

青山学院大学卒。米国オピニオン誌「ニューパースペクティブ・クオータリー」&「グローバル　ビューポイント」（ロサンゼルス・タイムス・シンジケート）東京駐在員。主な訳書に『神々の指紋』『創世の守護神』(小学館文庫)、『神々の世界』(小学館)、『不沈タイタニック』(実業之日本社)、『魔法の糸』（実務教育出版）、『苦悩の散歩道』(小池書院）、『夢をかなえる一番よい方法』(PHP研究所)、『モノポリーで学ぶお金持ちの法則』(ダイヤモンド社) など多数。著書に『沈黙の神殿』(PHP研究所）他がある。
インターネット同人雑誌「ウイークリー黄トンボ」を主宰
HP：www.kitombo.com

タリズマン（下）
秘められた知識の系譜

平成17年6月9日初版発行

著　者　グラハム・ハンコック
　　　　ロバート・ボーヴァル
訳　者　大地舜

発行人　高橋一平
発行所　株式会社竹書房
〒102-0072東京都千代田区飯田橋2-7-3
電　話　編集 03-3234-6208
　　　　代表 03-3264-1576
http://www.takeshobo.co.jp
振替00170-2-179210
印刷所　凸版印刷株式会社

定価はカバーに印刷してあります。
乱丁・落丁の場合には当社にてお取り替えいたします。

ISBN4-8124-2194-2　C0097

Printed　in Japan 2005